寛永諸家系圖傳

索引一

例　　言

1．本索引は、次のように分類した。

(1)　家名

(2)　諱

(3)　称呼（幼名・通称・院号等）

(4)　官職による呼称

(5)　国名による呼称

(6)　女子名姻戚

(7)　家紋

2．各項の細則は、それぞれの項に示した。

3．字体は、原則として、常用漢字表によった。

4．数字を○で囲んで巻数を示し、次に頁数を示した。

家 名 索 引

凡　　例

1．本索引には、家名（氏姓）を収めた。

2．配列は、本文中に付せられた訓にもとづき、表音式五十音順とした。

3．家名の次の〔　〕は姓氏を示し、同姓で氏を異にする場合の区別として掲げた。その配列は、源・平・藤・諸氏の順とした。

4．武家以外の、医者・同朋・茶道については、〔　〕内に姓氏とともに注記した。

5．各家ごとに（　）を付して、系図に釣られた人名を記載した。

家名索引目次

ア……1
イ……4
ウ……8
エ……9
オ……9
カ……14
キ……17
ク……18
コ……19
サ……21
シ……24
ス……25
セ……26
ソ……27
タ……27
チ……30
ツ……30
テ……31
ト……31
ナ……33
ニ……35
ヌ……36
ネ……36
ノ……36
ハ……37
ヒ……38
フ……40
ヘ……41
ホ……41
マ……43
ミ……46
ム……48
モ……48
ヤ……50
ユ……52
ヨ……52
ロ……53
ワ……53

家 名 索 引

ア

秋鹿〔藤原〕 ⑩246（朝延 直朝 朝正）
会田〔橘〕 ⑭152・153（資清 資久 資勝 資重 資信）
青木〔清和源〕 ④102・103（信成 信恵 信範 信資 信生）
青木〔清和源〕 ④103・104（信正 信定 豊定 豊勝 豊信）
青木〔清和源〕 ④104～109（信種 信親 信明 信昌 信光 信時 信安 信就）
→山寺ヲ参照
青木〔丹治〕 ⑭116～120（宣化天皇 檜隈皇子 家範 家隆 家広 家綱 頼景 家景 家義 家信 武信 峯信 峯時 峯房 武綱 武時 武峯 経房 時房 実光 長房 元房 行房 直房 重光 直兼 実直 重直 一重 重経 直継 可直 直澄 直影 重兼）
青木〔丹治〕 ⑭121～123（義勝 吉玄 吉永 義精 義継 玄可 之貞 之能 之成）
青木〔丹治〕 ⑭123・124（重頼 家頼 長頼 安頼 法頼 高頼 正頼 義頼）
青木〔丹治〕 ⑭125（満定 豊定 俊定 吉定）
青沼〔清和源〕 ④11・12（昌吉 昌世 昌平 昌興 昌長 正成）
青柳〔未勘〕 ⑮69（信正 信次）
青山〔豊原〕 ⑭212（成重 成次 成政）
青山〔豊原〕 ⑭213・214（長利 義信 義成）
青山〔藤原〕 ⑧79～87（忠門 重成 忠成 忠次 忠俊 泰重 幸成 通直 幸利 幸通 幸正 幸高 宗俊 宗佐 忠栄）
青山〔藤原〕 ⑧87～90（忠門 重成 正長 重次 正成 重勝 重長 利政 重綱）
赤井〔清和源〕 ②209（時家 幸家 幸長）
赤井〔清和源〕 ③236～250（頼信 頼義 頼清 仲家 光清 盛国 頼季 満実 遠光 頼重 頼遠 重光 実重 家満 道家 家業 忠家 家範 政家 家高 政舜 国家 家広 家元 末代丸 家輔 基家 朝家 家員 秀家 持家 明範 氏家 為家 家茂 基家 清茂 清氏 家連 家直 正家 助家 家賢 俊家 正家 貞家 正見 盛家 家堅 信家 祐家 等玉 家継 家清 季家 基清 家国 家景 貞家 国家 時家 久家 家長 清家 国家 宗家 円家 家職 光家 家季 忠家 氏家 重家 隆家 久家 安家 基家 家房 秀家 賢忠 慶円 親家 直家 吉家 宗俊 時家 妙玉 忠家 運家 光家 氏家 時家 長家 長正 君家 直家 家清 直正 幸家 幸長 貴成 善幸 時勝 時政 時直 時長 時次 時喜 時重 時香 忠家 忠泰 公雄 公久 忠秋）
秋月〔大蔵〕 ⑭233～239（阿智王 高貴王 春実 種光 種材 種弘 種資 種生 種成 種雄 種幸 種家 種頼 種資 種貞 種高 種顕 種道 種忠 種

氏 種照 種朝 種時 種方 晴種 種実 種長 種春)

秋田〔安倍〕 ⑫255～257 (鹿季 成季 惟季 昭季 宗季 宣季 定季 友季 愛季 実季 俊季 季信)

秋元〔藤原〕 ⑩226・227 (元景 長朝 泰朝 富朝 光朝)

秋山〔清和源〕 ④267～269(光家 虎康 昌秀 昌吉 正重 昌成 正俊 正家 昌忠)

秋山〔清和源〕 ④269・270(正次 正重 伯正 正甫 伯重 正哉)

秋山〔清和源〕 ④270・271(光重 正重 正長 正勝 勝貞 朝正 近憲 憲治)

浅井〔大江〕 ⑫186・187 (勝政 祐政 長政 政重 政候 政則)

浅井〔橘〕 ⑭161～163 (道忠 道多 忠吉 忠政 縄政 政道 道次)

浅井〔藤原〕 ⑩234・235 (元重 重忠 忠次 元忠 安本 智忠)

浅井〔藤原〕 ⑩236・237 (元近 元貞 元成 元詮 元吉 元信 元正 元久)

朝夷名→アサヒナ

朝岡〔藤原〕 ⑨66～69 (泰藤 藤綱 泰朝 国綱 国泰 元綱 泰元 泰弘 泰国 泰勝 国豊 勝国 泰直 勝宗 国孝 国政 国重)

朝倉〔日下部〕 ⑭126～137 (孝徳天皇 有間皇子 日下部公表米 都牟子 荒島 治長 弘道 老 国当 国守 乙主 祢貞 安主 吉用 茂並 乙正 在麿 乙長 田丸 倉増 倉継 礒継 礒主 貞祢 利実 用樹 蕃在 親安 弘佐 則方 則国 家定 佐晴 清秀 清重 清尋 清奉 俊通 清遠 宗高 高清 高景 安高 高吉 家高 泰家 重家 家直 高重 直重 重秀 頼秀 重頼 宗頼 貞直 直信 信貞 光政 宗直 豊政 豊次 広景 正景 氏景 貞景 教景 教景 教景 氏景 貞景 景高 孝景 延景 在重 在重 宣正 在重 重宣 重朝 宣親 正世 宣季 宣成)

朝倉〔日下部〕 ⑭137～141(広景 正景 氏景 教景 貞景 教景 敏景 氏景 秀景 玄景 政景 政元 政成 景吉 政之 能元 政明 元忠 政実 豊明)

浅野〔清和源〕 ②257～277(頼光 頼国 国房 光国 光信 光基 光衡 光行 光時 光清 光房 光経 光保 有光 重光 顕智 光忠 光盛 国盛 良盛 頼隆 光仲 光朝 光純 正智 顕意 長勝 長政 幸長 長晟 長重 長綱 長治 光晟)

浅野〔清和源〕 ②278 (氏次 氏重 氏吉)

浅羽〔清和源〕 ④234 (貞則 貞助 貞次)

浅羽〔清和源〕 ④235 (幸次 幸正)

浅原〔清和源〕 ④235・236(正忠 正勝 勝吉)

朝日〔清和源〕 ③185 (近路 近次 近吉)

朝夷名〔平〕 ⑥172～174 (道半 泰冬 泰雄 泰勝 泰成 泰澄 泰通)

朝比奈〔平〕 ⑥175 (義直 義次 義春)

朝比奈〔藤原〕 ⑦213～215(俊永 元長 信置 宗利 良明)

朝比奈〔藤原〕 ⑦216・217(泰友 泰重 正時 正重)

朝比奈〔藤原〕 ⑦218 (吉綂 吉豊)

朝比奈〔藤原〕 ⑦219・220(真直 真正 真昭 真之)

朝比奈〔藤原〕 ⑦221・222(勝政 信勝 勝之 勝行 勝時 信久)

朝比奈〔藤原〕 ⑦222～224(昌是 昌親

昌行 昌澄 昌春 昌次）
朝比奈〔藤原〕 ⑦224・225（正吉 正重 正照）
朝比奈〔藤原〕 ⑦225・226（泰重 泰勝 資重 資勝）
葦野〔藤原〕 ⑨230～235（資忠 資方 資親 親高 資賢 賢宣 宣実 実近 資豊 資春 春親 親方 親正 資興 資豊 資泰 盛泰 政泰 資泰）
蘆屋〔藤原〕 ⑤101・102（忠知 重勝 忠元 忠頼 重俊）
足立〔藤原〕 ⑪242・243（正次）
渥美〔村上源〕 ⑦96～99（勝吉 正勝 広利 秀勝 言命）
渥美〔藤原〕 ⑩230～233（友勝 友重 友真 友次 友之 政勝）
渥美〔藤原〕 ⑩233・234
跡部〔清和源〕 ④263・264（行忠 勝忠 昌忠 幸次 昌直）
跡部〔清和源〕 ④264・265（重晟 重政 正次 重員 重治）
跡部〔清和源〕 ④265・266（勝資 信業 業保）
油川〔清和源〕 ④119・120（信吉 信次 信貞 信成）
安倍〔安倍、医者〕 ⑮210・211（良成 良長 良重 順貞 良通 玄信）
安部〔清和源〕 ⑤116～121（信実 元真 信勝 信盛 正成 信友 信之 信孝 貞信）
阿倍〔安倍〕 ⑫257～276（道音 定次 次重 忠政 忠宣 重真 重信 重朝 正之 政継 正朝 正義 用信 正重）
阿倍〔安倍〕 ⑫277（直次 重次）
阿部〔安倍〕 ⑫235～243（正勝 正次 忠吉 忠秋 正与 正致 正周 政澄 正令 重次 盛次 千勝 長松）
阿部〔安倍〕 ⑫243・244（重尚 重吉 重次 重政 重勝）
阿部〔安倍〕 ⑫245（貞友 貞俊）
阿部〔安倍〕 ⑫245・246（宗吉 宗正 正勝 宗重 勝成）
天羽〔未勘〕 ⑮90（景次 景慶 景安）
天方〔藤原〕 ⑧90～96（公清 助清 助通 親清 義通 俊通 俊綱 経俊 通基 通景 通保 通隆 通弘 通秀 通良 通泰 道員 通季 通稙 通興 通永 残道 通供 通秋 通之 通綱 通兼 綱房 通勝 通正 豊明 通友 通章 通直 吉若丸 俊直 通次）
天野〔藤原〕 ⑩18～24（遠景 政景 景経 遠時 経顕 経政 景隆 秀政 景政 景顕 景保 景秀 景貞 定景 遠直 景行 遠房 景隆 康景 景房 繁昌 景利 直勝 長信 正勝 長重 康宗 康勝 康世 康通 康豊 康信）
天野〔藤原〕 ⑩25・26（雄光 雄得 雄則 雄好 雄政 雄重）
天野〔藤原〕 ⑩27～29（忠俊 忠次 正忠 忠重 忠詣 忠顕 正長 正重）
天野〔藤原〕 ⑩29～31（重久 久次 重房 重時）
天野〔藤原〕 ⑩31・32（政弘 政則 政成）
天野〔藤原〕 ⑩32・33（貞有 貞久 正勝 貞賢 貞政 貞重）
天野〔藤原〕 ⑩34（正成 正吉 正世 正久）
天野〔藤原〕 ⑩35・36（正重 重次 重勝 重利 重吉）
天野〔藤原〕 ⑩37（正盛 正久 正信）
天野〔藤原〕 ⑩38（盛定 盛次）
雨宮〔清和源〕 ⑤32・33（家次 昌茂 政勝 重次 政重 政次）
雨宮〔藤原〕 ⑪187（忠正 忠次 忠長 忠俊 忠能 忠清）

荒尾〔在原〕 ⑭210・211（善次 善久 成房 隆重 成利 山就 三政 久成 成政）
荒川→吉良〈荒川〉
荒河〔清和源〕 ②127・128（重詮 重世 重勝 重政 重照 重頼 重正）
荒河〔清和源〕 ②128・129（忠吉 吉元）
荒木〔藤原〕 ⑧11～16（義村 村重 村氏 村次 村基 村直 村満 村常）
荒木〔藤原〕 ⑧16・17（元清 治一 元満 元政）
有泉〔未勘〕 ⑮80・81（昌資）
有泉〔未勘〕 ⑮82（吉忠 忠光）
有賀→アルガ
有田〔未勘〕 ⑮106・107（吉貞 吉久 貞吉）
有馬〔村上源〕 ⑬199～206（村上天皇 具平親王 師房 顕房 雅実 雅定 定房 定忠 師季 季房 季則 頼範 則景 家範 久範 茂範 義則 則村 則祐 義祐 持家 元家 則秀 澄則 則景 重則 則頼 豊氏 則次 豊長 忠郷 信堅 頼次
有馬〔村上源〕 ⑬206・207（重頼 重泰 重良）
有馬〔藤原〕 ⑨193～197（冬嗣 長良 遠経 良範 純友 直澄 諸澄 永澄 清澄 遠澄 幸澄 経澄 友澄 家澄 連澄 貞澄 澄世 満澄 氏澄 貴純 尚鑑 晴純 義直 純忠 直員 盛 慶童丸 義純 藤童丸 晴信 直純 康純 元純）
有賀〔清和源〕 ⑤121・122（種重 種貞 貞重 種政 種次 種親）
安西〔平〕 ⑦109・110（安次 安勝 元真 元玄 元仙）
安西〔平〕 ⑦111（正重 定之）
安藤〔清和源〕 ③189～208（頼清 家宗 家基 長基 成基 基重 業基 家重 基能 家定 定正 定智 定勝 定次 家次 次吉 次重 定次 正次 正勝 一勝 定次 正珍 正頼 正程 珍辰 直次 重信 次基 重長 重元 重信 重貞 重能 直治 直政）
安藤〔清和源〕 ③208・209（重正 重成 正次）
安藤〔清和源〕 ③209・210（定勝 定正 定武 定朝）
安藤〔清和源〕 ④51～53（信宗 信武 信成 武続 信通 信明 信遠 信友 信重 信方 忠勝 忠正 忠次 忠利）
安間〔平〕 ⑤8・9（貞次 貞国 国重 永清）

イ

井伊〔藤原〕 ⑦234～242（房前 真楯 内麻呂 冬嗣 良門 利基 高藤 利世 共良 良春 良宗 共資 共保 共家 共直 惟直 盛直 良直 俊直 政直 直行 直友 弥直 泰直 直家 直時 直村 浄覚 直道 直材 行直 直助 景直 忠直 直藤 直氏 直房 直平 直宗 直盛 直満 直親 直政 直勝 直之 直孝 直滋 直寛 直縄 直澄）
庵原→イハラ
飯河〔平〕 ⑦120～122（盛定 盛之 盛政 盛直 盛信 方好 盛次 直信 盛景）
飯田〔清和源〕 ④10・11（有次 昌在 昌重 在久 在勝）
飯田〔清和源〕 ⑤133・134（宅重 宅次 重次 直重 重勝 重正）
飯高〔飯高〕 ⑭97・98（貞政 貞次 貞

成 貞勝 茂次 正次 貞久）
飯塚〔平〕 ⑦75・76（綱重 忠重 正重）
飯室〔清和源〕 ⑤30・31（昌定 昌忠 昌喜 昌成 昌勝 昌成 昌吉）
猪飼〔平〕 ⑦46・47（正光 正勝 光治 正利 重正 正久 正次 光重 正重）
五十嵐〔清和源〕 ⑤19・20（茂政 常広 広慶）
井狩〔藤原〕 ⑪248（宗清 宗房 宗次 宗重）
井気多〔藤原〕 ⑫30・31（昌利 昌吉 昌勝）
池田〔清和源〕 ②229～253（恒利 恒興 之助 由之 由成 元信 信成 輝政 長吉 長政 長明 長幸 長貞 長政 長泰 長頼 長忠 長氏 長治 長常 長信 長重 長親 利隆 忠継 忠雄 輝澄 政綱 輝興 政虎 直長 利政 政信 光仲 仲政 光政 恒元 政貞）
池田〔清和源〕 ②254（重利 重政）
池田〔清和源〕 ②255・256（重成 重信 重長）
池田〔清和源、医者〕 ⑮203（頼忠 頼益 持益 持兼 兼義 義政 政房 政重 重次 重頼 重成 重時 重次）
池田〔藤原〕 ⑧167（秀元 元重 政長 長好 長勝）
伊沢〔清和源〕 ④76・77（政重 政信 政成 政勝）
石井〔未勘〕 ⑮93（重宗 重家 茂吉）
石尾〔藤原〕 ⑧18・19（元清 治一 治昌 治重）
石谷〔藤原〕 ⑩12～14（行秋 行晴 行清 清長 政清 政信 清定 清正 貞清 清充 政勝 成勝）
石川〔清和源〕 ②195～204（義時 義基 義資 義広 義兼 義宗 頼房 頼清 義信 義貞 義通 忠教 忠頼 政弁 宗泰 義忠 時通 朝成 氏房 泰信 政康 親康 忠輔 清兼 家成 康通 忠総 成堯 廉勝 総長 貞当 泰総 邦総 総氏）
石川〔清和源〕 ②204・205（家成 康通 重成）
石川〔清和源〕 ②205～207（政康 重康 重政 重次 政次 政信 重勝 重興 重俊）
石川〔清和源〕 ②208・209（貴勝 吉貴 貴繁 貴成 貴政 貴定）
石川〔清和源〕 ②210（一政 一勝 一長 一次）
石川〔清和源〕 ②211（正信 正俊 正次 正重）
石川〔清和源〕 ②212（春重 春久 重久 春吉）
石川〔清和源〕 ②213（忠勝 忠吉 忠久 法次 法久）
石川〔清和源〕 ②214（安忠 安重 安次）
石川〔清和源〕 ②215（忠吉 忠重）
石川〔清和源〕 ②216（正重 永正 重正 勝正）
石川〔清和源、同朋〕 ⑮252・253（吉久 吉次 久次 猶次）
石河→石川
石河〔清和源〕 ③167・168（頼親 頼遠 有光 基光 光義 義季 光治 光政 貞政 勝政 利政 重勝 利勝）
石野〔村上源〕 ⑬209・210（氏貞 氏満 氏置 氏次 正直 氏照 氏守）
石野〔中原〕 ⑭203～207（勝良 春宗 有象 致時 師任 師平 師遠 親鑑 親秀 貞高 能直 能秀 満親 之親 政親 師元 師尚 師綱 師季 師光 師宗 師良 良清 師重 重良 師定 正師 師忠 広綱 広重 広安 師広

広成 広長 広吉 広之 広尚 広貞 広有 広時 広光 広次 広重 広英 正良 良継 正重 光広)

石原〔藤原〕 ⑪11 (安長 安正 安吉)

石原〔藤原〕 ⑪12・13 (政一 政成 政吉 吉次 真次 吉春 正次)

石原〔藤原〕 ⑪13・14 (往宗 重宗 吉宗)

石原〔藤原〕 ⑪14・15 (正秋 一重 正重)

石原〔藤原〕 ⑪15・16 (昌明 安昌 安吉)

石巻〔藤原〕 ⑩112・113 (康敬 敬重 康貞 康元 康正)

石丸〔清和源〕 ⑤231・232(有忠 有次 有定 正次 正直 定政 定次 定盛 有吉)

石来〔藤原〕 ⑪228 (吉勝 吉親 吉加)

石渡〔未勘〕 ⑮82 (勝次 勝久)

石渡〔未勘〕 ⑮83 (元正 元次)

伊勢〔平〕 ⑦1～10 (貞盛 維衡 正度 正衡 季衡 貞衡 盛光 盛行 盛長 頼宗 頼俊 盛経 教経 経久 盛久 盛秀 盛行 盛信 盛長 盛経 盛景 俊経 俊継 盛継 頼継 宗貞 貞継 貞信 貞冬 貞行 貞経 貞長 貞直 貞仲 貞房 貞弥 貞雅 貞誠 貞泰 貞倍 貞久 貞種 貞常 貞重 貞清 貞安 貞祐 貞弘 貞則 貞国 貞知 貞親 貞宗 貞藤 貞職 貞陸 貞遠 貞助 貞知 貞俊 瑞春軒 貞仍 貞忠 貞運 貞明 貞孝 貞良 貞為 貞興 貞真 貞之 貞昌 貞照 貞照 貞輝)

伊勢〔平〕 ⑦10・11 (貞弘 貞光 貞末 貞晴 貞政)

井関〔橘〕 ⑭169 (親政 親義 親信)

板倉〔清和源〕 ②108～113(泰氏 義顕 義春 貞頼 義季 直頼 義行 満頼 義堯 頼重 好重 忠重 勝重 定重 重宗 重昌 重矩 重直 重大 重郷 重形)

板橋〔平〕 ⑥189・190 (忠康 忠政 政重 政郡)

伊丹〔清和源〕 ③80～82 (康直 虎康 之信 虎重 勝重 康勝 直勝 勝経 勝長 勝政 勝重 武勝)

伊丹〔清和源〕 ③83(宗次 宗重 宗俊)

伊丹〔清和源〕 ③84(正親 永親 永教)

一尾〔村上源〕 ⑬214(通興 三休 通春 通尚)

市岡〔清和源〕 ⑤255～257(忠吉 忠次 定次 定政 正次 忠重 清次)

市川〔清和源〕 ⑤17 (信次 正次)

市川〔清和源〕 ⑤17・18 (満友 友昌)

市川〔清和源〕 ⑤18・19 (定友 定勝 定吉)

市野〔藤原〕 ⑪30・31 (実久 実次 実利)

市橋〔藤原〕 ⑩86～90 (専順 長利 長勝 長政 政信 政直)

市橋〔藤原〕 ⑩90～92 (重成 長吉 長綱 長宗)

一色〔清和源〕 ②61～65 (義氏 泰氏 公深 範氏 範光 詮範 満範 持範 政照 政具 晴具 藤長 秀勝 崇伝 範勝 範次 範尚)

一色〔清和源〕 ②65・66 (直明 直清 直頼 直朝 義直 照直 直為 直氏)

一色〔清和源〕 ②66・67 (貞重 重政 政成)

一色→吉良〈一色〉

井出〔藤原〕 ⑫25・26 (正直 正次 正勝 正吉 正俊 正成 正陳)

井出〔藤原〕 ⑫27(正俊 正信 正勝 茂稔)

井戸〔藤原〕 ⑫17～19（良弘 覚弘 治秀 秀長 直弘 良弘 勝吉 覚弘）
伊東〔藤原〕 ⑨258～266（為憲 時理 時信 維永 維景 維職 家継 祐家 祐親 祐清 祐泰 祐成 律師 時致 祐継 祐経 祐茂 祐長 祐光 祐時 祐朝 祐光 頼円 祐宗 貞祐 頼演 益豪 維祐 祐光 祐持 祐藤 祐将 愛寿 祐重 祐安 氏祐 祐堯 祐国 尹祐 祐充 義祐 義益 祐兵 祐慶 祐久 祐豊 祐次）
伊東〔藤原〕 ⑨259・260（時理 時信 維永 維景 維職 惟次 家次 祐次 祐家）
伊東〔藤原〕 ⑨267～274（祐光 祐熙 祐春 祐茂 助範 資持 祐堅 家祐 祐遠 祐範 時氏 祐実 祐員 祐尚 政世 空玄 祐信 弘祐 祐次 祐久 祐吉 祐信 祐友 時吉 政勝 政次）
伊藤〔藤原〕 ⑨275・276（長久 長次 長昌 長行 長治）
伊藤〔藤原〕 ⑧182・183（重景 重定 重久 重次 重昌）
伊藤〔藤原〕 ⑧184・185（景秀 景持 春景 景俊 景久）
伊藤〔藤原〕 ⑧185・186（正勝 正俊 正重）
伊藤〔藤原〕 ⑧186・187（助次 正次 正重 正種）
伊藤〔藤原〕 ⑧187・188（実俊 実信 実以）
伊奈〔藤原〕 ⑩129・130（忠基 忠家 忠次 忠政 忠治 忠公 忠雪 忠勝 忠清 忠重 忠隆）
稲垣〔清和源〕 ⑤224～228(重賢 重宗 氏連 長茂 重綱 則茂 重大 重昌 茂門）
稲垣〔清和源〕 ⑤229(政吉 政次 政重 正利）
稲垣〔清和源〕 ⑤230(忠重 俊忠 忠豊 豊重）
稲田〔藤原〕 ⑩178（正時 正勝 正信）
稲富〔平〕 ⑦80～82（直時 直秀 直家 直重 正直 直賢 直之 直良）
稲富〔平〕 ⑦82・83（重次 重吉）
稲葉〔越智〕 ⑬1～8（塩塵 一鉄 貞通 重通 正成 正次 正重 正定 正勝 正定 正辰 正利 正房 正吉 正則）
稲葉〔越智〕 ⑬8～12(塩塵 一鉄 貞通 重通 道通 紀通 典通 通孝 通照 一通 信通）
乾〔藤原〕 ⑫9・10（信忠 忠清 忠元 元長）
犬塚〔藤原〕 ⑪225（忠吉 忠次 忠次 重世）
稲生〔藤原〕 ⑪226（光信 光正 正信 正倫）
稲生〔藤原〕 ⑪227（正吉 吉重 重正 正照）
井上〔清和源〕 ③224～227(清秀 重成 重次 正友 正勝 正親 正就 政重 政次 政清 政実 政則 正利 正義 正任）
井上〔清和源〕 ③228～230(頼信 頼義 頼季 満実 光平 光長 清長 忠長 経長 長基 長実 長教 直国 清之 之正 之房 庸名 庸尾）
井上〔清和源〕 ③230・231(貞安 憲安 憲勝 憲行）
井上〔清和源〕 ③231～235(頼信 頼季 満実 光平 光長 清長 忠長 経長 長基 長実 長教 直国 直正 正実 正貞 正長 正直 正行 正信 正俊 正継）
井上〔藤原〕 ⑫33～35（道三 義龍 龍興 道利 道勝 定次 定利 玉室 利

中)
井口〔宇多源〕 ⑬154 (高俊 高次 高宗)
井口〔藤原〕 ⑫35・36 (宗重 宗景 宗貞 宗信)
猪子〔藤原〕 ⑩130～132 (一時 一日 正次 正元 一吉)
猪俣〔小野〕 ⑭196 (則綱 則綱)
猪俣〔小野〕 ⑭197 (則種 則種)
庵原〔越智〕 ⑬17・18 (吉重 吉時 吉勝 吉政)
揖斐〔清和源〕 ③109・110(政延 頼延 詮政 政勝 政雄 政景 政吉 政軌 政綱 政均)
伊吹〔宇多源〕 ⑬119(宗重 宗次 宗唯 重次)
今井〔清和源〕 ⑤13・14 (昌直 昌吉 昌安 忠昌)
今井〔清和源〕 ⑤14・15 (兼員 兼久 兼隆 兼続)
今大路〔橘、医者〕 ⑮123～127 (道三 玄朔 親純 玄益 祐智 親昌 親俊)
今川〈品川〉〔清和源〕 ②15～20 (国氏 基氏 常氏 俊氏 政氏 経国 頼国 頼貞 頼兼 法圻 範国 範氏 貞世 貞臣 貞継 貞兼 氏兼 仲秋 氏家 泰範 範政 範忠 義忠 氏親 氏輝 花倉主 義元 氏真 範以 高久 高如 高寛 澄存 直房 以庸 範明)
今村〔藤原〕 ⑧19～22 (秀高 義秀 盛秀 秀家 秀村 重秀 秀通 勝長 重長 正信 正時 正長 正成)
今村〔藤原〕 ⑧22・23 (吉久 吉正 吉重)
今村〔藤原〕 ⑭198～200 (秀村 重秀 秀通 勝長 重長 正長 重成)
入江〔藤原〕 ⑩15(春倫 春澄 春重 春正)
入戸野〔清和源〕 ④117～119(門定 門宗 門昌 門吉)
岩城〔平〕 ⑥98～100(良望 貞盛 繁盛 安忠 則道 忠清 清隆 師隆 隆行 隆平 隆守 義衡 照衡 照義 朝義 常朝 清胤 隆忠 親隆 常隆 由隆 重隆 親隆 常隆 貞隆 宣隆 重隆)
岩佐〔藤原〕 ⑩244 (吉勝 吉正)
岩下〔平〕 ⑦52・53(守重 守胤 守久)
岩瀬〔藤原〕 ⑩238・239(氏俊 氏定 氏則 氏与 氏次 氏忠 氏勝)
岩出〔清和源〕 ④116・117(信盛 信景 一信 信次 信久)
岩波〔未勘〕 ⑮91(直定 道定 道能 道秀)
岩間〔藤原〕 ⑩240・241 (正勝 正時 正次 吉次 正成)

ウ

上杉〔清和源〕 ②48・49 (義春 長員 義真 長政 長貞)
上杉〔藤原〕 ⑦188～194 (不比等〈淡海公〉房前 真楯 内麿 冬嗣 良門 高藤 定方 朝頼 為輔 説孝 頼明 憲輔 盛実 顕憲 盛憲 清房 重房 頼重 憲房 憲顕 憲方 憲定 憲基 憲実 憲忠 房顕 顕定 憲房 憲寛 憲政 輝虎 景勝 定勝)
上田〔清和源〕 ④254・255(重氏 重元 重安 重秀 重政)
上田〔清和源〕 ④255～257(元次 元俊 元政 俊勝 勝正 元勝)
上原〔平〕 ⑦77・78(守吉 吉備 吉里)
植村〔清和源〕 ③91～93 (家政 家次 家政 家貞 政春)
植村〔清和源〕 ③93～96 (泰職 泰忠 泰勝 泰朝 泰治 政泰 則泰)

植村〔清和源〕 ③96～99（正忠 正勝 正元 正朝 正相 正真 正村 正武 正良 正次 正光 正信）
宇佐美〔藤原〕 ⑨257（長元 長蔵 長次）
牛奥〔清和源〕 ④95・96（昌重 昌重 昌次 昌茂 昌成 昌次 昌久 昌成 昌次）
牛込〔藤原〕 ⑧211～213（兼光 頼行 兼行 成行 重俊 成家 俊行 俊光 光兼 光重 光之 重清 重高 重国 重行 勝行 勝重 俊重）
内河〔未勘〕 ⑮73～75（正吉 吉次）
打越→ウテイチ
内田〔藤原〕 ⑪86・87（正利 正之 正成 正次 正世 正信 正友）
内田〔藤原〕 ⑪88・89（定吉 吉次 定次）
内田〔藤原〕 ⑪90（正弘 弘綱）
内田〔藤原〕 ⑪91（在信 信茂 信利）
内田〔藤原、医者〕 ⑮130(宗春 玄勝)
内山〔清和源〕 ⑤8（吉明 永清）
宇都野〔藤原〕 ⑨59・60（正勝 正成 正信 正長 正氏）
打越〔清和源〕 ④261（光重 光隆 光種）
鵜殿〔秦〕 ⑭242・243（長持 長照 氏長 氏信）
鵜殿〔秦〕 ⑭243・244（長忠 長次 長堯 長直 長重 長俊 長好 長興 長寛）
浦野〔藤原〕 ⑪20(重政 重次 重行 重吉)
海野〔滋野〕 ⑭65（定勝 重次）
海野〔滋野〕 ⑭65・66（昌元 昌雪 昌重）

エ

江川〔清和源〕 ③186～188(英治 英親 英友 友治 英信 英房 英住 英盛 英景 英元 英吉 英長 英政 英利)
江原〔藤原〕 ⑪5～7（利全 金全 信次 生次 正次 永次 栄次 政全 盛全 宣全）
江藤〔藤原、医者〕 ⑮120（宗親 宗元 瑞哲）
遠藤〔平〕 ⑥203～206（常胤 胤頼 重胤 胤行 行氏 時常 氏村 常顕 師氏 素明 氏数 常縁 常庵 頼数 素純 元胤 常和 素景 常慶 尚胤 素山 胤縁 胤基 胤直 盛数 慶隆 慶勝 慶利）
遠藤〔藤原〕 ⑩252（重直 重次 重則 憲張）
遠藤〔藤原〕 ⑩253・254（吉泰 宗泰 吉成 重成 重之 泰信 康之）

オ

大井〔清和源〕 ④69～71（信忠 信安 信時 信綱 時綱 信宗 信武 信成 氏清 公信 為猶 虎昌 昌次 昌義 昌輝）
大井〔清和源〕 ④237～241(長清 長経 朝光 政光 政朝 政則 政信 忠孝 忠重 忠次 忠勝 忠成 満雪 満直 貞隆 玄信 貞親 貞友 貞清 貞重 政勝 政行 政治 政俊 祐清 政継 政成 政吉 政重 政忠 政景 政次 政直)
大井〔清和源〕 ④242・243(満久 満実 満雪 満美 満要 満貞 満平)
大内→山口〈大内〉

大岡〔藤原〕 ⑤215・216（政保 直政）

大岡〔藤原〕 ⑪192～195（忠勝 忠祐 忠次 忠政 忠俊 忠行 忠種 忠世 忠吉 忠章 吉明 忠宗 忠房）

大岡〔藤原〕 ⑪196～198（介宗 介次 清勝 正成 正次 正友 清政 清泰）

大岡〔藤原〕 ⑪198・199（義勝 義重 義広）

大岡〔藤原〕 ⑪199・200（政保 直政 政貞 政直 直利 直定）

大岡〔藤原〕 ⑪201（吉忠 吉次 重政 吉政）

大河原〔藤原〕 ⑪4・5（正勝 正良）

大木〔清和源〕 ⑤51・52（親吉 親忠 親信 親茂 忠吉）

大草〔藤原〕 ⑪202～204（公経 公重 公政 公継 公貫 利熊 高正 高盛）

大草〔藤原〕 ⑪204・205（忠久 忠成 忠次）

大草〔藤原〕 ⑪205・206（義正 正重 正次 正勝）

大草〔藤原〕 ⑪206・207（正吉 正次 正家 正信）

大草松平→松平〈大草〉

大久保〔藤原〕 ⑨13～37（道兼 兼隆 兼房 宗円 宗綱 朝綱 成綱 頼綱 泰綱 景綱 貞綱 泰宗 時綱 泰藤 常意 道意 道昌 常善 忠与 忠茂 忠俊 忠員 忠世 忠佐 忠為 正信 忠知 忠貞 忠重 忠高 忠久 忠長 忠重 長重 長昌 長好 忠教 忠名 忠職 忠次 忠雄 忠隣 忠基 忠成 忠重 忠永 忠愛 忠常 忠総 教隆 教勝 教広 幸信 忠時 幸治 成堯 忠尚 忠村 忠任）

大久保〔藤原〕 ⑨38～57（景綱 貞綱 泰宗 時綱 泰藤 常意 道意 道昌 常善 忠与 忠茂 忠俊 忠次 忠政 正之 正朝 忠員 忠久 忠政 忠時 忠重 忠安 忠守 忠重 忠吉 忠於 忠元 忠次 忠勝 忠政 忠吉 正次 正重 忠豊 忠拠 忠尚 忠以 忠正 忠利 忠益 忠辰 忠政 忠尚 忠隆 忠重 忠直 忠当 忠景 忠興 忠辰 忠昌 忠之 忠宗 康忠 忠以 忠良 元政 元勝 康村 忠重 康任 忠村 忠知）

大久保〔藤原〕 ⑨57・58（正次 正吉 正信 正忠 正重）

大久保〔藤原〕 ⑨58・59（光正 正次 正栄）

大河内〔清和源〕 ③23～30（頼光 頼国 頼綱 仲政 頼政 頼行 兼綱 顕綱 政顕 行重 宗綱 貞綱 光将 国綱 光綱 真綱 信政 信貞 秀綱 久綱 正綱 利綱 隆綱 正光 信綱 重綱 輝綱 吉綱 定綱 治綱）

大河内〔清和源〕 ③31～33（頼政 兼綱 顕綱 貞顕 氏綱 氏長 重氏 貞重 政貞 政治 政時 正信 政利 政倫 政高 基高 正綱 正澄 政憲 正勝 忠雄）

大河内〔清和源〕 ③33・34（忠正 正勝 忠次）

大沢〔藤原〕 ⑨204～210（頼宗 俊家 基頼 通基 基家 基宗 家能 家定 基盛 基長 家藤 基秀 基久 基相 基胤 基宿 基雄 基洪 基之 基重 基益 基将 基員）

大沢〔藤原〕 ⑨210・211（正信 正秀 正重 治良）

大柴〔未勘〕 ⑮101（昌次 有能 昌能 直能）

大島〔清和源〕 ①262～271（義継 氏継 義隆 氏経 経隆 経兼 兼経 光兼 義兼 光継 義勝 光宗 光義 光成

光親 光俊 光勝 光好 義豊 光政 光盛 義唯 義近 義保 義当 義益 春政 光俊 義治 義雄）
大関〔丹治〕 ⑭108〜112（高清 家清 増次 高増 増晴 清増 資増 政増 高増 増広）
大須賀〔平〕 ②89〜94（康高 忠政 忠次）
大田〔菅原、医者〕 ⑮218〜220（宗清 宗隆 隆満 宗安 宗久 宗勝 勝重）
太田〔清和源〕 ③35〜46（頼政 仲綱 広綱 隆綱 国綱 資国 資治 資兼 資房 資清 資長 資康 資高 康資 重正 正重 資宗 資為 資周 資次）
太田〔藤原〕 ⑧105〜110（吉置 吉房 吉勝 吉正 吉胤 次勝 吉近 吉次 吉成）
太田〔藤原〕 ⑧110・111（正勝 正次 正直 正忠 正成）
太田〔藤原〕 ⑧111・112（正勝 正近 清正 宣重 正盛）
太田〔藤原〕 ⑧113・114（昌安 信昌 吉重 吉次 吉宗 吉家 吉竹 吉久 吉正 安正 貞正）
太田〔藤原〕 ⑧115（重光 康直 重吉 重元 康儀 康重）
太田〔藤原〕 ⑧116・117（成行 俊綱 有綱 康綱 信綱 広綱 秀頼 信盛 盛次）
大谷〔未勘〕 ⑮99（重次 定次 定利）
大津〔未勘〕 ⑮98・99（親次 勝正 勝重 重利）
大竹〔平〕 ⑦65（正吉 正成）
大竹〔平〕 ⑦66（正次）
大武〔平〕 ⑦64（冬重 重信 信次）
大田原〔丹治〕 ⑭101〜108（忠清 常清 元清 長清 盛清 吉清 定清 重清 康清 信清 次清 高清 胤清 資清 綱清 高増 資則 晴清 政清 増清 政継）
大野〔藤原〕 ⑪32（良勝 一勝）
大橋〔文徳源〕 ⑭55〜57（重治 重慶 重保 重政 重信）
大橋〔藤原〕 ⑪125・126（親俊 親勝 親善 親宗）
大原〔宇多源〕 ⑬118（資直 虎資 資盛 資次 資政）
大平〔橘〕 ⑭165〜167（俊家 家次 俊堅 俊宗）
大村〔藤原〕 ⑨198（純御 徳純 純治 純伊 純前 純忠 喜前 純頼 純信）
大森〔清和源〕 ③181〜183（親好 好治 好長 好輝 重長）
大森〔藤原〕 ⑨1〜7（道隆 伊周 忠親 惟康 親康 親家 頼忠 行頼 経頼 惟頼 頼顕 藤頼 頼明 頼春 証実 氏頼 実雄 実頼 藤頼 泰頼 泰次 泰定 定頼 頼直 頼道）
大屋〔藤原〕 ⑧191・192（吉直 吉正 正利 之政 之次 次吉）
岡〔小野〕 ⑭193・194（孝貞 孝俊 孝直 孝興 孝賀 孝房）
岡〔小野、医者〕 ⑮129・130（孝貞 孝俊 孝直 孝興 孝賀）
岡〔藤原、医者〕 ⑮212（家俊 家重 家成 寿元）
岡上→オカノボリ
岡谷〔藤原〕 ⑪209（法泰 泰信 泰重 重信）
小笠原〔清和源〕 ④134〜166（清和天皇 陽成天皇 貞固親王 貞元親王 貞保親王 貞平親王 貞純親王 経基王 満仲 頼光 頼親 源賢 頼信 頼義 義家 義綱 義光 義業 義清 盛義 親義 実光 祐義 覚義 清光 師光 光長 信義 遠光 義定 清隆

長義 厳尊 義行 義成 信清 義氏 光朝 長清 光行 光清 光俊 長経 長房 長綏 長光 清家 時長 朝光 教意 為長 行長 清時 長澄 長忠 清経 長持 長能 尊重 長実 観照 盛長 長村 長政 長冬 忠綏 顕雲 長氏 長朝 長直 長廉 長義 長数 泰清 宗長 泰氏 長綱 兼頼 政宗 光宗 長興 経氏 貞宗 宗隆 政長 宗政 宗満 政経 長基 清政 氏長 長秀 長将 長義 政康 持長 宗康 政秀 光康 慶侍者 長宗 朝康 清宗 宗蔵主 宗則 政豊 長朝)

小笠原〔清和源〕 ④166～192(長朝 光政 貞朝 貞政 喩益 覚性 長棟 定政 統最 長利 長時 信定 清鑑 貞種 統虎 長隆 貞次 貞慶 秀政 忠脩 忠政 忠知 忠根 忠敦 重直 直次 重長 貞政 長之 長安 長次)

小笠原〔清和源〕 ④193～209(長清 長経 長忠 長政 長氏 宗長 貞宗 政長 長基 長秀 政康 宗康 光康 家長 定基 貞忠 信貴 信嶺 信之 政信 貞信)

小笠原〔清和源〕 ④208(長基 長秀 長将 政康 持長 宗康 政秀 光康)

小笠原〔清和源〕 ④208・209(長基 長将 持長 長秀 政康 宗康 光康)

小笠原〔清和源〕 ④209・210(信嶺 信之 政信 信政 信由 信凭 信安)

小笠原〔清和源〕 ④211・212(貞忠 信高 信嶺 長臣 長重 長泰 良隆 泰政)

小笠原〔清和源〕 ④212～214(広正 広重 信元 広忠 広勝 広安 信重 信盛 信吉)

小笠原〔清和源〕 ④215～217(安元 安次 安勝 安村 安広 安勝 広勝 広信 広正)

小笠原〔清和源〕 ④218 (義正 義次)

小笠原〔清和源〕 ④219・220(元続 康広 長房 長真 元定 義勝)

小笠原〔清和源〕 ④221 (正直 直光)

小笠原〔清和源〕 ④222(通政 盛政 貞利)

小笠原〔清和源〕 ④223～225(長清 長経 清経 安経 経顕 氏常 常興 経光 武経 満経 教経 経隆 朝経 政経 経智 貞経 経治 貞則 貞治)

小笠原〔清和源〕 ⑤20 (高広)

岡田〔清和源〕 ④39・40 (利長 利治 重治 利重)

岡田〔清和源〕 ④40・41 (利治 利次 利永 利昌 利直)

岡田〔清和源〕 ⑤98(重能 善同 善政)

多門〔嵯峨源〕 ⑭52～54 (重則 重利 重信 重正 信清 成正 正成 信正 正吉 正勝 正友 正永 正清 信利 清董 利正)

岡野〔平〕 ⑥86～93 (泰行 融成 房恒 成明 成恒 房次 英明 孝明 貞明)

岡上〔藤原〕 ⑪208 (景行 景親 景親)

岡部〔小野〕 ⑭190～192 (忠秀 忠吉 吉正 忠房 正次 吉澄 吉房 吉次)

岡部〔藤原〕 ⑨241～249(武智麿 乙麿 是公 雄友 弟河 高扶 清夏 維幾 為憲 時理 時信 維永 維清 維綱 清綱 泰綱 忠綱 長綱 家綱 康綱 照綱 時綱 良喜 常慶 正綱 長盛 宣勝 与賢 長政 久高 寿昌 行隆 高成)

岡部〔藤原〕 ⑨249・250 (長次 吉次 盛次 元重)

岡部〔藤原〕 ⑨251・252 (貞綱 長綱 一綱 永綱 正綱 重綱)

岡本〔橘、医者〕 ⑮190～192(宗純 空

請 玄治 玄琳 寿仙）
岡本〔藤原〕 ⑨61～63（正重 正親 照富 正富 義保 保真 清通 義政）
岡本〔藤原〕 ⑨64（秀候 高盛 高候）
岡谷→オカガヤ
岡山→吉良〈一色〉
小川〔清和源〕 ⑤248（頼重 重次 重勝）
小川〔藤原〕 ⑧126～138（正保 正吉 長正 長保 安吉 忠保 安則）
小川〔藤原〕 ⑧138～141（家次 次吉 政勝 政吉）
小川〔藤原〕 ⑧141（正信 正長）
小川〔藤原〕 ⑧142（氏綱 氏行）
興津〔藤原〕 ⑩16・17（為憲 時理 時信 維永 維清 清房 維道 忠能 忠行 宗能）
荻原〔小野〕 ⑭201・202（正明 昌重 昌世）
大給松平→松平〈大給〉
奥〔平、医者〕 ⑮228～230（盛興 盛時 盛治 盛良 宗悦）
奥田〔藤原〕 ⑩183（忠高 忠次 忠一 忠虎）
奥平〔平〕 ⑥135～143（貞俊 貞久 貞昌 貞勝 貞能 貞治 信昌 昌勝 家昌 家治 忠政 忠隆 忠明 忠昌）
奥山〔平〕 ⑦51・52（重定 重成 重次 重治）
奥山〔藤原〕 ⑨254・255（重和 重次 安重 重正）
小倉〔清和源〕 ⑤264（正庵 吉次 吉正 正信）
小倉〔宇多源〕 ⑬126・127（重正 正勝 正能 正次 正守 正直）
小栗〔清和源〕 ①193～196（忠政 吉次 吉忠 政信 信由 信政 信友 忠次 忠勝 信勝 信房）
小栗〔平〕 ⑥105～107（繁盛 維幹 為幹 重幹 重家 重能 重成 重広 重朝 重信 頼重 重宗 重政 重貞 重顕 重秀 重家 重光 重行 重勝 重清 重益 詮重 氏重 基重 満重 助重 重弘 重久 真重 重昌 憲重 正重 正次 正盛）
小栗〔平〕 ⑥107・108（正勝 正信 正重 正利）
小栗〔平〕 ⑥108・109（久次 政次 久俊 久成 政俊）
小栗〔平〕 ⑥109・110（久勝 久玄）
小栗〔平〕 ⑥110（元久 元次 元重）
小坂〔清和源〕 ⑤208～210（政吉 雄吉 雄長 雄忠）
尾崎〔清和源〕 ⑤221・222（成吉 正友 信重 信正 久重 正勝）
長田〔平〕 ⑦55～58（白次 白吉 忠勝 勝重 勝吉 勝綱 忠家 吉正 重政 白茂 白久 白勝 白信 白政 正吉 白次 白重 白広）
長田〔平〕 ⑦58・59（吉久 吉広 吉次）
小佐手〔清和源〕 ④46～49（信義 忠頼 兼信 有義 信光 朝信 信忠 信政 信時 時綱 信宗 信武 信成 信春 信満 信重 信守 信介 永信 信行 信広 信房 信家 信次 信忠）
小沢〔清和源〕 ①198・199（重吉 忠重 忠秋 重秋）
小沢松平→小沢
押田〔清和源〕 ②227・228（胤定 吉正 豊勝）
尾関〔清和源〕 ⑤223（勝平 貞平 正平）
織田〔平〕 ⑥9～24（桓武天皇 平城天皇 嵯峨天皇 淳和天皇 葛原親王 高棟 高見 高望 良望 貞盛 維衡 維将 正度 正衡 正盛 忠盛 清盛

重盛 維盛 妙覚 資盛 盛綱 親真 親基 親行 基行 行広 末広 広定 基実 広村 真昌 常昌 昌之 常勝 教広 常任 勝久 久長 敏任 敏定 敏信 信安 敏宗 定宗 信宗 敏成 重宗 敏隆 信定 信秀 信康 信光 信成 信昌 千 信実 信次 信広 信長 信行 信澄 昌澄 元信 信高 信包 信重 直政 雪貞 信則 信勝 信当 信治 信時 信与 秀孝 秀成 長益 長孝 長則 頼長 長好 俊長 長次 長政 長定 尚長 長種 大善院 長利 信忠 秀信 秀則 信雄 信孝 秀勝 勝長 勝良 信秀 重治 信高 高重 信吉 了甫 信貞 貞置 信好 長次 秀雄 高雄 信良 信昌 信友 信尚 友貞 信為 良雄 長雄)

織田〔平〕 ⑥25 (常高 順俊 順元 順高)

小田切〔清和源〕 ⑤252～254(昌成 昌吉 昌次 昌直 昌快 昌勝)

小田切〔清和源〕 ⑤254・255(光季 光猶 須猶)

小知→コチ

越智〔清和源〕 ⑤268・269(吉政 吉直 吉長 吉広 吉次)

落合〔清和源〕 ③129 (正宅 正安 安吉)

落合〔藤原〕 ⑪233～235 (道久 道次 道勝)

小野〔小野〕 ⑭185～187 (忠重 重行 重光 重房 重兼 兼忠 忠高 重景 重高 高継 高政 高盛 高行 高幸)

小野〔小野〕 ⑭188・189 (義光 親光 高光 高政)

小野〔小野〕 ⑭189・190 (貞則 貞勝 貞正 貞武)

小野〔藤原〕 ⑩134 (重 忠明 忠常)

小長谷→コナガヤ

小幡〔平〕 ⑥230～233 (氏行 崇行 高行 師行 有行 憲行 方行 憲隆 憲高 景高 定高 実高 顕高 憲重 信実 直之 重昌 高昌)

小幡〔平〕 ⑥233～258 (盛次 虎盛 昌盛 昌忠 在直 景憲 昌重 縄松)

小幡〔藤原〕 ⑨64・65 (正俊 正次 正忠)

小浜〔藤原〕 ⑪229～232 (景隆 光隆 守隆 安隆 嘉隆 利隆 直隆)

小尾〔清和源〕 ④78～83 (胤時 祐光 胤久 胤卜 胤清 光重 重久)
→津金ヲ参照

小尾〔清和源〕 ④84・85 (正秀 重正 正直)

小俣〔清和源〕 ⑤246(政重 政信 政勝 政利 政輝 政貞)

小山〔藤原〕 ⑧190・191 (行定 行正 行直 行次)

折井〔清和源〕 ⑤21～24 (次俊 次久 次昌 次忠 次吉 政次 政勝)

折井〔清和源〕 ⑤25 (門安 門光 次正 門次)

カ

甲斐庄〔橘〕 ⑭151・152 (正治 正房 正述)

加々爪〔藤原〕 ⑦195～198(朝定 顕定 氏定 朝顕 満朝 満定 政定 忠定 政泰 泰定 政豊 政尚 保忠 忠澄 直澄 信澄 定澄)

加々美〔清和源〕 ④276・277(正光 正吉 正次)

垣部〔藤原〕 ⑪250 (吉勝 吉次)

筧〔藤原〕 ⑫1～5(重忠 正重 正長 重成 元成 為春 元勝 重勝 正忠 政

次 正成 正重 正真 正近 正時 政直)

蔭山〔清和源〕 ②7〜9（尊氏 基氏 氏満 満兼 持氏 持仲 満直 満隆 満貞 満秀 義久 春王丸 安王丸 成氏 成潤 周昉 守実 尊徹 広氏 広親 広忠 家広 忠広 氏広 貞広 持広)

笠原〔平、医者〕 ⑮244・245(重次 宗印 重吉 養泉 養琢 養孤)

笠原〔藤原〕 ⑪9・10(信為 康勝 照重 重政 信重 信定 為次)

梶〔平〕 ⑦37・38(正道 正勝 正直 定治 正成 宣総)

梶川〔平〕 ⑥35・36（忠助 忠久 正次 正重 忠正 正俊)

梶川〔平〕 ⑥37〜39（高秀 高盛 一秀 秀利 分勝 分好 勝重 重昌 重良 秀盛 分重)

春日〔藤原〕 ⑫41〜44（行元 景定 家吉 家次 家春 家定)

糟屋〔藤原〕 ⑨199〜201（冬嗣 良方 元方 久季 家季 義忠 光綱 盛久 久綱 盛時 延時 忠清 頼忠 真忠 行忠 泰忠 範忠 忠安 相喜 政忠 吉成 吉勝)

片桐〔清和源〕 ⑤123〜126(満快 満国 為満 為公 為基 為行 為遠 為長 景重 為信 為家 為俊 為清 為直 源祐 為頼 為真 直重 直貞 直盛 元包 為元 貞隆 貞昌 貞晴)

形原松平→松平〈形原〉

片山〔清和源、医者〕 ⑮176〜181（頼親 頼房 頼俊 頼治 親弘 親治 有治 頼仲 頼次 実綱 実時 行綱 俊実 宗僊 宗哲 宗琢 宗実 利実)

勝→スグロ

勝部〔宇多源〕 ⑬125(正則 正信 尚正 正房 正次)

勝矢〔清和源〕 ⑤236・237（利政 利綱)

勝矢〔清和源〕 ⑤237・238(利政 政次 利通 利元)

勝屋〔未勘〕 ⑮88・89（正次 正茂 正成)

加藤〔藤原〕 ⑨70・71（嘉明 明成 明利 明勝 明友)

加藤〔藤原〕 ⑨71〜77（光泰 貞泰 光直 光定 泰興 直泰)

加藤〔藤原〕 ⑨77・78（常正 重常 重正 重勝 忠重 重長)

加藤〔藤原〕 ⑨79〜82（利成 利正 正任 正信 正勝 正吉 正成 正次 正重 正之)

加藤〔藤原〕 ⑨83(氏次 則勝 則吉 則次)

加藤〔藤原〕 ⑨84・85（忠正 正茂 正信 正綱)

加藤〔藤原〕 ⑨85・86（正成 光成 成之 正方 良勝 成勝 正勝)

加藤〔藤原〕 ⑨87（包秋 通有)

加藤〔藤原〕 ⑨88・89（正成 正次 正信)

加藤〔藤原〕 ⑨89・90（頼景 景俊 景元 景親 景重 景治 景吉)

加藤〔藤原〕 ⑨91・92（正久 正重 正直 正勝 正長)

加藤〔藤原〕 ⑨92・93（成吉 成次 成久)

加藤〔藤原〕 ⑨93・94（一義 一重 義休)

加藤〔藤原〕 ⑨94・95（吉房 吉次 吉正 吉延)

加藤〔藤原〕 ⑨95・96（光重 光末 光治 治次)

加藤〔藤原〕 ⑨96・97（吉次 保次 保

貞)

加藤〔藤原〕 ⑨97・98（正重 正則）

加藤〔藤原〕 ⑨98・99（忠景 景正 正重 正次）

加藤〔藤原〕 ⑨99・100(正安 正忠 正長 正勝)

加藤〔藤原〕 ⑨100（吉正 吉久）

加藤〔藤原〕 ⑨101（正則 正方 正直）

角南→スナミ

金丸〔藤原〕 ⑪246（忠次 久次 重次 重久）

金森〔清和源〕 ⑤151～157(長近 可重 長則 重近 重次 重直 重頼 可次 重勝 重義 頼直 重利)

金田〔平〕 ⑦39・40（正祐 祐勝 正勝 正吉 正長 吉次 吉時 正成）

兼松〔藤原〕 ⑩100～107（秀清 正吉 正勝 正成 正行 正広 正尾 正栄 正方 正長 正春 正直）

金保〔丹波、医者〕 ⑮245～248（康頼 俊雅 俊通 季俊 俊忠 保通 時通 経俊 重俊 資俊 昌俊 良俊 良国 良任 長俊 冬康 師康 兼康 頼定 頼豊 頼秀 頼量 頼直 頼景 頼慶 頼重 頼元 頼仲 頼房 玄泰）

鎌田〔藤原〕 ⑧189・190（正久 正用 正綱）

神尾→カンオ

神谷〔藤原〕 ⑪158～160（清次 清正）

神谷〔藤原〕 ⑪160～162（吉久 長直 三正 三盛 正次）

神谷〔藤原〕 ⑪162（直清 直次）

神谷〔藤原〕 ⑪163（正利 正昌 正次 次重）

神谷〔藤原〕 ⑪164（政利 政直 政成 政久）

亀井〔宇多源〕 ⑬128～141(秀義 義清 泰清 頼清 泰信 公清 義綱 政道 宗清 誠勝 浄光 高忠 泰重 泰敏 惟宗 永綱 幸盛 茲矩 政矩 茲政 経矩)

加茂宮〔藤原〕 ⑪185・186(直勝 直清 直重 直政 直定)

川井〔未勘〕 ⑮77・78（昌勝 昌俊 昌等）

川井〔未勘〕 ⑮78・79（久定 久吉 久宗 久次）

川合〔藤原〕 ⑪19(政俊 政忠 政吉 政信)

河勝〔秦〕 ⑭240～242（広隆 継氏 秀氏 知氏 重氏 将氏 重氏 長氏 広綱 広尚 広明 広有）

川上〔藤原〕 ⑪17（直重 直縄 直久）

川口〔平〕 ⑦83～85（宗定 宗吉 宗勝 宗信 宗重 宗次 宗世）

川口〔平〕 ⑦86（近次 正武 正信）

河窪〈武田〉〔清和源〕 ④13～33（義光 義業 義清 清光 光長 信義 遠光 光朝 光定 長清 光行 光経 光俊 長経 清胤 阿一 長光 長家 時長 朝長 朝光 行長 清時 長隆 円清 義定 清隆 隆義 隆頼 隆時 長義 行義 義継 義俊 行信 信継 義成 源尊 信清 長光 忠頼 兼信 有義 信光 朝信 信忠 信政 信長 光家 義長 頼長 信経 信行 時信 義行 信隆 正隆 時隆 信賢 泰嗣 信平 信基 信快 光経 貞経 信経 信時 政綱 信盛 政長 信泰 信綱 時綱 信実 時平 政頼 貞頼 光時 信宗 信武 信成 信明 春明 信丁 明仲 信弘 信直 昌義 信家 高算 氏信 信在 信守 公信 義武 武明 満信 信春 基信 武春 武続 信通 信明 満春 頼武 満頼 大廈 信清 信満 成春 満春 信継 信久 法阿弥陀仏

法久 信久 信元 信重 信長 信康 宗印 信景 信経 信慶 信賢 信広 信安 信守 信介 信県 信永 信堯 信風 永信 基経 賢信 信興 信文 周檜 以珍 信昌 信縄 信恵 信貞 信友 縄美 信勝 信賢 宗存 信虎 信友 晴信 義信 勝頼 信勝 龍芳 盛信 義久 信繁 信豊 信基 信綱 信是 宗智 信実 信龍 信俊 信雄 信種 信房 信宅 信次 信通 信本 信貞 信安）

河島〔藤原、医者〕 ⑮225・226（重行 重勝 了後）

河島〔未勘、茶道〕 ⑮259〜261（長成 長俊 周存 善貞 正成）

川添〔宇多源〕 ⑬124（正俊 重次 重勝）

川田〔藤原〕 ⑩169（貞次 貞則）

河田〔藤原〕 ⑩168（泰親 政親 親重）

河内→コウチ

河西〔未勘〕 ⑮97（満秀 慶秀 親秀）

河野〔藤原〕 ⑪18（治正 治元）

河野→コウノ

河村〔藤原〕 ⑧168（重政 重貞 重信 重勝 重次）

河村〔藤原〕 ⑧169（重久 重正）

神尾〔藤原〕 ⑪144〜146（元久 元重 久吉 忠重 忠成 守世 守勝 守重 守政 守利）

神尾〔藤原〕 ⑪146〜155（元近 元次 元保 忠直 元勝 元直 元真 元茂）

神尾〔藤原〕 ⑪155・156（利勝 長定 吉勝 長勝）

神尾〔藤原〕 ⑪156・157（信房 房成 保重 保次）

神尾〔藤原〕 ⑪157・158（幸忠 幸勝 光忠）

神田〔平〕 ⑦43・44（正友 正高 正俊 正重 正胤 正次）

キ

岸〔安倍〕 ⑫248（正吉 正久）

貴志〔安倍〕 ⑫247・248（正成 正久 正吉 正盛 正勝 政尚）

北見→喜多見

木田見→喜多見

喜多見〔平〕 ⑥176〜180（重長 重盛 武重 重方 重持 泰重 長門 高重 康重 重廉 重広 定重 信重 広重 門重 常先 頼忠 朝忠 勝忠 正忠 重恒 重勝）

喜連川〔清和源〕 ②1〜6（貞純親王 経基王 満仲 頼信 頼義 義家 義国 義康 義兼 義氏 泰氏 頼氏 家時 貞氏 尊氏 義詮 基氏 氏満 満兼 持氏 成氏 政氏 高基 晴直 義明 頼純 晴氏 義氏 氏女 国朝 頼氏 義親 尊信 義勝 義照 義久 晴克）
→宮原ヲ参照

木内〔藤原〕 ⑩243（蕃吉 蕃正 蕃久）

木下〔豊臣〕 ⑭79〜82（家定 勝俊 利房 延俊 俊定 秀秋 俊治 延次 利当 利次）

木下〔藤原、医者〕 ⑮134・135（栄以 玄陶）

木部〔小野〕 ⑭200（直方 直春）

木村〔宇多源〕 ⑬59（清定 清政 清長）

木村〔宇多源〕 ⑬60（良盛 良綱 盛信）

木村〔宇多源〕 ⑬61（長忠 長正 長吉）

木村〔宇多源〕 ⑬61・62（勝重 勝正 勝清 勝吉）

木村〔宇多源〕 ⑬62〜64（吉次 吉真 吉正 久正 吉房 吉重 元正 勝元 元宣 保元）

木村〔藤原〕 ⑧29〜33（有綱 基綱 為

景 広綱 信綱 雅綱 秀頼 時綱 時親 信経 治綱 行経 行親 義綱 度綱 延綱 度直 信重 信政 秀経 員綱 定綱 信治 信茂 信直 茂綱 秀綱 秀治 秀延 房綱 信澄 持久 高光 信久 光行 則綱 光久 英綱 為信 信清 信年 宗綱）

京極〔宇多源〕 ⑬65〜77（宇多天皇 敦実親王 扶義 成頼 章経 経方 為俊 秀義 定綱 経高 盛綱 高綱 義清 信綱 泰綱 氏信 満信 宗氏 高氏 高秀 高詮 高光 持清 政光 高清 高峯 高秀 高吉 高次 忠高 高政 高和 高知 高広 高道 高供 高昌 高三 高冲 満吉 高国 高治 高勝）

清野〔清和源〕 ⑤29・30（満成 満波 満久）

吉良〈荒川・一色・岡山〉〔清和源〕 ②10〜15（義家 義国 義康 義兼 義氏 長氏 義継 泰氏 満氏 貞義 満義 有信 貞弘 満貞 有義 尊義 朝氏 持長 持助 義藤 義春 持清 持広 俊氏 義尚 義真 義信 義元 義堯 義郷 義安 義昭 義定 義弥 定安 定堅 義冬 弥清）

ク

久貝〔藤原〕 ⑪127・128（正好 正勝 正俊 正長 正信 正重）

九鬼〔藤原〕 ⑩202〜209（隆良 隆基 隆次 泰隆 定隆 浄隆 澄隆 嘉隆 守隆 良隆 貞隆 隆季 久隆）

日下〔日下部〕 ⑭147・148（宗勝 宗忠 宗重）

日下部〔日下部〕 ⑭145〜147（定好 宗好 定勝 定久 正冬 正定 宗正 定芳）

福島〔清和源〕 ③127・128（為基 為忠 重次 為信）

福島〔清和源〕 ③128（正定 勝重）

福島〔平〕 ⑥74・75（頼光 頼国 頼綱 国直 国政 国時 国盛 国綱 国氏 国親 国基 基宗 基仲 基成 親成 繁成 基正 正成 綱成）

久志本〔度会、医者〕 ⑮181〜188（天御中主尊 天八下尊 天三下尊 天合尊 天八百日尊 天八十万魂尊 神皇産霊尊 櫛真乳魂命 天曾己多智命 天嗣桙命 天鈴桙命 天御雲命 天牟羅雲命 天岐与命 天日別命 彦国見賀岐建与来命 彦田都久祢命 彦楯津命 乙若子命 爾佐布命 彦和志理命 阿波良波命 乙乃子命 飛鳥 少庭 調 吉田 志古夫 御気 兄虫 虫名 清足 御原 勝弁 高主 春彦 龝並 行相 常相 延兼 季光 常親 常季 常任 常行 彦雅 彦長 彦通 彦重 常春 常朝 宗慶 智淵 常直 常保 常宗 常好 常郷 常員 常光 党真 常顕 常範 常亮 常元 常衡 常勝 常諄 常広 常兼 常辰 常弘 常孝 常依 常興 常尹 常良 常尚）

久世〔村上源〕 ⑬220〜230（具通 通宣 清通 通博 豊通 広通 広長 広政 長宣 忠直 広宣 正次 忠郷 広当 勝宣 広之 広郷 広重 広賢）

朽木〔宇多源〕 ⑬87〜100（秀義 定綱 経高 盛綱 高綱 義清 厳秀 能恵 広綱 定重 定高 信綱 広定 時綱 行綱 頼定 定厳 定賀 重綱 高信 泰綱 氏時 泰信 頼綱 胤信 頼信 氏綱 義綱 有信 義氏 時綱 頼氏 氏時 時綱 高親 貞清 稙綱 貞綱

元綱 宣綱 茂綱 高通 良綱 友綱 正綱 植綱 季綱）
久保〔藤原〕 ⑪131〜133（勝近 勝正 勝房 勝重 勝清 勝氏 勝隆 勝成 勝重 勝時 勝時 勝次）
久保〔藤原〕 ⑪134・135（利次 利正 正友 正之 正信）
窪田〔清和源〕 ⑤11・12（正俊 正成 正次）
久保田〔清和源〕 ⑤45・46(吉綱 吉続 吉政 吉長)
久保田〔清和源〕 ⑤46・47(直重 吉正 正久 吉久 正重 通正 直盛 盛勝 正綱)
久保田〔清和源〕 ⑤48（正吉 久吉 久重 久次 正次）
熊谷〔平、医者〕 ⑮221〜223(慶祐 寿仙 宗祐 慶伝 伯元 宗伝)
熊沢〔藤原〕 ⑪143（吉定 吉重 吉勝 忠勝）
倉橋〔藤原〕 ⑪129・130（政勝 忠堯 久盛 忠政）
倉林〔藤原〕 ⑪142（友則 則房 正房）
栗原〔清和源〕 ④67〜69（信成 武続 信通 信明 信遠 信友 信重 信方 信頼 政長 忠重 清次 忠正）
栗屋〔未勘〕 ⑮102（吉秋 忠時）
久留〔平〕 ⑦71〜73（正重 正勝 正次 正吉 正親 次正 勝正）
久留島〔越智〕 ⑬33〜38（通堯 通義 通久 通直 通宣 通直 晴通 通宣 通直 通康 通之 吉清 通久 通総 通則 康親 通春 通清 通貞 宗盎）
紅林〔橘〕 ⑭155・156（吉治 吉直 吉永）
黒川〔小野〕 ⑭194・195（正秀 重正）
黒沢〔安倍〕 ⑫249〜253（頼良 井殿 貞任 宗任 官照 正任 重任 重秀 武任 武重 重良 重助 助頼 定助 定頼 元範 元経 直経 直信 信長 重長 重光 重久 定幸 重治）
黒田〔宇多源〕 ⑬39〜49（秀義 定綱 信綱 高信 氏信 満信 宗氏 宗満 高満 満秀 高清 宗信 高教 信長 高宗 重隆 識隆 孝高 長政 忠之 長興 高政）
黒田〔橘〕 ⑭163・164（広綱 久綱 光綱 直綱 用綱）
桑島〔藤原〕 ⑪240・241（親義 吉宗 吉成）
桑山〔藤原〕 ⑪41〜47（貞久 重晴 一重 元晴 清晴 貞晴 栄晴 貞晴 貞利 貞寄 一晴 一直 一玄）

コ

小泉〔清和源〕 ⑤239（吉次 吉明 吉綱）
小泉〔藤原〕 ⑩136・137（吉次 吉勝 吉綱）
小出〔藤原〕 ⑩118〜125（正重 秀政 吉政 秀家 三尹 重堅 重政 重明 堅吉 有棟 尹貞 三明 尹明 吉英 吉親 吉成）
五井松平→松平〈五井〉
幸田〔清和源〕 ③184(政治 継治 友治 清治)
河内〔平〕 ⑦117・118（常親 知親 胤盛 胤次 久次 吉久 胤正）
河内〔平〕 ⑦119（信次 信重）
河内〔平〕 ⑦119（正次）
河野〔越智〕 ⑬13〜15（通信 通久 通継 通有 通治 通朝 通堯 通之 通元 通春 通安 通房 通政 盛政 照長 照盛 照良 照辰 通重 通利 通成）

河野〔越智〕 ⑬15・16（通勝 通俊 通則）

河野〔越智〕 ⑬16・17（氏吉 氏房 氏勝 氏利 氏朝）

河野〔越智、医者〕 ⑮117・118（治伝 松安 良以 正円）

高力〔平〕 ⑥76～85（直実 直家 直重 直忠 忠重 直鎮 直氏 重直 清直 実家 長直 重実 実長 正直 重長 安長 重正 清長 正長 忠房 正重 長次 隆長 長房 政房）

国領〔藤原〕 ⑩135・136（政吉 一吉 吉次 吉綱 次光 次長）

小坂→オサカ

小佐手→オサデ

小島〔清和源〕 ⑤99・100（正重 忠余 正吉 正勝 正利 正朗）

小島〔清和源〕 ⑤100・101（貞延 賢広 重俊）

木造〔村上源〕 ⑬211・212（俊康 持康 教親 政宗 俊茂 具康 具政 長正 具次 勝雅 俊宣 俊次 俊雅）

小菅〔清和源〕 ⑤43・44（正吉 正成 正重 正武）

小知〔未勘〕 ⑮70（重俊 重周 正俊）

五島〔清和源〕 ④34・35（盛定 純定 純堯 純玄 盛利 盛次）

後藤〔藤原〕 ⑨149・150（実元 正勝 正成 正冬 正次 正俊）

後藤〔藤原〕 ⑨150（吉久 久次）

後藤〔藤原〕 ⑨151～153（長徳 慶弁 永久 忠正 忠直 吉勝 久利）

小長谷〔清和源〕 ⑤212～215（道友 時重 時友 時元 政平 正栄 正次 正則 時次 時連 時勝 重次 時尚 与満 時之）

小西〔宇多源〕 ⑬148～150（正隆 正重 正次 正治 正久 重利 正盛 正勝 盛俊 盛定）

小林〔藤原〕 ⑪112～121（重時 重次 重正 吉勝 重忠 重次 重勝 重信 重直 正吉 信吉 重勝 重成 重信 直次 正英 正定 正忠 正信 義次 正次 正直 正玄 正忠 正清 宗次 宗重 信勝 正安 宗信 正重 正勝 正武 忠重 正吉 正綱 正村 正生 正信 宗親）

小林〔藤原〕 ⑪121～123（貞俊 貞正 重正 政次 正次 政成 正弘 重宣 正重 正俊 重氏）

小林〔藤原〕 ⑪123・124（重正 重吉 重次）

小林〔藤原〕 ⑪124・125（家鷹 元長 元昌）

小堀〔藤原〕 ⑪107～112（光道 善光 直隆 直房 正房 正次 政一 正行 正春 正十 政代 政可 正之）

駒井〔清和源〕 ④72・73（政武 政直 親直 親昌）

駒井〔清和源〕 ④73・74（信為 勝英 昌長 昌保 長伴 長保 昌信）

駒井〔清和源〕 ④75（勝盛 勝正 勝重 勝定）

駒木根〔藤原〕 ⑩132・133（利政 政次）

五味〔藤原〕 ⑧9～11（盛豊 政義 豊直 政長）

小宮山〔清和源〕 ⑤39・40（吉定 吉次 吉成 吉広 吉重）

小宮山〔清和源〕 ⑤41・42（宣正 宣重 安重 宣勝 広正 勝親 安次）

小宮山〔清和源〕 ⑤42・43（吉次 吉重 昌重）

小山→オヤマ

権田〔藤原〕 ⑩174（泰長 泰清 泰成 泰朝）

近藤〔藤原〕 ⑦249～256（直満 満用 忠用 康用 秀用 用忠 用尹 用政 用清 用弘 季用 用可 用義 用将 用行 用一 貞用）
近藤〔藤原〕 ⑦256～258（重郷 重勝 正成 重直）
近藤〔藤原〕 ⑦259（正成 正利）
近藤〔藤原〕 ⑦259・260（吉成 吉忠 吉次 吉正）
近藤〔藤原〕 ⑦260（正勝 正玄）
近藤〔藤原〕 ⑦261（勝俊 勝久 勝利 勝重）
近藤〔藤原〕 ⑦262（秀登 秀勝 秀辰）
近藤〔藤原〕 ⑦262・263（秀正 登正）
近藤〔藤原〕 ⑦263（秀勝 正勝）
近藤〔藤原〕 ⑦264（正信）

サ

三枝〔三枝部〕 ⑮22～37（守国 守将 守久 守明 守氏 寛覚 寛海 長俊 守長 守泰 盛忠 盛迹 盛秀 景盛 景氏 盛政 盛親 守家 守春 守繁 行久 定久 守綱 虎吉 守龍 守之 守直 守友 守吉 守重 守知 守先 守信 守敦 守秋 国吉 国綱 守義 守秀 守広 昌吉 吉親 守次 守里 守光 守昌 守秋 守盛 守勝 頼増 守定 守行 守秀）
三枝〔三枝部〕 ⑮37～39（守英 守信）
三枝〔三枝部〕 ⑮39・40（守友 守吉 吉勝）
西郷〔清和源〕 ⑤163～167（正員 正勝 元正 清員 家員 忠員 康員 正員 延員 末員 用員）
斎田〔清和源〕 ⑤270・271（元定 元次 元勝 元政 元俊）
斎藤〔藤原〕 ⑨154～158（利三 利宗 三存 三友）
斎藤〔藤原〕 ⑨158～161（利基 信利 信吉 信正 信秋 信清 利次 利治 利政 利安）
斎藤〔藤原〕 ⑨161・162（久次 次綱 正久）
斎藤〔藤原〕 ⑨162（重吉 重成 正元）
斎藤〔藤原〕 ⑨163（義勝 義次 義久）
斎藤〔藤原〕 ⑨163・164（吉包 吉澄 吉勝 吉之）
斎藤〔藤原〕 ⑨164・165（政勝 政忠 政吉 忠勝）
斎藤〔藤原〕 ⑨165・166（政則 政刑）
斎藤〔藤原〕 ⑨166・167（信定 信忠 幸保）
坂〔清和源、医者〕 ⑮145～150（克角 九仏 十仏 士仏 日東 起宗 大勇 嘉邦 進月 定国 光国 惟天 忠存 重勝 淳己 忠順 以策 久伯 昌伯 三折 寿三 松碩 春也 立雪 覚胤 洞庵 桂巌 宗説 祖光 寿仙）
坂〔清和源、医者〕 ⑮150～154（士仏 起宗 浄快 浄秀 浄孝 浄喜 浄運 松賀 松千代 浄見 浄盛 浄忠 見玉 主栄 浄勝 浄慶 浄珍 徳隣 碩庵 浄元 元智 元格）
坂井〔平〕 ⑦106・107（成利 成政 成令 成将）
酒井〔清和源〕 ①220～231（広親 家忠 信親 家次 清秀 正親 重忠 忠利 忠世 忠季 忠永 忠正 忠恒 忠古 忠勝 忠吉 忠政 忠経 忠重 忠綱 忠正 忠久 忠次 忠朝 忠経 忠直 忠行 忠清 忠能）
酒井〔清和源〕 ①232～245（忠次 家次 康俊 信之 久恒 忠知 忠勝 直次 忠重 勝吉 了次 忠当 忠俊）
酒井〔清和源〕 ①245～248（勝忠 重元

重勝 重正 吉勝 政勝 定勝 勝貞 重之 重良 重頼）
酒井〔清和源〕 ①249（元重 元俊 元次）
酒井〔清和源〕 ①250（吉次 吉久）
酒井〔平〕 ⑥201・202（実秀 実明 昌明 実重 実次 実正）
酒井〔藤原〕 ⑩217～219（胤康 康治 重治 種治 豊治 勝治）
酒井〔藤原〕 ⑩219・220（隆敏 敏房 政辰 正次 正吉）
坂尾〔藤原〕 ⑩245（次吉 次政 次忠）
榊原〔清和源〕 ②81～89（清長 長政 康政 忠政 忠長 康勝 忠次）
榊原〔清和源〕 ②95～99（清長 長政 清政 康政 清定 重久 照久 照清 久重 久政 久近 久通 照直）
榊原〔藤原〕 ⑪215～221（経定 利経 元経 忠次 正久 正吉 正成 正重 正信 正晴 正之 正朝 正重 正次 正勝 正吉 正則 正勝 忠直 忠政 忠勝 忠真 忠久）
榊原〔藤原〕 ⑪221・222（定次 定吉 定正）
榊原〔藤原〕 ⑪222（秀信 信之 宣経）
榊原〔藤原〕 ⑪223（信次 元次 元義 元重）
榊原〔藤原〕 ⑪224（長富 長成 長勝）
坂上〔丹波、医者〕 ⑮175・176（志摯直 康頼 成雅 道雅 仲政 道広 長元 長清 宗円 長久 長慶 長昌 宗仙 長栄 長伝 長頤 長有）
坂部〔平〕 ⑦89～96（重勝 正利 正家 正定 広勝 正重 正盛 正直 正勝 勝宣 正忠 正勝 広利 言命 広近）
坂部〔平〕 ⑦100（重宗 宗次）
坂部〔平〕 ⑫51・52（正家 正重）
坂本〔清和源〕 ⑤49・50（貞重 貞次 貞吉 重安 貞俊）
酒依〔清和源〕 ④88・89（昌元 昌光 昌吉 昌次 吉政 昌重）
相良〔藤原〕 ⑩1～9（時文 維兼 維頼 周頼 光頼 頼寛 頼繁 頼景 長頼 頼親 頼俊 長氏 頼広 定頼 前頼 実長 前続 堯頼 長続 為続 長毎 長祇 長定 義滋 晴広 義陽 忠房 長毎 頼寛 頼在）
向坂〔清和源〕 ⑤197（長能 吉政 吉長 吉次 吉久）
向坂〔清和源〕 ⑤198（信吉 重吉 正吉）
向坂〔清和源〕 ⑤199（長勝 長政 政勝 政定）
佐久間〔平〕 ⑥216～220（盛次 盛政 安政 勝宗 安長 安次 勝政 勝之 勝年 勝盛 勝友 勝豊）
佐久間〔平〕 ⑥221（政実 実勝）
佐久間〔平〕 ⑥222～227（信晴 信盛 信辰 信好 正勝 信実 定良 信重 信俊）
桜井〔清和源〕 ⑤27～29（信定 信忠 信正 元俊 正松 正勝 信茂 信昌）
桜井〔藤原〕 ⑩210～214（勝光 勝次 勝成 勝政）
桜井〔藤原〕 ⑩215・216（守久 久忠 守長 守次 正吉 吉久 久重）
桜井〔藤原〕 ⑩217（政茂 政良）
桜井松平→松平〈桜井〉
座光寺〔藤原〕 ⑪214（為清 為時 為重 為真 為正）
篠瀬〔藤原〕 ⑪81・82（重吉 吉 吉次 吉久 直政）
佐々→サッサ
佐々木〔宇多源〕 ⑬175～183（宇多天皇 敦実親王 雅信 重信 寛信 寛朝 扶義 成頼 章経 経方 為俊 成

俊 行実 家行 行定 任誉 秀義 定綱 経高 盛綱 高綱 義清 厳秀 能恵坊 定重 定高 信綱 広定 定厳 時綱 義綱 行綱 定賀 頼定 重綱 高信 信俊 泰綱 氏信 頼綱 宗信 成綱 宗綱 時信 宗泰 氏頼 満高 満経 久頼 高頼 氏綱 定頼 高保 高実 義賢 義弼 賢永 高賢 高知 高重)

佐々木〔宇多源〕 ⑬183・184(重正 一正 元次 正次 正成 正信)

雀部〔清和源〕 ⑤265・266(重政 重良 重矩)

篠山〔大伴〕 ⑮7・8 (景助 資家 資友 資良 助正)

佐治〔平〕 ⑦79 (為次)

指田〔藤原〕 ⑩182 (久俊 久次 延久)

佐竹〔清和源〕 ③254~259(頼義 義家 義綱 義光 義業 昌義 隆義 秀義 義繁 長義 義胤 行義 貞義 義厚 義信 義盛 義人 義俊 義治 義舜 義篤 義昭 義重 義宣 義隆)

佐々〔宇多源〕 ⑬185~187(長治 長成 長重 長次 正成 隆直)

佐々〔宇多源〕 ⑬187・188(定政 定次 定吉)

佐藤〔藤原〕 ⑧176~180 (秀郷 千常 文脩 文行 公光 公脩 師清 師文 師則 師信 師治 元治 継信 忠信 経信 信則 堅忠 継成 成次 信成 吉成 続成)

佐藤〔藤原〕 ⑧180・181 (吉次 吉久 延吉 延重)

里村〔未勘〕 ⑮108・109 (昌休 昌叱 昌琢 昌程)

真田〔滋野〕 ⑭58~64(清和天皇 貞秀親王 幸恒 幸明 直家 重俊 幸真 幸盛 幸家 幸勝 幸親 幸広 幸氏 幸継 幸春 光之 幸重 幸康 幸遠 幸永 幸昌 幸信 幸定 幸秀 幸守 幸則 幸義 幸数 持幸 氏幸 幸棟 棟綱 幸義 幸隆 信綱 昌幸 信昌 幸政 信勝 幸信 幸吉 信幸 信政 信重)

佐野〔藤原〕 ⑧193~196 (秀郷 千常 文脩 兼光 頼行 兼行 成行 家綱 俊綱 忠綱 成俊 有綱 基綱 国綱 実綱 成綱 広綱 貞綱 資綱 師綱 重綱 季綱 盛綱 秀綱 泰綱 豊綱 昌綱 宗綱 天徳寺法印 信吉 定綱 直次 盛綱)

佐野〔藤原〕 ⑧197・198 (政重 政秀 政成 政勝 政一 正直)

佐野〔藤原〕 ⑧198~200 (正安 正吉 正長 正重 政次 政宣 政之 政成)

佐野〔藤原〕 ⑧200・201 (綱正 吉綱 安綱)

佐野〔藤原〕 ⑧201・202 (正吉 正世 正重 正勝)

佐野〔藤原〕 ⑧202・203 (政信 政次 政成)

佐野〔藤原、同朋〕 ⑮249~251 (秀郷 千常 文脩 兼光 頼行 兼行 成行 家綱 俊綱 忠綱 成俊 有綱 基綱 国綱 実綱 成綱 是綱 忠次 正重 正長)

佐橋〔藤原〕 ⑩227~230 (吉忠 吉久 吉次 吉勝 吉政 吉春 吉景 吉茂)

沢〔清和源〕 ⑤266・267 (真正 真俊 真吉 真次 真久 真清 真定 真利 真重 清貞)

沢〔菅原〕 ⑫108・109 (景宗 宗重 宗久 久吉)

沢〔藤原〕 ⑫14 (重次 重成)

沢〔藤原〕 ⑫14・15 (吉縄 吉宗 吉久 吉惟)

佐脇〔清和源〕 ⑤219・220(安連 安信 安雅)

佐脇〔未勘〕 ⑮83・84 (安連 安信 安雅 安重)

佐原〔平〕 ⑥133 (泰信 吉久 良之)

佐原〔平〕 ⑥134 (元久 元次 元村)

シ

塩入〔未勘〕 ⑮76・77 (重顕 重信 重成)

志賀〔清和源〕 ①256～258(教豊 政豊 豊継 豊一 政近 政継 定継 定勝 豊定 定重)

重田〔藤原〕 ⑩176・177 (守国 守秀 守光 守久 守信 守定 守真 守忠)

鎮目〔清和源〕 ⑤37～39 (惟真 惟明 惟吉 惟清 惟忠 惟貞 惟重 惟正)

設楽〔菅原〕 ⑫99～101(貞次 貞好 貞明 貞長 貞重 貞道 貞清 貞信 貞政 貞代 貞時 貞利 貞辰)

設楽〔菅原〕 ⑫102 (能久 能重 能業 能政 能利)

品川→今川〈品川〉

柴田〔清和源〕 ⑤172～174(政之 康忠 康長 康久 康重)

柴田〔清和源〕 ⑤175～177(勝家 勝政 勝豊 勝重 勝次 勝定 勝興 信勝 勝利 行重 勝忠)

柴田〔藤原〕 ⑩173 (正重 正吉 正信)

柴村〔平〕 ⑥175・176 (泰雄 直正 正次 正重)

芝山〔安倍〕 ⑫254 (正親 正信)

芝山〔清和源〕 ⑤220・221 (正次 正知)

柴山〔安倍〕 ⑫253 (吉次 正信)

渋江〔平、医者〕 ⑮188・189(景胤 好胤 長喜)

渋谷〔藤原〕 ⑨203 (真久 真貞 真次)

島〔平〕 ⑥26・27(信定 信正 一正 正直 三安 正利)

島〔藤原〕 ⑫7～9(元成 元政 元利 正成 正次)

島津〔清和源〕 ②130～170(為義 義朝 頼朝 頼家 公暁 実朝 忠久 能直 忠季 忠経 忠義 忠綱 忠景 忠宗 忠秀 忠継 忠直 泰忠 時忠 時忠 光忠 忠連 忠継 忠真 宗久 久経 高久 忠康 忠佐 久時 忠経 久氏 宗長 忠継 忠光 俊忠 久兼 忠宗 忠長 久清 忠親 久氏 久義 久親 親久 久幸 久次 十忠 久国 勝久 教久 貞久 忠氏 忠光 忠直 氏儀 久親 時久 久有 資久 資忠 久泰 頼久 親久 家久 宗久 師久 伊久 守久 忠朝 久照 久世 久安 忠安 光久 治久 祐久 久廉 久次 忠親 氏久 光久 氏忠 元久 仲翁 久豊 忠国 用久 季久 有久 豊久 友久 忠幸 立久 久逸 善久 勝久 清久 守棟 忠弘 頼久 湖月 天祐 忠昌 忠治 忠隆 勝久 忠良 貴久 忠将 以久 彰久 重時 忠興 尚久 忠長 忠倍 久元 義久 義弘 歳久 忠親 常久 久慶 家久 豊久 忠栄 久保 家久 忠清 光久 忠平 久直 忠弘 忠共 忠紀 重永 久雄 政由 忠良 忠隆 久立 貞昭 久尚)

島田〔清和源〕 ③100～104(頼清 頼康 満貞 重次 成重 直次 直正 直時 直次 時郷 利氏 利正 重利 利世 利宣 利喜 利春 利木 利直 利近)

清水〔清和源〕 ③125・126(正親 熙政 熙豊)

清水〔清和源、医者〕 ⑮118・119 (道宣 宗祐 宗巴 瑞室 宗見)

清水〔藤原〕 ⑩237・238（家次 政吉 政利 吉春）
志村〔高階〕 ⑭229～231（高市親王 長屋王 桑田王 磯部王 石見王 峯緒 茂範 師尚 資広 資則 資良 資只 資長）
下島〔末勘〕 ⑮75・76（政茂 政真 与政）
下曾祢〔清和源〕 ④50・51（信重 賢信 信正 信由 信定）
下山〔清和源〕 ④232・233（光次 正次 重次 勝盛 朝光 光直 直次）
城〔平〕 ⑥101～104（国香 繁盛 維茂 繁成 貞成 永基 助国 助永 長茂 資盛 貞茂 景茂 繁茂 俊茂 昌茂 重茂 宗茂 清茂 信茂 朝茂 時茂 高茂）
→玉虫ヲ参照
庄田〔平〕 ⑥188・189（安信 安照 安勝）
諸氏総目録 ⑫57～69
進〔村上源〕 ⑬207～209（則村 則祐 義則 義雅 性存 政則 義村 晴政 成村 成季 成時 成政 成秀）
神〔藤原〕 ⑫6（忠政 忠次 忠政）
新庄〔藤原〕 ⑧143～157（秀郷 千晴 千国 千種 千明 千清 千常 千方 頼清 頼俊 行俊 俊成 季俊 季方 季家 俊季 惟季 俊宗 俊成 俊正 俊安 俊平 俊経 俊景 俊綱 俊行 末綱 資綱 宗俊 遠俊 胤俊 俊名 正俊 高俊 秀遠 詮遠 光遠 斉金 遠明 恵呈 照長 遠久 舜喜 高遠 季遠 清遠 宗印 直俊 高直 直嗣 直寛 直昌 直頼 直忠 直氏 直興 直寿 直定 直綱 直方 秀信 直房 直長 直時 直好 直之 直治 直常）
進藤〔藤原〕 ⑨176・177（政直 正次 正成 正忠）
神保〔惟宗〕 ⑭215～217（茂政 則茂 茂勝 茂定 春茂 相茂 茂安）
神保〔惟宗〕 ⑭217・218（氏張 氏長 氏勝 氏信）
神保〔惟宗〕 ⑭219～221（政長 長利 重利 長政 政利 重時）
神保〔惟宗〕 ⑭221・222（定家 定宗 定好）
新見〔清和源〕 ④92～94（正吉 正重 正成 義清 正信 正勝 正盛 正次 正種 義正）
新見〔清和源〕 ④94・95（政成 政勝 正次）

ス

末高〔藤原〕 ⑪244（正長 正久 正宣 正勝）
末吉〔藤原〕 ⑪36・37（利方 吉安 長方 長明）
菅波→スゲナミ
菅沼〔清和源〕 ③8～19（勝利 勝次 定盈 定仍 定成 定芳 定武 定官 定昭 定治 定恒）
菅沼〔清和源〕 ③19～21（定吉 定俊 定則 定信 定政 定勝）
菅沼〔清和源〕 ③22（政次 次勝）
菅谷→スゲノヤ
杉浦〔平〕 ⑥207～215（義宗 義盛 義国 政重 政次 吉貞 勝吉 勝次 重勝 吉久 時勝 則勝 為勝 吉成 吉正 吉勝 正勝 正成 勝吉 吉景 親貞 久勝 久成 勝吉 久真 久元 久幸 親次 忠綱 親正 親勝 親則 親友 親久 重次 貴次 正友 親俊 近成 近吉 正綱）
杉田〔藤原〕 ⑩179（友政 吉政 重政）

杉田〔藤原〕 ⑩180（忠吉 忠重 忠次 直次）
杉原〔平〕 ⑦11～14（光平 員平 恒清 心光 明平 政綱 満盛 賢盛 長恒 孝盛 時盛 家利 家次 家定 長房 重長 長俊）
杉原〔平〕 ⑦15・16（直明 昌直 忠明 景明 昌明 之明）
杉原〔平〕 ⑦16（久次 久吉）
杉原〔平〕 ⑦17（長氏 正永 長可）
杉山〔藤原〕 ⑪58・59（正時 正世 正貞）
勝〔藤原〕 ⑫13（重信 重久 重昌 重定）
勝〔未勘〕 ⑮79・80（政元 政成 政重）
菅波〔清和源〕 ⑤248・249（重次 重勝 重俊）
菅谷〔紀〕 ⑫228～233（飯麻呂 奈麻呂 古佐美 広浜 長江 豊河 魚弼 夏井 命守 国守 輔範 長谷雄 貫之 致雄 忠行 貞雄 惟致 貞頼 頼康 頼高 頼房 忠貞 宗房 頼久 頼冬 頼春 家範 輔範 範宗 勝貞 政貞 政頼 範政 範貞 範重 範明）
鈴木〔穂積〕 ⑮42～46（善阿弥 重政 信光 重氏 重比 重次 重三 重成 重之 重辰 重長）
鈴木〔穂積〕 ⑮46～49（隆次 隆政）
鈴木〔穂積〕 ⑮49～51（重政 重直 信重 康重 伊直 一之）
鈴木〔穂積〕 ⑮51・52（重吉 重晴 重成 重道）
鈴木〔穂積〕 ⑮52・53（政重 政次 政房）
鈴木〔穂積〕 ⑮53・54（重次 重勝 信正 信吉 重成 重俊 重信 重則 重正 重次）
鈴木〔穂積〕 ⑮55（信政 信村 信吉 信照）
鈴木〔穂積〕 ⑮56・57（重則 重時 重信 重政 重利 重定 重倶）
鈴木〔穂積〕 ⑮58（正次 重次）
鈴木〔穂積〕 ⑮59・60（重友 重政 重春）
鈴木〔穂積〕 ⑮60・61（重長 重吉 重勝 重次）
鈴木〔穂積〕 ⑮61・62（重頼 重次 重成）
鈴木〔未勘〕 ⑤203・204（吉長 吉定）
須田〔清和源〕 ③251～253（正光 盛友 盛義 盛永 盛満 広庄 正時 祇寛 広義 盛近 盛正 盛森 盛常 盛尚）
須藤〔藤原〕 ⑨235・236（盛永 盛良 盛勝 盛広 盛政 盛吉）
角南〔藤原〕 ⑪77（重勝 重国）
諏訪〔清和源〕 ⑤107～116（満快 満国 為満 為公 為実 実信 信行 信澄 信綱 盛重 盛高 盛経 盛頼 重願 宗経 信重 時継 弘重 頼重 盛時 盛世 時重 時信 忠満 忠重 頼継 頼隣 信員 信有 満有 政満 頼満 頼隆 頼重 長岌侍者 満隣 頼豊 頼忠 頼水 頼定 忠澄 頼郷 頼長）
諏訪部〔清和源〕 ⑤132・133（定久 定勝 定吉 定矩）

セ

清和源氏支流 ①51
清和源氏大綱惣括 ①29・30
清和源氏松平諸流略図 ①52～71
清和源氏満政・満季・満快流 ①49・50
清和源氏義家流（足利流）①32～37
清和源氏義家流（新田嫡流得河松平家）①31・32

清和源氏義家流(為義・義時・義隆流)　①38〜40
清和源氏義光流　①47〜49
清和源氏頼清・頼季流　①45・46
清和源氏頼親流　①43・44
清和源氏頼光流　①41〜43
関〔平〕　⑥50・51(俊盛 胤盛 盛雄 盛信 一政 氏盛 長盛)
関〔藤原〕　②224・225（成次 長継 長政）
関〔藤原〕　⑧23・24(信吉 信正 信久)
関〔藤原〕　⑧24（吉正 正成 正重）
関〔藤原〕　⑧25（吉真 吉兼 吉直）
関〔藤原〕　⑧26（光正 正安 正重）
瀬名〔清和源〕　②23〜25（貞世 貞臣 貞相 範将 貞延 一秀 氏貞 氏俊 義広 氏明 政勝 政直 吉久 貞正 貞国 貞利）
施薬院〔丹波、医者〕　⑮164〜168（後漢霊帝 延王 石秋王 阿智王 高貴王 志拏直 駒子 弓束 首名 孝子 大国 康頼 重明 忠明 雅忠 重康 重頼 基康 頼基 長基 季康 忠頼 忠景 忠行 頼景 季景 季賢 季益 季重 宗清 宗忠 全宗 秀隆 宗伯 宗雅 宗屋）
仙石〔清和源〕　③89〜91（久盛 秀久 忠政 久隆 久邦 政俊 政則 政勝）
仙波〔藤原〕　⑪189・190（次種 吉種 正種 茂種）
千本〔藤原〕　⑨224〜228（資隆 為隆 資持 資家 資次 資俊 資政 義政 義定 義昌 義等 義吉）
千本〔藤原〕　⑨228〜230（資家 長家 長次 道長 資勝 長勝）

ソ

宗〔平〕　⑥40〜50(桓武天皇 葛原親王 高見王 高望王 国香 貞盛 維衡 正度 正衡 正盛 忠盛 清盛 知盛 惟宗右馬助 助国 経茂 頼茂 尚茂 貞茂 貞盛 成職 貞国 材盛 義盛 盛弘 盛長 将盛 晴康 茂尚 貞信 義純 義調 義智 義成 義真)
相馬〔平〕　⑥158〜168（高望王 良将 良文 将門 忠頼 忠常 常将 常兼 常重 常胤 師常 義胤 胤綱 胤村 師胤 重胤 親胤 光胤 胤頼 憲胤 胤弘 重胤 高胤 盛胤 顕胤 盛胤 義胤 利胤 義胤）
相馬〔平〕　⑥169〜172（高望 良将 将門 将国 文国 頼望 常望 将長 長望 兼頼 重国 胤国 師国 師常 義胤 胤継 胤経 胤忠 胤長 胤宗 資胤 胤儀 胤高 胤実 徳誕 胤広 胤貞 胤晴 整胤 治胤 秀胤 胤信 盛胤 政胤 貞胤）
曾我〔平〕　⑦67〜71（祐信 時助 時之 師助 氏助 満助 政助 教助 元助 助乗 尚祐 古祐 包助 助政 近祐）
曾雌〔清和源〕　⑤34〜37（定能 定重 定政 定清 久次 定行 定次 定俊）
曾根〔清和源〕　④42〜44（定次 長次 家次 吉次 吉勝 吉正 吉久）
曾根〔清和源〕　④44・45（長次 家次 忠次）

タ

大道寺〔藤原〕　⑩43〜45（政重 直次 直数）
平氏総括　⑥1〜4

平氏総目録　⑥5～8
多賀〔中原〕　⑭207・208（常則 常直 常長 常貞 常貞 常次 常往 光吉）
高井〔平〕　⑦40・41（直清 清正 友清）
高井〔未勘〕　⑮68・69（貞重 貞清 貞次）
高尾〔清和源〕　④90・91（信春 信満 信景 信経 信慶 信是 信隣 信昌 信俊 昌俊 嘉文 忠正 信正）
高木〔清和源〕　③130～145（宣光 清秀 清方 清政 清本 元吉 信次 清実 清正 助方 清貞 清吉 光秀 一吉 吉任 吉忠 吉重 吉平 吉頼 吉継 為信 為次 吉孝 吉次 吉長 宣行 吉明 正次 守次 茂久 守勝 正成 正弘 正好 正房 正盛 清長 正綱）
高木〔清和源〕　③145・146（正豊 寿林 可成）
高木〔清和源〕　③146・147（政信 政長）
高木〔清和源〕　③147～154（正直 重正 広正 正信 正長 正次 昌孝 昌綱 正綱 正次 正勝 正則 正俊 正直 正武）
高木〔清和源〕　③155～159（貞政 貞次 貞久 貞友 貞家 貞俊 貞元 貞重 貞長 貞利 貞盛 貞勝）
高木〔清和源、医者〕　⑮131～133（光正 玄済 正長 正村）
高城〔藤原〕　⑪85（胤辰 胤時 胤則 胤次）
高田〔清和源〕　③48～51（頼政 頼兼 光国 盛員 政行 頼春 重員 義遠 勝政 頼慶 政賢 遠春 憲頼 信頼 直政 安政 政信）
高付〔清和源〕　⑤251・252（吉久 久利 吉忠 忠次）
高橋〔高橋〕　⑭99（正忠 正定 正次）
高林〔清和源〕　④272・273（昌房 昌景 昌重 直次 正成 直重）
高林〔清和源〕　②26（吉利 吉次 利春）
高林〔藤原〕　⑩241・242（吉久 吉次）
高原〔藤原〕　⑪7～9（次利 次勝 利久 吉久 直久 次則）
高室〔清和源〕　⑤16（家次 久家 昌重 昌成）
高屋〔清和源〕　⑤105（吉次 吉永 吉久 種久）
高柳〔藤原〕　⑧207・208（定時 定長 定清）
高山〔平〕　⑥198・199（利家 盛聡 盛勝 利永）
多喜〔清和源〕　⑤269・270（資光 資政 資真 資次 資元 資勝）
瀧川〔紀〕　⑫218～223（長谷雄 致雄 忠行 貞雄 雄致 雄頼 貞致 貞行 貞直 貞之 貞仲 貞勝 貞行 一勝 範勝 一益 一時 一乗 一俊 一守 一仲）
瀧川〔紀〕　⑫223～225（俊康 持康 教親 政宗 俊茂 具康 雄利 正利 利貞）
瀧川〔紀〕　⑫225～227（征詮 忠証 忠征 直政）
瀧脇松平→松平〈瀧脇〉
田口〔藤原〕　⑩175（吉利 吉勝 吉次）
宅間〔藤原〕　⑦198～213（重房 頼重 憲房 憲顕 憲藤 朝房 朝宗 氏憲 氏朝 氏顕 憲方 憲春 持憲 快尊 禅欽 憲将 僧可 憲賢 能憲 憲盛 憲春 憲英 憲栄 房方 朝方 頼方 清方 憲実 重方 憲光 憲国 憲輔 憲長 憲武 憲信 憲親 房憲 憲孝 房方 憲定 憲重 憲基 義憲 憲実 憲忠 房顕 顕定 重顕 重藤 朝定 重行 顕定 朝顕 満朝 満定 房藤

氏定 持定 定頼 尊運 持朝 顕房 頼成 藤成 藤明 氏春 頼顕 定重 定頼 重能 重兼 能俊 憲清 憲直 憲家 憲元 憲貞 憲重 持成 憲重 憲俊 憲能 憲時 統栄 長□ 順清 正寿 朝重 定兼 統蔵主 定朝 顕重 乗国 憲方 房成 憲綱 富朝 規富 規次 忠次 憲勝 富重 富勝)

竹内→タケノウチ

竹尾→タケノオ

竹川〔清和源〕 ④123 (明友 明忠 明茂)

竹島〔菅原〕 ⑫106 (茂吉 茂幸 茂成 茂正 茂信 茂宗 茂次)

竹田〔藤原〕 ⑨179 (守種 守次 守明)

竹田〔藤原〕 ⑨180 (政次 政長 政忠)

竹田〔藤原、医者〕 ⑮139～144 (公季 真成 公成 真季 公真 通季 公通 真宗 公経 公定 真持 公蔭 真時 宗季 公永 公兼 真季 公広 真次 季賢 定通 定慶 透慶 慶国 昌慶 定善 善秀 直慶 定俊 瑞筠 周泉 善慶 昭慶 見透 宗慶 定雅 鶴寿丸 高定 祖舜 秀慶 之定 梅賀丸 定栄 周耆 定珪 定玹 周光 周桃 梵松 猿千代丸 狛福丸 定白 定宣 見孝 定賢 清安 定昌)

武田〔清和源、医者〕 ⑮195～199 (義光 義清 清光 信義 信光 信政 信時 時綱 信宗 信武 氏信 直信 信綱 信賢 信光 信治 信重 信勝 信徳 信経 信良 信成 信孝)

武田→河窪〈武田〉

竹中〔清和源〕 ⑤167～170(重治 重門 重常)

竹中〔清和源〕 ⑤171 (重定 重房 重賢)

竹内〔藤原〕 ⑩250・251 (信重 信次 信正)

竹内〔未勘〕 ⑮93・94 (吉勝 吉明)

竹内〔未勘〕 ⑮94 (信次 信吉)

竹尾〔清和源〕 ⑤240(元成 清正 元次 元道)

竹谷松平→松平〈竹谷〉

竹生〔藤原〕 ⑩258 (俊久 俊勝 俊方)

建部〔宇多源〕 ⑬113～115(寿徳 光重 政長 光延 政勝 光政)

建部〔宇多源〕 ⑬115・116(賢文 昌興 昌親 直昌 昌勝)

竹村〔藤原〕 ⑩259・260 (嘉理 嘉勝 嘉英 嘉有 嘉広)

竹本〔藤原〕 ⑩257 (正重 正吉 正次 正清)

田沢〔清和源〕 ⑤26・27 (正俊 正忠 正久 昌重 昌次 正義 正勝)

丹治氏系図 ⑭100

多田〔清和源〕 ③84～87 (昌澄 正吉 正長 正次 正重 正行 昌俊 昌綱 昌繁)

多田〔清和源〕 ③87・88 (直政 正信 正与)

舘〔藤原〕 ⑫15・16 (勝重)

橘氏系図 ⑭149～151

立花〔清和源〕 ②171～181(能直 親秀 頼泰 親時 貞親 貞宗 貞載 氏泰 宗臣 親直 親政 宗勝 鑑光 鑑俊 親善 鑑連 宗茂 直次 種次 種吉 種長 忠茂)

田付〔宇多源〕 ⑬117(景広 景定 景澄 景治 景利)

伊達〔藤原〕 ⑦171～184(鎌足 不比等 房前 魚名 鷲取 藤嗣 高房 山蔭 時長 利仁 有頼 在衡 兼三 中正 安親 為盛 定任 実宗 季孝 家周 光隆 朝宗 宗村 義広 政依 宗綱 基宗 行宗 宗遠 政宗 氏宗 持宗

成宗 尚宗 稙宗 晴宗 輝宗 政宗 忠宗 光宗)
伊達〔藤原〕 ⑦184～187 (政宗 秀宗 忠宗 宗実 宗時 犬松 百助 長松)
伊達〔藤原、医者〕 ⑮243・244 (景忠 景長 景次 景元)
伊達〔未勘〕 ⑮85・86 (房成 房次)
田中〔清和源〕 ①271・272(義綱 義忠 忠勝 義次 長正 勝以 勝尹)
田中〔藤原〕 ⑨65・66 (政利 政長 政重)
田辺〔紀〕 ⑫234 (守真 重真 守秀 安直)
谷〔宇多源〕 ⑬78・79 (衛好 衛友 衛冬 衛将 衛成 衛之 衛勝 衛清 衛政 衛利 衛次)
玉虫〔平〕 ⑥101～104 (国香 繁盛 維茂 繁成 貞成 永基 助国 助永 長茂 資盛 貞茂 景茂 繁茂 俊茂 昌茂 重茂 宗茂 清茂 信茂 朝茂 時茂 高茂)
→城ヲ参照
田村〔坂上〕 ⑭246・247 (長栄 長伝 直吉 直久 直久 長頤 長有 長衛)
多門→オカド
多羅尾〔藤原〕 ⑩186(光吉 光俊 光太 光好)

チ

近山〔清和源〕 ④115・116(久家 久次 永嘉 永安 安俊 安成)
知久〔清和源〕 ⑤126～130(為公 為衡 為貞 頼継 信貞 行性 興阿 覚性 行阿 祐超 禅久 寄山 頼舜 伯元 心源 大量 巨岳 宗詢 元中 敦興 仙耀 易先 宗顕 悦心 向月 梅渚 頼元 頼康 頼氏 則直 直政 直明)
筑紫〔藤原〕 ⑨237～240 (道長 長家 長頼 頼氏 頼家 頼兼 頼平 資頼 資能 経資 盛経 冬資 貞経 頼尚 資法 武資 貞法 経稔 経重 尚重 尚門 秀門 満門 正門 惟門 広門 広門 信門)
秩父〔平〕 ⑥227～229 (経泰 宗能 信清 能行 行宗 家周 行家 憲周 重信 重国 重能 重之)
千村〔清和源〕 ⑤247(家晴 家政 良重 頼重)

ツ

津金〔清和源〕 ④78～83 (胤時 祐光 胤久 胤ト 胤清 光重 重久)
→小尾ヲ参照
津金〔清和源〕 ④85～88 (久直 久次 久清 胤次)
塚原〔清和源〕 ⑤44・45 (昌吉 昌重 猶英)
津軽〔藤原〕 ⑩184・185 (政信 守信 為信 信勝 信建 信堅 信枚 信義)
津軽〔藤原、医者〕 ⑮226～228 (以三 増弁 以春 本真 建広 建次 以春)
筑紫→チクシ
柘植〔平〕 ⑦18～23 (高棟王 惟範 時望 真村 親信 行義 範国 経方 知信 信範 信実 宗清 宗俊 清正 宗成 宗貞 宗治 宗康 宗員 宗高 清辰 清重 宗国 宗安 宗知 宗家 宗能 清広 宗次 宗雄 利宗 宗武 清長 美清 宗尊)
柘植〔平〕 ⑦23・24 (宗吉 政普 宗忠 宗久)
柘植〔平〕 ⑦24・25 (行正 正俊 正時 正直 正弘)
柘植〔平〕 ⑦26 (米地 政次 政定 重

次）

辻〔清和源〕 ⑤261・262（久正 久吉 久昌 久之 久次 久聖）

津田〔平〕 ⑥29～33（清幽 重氏 重次 重正 重永 重吉）

津田〔平〕 ⑥33・34（敏定 秀敏 秀重 正秀 正重）

蔦木〔藤原〕 ⑪167～169（盛正 盛次 盛吉）

土屋〔清和源〕 ②72～80（公深 範氏 範光 詮範 満範 義貫 持信 教親 義直 政直 範貞 義範 範次 藤直 藤次 虎嗣 虎義 昌次 景詮 昌義 昌恒 正猶 景氏 忠直 利直 数直 之直 直樹）

土屋〔宇多源〕 ⑬197・198（宗信 宗教 虎久 虎隆 虎永 虎興）

土屋〔平〕 ⑥144～148（宗遠 宗光 光時 遠経 貞遠 貞包 貞氏 宗将 季遠 道遠 宗弘 宗貞 氏遠 景遠 勝遠 信遠 昌遠 円都 知貞）

土屋〔平〕 ⑥149（正家 正久 正吉 正次）

土屋〔平〕 ⑥150（定政 政成 政重 政久）

土屋〔平〕 ⑥151・152（虎次 虎吉 正猶 正真）

土屋〔平〕 ⑥152～154（重治 重信 重成 重正 重吉 重利 利清 利次）

土屋〔平〕 ⑥154～157（昌清 昌忠 昌吉 勝正）

筒井〔藤原〕 ⑤222・223（忠元 久忠 重三 正勝）

筒井〔藤原〕 ⑫20（正次 正信）

筒井〔藤原〕 ⑫21・22（忠正 忠次 忠重 忠助 忠景 忠武）

筒井〔藤原〕 ⑫22・23（忠光 久忠 重三 忠重）

筒井〔藤原〕 ⑫23・24（正吉 吉重 重政）

都筑〔藤原〕 ⑨167～169（泰綱 長綱 貞長 氏綱 高長 長信 国長 国綱 長範 為雲 秀綱 為政 為次 為基）

都筑〔藤原〕 ⑨170・171（吉久 法久 宗次 宗次 則久 法重 法勝 則次）

都筑〔藤原〕 ⑨171・172（正勝 正友 正秋 正重）

都筑〔藤原〕 ⑨172・173（勝吉 勝時 勝次）

都筑〔藤原〕 ⑨173（政武 政成）

都筑〔藤原〕 ⑨174（政吉 政吉 政次 吉次）

都筑〔藤原〕 ⑨175（秀次 秀正 秀勝）

恒岡〔清和源〕 ③47（資重 資吉 資正 資久 資直）

椿井〔藤原〕 ⑩221～223（政勝 政吉 政定 政長 政次 政安）

坪内〔藤原〕 ⑪92～100（勝定 利定 茂定 定時 守定 家定 安定 定吉 正定 定吉 秀定 友定 定信 伊定 行定 定仍 定次 定吉 定長 定賢 定昌 定良 定房 定行）

妻木〔清和源〕 ③105～107（伯王 貞徳 頼忠 頼利 之徳 永徳 重吉 重直 重門）

テ

寺沢〔紀〕 ⑫215～217（広正 広高 忠晴 堅高）

ト

土井〔清和源〕 ③1～8（頼光 頼国 国房 光国 光信 光基 光衡 光行 光定 頼貞 定親 師親 師実 頼継 貞

秀 利昌 利勝 元政 利隆 勝政 利
長 利房 虎之助)

土肥〔平、同朋〕 ⑮255・256(兼正 正
久 正次 宗次)

東条〔清和源〕 ④53・54 (行長 長頼
長氏 安長 政長)

藤堂〔藤原〕 ⑩46〜57 (虎高 高虎 高
次 大助丸)

藤堂〔藤原〕 ⑩58〜60 (嘉房 嘉清 嘉
以 良次 嘉正 嘉長 嘉次 高嘉)

遠山〔藤原〕 ⑨128〜131 (友勝 友忠
友信 友重 友政 秀友 友貞)

遠山〔藤原〕 ⑨131〜135 (景成 景行
景玄 利景 一行 方景 経景 保景
長景 景重 景恒 景吉 伊次)

遠山〔藤原〕 ⑨135・136 (景次 正次
景重 景則 為庸)

遠山〔藤原〕 ⑨137・138 (直次 直吉
景綱 景憲)

遠山〔藤原〕 ⑨139・140 (直景 秀重
直定 直清 助直 直政 直信)

遠山〔藤原〕 ⑨140・141 (安吉 安政
安則 安次 安忠 安重)

遠山〔藤原〕 ⑨142 (景宗 景政 景次
景直)

遠山〔藤原〕 ⑨143・144 (利仁 叙用
吉信 重光 貞正 正重 景道 景清
景廉 景朝 直景 重政 資為)

戸川〔藤原〕 ⑪1〜3 (定安 秀安 達安
正安 安平 正安 令安 安尤 安利)

土岐〔清和源〕 ③52〜55 (頼光 頼国
頼綱 仲政 頼政 国房 光国 光信
光基 光衡 光行 光定 頼貞 頼宗
頼世 頼益 持益 成頼 政房 頼芸
頼次 頼元 持益 頼長 頼勝 頼高
頼泰 頼義 頼成 頼長)

土岐〔清和源〕 ③56〜71 (頼光 頼国
国房 光国 光信 光基 光衡 光行
光定 頼貞 頼重 頼春 頼遠 周済
頼兼 頼基 光賢 頼忠 頼重 頼高
頼助 頼篤 国篤 頼秋 頼秀 頼弘
頼定 頼尚 頼典 頼明 定明 定政
頼顕 定義 頼行 利貞 頼豊 頼張
頼久)

徳永〔藤原〕 ⑫37〜40 (昌利 寿昌 昌
重 昌成 昌興 昌勝)

徳山〔清和源〕 ③111・112(貞信 貞長
貞次 貞輔 貞孝 秀現 直政 重政)

戸沢〔平〕 ⑦48〜51 (衡盛 親盛 克盛
勝盛 玄盛 英盛 氏盛 伊盛 行盛
豊盛 泰盛 家盛 久盛 寿盛 征盛
秀盛 道盛 盛安 光盛 政盛)

豊島〔平〕 ⑥196・197 (重宗 秀有 忠
次 勝直 勝正 忠松 暖次)

戸田〔藤原〕 ⑩62〜66 (宗光 憲光 政
光 康長 忠光 康直 光重)

戸田〔藤原〕 ⑩67〜82 (宗光 憲光 直
頼 直秀 直次 直政 直長 直良 直
良 直次 政光 重真 重元 重康 重
政 重勝 光正 重宗 重種 正好 忠
政 光忠 光定 忠重 重吉 政重 政
次 政勝 信光 光忠 之光 信定 忠
次 清勝 勝吉 清次 勝則 忠勝 政
次 吉久 吉正 勝正 貞吉 吉連 正
利 吉成 吉春 尊次 政吉 忠能 忠
次 忠時 正次 生勝 正重 忠治)

戸田〔藤原〕 ⑩83〜86 (氏輝 氏光 一
西 氏鉄 氏信 氏経 頼鉄 氏照 信
鉄 氏包 氏春 氏利 信貞)

戸塚〔未勘〕 ⑮87・88 (忠家 忠之 之
末 忠次)

戸張〔未勘〕 ⑮107・108 (織成 織定
織次)

富田〔清和源〕 ⑤257・258(直久 久次
兼久 久尚 景久)

富田〔藤原〕 ⑧27 (政勝 政成)

富田〔藤原〕 ⑧28（景弘 景教 景次）
富永〔宇多源〕 ⑬168～171（吉実 重政 重次 重久 重吉 重師 重利 師勝 重元 吉時）
富永〔宇多源〕 ⑬171～174（政直 直勝 政辰 直則 勝由 守重 守定 直信 直哉 正義 守次 守時）
伴野〔清和源〕 ④257・258（貞元 貞平 貞信 貞行 貞守 貞吉 貞明 貞政）
外山〔藤原〕 ⑪59・60（正成 正勝 正吉）
鳥居〔平〕 ⑦27～34（重氏 忠氏 重茂 忠茂 重俊 重勝 忠勝 忠俊 忠吉 忠景 重政 重春 重近 重実 重元 忠次 吉守 忠明 忠吉 忠宗 元忠 忠政 成次 忠勝 忠頼 忠昌 忠房 忠春 忠恒 忠定）
鳥居〔平〕 ⑦34・35（吉守 吉則 吉清 吉次 吉長 吉貫）
鳥居〔平〕 ⑦36（正載 重正 正定 重次）
鳥山〔清和源〕 ①273・274（精俊 精明 精親）

ナ

内藤〔清和源〕 ④55～60（信義 信光 信時 時綱 信政 信宗 信武 氏信 信在 信守 信繁 信栄 信賢 国信 信親 元信 元光 信豊 義統 信由 信景 元次 信重 重政 直則 直兼 直為 之実 政高 直治 元能 長縄 長教 長富 長武 重純 政貞 政景 政勝 直信）
内藤〔清和源〕 ④61（正重 正次 正総）
内藤〔藤原〕 ⑧34～56（秀郷 千晴 千清 正頼 頼遠 頼清 頼俊 行俊 家長 信成 政長 忠興 政次 政重 政晴 頼長 美興 頼直 忠次 忠清 忠次 忠政 忠吉 政康 忠房 勝次 忠吉 忠治 忠成 正成 正貞 正重 正次 正吉 正成 正成 正俊 演誉 忠政 清成 清次 清政 正勝 重頼 忠重 政吉 政季 政次 忠政 忠吉 忠清）
内藤〔藤原〕 ⑧57～65（信成 信正 信広 信光 信雪 信直 信通 信照 信良）
内藤〔藤原〕 ⑧66（直勝 直政 真政 章政）
内藤〔藤原〕 ⑧67～69（勝重 重政 政勝 政俊 高次 政成 政忠 政房）
内藤〔藤原〕 ⑧69・70（正輝 正吉 正勝 正次 正守 正吉 正忠）
内藤〔藤原〕 ⑧71・72（重次 重時 重種）
内藤〔藤原〕 ⑧72・73（正広 正勝 正次 相次 相広 正重）
内藤〔藤原〕 ⑧74（勝吉 勝久）
内藤〔藤原〕 ⑧74・75（種次 種昌 種清）
内藤〔藤原〕 ⑧75・76（正重 正吉 正次）
内藤〔藤原〕 ⑧76・77（景之 景次 元景 景守）
内藤〔藤原〕 ⑧77・78（勝久 勝吉）
仲〔藤原、医者〕 ⑮204（重貞 重光 道有 貞庵）
永井〔大江〕 ⑫172～179（広正 重元 直勝 尚政 直清 直貞 直重 尚征 尚保 白元 直元 正元 経元 元勝）
永井〔大江〕 ⑫180（重勝 重政）
永井〔大江〕 ⑫181・182（吉次 忠正 吉勝 正勝 勝忠）
永井〔平〕 ⑥190・191（吉成 吉正 吉次 吉勝 吉忠）

永井〔平〕 ⑥192・193（信盛 安盛 正盛 盛安）
長井〔平〕 ⑥194（正勝 正次 正成）
長井〔平〕 ⑥195（正実 実久 盛実 正実）
永尾〔平〕 ⑥197・198（正景 景継 景信）
中川〔清和源〕 ③72〜75（重清 清秀 秀政 秀成 久盛 久清）
中川〔清和源〕 ③75・76（重清 重良）
中川〔清和源〕 ③76〜78（忠吉 忠重 忠近 忠次 忠房 忠幸 忠宗 忠明 忠政）
中川〔清和源〕 ③79（勝重 勝定 昌勝）
中川〔清和源〕 ③80（政次）
中川〔平〕 ⑥27・28（忠勝 光重 重勝 勝宗）
永倉〔未勘、同朋〕 ⑮254・255（重弘 重安 真治）
長坂〔清和源〕 ⑤1〜3（信政 信宅 信吉 忠尚 一正 信次）
長坂〔清和源〕 ⑤4（勝吉 吉次 吉利）
長坂〔清和源〕 ⑤5（重房 清房 正房）
長坂〔清和源〕 ⑧271〜273（重次 重信 重吉 重純）
長崎〔平〕 ⑥52・53（元家 元通 元政）
中沢〔藤原〕 ⑪137・138（吉政 吉清）
中沢〔藤原〕 ⑪138・139（久吉 久次 正吉 吉丘）
長沢松平→松平〈長沢流〉
長塩〔良岑〕 ⑭96（正家 正次 正直）
中島〔清和源〕 ④259・260（盛信 盛直 信久 正平 正勝 盛昌 盛利 盛明 盛直）
中島〔藤原〕 ⑧172・173（重好 重春）
中田〔未勘〕 ⑮96（正次 吉次 正吉）
永田〔宇多源〕 ⑬150・151（正貞 貞行 正次 定正 正勝）
永田〔藤原〕 ⑪178〜181（正久 久琢 政吉 政次 重路 重好 重真 重直 重清 久重 重勝 重昌 重春 直時 直正 重俊 直俊）
永田〔藤原〕 ⑪181（正吉 正次）
中西〔藤原〕 ⑪140・141（元重 元如 元吉 元朝 元政）
中西〔藤原〕 ⑪141・142（実清 三清 清次）
中根〔平〕 ⑥181〜183（正行 正信 忠元 正重 正成 正吉 正定 正次 正勝）
中根〔平〕 ⑥184（正俊 正友 正成 正次）
中根〔平〕 ⑥185（忠重 貞重 貞次）
中根〔平〕 ⑥186（正利 正重 正勝）
中根〔平〕 ⑥187・188（正吉 正俊 正次 正勝 正連 正信）
中根〔藤原〕 ⑩60・61（正則 正盛 正寄 正朝）
中野〔藤原〕 ⑧174（重直 重吉 重弘）
中野〔藤原、茶道〕 ⑮265〜268（秀郷 千常 文脩 文行 公光 公清 知郷 知基 知昌 知忠 知広 知景 景信 景氏 景頼 時景 景連 頼連 頼広 頼氏 景成 景遠 景久 笑雲 景元 瑞雲 栄雲 景通 了雲 笑悦）
長野〔藤原〕 ⑤244・245（広勝 正勝 光信）
中坊〔藤原〕 ⑪136・137（秀友 秀定 盛祐 秀祐 秀政 時祐）
永見〔小野〕 ⑭197・198（勝定 重成 重時）
中村〔清和源〕 ⑤263（長次 長清）
中村〔平〕 ⑦59・60（之高 之直 之成 之重）
中山〔丹治〕 ⑭113〜115（家勝 家範 照守 信吉 信政 吉勝 直定 直範

重良）
中山〔藤原〕 ⑦230～233（勝時 勝政 勝尚 勝信 忠光 重時 道時 政長 忠直 豊忠 忠勝 勝久）
半井〔和気、医者〕 ⑮111～117（垂仁天皇 鐸石別命 稚鐸石別命 田守別王 茅彦王 麻己目王 意富己目王 伊比遅別王 伊太比別王 万子古麻佐 佐波良 伎波豆 宿奈 平麿 清麿 真綱 貞典 時雨 正世 相法 章親 成貞 貞相 定成 時成 親成 種成 仲景 弘景 嗣成 常成 明成 茂成 明重 利長 明親 明英 瑞策 瑞桂 利親 瑞沢 宗閑 琢庵 瑞益 瑞寿 瑞成）
南倉〔未勘、医者〕 ⑮162・163（弘晴 専益 専益）
那須〔藤原〕 ⑨212～220（師輔 兼家 道長 長家 通家 貞信 資通 資満 資清 資房 宗資 資隆 光隆 泰隆 幹隆 久隆 之隆 実隆 満隆 義隆 朝隆 為隆 宗隆 房子 資之 頼資 光資 資長 朝資 広資 資家 資氏 資村 資家 資忠 資藤 資世 資氏 資之 氏資 明資 資親 資永 資重 資持 資実 資房 政資 高資 資胤 資晴 資景 資重）
奈須〔未勘源、医者〕 ⑮201・202（家恒 家之 重恒 重貞 玄竹 道貞）
夏目〔藤原〕 ⑪236～240（吉久 吉信 吉忠 信次 吉次 吉政 信誉 信忠）
名取〔藤原〕 ⑪249（長信 長次 長知）
鍋島〔藤原〕 ⑦243～248（魚名 藤成 豊沢 村雄 秀郷 千常 文脩 文行 公光 公清 季清 季益 宿阿 安秀 栄秀 家氏 胤家 家兼 家純 嫡女 家門 周家 隆信 政家 直茂 高房 勝茂 元茂 直宗 忠直 直澄 茂継）
鯰江〔藤原〕 ⑫201～203（貞景 貞利 宗甫 宗玄 貞勝 貞兼 資親 定親 貞頼）
行方〔藤原〕 ⑪243（康勝 勝茂 正勝）
成瀬〔藤原〕 ⑩187～196（正頼 正義 一斎 正成 正虎 之成 之虎 吉正 正勝 正則）
成瀬〔藤原〕 ⑩197・198（重貞 重倫 重宗 重正 重次 正房 重常）
成瀬〔藤原〕 ⑩198・199（正重 重元）
成瀬〔藤原〕 ⑩199（松久 久次）
成瀬〔藤原〕 ⑩200（重正 重貞 重能 重治）
成瀬〔藤原〕 ⑩201（久次 正吉 重久）
鳴海〔清和源、茶道〕 ⑮261・262（連清 清持 寿世 寿幸 寿継 幸次 寿恒）
南条〔平〕 ⑦73・74（則勝 則門 則綱）
南条〔平〕 ⑦74・75（宗俊 隆秀 隆政 隆次 政友）
難波田〔藤原〕 ⑩170（憲重 憲次 憲利 憲吉 憲長）
南部〔清和源〕 ④226～232（義光 義清 清光 遠光 光行 実光 時実 政元 宗経 宗行 祐行 政連 祐政 茂時 信長 政行 守行 義政 政盛 助政 光政 時政 通継 信時 信義 政康 安信 晴政 晴継 高信 信直 利直 重直）

ニ

仁加保〔清和源〕 ④244・245（挙晴 挙誠 誠政 誠次）
西尾〔清和源〕 ⑤200・201（吉次 忠永 忠昭 忠知）
西尾〔清和源〕 ⑤201・202（吉次 利氏 政氏）

西尾〔清和源〕 ⑤203(吉次 忠永 吉定 重長)
西尾〔清和源〕 ⑤204〜207(光秀 信光 光教 教次 嘉教 氏教 盛教)
西尾〔宇多源〕 ⑬188〜193(成頼 義経 経方 行定 行範 定時 定平 重定 信泰 定泰 時泰 定義 高義 行信 定広 広泰 定利 定正 正広 正義 正信 正利 正治 為清)
西川〔藤原〕 ⑪18 (貞則 貞景 貞重)
西川〔未勘〕 ⑮109・110 (秀範 慶順 賢珍 詮舜 朝賢 舜興)
西沢〔清原〕 ⑭209 (安時 正時 時里)
仁科〔清和源〕 ④72 (信道 信勝)
西山〔藤原〕 ⑨145〜147 (昌永 昌次 昌寛 昌勝 昌親 寛次 寛宗 昌春 寛明 昌近)
西山〔藤原〕 ⑨147〜149 (昌茂 昌俊 昌勝 昌信 昌久 昌綱 昌門 昌姓)
新田嫡流得河松平→松平〈新田嫡流得河〉
入戸野→イリトノ
蜷川〔宮道〕 ⑭226〜228 (式宗 親直 親綱 親信 親政 景親 親心 親行 親朝 親俊 貞繁 親当 親元 親孝 親順 親世 親長 親満 親房)
丹羽〔清和源〕 ②68〜72 (公深 範氏 直氏 氏兼 氏宗 氏明 氏時 氏盛 氏範 氏従 氏員 氏興 氏清 氏識 氏勝 氏次 氏信 氏定)
丹羽〔藤原〕 ⑩93〜100(長政 長忠 長秀 秀重 長重 長正 高吉 直政 長俊 長次 長吉 長和 光重)
丹羽〔良岑〕 ⑭93〜95 (安世 宗貞 素性 玄理 恒則 義並 頼利 惟恒 惟光 惟季 長季 龍還 定仁 利景 景高 高継 正明 正安 正長)

ヌ

布下〔滋野〕 ⑭66・67 (豊正 豊明 豊友)
沼〔藤原〕 ⑫10〜12 (清春 清定 行清 武清 清直 清良 清勝 兼清 国清 清道 助清 清成 義清 興清 清許 清貞 清村)

ネ

根岸〔藤原〕 ⑩260・261 (俊直 定直 定仍 直勝 定勝)
根来〔藤原〕 ⑪210〜212 (盛家 盛勝 盛重 盛正 盛次)
根来〔藤原〕 ⑪213 (長次 長誉 貞次 長算 守次 長冬)
根本〔未勘〕 ⑮98 (正成 成次 成重)

ノ

野一色〔宇多源〕 ⑬85・86(秀義 秀政 秀俊 長俊 秀勝 秀高 行久 助義 助重 助吉)
野口〔未勘〕 ⑮95 (成次)
野条〔清川〕 ⑭245 (成宣 成元)
野尻〔橘〕 ⑭159 (吉景 吉正 正元)
能勢〔清和源〕 ③122〜124(頼勝 頼明 頼幸 頼次 頼重 頼宗 頼栄 頼隆 頼春 頼之 頼永)
能勢〔清和源〕 ③124・125(頼之 頼安 久頼)
野中〔未勘〕 ⑧206・207 (益継)
野々山〔清和源〕 ②191〜194(政兼 元政 頼兼 兼綱 兼周 兼宗 元綱 秀元 兼久)
野辺→ノンベ

野間〔藤原〕 ⑪27～29 (安信 重安 重久 政次 政成 重成 宗親 重次 重吉)

野間〔医者〕 ⑮193・194 (長栄 宗印 玄琢 三竹 安節)

野見松平→松平〈野見〉

野村〔宇多源〕 ⑬121・122(為道 為勝 為重 為次 為利)

野村〔宇多源〕 ⑬123 (元春 元貞 元正)

野呂〔三枝部〕 ⑮40・41 (友景 正景 守景 真景)

野辺〔平〕 ⑦116・117 (正則 正久 当経 正要 当忠 正及)

ハ

萩原〔村上源〕 ⑬217(重次 無重 重正 重吉)

萩原〔村上源〕 ⑬218 (正信 正次 正吉)

萩原〔村上源〕 ⑬218・219(正次 正利 正利 利久)

初鹿野〔藤原〕 ⑪29・30 (昌久 信吉 昌次 昌重)

長谷川〔橘〕 ⑭153・154 (重則 重勝 重成 重次 重治 重政 重辰)

長谷川〔藤原〕 ⑧157～160(公清 公澄 知基 知昌 知忠 知宗 季康 宗季 宗遠 有経 遠経 宗兼 宗康 宗継 宗重 宗的 宗仁 守知 正尚 守勝 尚知)

長谷川〔藤原〕 ⑧160・161(有国 俊国 俊春 義俊 藤直 藤広 広清)

長谷川〔藤原〕 ⑧162・163(正長 正成 正次 宣次 宣元 宣重 正吉 正信 正綱)

長谷川〔藤原〕 ⑧164・165(長久 長盛 長親 長勝 長次 長重)

長谷川〔藤原〕 ⑧165・166(重良 安重 安勝)

長谷川〔藤原〕 ⑧166 (光長 正清)

秦〔大江、医者〕 ⑮169～174(善秀 宗巴 徳隣 宗徳 昌渭 昌倫 秦石)

畠山〔清和源〕 ②39～42 (義康 義兼 義氏 義純 泰国 国氏 貞国 家国 国清 義深 基国 満家 満則 持国 持富 政長 義就 尚長 稙長 政国 高政 政尚 昭高 貞政 政信)

畠山〔清和源〕 ②42～48 (基国 満家 満則 義忠 義忠 政国 義統 義則 義隆 義春 義真 基昌)

畠山〔清和源、医者〕 ⑮200・201 (勝政 政義 高政 秋高 永澄 政度 高度 政忠 元長 元澄 景吉)

波多野〔藤原〕 ⑧188・189(有俊 有家 有政 有生 有綱)

蜂須賀〔清和源〕 ⑤136～151(正利 正勝 正元 家政 至鎮 正慶 忠英)

蜂屋〔藤原〕 ⑩38～40 (栄勝 栄宅 栄正 栄包 正成 栄次 正仍 栄知 正列 栄之)

蜂屋〔藤原〕 ⑩40・41 (可正 可佐)

蜂屋〔藤原〕 ⑩41・42 (定近 定頼 定則 正次 定吉)

服部〔服部〕 ⑭67～69 (保長 保俊 保英 元正 保郷 元延 保正 保成 保次 保森 保定)

服部〔服部〕 ⑭70～72 (保次 保正 保信 保信 保俊 保久 保信)

服部〔服部〕 ⑭72・73 (康次 康信)

服部〔服部〕 ⑭73・74 (貞長 時貞 貞信 貞富 貞貫)

服部〔服部〕 ⑭74・75 (正吉 正長 正次 正久)

服部〔服部〕 ⑭75 (直次 直盛 直常)

服部〔服部〕 ⑭76～78（政秀 政光 政信 政久 信成 政重 政次）
花井〔藤原〕 ⑩223・224（定清 定安 定昌 定吉）
花井〔藤原〕 ⑩224・225（定重 定次 定連）
花房〔清和源〕 ②114～126（泰氏 義弁 貞遠 頼遠 職通 通治 教信 職兼 頼治 頼重 兼治 頼泰 職重 直重 職定 定勝 職忠 忠邦 職治 正定 正幸 正成 幸次 幸昌 正盛 正堅 正栄 栄勝 正信 職勝 職澄 職之 勝元 職則 職利 職政 職直 職信 職員）
馬場〔清和源〕 ②186～190（義仲 義高 義基 義宗 鞠子 義茂 経義 基家 家仲 家教 家村 家道 家頼 家親 親豊 信道 豊方 家方 家信 家豊 家範 長福寺 家益 義元 義勝 玉林 義康 義昌 義豊 義利 義春 義親 家昌 家景 家満 家重 家佐 家任 昌次 利重 宣隆 利興）
馬場〔清和源〕 ④120・121（信保 信久 信成 信正）
馬場〔清和源〕 ④121・122（氏勝 房勝 房家 房頼 房次 房清）
羽太〔藤原〕 ⑪245（正次 正俊 正成 正忠）
早川〔藤原〕 ⑪16・17（雪成 好勝 正勝）
林〔清和源〕 ④250～252（忠政 吉忠 重信 重将 忠勝 忠重）
林〔清和源〕 ④253（清重 清勝 清実）
林〔藤原〕 ⑨127（勝利 正利 勝正）
林〔藤原〕 ⑨181～186（正勝 吉勝 信時 信澄 信貞 信次 信勝 叔勝 長吉 春勝 守勝）
葉山〔藤原〕 ⑪60・61（重親 久綱 勝綱 公綱）
速水〔藤原〕 ⑩242（吉成 吉忠）
原〔清和源〕 ⑤249・250（長正 正重 正久）
原〔藤原〕 ⑩17（重久 重国）
原木〔平〕 ⑦76・77（正勝 正連）
原田〔平〕 ⑦100・101（種友 種吉 種貞 種長 種真 種成）
原田〔平〕 ⑦102（種次 種氏）
原田〔平〕 ⑦102・103（正直 種重 種直 種春 種信 種照 種常）
原田〔平〕 ⑦104（重種 景種 種正 吉種 正種）
原田〔平〕 ⑦105（正重）
原田〔平、茶道〕 ⑮263（常通 維利 利斎）
春田〔清和源〕 ⑤216・217（久吉 久重 久次）
春田〔清和源〕 ⑤217・218（将吉 吉次 直次）
伴〔大伴〕 ⑮9（盛兼 重盛 盛政 重正 重長）
塙〔藤原、医者〕 ⑮216・217（重友 安友 友治 頼安 宗安）
半田〔菅原、同朋〕 ⑮251・252（景周 景如）

ヒ

比企〔藤原〕 ⑫44～46（義次 政員 則員 義久 重員 久員）
疋田〔藤原〕 ⑨178（正次 正重 正則 正勝）
樋口〔清和源〕 ⑤106（貞家 吉次 家次）
彦坂〔清和源〕 ⑤102・103（成光 光正 重定 重直 重助）
彦坂〔清和源〕 ⑤104（光景 宗有 吉

成）
久永〔賀茂〕⑭222～225（重吉 信重 重勝 重知 政勝 重行 正友）
久松〔菅原〕⑫103～105（道定 定則 正勝 道勝 定綱 定氏 詮定 範勝 定光 定益 定義 定俊 定重 忠次 定佳 定次 定正 定久 定延）
久松松平→松平（元久松）
土方〔清和源〕③160～163（雄久 雄氏 雄重 雄政 雄則 雄次 雄高 立円）
土方〔清和源〕③164～166（但勝 家勝 勝直 勝次）
肥田〔清和源〕③112・113（時正 正勝 定勝）
肥田〔清和源〕③113・114（忠直 忠政 忠親 忠頼）
一柳〔越智〕⑬19～32（孝霊天皇 伊予皇子 小千御子 天狭貫 天狭介 粟鹿 三並 熊武 伊但馬 喜多守 高縄 高箕 勝海 久米丸 百里 百男 益躬 武男 玉男 諸飽 万躬 守興 玉興 玉澄 益男 実勝 深躬 息村 息利 息方 好方 好峯 安国 安躬 元興 安家 家時 為世 為時 時高 為綱 親孝 親経 親清 通清 通信 通久 通継 通有 通治 通朝 通堯 通能 通久 通直 通宣 通直 宣高 直高 直末 直盛 直重 直家 直頼 直興 直照）
人見〔藤原、医者〕⑮208・209（道徳 道加 道西 友徳 安次 道生 道伯 元徳 慶安 筍）
日向〔清和源〕⑤6・7（政成 政次）
日根野〔藤原〕⑪21～27（永盛 国季 国遠 基遠 光盛 遠綱 盛広 宗広 真如 致光 章致 致雅 致有 致秀 盛実 盛直 明心 五条局 四条局 盛氏 盛経 盛治 時盛 国盛 国景 盛澄 盛久 盛長 国吉 秀盛 景盛 弘就 高吉 吉時 弘吉 吉次 弘勝 弘佐 弘方 吉明 高継 高当 高次 高真 吉雄）
日野〔藤原〕⑨187～192（真夏 浜雄 家宗 弘蔭 継蔭 繁時 輔道 輔忠 有国 貞嗣 広業 公業 資業 家業 実綱 実政 有綱 有俊 有信 実光 宗光 有範 資長 光成 光澄 兼光 資実 頼資 家光 資宣 俊光 資名 資朝 資明 資継 時光 資康 資教 資国 重光 持光 義勝 豊光 義資 政光 勝光 政資 内光 晴光 輝資 資勝 資栄）
日比野〔清和源〕⑤12・13（忠次 忠安 忠重）
平井〔宇多源〕⑬120（長勝）
平井〔宇多源〕⑬120・121（友次 次忠 重次 重吉）
平岩〔弓削〕⑭231・232（正広 正当 正次 正俊 正信）
平岡〔清和源〕③115～119（頼光 頼国 頼資 資兼 資時 資家 資村 資盛 資継 資員 資種 資勝 資政 資元 資高 資光 資房 資一 資好 資正 資重 重頼 頼俊 頼勝 資重 重勝）
平岡〔清和源〕③120・121（良清 頼成 道成 良知 和由 良時 善征 千道 吉道 道賢 吉明）
平賀〔清和源〕④45・46（忠次 忠勝 定次）
平野〔清和源〕⑮263・264（勝満 元可 元延 利斎）
平野〔平〕⑥94・95（万久 長治 長泰 長重 長利 長勝）
平野〔平〕⑥96・97（勝吉 勝茂 勝貞 勝長）
平野〔藤原〕⑪38（正貞 友平）

平野〔藤原〕 ⑪38〜40（繁定 繁登 繁次）
平林〔藤原〕 ⑧171（光吉 正広 正次 正好）
比留〔藤原〕 ⑫56（正元 正吉 正成 正次 正永 次長）
広戸〔藤原〕 ⑫54・55（重次 重久 正重 正重 正直 正俊）

フ

深尾〔宇多源〕 ⑬194（元次 元治 元宗 元重）
深津〔藤原〕 ⑫47〜50（正利 正吉 正重 正勝 正之 正則 定則 正但 正信 正俊 正武 正貞）
深見〔清和源〕 ⑤33・34（光季 正徳 正利）
深谷〔未勘〕 ⑮71（吉次 盛吉 吉政）
福井〔藤原〕 ⑫31・32（久次 久信 正次 正重）
福生〔藤原〕 ⑪242（信正 正次 信次）
福鎌松平→松平〈福鎌〉
福島→クシマ
福富〔橘〕 ⑭165（家貞）
福原〔藤原〕 ⑨220〜224（資隆 久隆 資広 資時 資義 資継 資陳 資常 資益 資規 資英 資澄 資衡 資郡 資孝 資広 資保 資盛 資敏）
福村〔清和源〕 ③260〜262（正直 正継 勝正 勝長 政直 正重 正吉 正治 正茂 正信 正次 吉勝 吉茂）
→山本ヲ参照
深溝松平→松平〈深溝〉
富士〔清和源〕 ⑤210・211（信忠 信重 信久 信吉 信成 信直）
藤井〔村上源〕 ⑬216（義勝 義政）
藤井〔藤原〕 ⑧208・209（吉政 勝重 勝忠）
藤井松平→松平〈藤井〉
藤掛〔平〕 ⑥34・35（永継 永勝 永重 永成 永俊）
藤方〔村上源〕 ⑬215（朝成 安正 安利 安重）
藤川〔藤原〕 ⑨255・256（重義 重安 重勝 重信 重政 重房 重之）
藤林〔大神〕 ⑮17〜21（大太 惟基 惟盛 惟俱 惟用 惟栄 兼朝 惟兼 惟綱 文光 常光 朝定 朝光 定次 定久 惟定 清定 時定 惟光 氏数 宗政 勝政 雅良 惟次）
伏見〔藤原〕 ⑩255・256（友政 長政 長景 為則 為景）
伏屋→フセヤ
藤原氏支流 ⑦170
藤原氏総括 ⑦137〜142
藤原氏南家為憲流・貞嗣流 ⑦164〜169
藤原氏北家兼通流・道隆流 ⑦153・154
藤原氏北家利仁流 ⑦156〜159
藤原氏北家秀郷流 ⑦146〜152
藤原氏北家真夏流・長良流・良方流・師尹流 ⑦160〜162
藤原氏北家道兼流 ⑦154〜156
藤原氏北家山蔭流 ⑦143
藤原氏北家良門流 ⑦144・145
藤原氏北家頼宗流・長家流 ⑦162〜164
布施〔三善〕 ⑭88・89（長吉 長吉 吉成 吉時 吉成）
布施〔三善〕 ⑭89・90（康貞 康則 貞次 正俊 正重）
布施〔三善〕 ⑭91（勝重 正森 正重 正重）
布施〔三善〕 ⑭92・93（吉次 重次 重

直 重成 重勝)
伏屋〔清和源〕 ⑤211・212(為俊 為長 為次 為房)
船越〔藤原〕 ⑩10・11 (定氏 定俊 景倫 景直 永景)
船橋〔清原〕 ⑥95・96(天武天皇 舎人親王 御原王 小倉王 夏野 海雄 房則 業恒 広澄 頼隆 定滋 定康 祐隆 頼業 仲隆 良業 頼尚 良季 良枝 宗尚 良兼 宗季 良賢 頼季 宗業 良宣 宗賢 宣賢 業賢 枝賢 長治)
古田〔藤原〕 ⑩163～166 (重則 重勝 重忠 重直 重政 重弘 重治 重恒)

へ

平氏総括→タイラシソウカツ
平氏総目録→タイラシソウモクロク
別所〔村上源〕 ⑬213 (重治 重宗 重家)
逸見〔清和源〕 ④1～4(義光 義清 清光 光長 基義 惟義 義重 重氏 重正 義高 義景 義房 義仲 義治 義兼 義忠 義久 義次 義助 忠助 義記 義元 義重 義持 義貴)

ホ

北条〔平〕 ⑥54～66 (時政 義時 泰時 時氏 経時 時頼 時宗 貞時 高時 時行 行氏 時盛 行長 長氏 氏綱 幻庵 氏康 氏政 氏直 氏房 氏時 氏輝 氏邦 氏規 氏忠 氏光 景虎 氏盛 氏信 氏利 氏重 氏宗)
北条〔平〕 ⑥67～72 (氏綱 綱成 氏繁 氏勝 氏重 繁広 氏長)
星合〔村上源〕 ⑬231～255(雅家 師親 師重 親房 顕家 顕成 親成 顕信 信親 守親 親能 親統 顕能 顕雄 房雄 顕泰 顕俊 俊通 俊康 康玄 持康 教親 政宗 俊茂 具康 具政 長勝 長雄 長重 長之 満泰 満雅 教具 顕雅 政郷 親郷 材親 晴具 具教 具親 具成 親忠 頼房 具忠 具安 孝縁 具種 教房 具泰 教賢 藤忠 藤勝 藤光 具枚 具通 宗通 泰通 安詮 専来 具堯 基顕)
保科〔清和源〕 ③218～223(正則 正俊 正直 正光 正重 正貞 氏重 正英 正之)
保科〔清和源〕 ⑥72～74 (正直 正光 正重 家広 信吉 忠頼 正貞 氏重)
細〔未勘〕 ⑮103 (直一 直成)
細井〔藤原〕 ⑫28～30 (勝明 勝久 勝吉 勝武 勝茂 勝也 勝正)
細川〔清和源〕 ②27～37 (義家 義国 義康 義清 義兼 義実 実国 義季 俊氏 公頼 頼春 頼之 頼有 頼元 詮春 頼長 持有 教春 常有 政有 元有 元常 頼貞 顕氏 定禅 繁氏 業氏 満経 持経 顕経 成経 尚経 尹経 晴経 輝経 藤孝 藤英 紹琮 元沖 忠興 興元 妙菴 孝之 興昌 忠利 忠隆 立孝 興孝 光尚)
細川〔清和源、医者〕 ⑮231～242 (義清 義実 義季 俊氏 頼員 顕氏 公頼 和氏 頼春 師氏 頼之 頼有 頼元 満元 持元 持之 勝元 持賢 政元 澄元 晴元 信良 詮春 義之 満之 持常 頼重 満久 久之 之勝 持重 氏久 政勝 元定 全隆)
細田〔藤原〕 ⑩171 (康勝 康政 康次 豊利)
細田〔藤原〕 ⑩172 (正時 吉時 重時 成時)

堀田〔紀〕 ⑫205～211(孝元天皇 彦太忍信命 尾主忍雄命 武雄心命 武内宿祢 木菟宿祢 真鳥宿祢 玆寐臣 久比臣 真咋臣 小足臣 塩手臣 大口臣 大人 園人 諸人 麻呂 飯麻呂 麻呂名 真人 国守 貞範 長谷雄 淑光 文利 忠道 家俊 宗信 宗雅 定綱 俊文 俊重 重遠 重満 行義 行高 之泰 之盛 正重 正純 正道 正貞 正秀 正利 正盛)

堀田〔紀〕 ⑫211～213 (之泰 之盛 之時 之親 之通 正重 正純 正道 之正 盛家 之家 房行 之満 昌勝 光信 則宗 瑞禅 之継 一縄 一継 一通 一長 一氏 通正)

堀田〔紀〕 ⑫213・214 (正光 勝家 勝成)

保々〔清和源〕 ③107・108(則康 則貞 貞広 貞高)

堀〔清和源、茶道〕 ⑮257～259 (信定 清定 家次 正信 藤丸 正善 善親 忠政)

堀〔藤原〕 ⑨102～112 (秀重 秀政 秀種 利重 安重 三政 延政 末成 親重 利長 利直 秀治 忠俊 季郷 季俊 親良 政成 親昌 親智 親宣)

堀〔藤原〕 ⑨113～124 (直政 道利 利政 利常 利房 忠重 利重 直次 直昌 直倫 直友 直勝 直信 直長 直寄 直重 直升 直昭 直久 直房 直朝 直之 直景 直政 直氏 直次 直定 直時 直吉)

堀〔藤原〕 ⑨125・126 (存村 秀信 秀嵩)

堀内→ホリノウチ

堀越〔清和源〕 ⑤238・239(定久 定吉 定次 定重 定正)

堀内〔藤原〕 ⑨201・202 (氏虎 氏善 氏定)

本郷〔清和源〕 ⑤191～193(朝親 有泰 泰朝 隆泰 貞泰 家泰 詮泰 持泰 政泰 泰茂 信富 頼泰 勝吉 泰勝 勝乗)

本多〔藤原〕 ⑧214～231 (師輔 兼通 顕光 顕忠 兼家 兼助 光助 助俊 助清 清家 家満 光秀 助秀 助定 助政 定通 定忠 定助 助時 助豊 忠豊 忠高 忠実 忠勝 忠政 忠朝 忠刻 政朝 忠義 忠平 政勝 政長 政信 勝行 政利)

本多〔藤原〕 ⑧231～234 (光勝 忠光 信俊 信勝 信次 信吉)

本多〔藤原〕 ⑧235～241 (忠俊 忠次 光好 好次 好房 康俊 俊次 忠相 忠将 忠良 重次 俊昌 俊之 景次 康長 康将 俊世 俊勝 俊正)

本多〔藤原〕 ⑧241～247 (重次 成重 重能 重看 重良 重方)

本多〔藤原〕 ⑧248・249 (重次 重玄 秀玄 玄盛 吉里 玄重 成於 吉玄 玄正)

本多〔藤原〕 ⑧250～262 (兼通 顕光 顕忠 兼家 兼助 光助 助俊 俊通 助忠 助行 助清 清家 家満 光秀 助秀 助定 助政 定正 正吉 正経 秀清 清重 信重 広孝 康重 重純 重章 康紀 紀貞 重世 忠利 栄都 紀利)

本多〔藤原〕 ⑧263～271 (助秀 助定 助政 定政 定吉 正明 忠正 正定 正行 助俊 俊正 正信 正純 正勝 政重 政朝 忠純 忠次 政遂 正重 正氏 正包 正貫 正直 正綱)

本多〔藤原〕 ⑧274・275 (貞近 吉久 貞次)

本多〔藤原〕 ⑧275～277 (光次 光平

光勝 光重 光政 光直 正重 正次)
本多〔藤原〕 ⑧277・278 (正家 正次 清続)
本多〔藤原〕 ⑧279 (忠吉 忠重)
本多〔藤原〕 ⑧280 (定勝 学澄)
本堂〔清和源〕 ②182～185(義親 頼親 朝親 忠親 茂親 栄親)
本間〔清和源〕 ⑤193～196(範季 久季 宗季 政季 秀年 次年 次忠 範安 説直 政信 季重 義貞)
本間〔清和源〕 ⑤196 (忠直)
本目〔清和源〕 ①196・197(義長 義正 正重 正次 正義)

マ

蒔田〔清和源〕 ②21～23 (義氏 義継 経氏 経家 貞家 治氏 治家 頼治 頼氏 頼高 政正 成高 頼康 氏朝 頼久 義祇 義勝)
蒔田〔藤原〕 ⑩166・167 (広光 広定 定正 長広 広則 定則)
前島〔未勘〕 ⑮92 (重正 重勝)
前田〔菅原〕 ⑫70～84 (利昌 利家 利久 利玄 安勝 良之 秀継 利長 利政 知好 利孝 利豊 利房 利世 利貞 利常 光高 利次 利治)
前田〔菅原〕 ⑫110 (玄以 正勝 正信)
前田〔穂積〕 ⑮62・63 (定久 定勝 定俊 定良 定次)
前場〔日下部〕 ⑭144・145(勝秀 勝政 勝吉 勝門)
曲淵〔清和源〕 ④112・113(信定 信立 信次 信貞 信行)
曲淵〔清和源〕 ④113～115(吉景 吉清 吉房 行明 正行 正吉 吉重 吉門 吉次)
牧〔橘〕 ⑭167・168 (正勝 長正 長勝 長重 勝秋)
牧野〔清和源〕 ⑤158～160(成定 康成 忠成 儀成 重成 成次)
牧野〔清和源〕 ⑤160～163(定成 康成 信成 親成 尹成 義次 信正 教成 直成)
牧野〔田口〕 ⑮10～16 (重能 能遠 教能 古白 成里 正成 正景 成信 成従 成純 成勝 成常 成時)
牧野〔田口〕 ⑮16・17 (正重 忠正 正照 正友)
正木〔清和源〕 ⑤235・236 (重信 重度)
正木〔平〕 ⑥132・133 (義同 時綱 時茂 時忠 時通 邦時 康長)
町野〔三善〕 ⑭83～87 (康信 康俊 倫重 倫忠 康持 康連 康政 秀長 繁仍 幸和 幸長)
松井〔清和源〕 ⑤178～190(忠次 康重 康政 康映 康命 康常 康朗)
松井〔橘〕 ⑭160・161 (宗保 宗直 宗次 宗利 幸宗 宗重)
松風〔藤原〕 ⑩115 (正孝 正広 正忠 正成 正勝)
松木〔藤原〕 ⑪165・166 (重成 親成 成次 忠成 茂成 浄成 勝成 申成 房成 貞成 安成 忠継)
松木〔藤原〕 ⑪167 (忠成 忠次)
松倉〔藤原〕 ⑩111・112 (重信 重次 重吉)
松崎〔藤原〕 ⑩114 (吉次)
松崎〔未勘〕 ⑮104・105 (重次 重政 重良)
松下〔宇多源〕 ⑦86～88 (泰綱 長綱 貞長 氏綱 高長 長信 国長 国綱 長範 為雲 高信 近次)
松下〔宇多源〕 ⑬100～102(泰綱 長綱 貞長 氏綱 高長 長信 国長 国綱

定綱 長尹 長則 之綱 重綱 長綱）
松下〔宇多源〕 ⑬103・104（高長 長信 国長 連長 安秀 連昌 安綱 重綱 貞綱 房利 直綱）
松下〔宇多源〕 ⑬104・105（勝綱 伊長 長勝 之勝 重政 重氏 之綱 吉長）
松下〔宇多源〕 ⑬106（善長 元勝 友勝）
松下〔宇多源〕 ⑬107・108（高長 長信 国長 国綱 長範 為雲 秀綱 為政 為定）
松田〔平〕 ⑦41・42（康定 康長 直長 長重）
松田〔藤原〕 ⑧203〜205（康定 康江 定勝 定平 定秀 定縄）
松田〔藤原〕 ⑧205・206（正氏 政行 勝政 勝居）
松平支流〈長沢流〉〔清和源〕 ①185〜187（親常 親宅 親正 正信 近清 清直 清須 勝直）
松平支流〈長沢流〉〔清和源〕 ①187・188（信重 信次 信宗 信直 信勝）
松平支流〈長沢流〉〔清和源〕 ①188・189（長次 長吉 長正 貞長）
松平支流〈長沢流〉〔清和源〕 ①189・190（重忠 重俊）
松平支流〈長沢流〉〔清和源〕 ①190・191（清吉 清忠 清政 政重 重勝）
松平支流〈長沢流〉〔清和源〕 ①191・192（政次 政重 政長 政勝）
松平諸流略図 ①52〜71
松平親忠庶流〈大給〉〔清和源〕 ①151〜159（親忠 親長 乗元 長親 乗正 乗勝 親清 親乗 真乗 家乗 真次 乗真 乗次 乗寿 知乗 乗久 乗政）
松平親忠庶流〈大給庶流〉〔清和源〕 ①159〜162（親清 近正 一生 正吉 成重 忠昭 為季）
松平親忠庶流〈大給宮石〉〔清和源〕 ①163〜165（貞次 宗次 康次 正次 正成 正茂 利次 康正 直次 直正 直重 次茂）
松平親忠庶流〈瀧脇〉〔清和源〕 ①165・166（乗清 乗遠 正乗 乗高 乗次 正武）
松平長親庶流〈福鎌・桜井・藤井〉〔清和源〕 ①167〜182（長親 信忠 親盛 親次 親俊 康親 康盛 康勝 康俊 信定 義春 利長 清定 家次 忠正 忠吉 家広 信吉 忠頼 忠重 忠直 忠氏 忠成 忠勝 宗長 忠好 忠利 忠政 信一 信吉 忠国 忠晴 忠俊 信久）
松平〈新田嫡流得河〉〔清和源〕 ①72〜105（清和天皇 陽成天皇 真固親王 貞元親王 貞平親王 貞保親王 貞純親王 貞辰親王 貞数親王 貞真親王 貞頼親王 長淵 長猷 長鑒 長頼 経基王 経生 満仲 満政 満季 満実 満快 満生 満重 満頼 頼光 頼親 頼信 頼平 頼範 頼明 頼貞 孝道 源賢 頼義 頼清 頼季 頼任 義政 義家 義綱 義光 義宗 義親 義国 義忠 為義 義時 義隆 義重 義康 季邦 義範 義俊 義兼 義季 経義 義光 義佐 頼有 頼氏 有氏 教氏 満氏 家時 満義 政義 義秋 親季 有親 親氏 泰親 信光 信広 益親 勝親 家久 家弘 久親 守家 親忠 昌龍 親直 与嗣 光重 光英 元芳 光親 家勝 親正 親長 乗元 長親 親房 超誉 親光 親良 信乗 長家 張忠 康忠 信忠 親盛 信定 義春 家忠 利長 清康 信孝 康孝）
松平信忠庶流〔清和源〕 ①183・184

(信忠 清康 信孝 重忠 忠清 忠利 重利)

松平(元久松)〔清和源〕 ①200～219 (道定 定則 道勝 正勝 定継 定氏 詮定 範勝 定光 定益 定義 定俊 俊勝 康元 忠良 忠利 憲良 勝俊 勝政 勝義 勝則 勝忠 定勝 定友 定行 定綱 定国 定房 万吉 長松 定政 定次 亀松 定頼 千松 虎千代)

松平泰親・信光庶流〈松平・竹谷・形原・大草・五井・深溝・野見・小沢〉〔清和源〕 ①106～148 (泰親 信広 信光 守家 守親 親善 清善 清宗 家清 清定 清信 清行 忠清 清昌 清雄 清方 親忠 与副 貞副 親忠 家広 家忠 家房 正重 正成 政善 正長 信平 家信 康信 勝信 氏信 光重 昌安 親貞 三光 正親 康安 正朝 重成 成次 康信 重之 正求 正村 元芳 元心 信長 忠次 景忠 伊昌 忠実 伊燿 忠尚 元成 忠景 忠定 好景 定政 伊忠 家忠 忠利 忠貞 忠良 忠一 忠重 忠隆 忠久 忠房 定政 忠政 忠勝 政勝 政次 忠次 重次 政次 光親 重親 親友 忠恒 忠澄 忠綱 親正 親次 重弘 玄鉄 重吉 般若助 昌利 昌吉 昌信 正光 昌重 忠重 重勝 重忠 重直 重長 勝広 重則 重正 重信 勝隆 勝広)

松平泰親・信光庶流〈松平〉〔清和源〕 ①149・150(信広 長勝 勝茂 信吉 親長 重正 正成 信貞 信久)

松永〔未勘〕 ⑮105・106 (勝正 正重)

松波〔藤原〕 ⑩108・109 (重綱 重隆 重正 重次 重種 重信 重宗)

松浪〔藤原〕 ⑩109・110 (勝直 勝安 勝吉 政俊 政治 勝重)

松野〔未勘〕 ⑮84・85 (助信 助正 資信 資朝 助勝 助次)

松前〔清和源〕 ④124～133(信義 信光 信時 時綱 信政 信宗 信武 氏信 信在 信守 信繁 信栄 信賢 国信 信広 光広 義広 季広 慶広 舜広 政広 元広 定広 信広 吉広 忠広 景広 利広 盛広 行広 次広 種広 等広 政広 満広 公広 兼広 氏広 泰広 勝広 幸広)

松村〔藤原〕 ⑩116 (義柯 種綱 政綱)

松村〔藤原〕 ⑩117 (時安 時直)

松本〔清和源〕 ⑤135 (正信 正吉 正重)

松浦〔嵯峨源〕 ⑭1～8 (嵯峨天皇 融 昇 仕 宛 綱 久 安 伝 満 省 授 泰 久 直 枝 持 繫 湛 答 定 勝 与栄 安正 昌栄 正林 是興 義 豊久 弘定 興信 隆信 鎮信 久信 隆信 信辰 信生 鎮信)

松浦〔嵯峨源〕 ⑭9 (隆信 鎮信 定 信正 信貞)

曲直瀬〔橘、医者〕 ⑮127～129 (正琳 正円 玄理)

真野〔平〕 ⑦112 (重政 重吉 重家 重則 重勝 重成)

真野〔藤原〕 ⑪33(重吉 重家 勝重 勝政)

真野〔藤原〕 ⑪34(正俊 正次 正重 正治)

真野〔藤原〕 ⑪35 (有国 有春 有佳)

真野〔藤原〕 ⑪36 (重次 重綱)

間宮〔宇多源〕 ⑬50～56 (成頼 章経 経方 行定 定通 定時 時信 信光 信景 信行 信重 信冬 信次 信忠 信盛 信之 康俊 康信 直元 忠次 正次 元重 元次 元平 元成 元晴

信次 方次 信高 高則 真澄 綱信 氏信 頼次 信縄 重綱 重信 重三 元次 元重 元勝)
間宮〔宇多源〕 ⑬57 (信次 直信 信正 正次 信重)
間宮〔宇多源〕 ⑬58 (正重 正秀 正勝 勝乗)
丸茂〔清和源〕 ④262・263(長照 利勝 利久 重成 重親 利明)
丸山〔藤原〕 ⑪63・64 (友勝 友正 友次)
万年〔藤原〕 ⑪80・81 (正勝 高頼 正頼 正秀 久頼 高頼)

ミ

三浦〔平〕 ⑥111～125 (高望王 良望 良将 将門 将頼 如蔵 将平 良兼 良繇 良文 良持 忠通 忠頼 将恒 忠常 常将 頼尊 為通 景通 景成 景村 為継 為俊 義継 義明 義行 為清 義実 義忠 義清 義宗 義盛 義茂 宗実 義胤 常盛 義氏 泰秀 義直 義信 秀盛 義国 義澄 義久 義春 義季 義連 有綱 有村 有澄 義有 義村 重澄 胤義 友澄 朝村 氏村 泰村 景村 駒王丸 景泰 光村 家村 義行 証雲 家康 資村 長村 重村 胤村 良賢 重時 源喩 幸村 維村 家村 貞村 朝村 貞村 有村 基村 糸松丸 虎駒丸 行村 朝行 行経 朝常 義信 玄胤 朝胤 正胤 重明 正明 重友 重村 正村 正重 正次 安次 共次)
三浦〔平〕 ⑥125～127 (朝村 朝信 朝久 宗久 高久 範永 範高 範時 氏俊 儀持 儀俊 忠俊 久儀 忠綱 綱儀)
三浦〔平〕 ⑥127・128 (正勝 正次 正定 正之 重良 正頼)
三浦〔平〕 ⑥129 (義次 元秋 義勝 義景)
三浦〔平〕 ⑥130・131 (直升 直正 直次 直吉 直勝 直利 直成)
三上〔宇多源〕 ⑬126 (季次 季直 季吉)
三神〔藤原〕 ⑪78 (信久 義久 安信)
三木〔藤原〕 ⑥206・207 (直頼 良頼 自綱 直綱 慶利)
三木〔藤原〕 ⑪72・73 (直頼 良頼 自綱 近綱 春綱)
三雲〔藤原〕 ⑨7～12(道隆 伊周 伊行 恒行 家行 家弘 弘方 実高 実家 実行 時国 実信 行義 家実 実綱 景実 朝実 孝実 実乃 行定 定持 賢持 成持 成長 成時 定氏 定信)
三島〔平〕 ⑦44・45 (政成 政久 政友 政次 政吉 政春)
水上〔清和源〕 ④278・279(時利 利光 政光 重光 政徳 政重)
水上〔清和源〕 ④279・280 (種吉)
水谷→ミズノヤ
水野〔清和源〕 ⑤53～77 (雅経 雅継 胤雅 貞守 忠政 信元 信近 忠守 守重 守元 春守 守正 守次 忠元 右馬允 重家 重勝 元吉 元正 忠善 忠久 元春 近信 近之 近広 分長 元綱 元倫 義忠 重央 吉勝 勝政 重良 定勝 良安 良全 忠保 光綱 景綱 忠重 勝成 市正 弥十郎 忠清 佐渡守 忠職 長吉 勝重 成貞 勝信 勝則 勝忠 勝貞)
水野〔清和源〕 ⑤78・79 (貞守 忠政 長勝 忠貞)
水野〔清和源〕 ⑤80(守次 守信 守行)
水野〔清和源〕 ⑤81 (清久 清次 清定

清氏）

水野〔清和源〕 ⑤82（正長 正春 正行 正行）

水野〔清和源〕 ⑤83（勝重）

水野〔清和源〕 ⑤84（豊信 信久 信秀 信俊）

水野〔清和源〕 ⑤85（信常 信勝 信郷）

水野〔清和源〕 ⑤86（正勝 宗勝 勝次 正直 正盛 勝長）

水野〔清和源〕 ⑤87（信行 信常 信村 信利）

水谷〔藤原〕 ⑧118～126（了円 道通 玉叟 全仲 治持 正村 勝俊 勝隆 勝宗）

水原〔宇多源〕 ⑬195・196（茂忠 茂親 親好 親正）

溝口〔清和源〕 ④5～10（勝政 秀勝 宣勝 善勝 政勝 政良 助勝 直勝 之勝 宣直 宣広 宣秋 宣俊 宣知）

溝口〔清和源〕 ④273・274（成常 重朝）

溝口〔清和源〕 ④274～276（常長 常吉 重長 常勝 重恒 重直 吉勝）

三田〔平〕 ⑥199・200（綱勝 守綱 守長 守次）

三田〔藤原〕 ⑪79（政忠 政定 正吉）

御手洗〔藤原〕 ⑪175～178（正重 正吉 直重 正久 定重 昌広 家重 忠重 政重 政勝 政綱 政家 昌重）

三井〔平〕 ⑦78・79（吉正 吉次 吉久）

三橋〔藤原〕 ⑪73～75（信久 信次 盛勝 盛忠 盛次 信勝 信吉 信宗 信清 信重）

三橋〔藤原〕 ⑪75・76（長富 長成 成次 成久）

三橋〔藤原〕 ⑪76（正広 正次 正成）

三淵〔清和源〕 ②38・39（顕家 光行 藤利）

皆川〔藤原〕 ⑧97～105（秀郷 千常 文脩 兼光 頼行 武行 行尊 行政 行光 政光 朝政 宗政 朝光 時宗 政能 政綱 宗員 宗長 宗村 宗俊 秀俊 宗則 宗常 宗景 顕宗 宗泰 時村 秀行 宗秀 宗親 宗于 秀直 義秀 満光 憲秀 秀光 秀宗 光泉 氏秀 宗成 成勝 俊宗 広照 隆庸 宗富 成郷 秀隆 成之）

南倉→ナグラ

美濃部〔菅原〕 ⑫89～92（古人 清公 是善 菅家 高視 淳茂 寧茂 兼茂 是兼 家兼 為兼 為貞 為員 為家 為信 信茂 氏茂 貞茂 恒茂 元茂 頼茂 茂長 茂継 茂久 茂教 貞茂 茂俊 茂江 茂濃 茂盛 茂吉 茂勝 高茂）

美濃部〔菅原〕 ⑫93（茂久 茂広 茂正 茂高）

美濃部〔菅原〕 ⑫94（氏茂 茂持 茂勝）

美濃部〔菅原〕 ⑫94・95（茂重 茂忠 茂命）

美濃部〔菅原〕 ⑫96・97（茂明 茂次 茂正）

美濃部〔菅原〕 ⑫97（茂時）

美濃部〔菅原〕 ⑫98（茂信 茂正 茂数 茂俊 重安 茂直 茂長）

宮石松平→松平〈大給宮石〉

宮城〔大江〕 ⑫188～192（平城天皇 阿保親王 本主 音人 千里 維明 重甫 雲屋 新坊 堅甫 正重 豊盛 頼久 豊嗣）

宮城〔大江〕 ⑫193～200（重甫 雲屋 新坊 貞治 宗玄 賢祐 金蔵坊 南照庵 賢正 蓮乗院 正重 文利 長治 正信 和甫 和治 貞正 宗勝 重勝 犬勝）

宮城〔平〕 ⑦42・43（政業 為業 泰業

正重 正次)

三宅〔藤原〕 ⑪65～71 (政貞 重安 是親 重勝 重吉 重正 重貞 康貞 正勝 正忠 広勝 勝重 正次 長利 康信 康政 康永 康広 康盛 康重 康勝)

三宅〔藤原〕 ⑪72 (重政 重勝 重次)

宮崎〔藤原〕 ⑪170～174 (泰満 泰景 泰重 安重 重綱 景次 時重 重政 景重 重久 道次 照泰 重次 重景 泰隣 泰次 政泰)

宮重〔藤原〕 ⑪190・191 (信成 信吉 信房 忠次 信次 正次)

宮田〔藤原〕 ⑪188 (吉次 吉久 吉勝)

宮原〔清和源〕 ②1～6(貞純親王 経基王 満仲 頼信 頼義 義家 義国 義康 義兼 義氏 泰氏 頼氏 家時 貞氏 尊氏 義詮 基氏 氏満 満兼 持氏 成氏 政氏 高基 晴直 義明 頼純 晴氏 義氏 氏女 国朝 頼氏 義親 尊信 義勝 義照 義久 晴克)

→喜連川ヲ参照

宮原〔藤原〕 ⑪184・185 (利次 石利 石次)

三好〔清和源〕 ④246～248(一任 可正 勝任 勝正)

三好〔清和源〕 ④249・250(長直 長房 房一 長直 直重 直次 直滋)

三好〔橘〕 ⑭174・175 (政高 直政 政盛)

ム

向井〔清和源〕 ②99～107 (長忠 長晴 長勝 忠綱 正重 政勝 政盛 政良 政直 正綱 忠勝 忠宗 忠綱 正興 正次)

向山〔嵯峨源〕 ⑭51 (盛吉 盛重 正盛 盛広)

武蔵〔藤原〕 ⑪82・83 (吉正 秀貞 吉勝 吉次)

武者〔藤原〕 ⑪247 (正安 満安 安貞)

武藤〔藤原〕 ⑧170 (安成 安信 安之)

武藤〔藤原、医者〕 ⑮135～138 (助平 氏行 氏影 秋氏 長盛 師氏 氏平 親氏 将氏 教氏 淳氏 健氏 政氏 澄氏 氏説 晴時 氏祇 常直 道賀 清雲 玄察)

村上〔清和源〕 ③210・211 (信清 清政)

村上〔清和源〕 ③211・212 (吉勝 吉久)

村上〔清和源〕 ③212・213 (勝友 勝信)

村上〔清和源〕 ③213～217 (吉正 三正)

村越〔藤原〕 ⑪101 (光 光 正重 光好 正直)

村越〔藤原〕 ⑪102 (俊吉 俊信 直吉 吉勝)

村越〔藤原〕 ⑪103 (延久 延時 延連)

村瀬〔藤原〕 ⑪104～106 (重久 重治 重次 重政)

室賀〔清和源〕 ⑤130・131(正重 正国 勝永 秀正 満俊 正俊 忠正)

→屋代ヲ参照

モ

毛利〔大江〕 ⑫111～152(平城天皇 高岳親王 善淵 安身 巨勢親王 阿保親王 上毛野内親王 石上内親王 大原内親王 叡奴内親王 本主 行平 遠瞻 友于 守平 業平 仲平 棟梁 師尚 滋春 元方 音人 公幹 清忠 如鏡 成通 成利 行職 忠度 師

季 清俊 通友 盛俊 盛賢 資成 資家 師継 頼氏 師親 師業 盛久 通清 通賢 通成 通能 玉淵 朝綱 朝典 朝衡 扶藤 澄明 清通 定経 清定 清綱 通定 近定 澄江 通直 為清 清綱 佐国 朝通 家国 通国 景定 景国 公国 盛家 弁宗 宗円 円盛 円如 澄景 清胤 通理 景理 清遠 千里 維明 維繁 宗淵 染淵 千秋 千古 維明 仲宣 理任 昌言 相兼 清言 公資 広経 正言 以言 嘉言 維望 維時 重光 斉光 為基 定基 成基 尊基 相兼 匡衡 挙周 林豪 能公 成衡 能高 匡房 維順 隆兼 匡周 匡隆 有元 時賢 盛賢 信賢 有賢 維光 匡行 棟房 匡朝 康房 匡範 周房 信房 重房 挙俊 周仲 信俊 維房 宗房 煕房 親光 親厳 広元 秀厳 仲能 重教 仲雅 宗頼 仲実 景実 能直 親直 頼泰 親時 貞親 重清 重輔 清有 宗有 秀有 親広 佐房 佐泰 泰広 盛広 泰元 佐時 長広 佐長 光佐 広次 広宗 宗房 広時 隆元 隆時 政広 親政 元時 重祐 元顕 広顕 親元 公広 元政 懐広 直千 顕広 時茂 時信 家広 政広 元家 教広 満教 満広 頼元 元時 氏政 冬政 満広 時高 頼広 政勝 時氏 元時 元詮 元朝 元勝 元佐 元安 知政 元高 為広 高重 広重 知広 宗広 広直 広種 兼広 時広 泰秀 時秀 宗秀 貞広 広泰 貞秀 時千 時春 泰重 頼重 茂重 重広 貞重 貞頼 運雅 宗元 貞泰 宗衡 高広 貞懐 広秀 挙冬 師元 頼元 氏頼 氏元 元冬 氏広 兼広 泰元 時元 泰広 秀元 茂時 茂元 宗広 貞男 泰千 泰経 泰茂 泰継 頼茂 頼秀 静諭 泰朝 貞頼 宗元 政茂 成宗 頼広 時元 政元 政頼 宗広 頼元 教元 宗茂 頼茂 宗教 宗元 季光 経光 広光 円道 公恵 房親 泰元 師雄 元親 元貞 時光 元挙 時親 基親 時元 経親 重経 基沢 経高 親忠 親宗 了厳 貞親 親元 広顕 親顕 冬光 親茂 妙雲 家親 師親 匡時 直衡 広房 元房 実広 忠広 広世 元淵 弘親 広顕 広国 顕衡 親心 広能 秀元 広頼 忠成 忠茂 広茂 忠元 広房 時広 成茂 忠時 忠秀 惟忠 忠仲 忠景 尊俊 重清 重輔 清有 宗有 秀有 光房 煕元 豊元 弘元 興元 元就 元綱 就勝 元範 隆元 元春 元長 元氏 元景 広家 広正 就頼 隆景 元秋 元清 秀元 元康 元宣 元政 元倶 元随 元任 元総 元信 輝元 秀就 就隆 千代熊丸）

毛利〔大江〕 ⑫153～171（元就 隆元 輝元 秀元 秀就）

毛利〔大江〕 ⑫182～184（政次 高次 高政 吉安 吉成 吉隆 高成 高定 高直）

毛村〔大江〕 ⑫185（重政 重次 重長）

最上〔清和源〕 ②50～61（義兼 義氏 泰氏 家氏 頼氏 宗家 宗氏 高経 家兼 直持 詮持 満持 直勝 満詮 持兼 持直 持家 兼頼 持義 持頼 直家 満直 頼直 頼勝 頼泰 満長 頼高 頼種 氏直 義直 兼直 兼義 満家 満基 満頼 満国 義春 頼宗 義秋 満氏 義淳 義定 義守 義光 義康 家親 義俊 義智 義長）

望月〔滋野、医者〕 ⑮224・225（重元 宗慶 元珍 道慶 元庸）

持田〔藤原〕 ⑩181（忠久 忠吉 忠重）

森〔清和源〕 ②218〜224（可成 可政 長一 忠政 重政 忠広 長継）
森〔清和源〕 ②226・227（可政 重政 可澄 可久 重継）
森〔藤原〕 ⑧174・175（吉勝 種正 種長）
森〔藤原〕 ⑧175（吉久 吉次 吉政）
森川〔宇多源〕 ⑬155〜165（定綱 信綱 泰綱 頼綱 宗綱 宗泰 高泰 満泰 秀泰 秀定 泰氏 定泰 宗氏 定兼 氏兼 重次 近次 次吉 次政 正次 重次 重則 氏俊 長次 長貞 長俊 長重 重成 重次 重定 重定 重氏 重政 氏信 氏之 氏時 之俊 正次 友次 次弘 重俊 重政 重名 重頼）
森川〔宇多源〕 ⑬166（信重 重次 重勝）
森川〔宇多源〕 ⑬167（長次 長重）
森本〔清和源〕 ⑤50・51（吉則 吉久 正久）
守屋〔藤原〕 ⑪182・183（行重 行次 行重 行広 行重 行吉 行広）
守屋〔藤原〕 ⑪183・184（昌成 昌房 成信）
森山〔平〕 ⑦60〜62（盛明 盛定 俊盛 盛房 信盛）
森山〔平〕 ⑦63（信盛 秀盛 永盛）
諸星〔未勘〕 ⑮71・72（政次 盛次 忠次 盛綱 政長 盛政 盛重 盛長）
門奈〔藤原〕 ⑩126〜128（直友 直宗 直友 宗勝 宗家 宗次 勝正 宗忠 重忠 重元 勝重 勝元 政勝 忠久 重冬 直勝 末勝 直次）

ヤ

八木〔日下部〕 ⑭142・143（正重 重朋 重糸）
八木〔日下部〕 ⑭143・144（正勝 正成 正信）
柳生〔菅原〕 ⑫85〜88（永珍 家重 道永 家宗 光家 重永 家厳 宗厳 厳勝 宗矩 三厳 俊矩）
施薬院→セヤクイン
矢島〔藤原〕 ⑪84（定久 定利）
屋代〔清和源〕 ⑤130・131（正重 正国 勝永 秀正 満俊 正俊 忠正）
→室賀ヲ参照
安井〔清和源〕 ④277（秀勝 重勝 喜勝）
安田→保田
保田〔清和源〕 ④36〜39（義光 義清 清光 義定 忠義 忠光 忠則 忠宗 宗重 重定 重高 宗定 宗弘 長宗 知宗 栄西 則宗 宗雪）
矢頭〔清和源〕 ⑤218・219（重政 重次）
柳沢〔清和源〕 ④66・67（信友 長俊 長久）
柳沢〔清和源〕 ④109〜111（信定 信立 信俊 信文 信時）
柳沢〔藤原〕 ⑩247〜249（元政 元吉）
柳瀬〔未勘〕 ⑮104（友信 友清）
梁田〔未勘〕 ⑮89（正勝）
矢橋〔平〕 ⑦107・108（安忠 忠重 重頼 重好）
矢部〔藤原〕 ⑦226〜228（定則 定清 定勝 定成 直定 定重 定房）
矢部〔藤原〕 ⑦229・230（祐則 吉利 利忠 忠政）
山内〔藤原〕 ⑧1〜8（秀郷 千常 文脩 文行 公光 公清 脩行 助清 秀清 助通 通清 正清 親清 義通 親通 俊通 経俊 貞通 盛通 盛豊 一豊 康豊 政豊 重昌 一唯 忠義 忠豊 忠直）

山岡〔大伴〕 ⑮1〜7（景信 景定 景長 景高 景重 景信 景吉 景隆 景佐 景長 景兼 景次 景友 甫庵 景益 景以 景本 景孝 景広 景晴 景政 景次）
山角〔藤原〕 ⑪47〜53（定吉 定勝 定次 定吉 定安 定行 常貞 勝成 定重 定勝 政定 正勝 勝重 盛繁 長定 定行 定方 勝長 吉次 吉比）
山上〔未勘源〕 ⑩34・35（正家 正次）
山上〔藤原〕 ⑧209〜211（秀定 定重 義清 清忠 通俊 盛定 俊時 定久 重俊 定秀 盛吉 松若 義定 秀信 吉定 忠勝 吉勝）
山木〔平〕 ⑦53（勝道 勝光 勝綱）
山口〔清和源〕 ⑤259〜261（直友 直堅 直治）
山口〔平〕 ⑦54・55（長政 光広 光正 光俊）
山口〈大内〉〔多々良〕 ⑭248〜265（琳聖太子 正恒 藤根 宗範 茂村 保盛 弘真 貞長 貞成 盛房 弘盛 満盛 弘成 弘貞 弘家 重弘 弘幸 弘世 義弘 盛見 持世 教弘 政弘 義興 義隆 持盛 教幸 任世 盛幸 教仲 盛重 盛政 重俊 重勝 重政 政成 重克 重信 重長 弘隆 重恒 重直 重時 重定）
山口〔多々良〕 ⑭265・266（政吉 雄吉 吉長 吉直）
山崎〔宇多源〕 ⑬109〜112（成頼 義経 経方 季定 秀義 家行 憲家 定家 広家 重家 右家 祐家 長康 康家 氏定 重家 宗家 片家 家盛 家治 俊家 豊家 弘家）
山崎〔藤原〕 ⑪62・63（正重 正勝 正信 重政 政則 政房 政家 政豊）
山下〔清和源〕 ⑤233〜235（正綱 綱義 綱元 綱次 綱重 次正 正勝 義勝 周勝 忠吉 昌勝）
山下〔藤原、医者〕 ⑮121・122（親継 親之 宗琢 瑞琢）
山瀬〔未勘〕 ⑮73（正家 正次）
山田〔清和源〕 ⑤88〜90（重則 重利 重恒 重安）
山田〔清和源〕 ⑤91・92（重吉 重純 正次 正勝 重勝 勝房）
山田〔清和源〕 ⑤92・93（時忠 重次 重棟）
山田〔清和源〕 ⑤94（正直 正重 正久 正清 正信）
山田〔清和源〕 ⑤95（正重 正長）
山田〔清和源〕 ⑤95・96（重直 重俊 重信 重縄 重成）
山田〔清和源〕 ⑤96・97（正勝 信勝 信治）
山田〔清和源〕 ⑤97（春吉 春次）
山田〔清和源、医者〕 ⑮213〜215（重正 正次 正勝 正信 重信 如仙 如三）
山田〔橘〕 ⑭157（良次 良政 利正）
山田〔橘〕 ⑭158・159（元重 元継 元清）
山田〔藤原〕 ⑪54〜56（直定 直安 直時 直勝 直忠 直利 直久 勝時 直弘）
山田〔藤原〕 ⑪56・57（重直 重俊 重勝 重定）
山田〔未勘〕 ⑫214（勝盛）
山高〔清和源〕 ④97〜102（信光 信長 信経 時信 義行 信方 信武 春方 信行 経春 景信 信基 基春 信之 親之 信親 信直 親重 信俊 信保 信吉）
山寺〔清和源〕 ④104〜109（信種 信親 信明 信昌 信光 信時 信安 信就）

→青木ヲ参照

山名〔清和源〕 ①251〜255(義家 義国 義重 義範 義行 重国 重村 重長 義俊 政氏 時氏 氏清 時義 時熈 持豊 教豊 政豊 致豊 豊定 豊国 豊政 豊義 豊長 豊満 英首座 豊玄 豊守 義照 義頼)

山名〔清和源〕 ③126 (祐豊 堯熈 堯政)

山中〔清和源〕 ⑤9〜11(介次 介秀 介勝 介行 介重 介政 常義 重之)

山中〔平〕 ⑦113・114 (氏頼 頼次 頼元 直元 直利 元次 利次)

山中〔平〕 ⑦114・115 (元吉 元茂)

山中〔平〕 ⑦115・116 (信実 吉実 信三 信安)

山中〔橘〕 ⑭170〜174 (勝俊 兼俊 為俊 長俊 信俊 幸俊 宗俊 俊友 盛俊 伊俊 因俊)

山中〔藤原〕 ⑪64 (吉久 吉正 吉長)

山村〔大江〕 ⑫203・204 (良道 良利 良候 良勝 良弘)

山本〔清和源〕 ③260〜262(正直 正継 勝正 勝長 政直 正重 正吉 正治 正茂 正信 正次 吉勝 吉茂)

→福村ヲ参照

山本〔清和源〕 ③263・264(正高 重成 吉正 重吉)

山本〔清和源〕 ③264・265(正縄 縄義 縄次 正勝 次正)

山本〔清和源〕 ③265・266(義晴 正義 正勝 正直)

山本〔清和源〕 ③267 (清近 近正 盛近)

山本〔清和源〕 ③268 (政法 政重)

山本〔清和源〕 ③269 (邑重 邑次 邑政)

ユ

由比〔未勘〕 ⑮100 (光正 光勝 光運)

由良〔清和源〕 ①258〜262(義国 義重 義兼 義房 政義 基氏 朝氏 義貞 義助 義治 義顕 義興 義宗 貞氏 貞治 貞国 国繁 景繁 国経 泰繁 成繁 国繁 顕長 貞繁 貞長 貞房)

ヨ

余語〔菅原〕 ⑫107 (伊成 正重 重成 正成)

横田〔宇多源〕 ⑬152・153(尹松 政松 隆松 倫松 重玄 述松 胤松 景松 綱松 直松)

横地〔藤原〕 ⑫50・51 (元貞 安信 安次 忠重 正義)

横地〔藤原〕 ⑫53 (吉次 吉綱)

横地〔藤原〕 ⑫54 (政吉 政次)

横山〔小野〕 ⑭176〜182(敏達天皇 春日皇子 妹子 毛人 毛野 永見 岑守 篁 保衡 忠範 義村 好古 葛絃 道風 忠時 時仲 時季 隆泰 義隆 資隆 経兼 隆兼 時重 時広 時兼 重時 時久 時盛 考時 時治 時安 時忠 兼氏 常時 兼宗 時直 兼友 時永 時知 時家 兼長 長時 兼康 兼則 時隆 長隆 長知 康玄 長重 康次 興知 長治 長昌 隆正 常知 喜治 長之 兼知 重知 宗知 長堅 知清)

横山〔小野〕 ⑭183 (清政 親政 政広)

横山〔小野〕 ⑭183・184 (一友 一吉 一重 一政 一常 一全 一義 一通 一房)

横山〔藤原〕 ⑪57・58 (清照 清正 正

勝 正次 政信 正吉)

吉田〔宇多源〕 ⑬141～143(家久 家次 家隆 種久 政形 政永 政成 家為 家政 政吉 政勝 政広)

吉田〔宇多源〕 ⑬143・144（重氏 重信)

吉田〔宇多源〕 ⑬145(吉次 吉重 政勝 政俊)

吉田〔宇多源〕 ⑬146(正次 正直 政重 正定 正之)

吉田〔宇多源〕 ⑬147（時勝 正時 正歳)

吉田〔宇多源、医者〕 ⑮155～162（秀義 定綱 厳秀 義基 泰秀 秀信 秀長 長秀 秀氏 秀綱 宗綱 秀春 徳春 宗林 宗忠 浄林 栄可 宗桂 曲庵 等玄 光好 玄之 長因 三悦 玄紀 厳昭 厳辰 宗恂 侶庵 宗達 宗成 宗陳 宗恪)

吉田〔宇多源、医者〕 ⑮205～207（徳春 宗林 宗忠 浄林 宗桂 栄可 幻也 周三 友佐 宗活 宗仙 宗和 宗以)

吉野〔藤原〕 ⑪31・32（信清 信通 信次 信安)

依田〔清和源〕 ③169～172(俊舎 行信 時行 信貞 信蕃 康国 康貞 信吉 信幸 信守 信政 政勝 信重 信弘)

依田〔清和源〕 ③173・174(全良 全賀 全真 信盛 昌忠 盛繁 盛吉)

依田〔清和源〕 ③175(国吉 重吉 吉清 吉久)

依田〔清和源〕 ③176（元吉 国吉 吉正)

依田〔清和源〕 ③177（守秀 守次 守久)

依田〔清和源〕 ③178(信正 信吉 信次 信忠)

依田〔清和源〕 ③179・180(貞元 貞平 貞信 貞行 貞守 貞直 守直 政直)

米津〔未勘〕 ②216・217

米津〔未勘〕 ⑮64～66（勝政 政信 康勝 正守 田政 田盛 政吉)

米津〔未勘〕 ⑮67（重信 貞重 重勝)

米倉〔清和源〕 ④62～66（宗継 忠継 信継 永時 重種 種勝 義継 政継 上友 豊継 正継 満継 信継)

米津→ヨネキツ

ロ

六郷〔藤原〕 ⑨252～254（道行 政乗 政勝 政俊 政秀)

ワ

若林〔藤原〕 ⑩249・250（直則 三由)

脇坂〔藤原〕 ⑩138～162（安明 安治 安景 安忠 安元 安信 安英 安正 安長 安重 安之 安直 安経 安方 安俊 安次 安通 安成 元済 安利 安吉)

分部〔清和源〕 ⑤241～244(光定 光恒 光高 光嘉 光勝 光信 光郷)

和田〔宇多源〕 ⑬80・81（宗立 維政 維長 維重 維久 維貞)

和田〔宇多源〕 ⑬81・82（秀勝)

和田〔宇多源〕 ⑬82～84（定利 定教 定勝 定継 定安)

和田〔宇多源〕 ⑬84（良久)

渡辺〔嵯峨源〕 ⑭10～28(融 昇 仕 宛 綱 久 安 伝 満 省 授 繁 兼 経 企 俊忠 忠房 満綱 元綱 頼綱 安綱 道綱 国綱 行綱 春綱 範綱 有綱 長綱 沖綱 義綱 秀綱 廉綱 雅綱 氏綱 照綱 景綱 時綱 遠綱 真

綱 生綱 真綱 盛綱 高綱 興綱 守綱 政綱 秀綱 重綱 宗綱 成綱 清綱 勝綱 忠綱 治綱 吉綱 近綱 利綱 正綱 三綱 定綱)
渡辺〔嵯峨源〕 ⑭29～32(競 信 清 光 勝 正 吉 永 光 茂 秋過 忠 善)
渡辺〔嵯峨源〕 ⑭32・33 (重 多 精)
渡辺〔嵯峨源〕 ⑭34(久重 久勝 久次)
渡辺〔嵯峨源〕 ⑭35(信 朝 秀 勝 富)
渡辺〔嵯峨源〕 ⑭36 (重綱 重次)
渡辺〔嵯峨源〕 ⑭36・37 (吉正 重次 吉成 定)
渡辺〔嵯峨源〕 ⑭37・38 (重 勝 正)
渡辺〔嵯峨源〕 ⑭38～43(綱 久 安 至 好 於 譽 高 宗 実 則 続 忠 光 恒 知 縄 守 安 長 盛 時 友)
渡辺〔嵯峨源〕 ⑭44～47 (治綱 正綱 真綱 則綱 勝綱 重真 幸綱 行綱 年綱)
渡辺〔嵯峨源〕 ⑭48(正吉 吉重 吉長)
渡辺〔嵯峨源〕 ⑭49・50(近 忠 長 清 定 勝 延)
藁科〔藤原〕 ⑩254・255 (忠勝)

諱 索 引

凡　　例

1．本索引には、系図に釣られた大字の人名のほか、記載の中からも諱と認められるものをすべて収めた。

2．諱のあとに（　）を付してその氏姓（家名）を注記した。氏姓（家名）を二つ以上掲げたものは、初めの姓・実家等を示す。

3．配列は、音読による表音式五十音順とした。音は、主として漢音によったが、慣用音によった場合もある。

4．同音のものは字画順によった。また、第二字目のいかんによらず、第一字目の同じものはまとめた。

5．同音・同字の場合は、人物を区別するために〈　〉を付して通称等を注記した。

6．羽柴・豊臣・松平等の賜姓については、（　）内に家名とあわせて注記した。

諱索引目次

目　次

諱　索　引

ア

阿一(小笠原)　④15
阿智王　⑭233⑮164
阿波良波命　⑮182
阿毘古連　⑦138
阿保親王　⑫112,188
阿麻毘舎卿　⑦138
愛季(秋田)　⑫256
愛寿(伊東)　⑨262
安(渡辺)〈源次太夫〉　⑭2,10,38
安(渡辺)〈源蔵〉　⑭42
安英(脇坂)　⑩159
安王丸(足利)　②8
安家(赤井)　③242
安家(越智)　⑬22
安雅(佐脇)　⑤219⑮83
安吉(石原)　⑪11,16
安吉(小川)　⑧137
安吉(落合)　③129
安吉(遠山)　⑨140
安吉(脇坂)　⑩161
安躬(越智)　⑬22
安経(赤沢)　④223
安経(脇坂)　⑩160
安景(脇坂)　⑩158
安元(小笠原)　④215
安元(脇坂)　⑩158
安広(小笠原)　④216
安高(八木)　⑭129
安綱(佐野)　⑧201
安綱(松下)　⑬103
安綱(渡辺)　⑭12
安国(越智)　⑬22
安之(武藤)　⑧170
安之(脇坂)　⑩160
安次(安西)　⑦109
安次(石川)　②214
安次(小笠原)　④215
安次(小宮山)　⑤42
安次(佐久間)　⑥218
安次(遠山)　⑨141
安次(人見)　⑮208
安次(三浦)　⑥124
安次(横地)　⑫51
安次(脇坂)　⑩160
安治(脇坂)　⑩138
安時(西沢)　⑭209
安主(日下部)　⑭127
安秀(松下)　⑬103
安秀(龍造寺)　⑦244
安重(石川)　②214
安重(奥山)　⑨255
安重(小宮山)　⑤41
安重(佐脇)　⑮84
安重(遠山)　⑨141
安重(長谷川)　⑧165
安重(藤方)　⑬215
安重(堀)　⑨105
安重(宮崎)　⑪171
安重(脇坂)　⑩159
安俊(近山)　④116
安俊(脇坂)　⑩160
安昌(石原)　⑪15
安勝(安西)　⑦109
安勝(小笠原)〈喜三郎〉　④216
安勝(小笠原)〈小五郎〉　④216
安勝(庄田)　⑥189
安勝(長谷川)　⑧165
安勝(前田)　⑫75
安照(庄田)　⑥188
安身(在原)　⑫112
安信(佐脇)　⑤219⑮83
安信(庄田)　⑥188
安信(南部)　④230
安信(野間)　⑪27
安信(三神)　⑪78
安信(武藤)　⑧170
安信(横地)　⑫50
安信(脇坂)　⑩159
安親(藤原)　⑦172
安世(良岑)　⑭93
安正(石原)　⑪11
安正(太田)　⑧114
安正(藤方)　⑬215
安正(松浦)　⑭3
安正(脇坂)　⑩159
安成(近山)　④116
安成(松木)　⑪166
安成(武藤)　⑧170
安成(脇坂)　⑩160
安政(佐久間・保田)　⑥216
安政(高田)　③50
安政(遠山)　⑨140

安盛(永井) ⑥192
安節(野間) ⑮194
安詮(星合) ⑬254
安則(小川) ⑧138
安則(遠山) ⑨141
安村(小笠原) ④216
安忠(石川) ②214
安忠(平) ⑥98
安忠(遠山) ⑨141
安忠(村岡) ⑦107
安忠(脇坂) ⑩158
安長(石原) ⑪11
安長(高力) ⑥77
安長(佐久間) ⑥218
安長(東条) ④54
安長(脇坂) ⑩159
安直(田辺) ⑫234
安直(脇坂) ⑩160
安通(脇坂) ⑩160
安定(坪内) ⑪98
安貞(武者) ⑪247
安殿→平城天皇
安平(戸川) ⑪2
安方(脇坂) ⑩160
安本(浅井・三島) ⑩235
安明(脇坂) ⑩138
安友(塙) ⑮216
安尤(戸川) ⑪3
安頼(青木) ⑭123
安利(戸川) ⑪3
安利(藤方) ⑬215
安利(脇坂・堀田) ⑩161
安隆(小浜) ⑪231
安連(佐脇) ⑤219⑮83

イ

以久(島津) ②144
以言(大江) ⑫120
以策(坂) ⑮147
以三(大河内) ⑮226
以春(大河内) ⑮227
以春(津軽) ⑮228
以珍(武田) ④26
以庸(西尾) ②20
伊尹(一条) ⑦153
伊賀津臣命 ⑦138
伊久(島津) ②138
伊行(藤原) ⑨7
伊次(遠山) ⑨135
伊周(藤原) ⑦153⑨1,7
伊俊(山中) ⑭173
伊昌(松平) ①59,128
伊成(余語) ⑫107
伊盛(戸沢) ⑦49
伊太比別王 ⑮111
伊但馬(小千) ⑬20
伊忠(松平) ①61,130
伊長(松下) ⑬104
伊直(鈴木) ⑮50
伊定(坪内) ⑪99
伊比遅別王 ⑮111
伊傅(斎藤) ⑦158
伊予皇子 ⑬19
伊耀(松平) ①59,128
為員(菅原) ⑫90
為雲(松下) ⑦87⑨168⑬107
為延(斎藤) ⑦158
為遠(片切) ⑤123
為家(赤井) ③239
為家(片切) ⑤123
為家(菅原) ⑫90
為家(源) ①39
為幹(平) ⑥105
為季(松平) ①65,162
為基(大江) ⑫121
為基(都筑) ⑨169
為基(福島) ③127
為基(源・片切) ①50⑤123
為義(源) ①30,38,97②130
為業(宮城) ⑦42
為経(源・越前) ①50
為景(朝倉)→教景(朝倉)
為景(足利) ⑧29
為景(伏見) ⑩256
為継(三浦) ⑥113
為兼(菅原) ⑫90
為憲(工藤) ⑦165⑨242,258⑩16
為元(片桐) ⑤125
為公(源・片切) ①50⑤107,123,126
為広(大江) ⑫132
為行(片切) ⑤123
為綱(越智) ⑬23
為衡(源・中津) ①50⑤126
為国(源・村上) ①45
為次(笠原) ⑪10
為次(佐治) ⑦79
為次(高木) ③139
為次(都筑) ⑨169
為次(野村) ⑬122
為次(伏屋) ⑤211
為時(越智) ⑬23
為時(座光寺) ⑪214
為実(須田) ①46

為実(源・矢田)　①50
為実(依田)　⑤108
為重(座光寺)　⑪214
為重(野村)　⑬122
為俊(片切)　⑤123
為俊(佐々木)　⑬66,109,176
為俊(伏屋)　⑤211
為俊(三浦)　⑥113
為俊(山中)　⑭170
為春(筧)　⑫3
為勝(杉浦)　⑥209
為勝(野村)　⑬121
為信(片切)　⑤123
為信(木村)　⑧33
為信(菅原)　⑫90
為信(高木)　③139
為信(津軽)　⑩184
為信(福島)　③128
為真(片桐)　⑤124
為真(座光寺)　⑪214
為世(越智)　⑬22
為正(座光寺)　⑪214
為成(源)　①39
為政(橘)　⑭150
為政(都筑)　⑨168⑬107
為清(蘆名)　⑥113
為清(大江)　⑫117
為清(片切)　⑤124
為清(座光寺)　⑪214
為清(野村)　⑬193
為盛(藤原)　⑦172
為宗(源)　①38
為則(伏見)　⑩256
為続(相良)　⑩4
為仲(源)　①39
為忠(福島)　③127
為長(小笠原)　④151
為長(片切)　⑤123
為長(伏屋)　⑤211
為朝(源)　①39
為直(片切)　⑤124
為通(三浦)　⑥112
為定(松下)　⑬108
為貞(菅原)　⑫90
為貞(中津)　⑤126
為道(野村)　⑬121
為扶(源・伊那)　①50
為輔(甘露寺)　⑦144,189
為輔(新藤)　⑦158
為邦(源・村上)　①50
為房(藤原)　⑦145
為房(伏屋)　⑤212
為満(源・片切)　①50⑤107,123
為猶(大井)　④70
為庸(遠山)　⑨136
為頼(片切)　⑤124
為頼(疋田・竹田)　⑦158
為利(野村)　⑬122
為隆(戸福寺)　⑦164⑨214,224
惟栄(緒方)　⑮18
惟季(秋田)　⑫255
惟季(牛飼)　⑧144
惟季(丹羽)　⑭94
惟基(大神)　⑮18
惟義(逸見)　④2
惟義(緒方)→惟栄(緒方)
惟吉(鎮目)　⑤38
惟倶(大神)　⑮18
惟兼(緒方)　⑮19
惟賢(内藤)　⑦147
惟光(藤林)　⑮19
惟光(良岑)　⑭94
惟恒(椋橋)　⑭94
惟康(伊勢・高橋)　⑨2
惟綱(緒方)　⑮19
惟次(藤林)　⑮21
惟重(鎮目)　⑤39
惟俊(内藤)　⑦147
惟真(鎮目)　⑤37
惟親(藤原)→伊周(藤原)
惟仁→清和天皇
惟正(鎮目)　⑤39
惟清(鎮目)　⑤38
惟盛(大神)　⑮18
惟宗(湯)　⑬129
惟宗右馬助(平)　⑥41
惟致(紀)　⑫229
惟忠(鎮目)　⑤38
惟忠(毛利)　⑫144
惟直(井伊)　⑦236
惟定(藤林)　⑮19
惟貞(鎮目)　⑤38
惟貞(船越)　⑦166
惟天(坂)　⑮147
惟範(平)　⑦18
惟明(鎮目)　⑤37
惟門(筑紫)　⑨239
惟用(大神)　⑮18
惟頼(大森)　⑨3
惟頼(紀)→惟致(紀)
意富己目王　⑮111
維永(工藤・伊東)　⑨242,258⑩16
維幹(平)　⑥105
維幾(藤原)　⑦165⑨242
維義(源)　①39
維久(和田)　⑬81
維景(伊東・工藤)　⑦167⑨258

維兼(相良) ⑩1
維光(大江) ⑫123
維綱(船越) ⑦165⑨242
維衡(平) ⑥2,10,40⑦1
維次(狩野) ⑦167
維時(大江) ⑫121
維重(和田・荒川) ⑬80
維順(大江) ⑫123
維将(平) ⑥2,10
維職(工藤・伊東) ⑦167⑨259
維政(和田) ⑬80
維清(入江) ⑦165⑨242
維清(工藤) ⑩16
維盛(平) ⑥3,11
維村(三浦) ⑥118
維仲(工藤) ⑦165
維長(和田) ⑬80
維貞(和田) ⑬81
維道(興津) ⑩16
維繁(大江) ⑫119
維房(大江) ⑫125
維望(大江) ⑫120
維明(大江) ⑫119
維明(大江)〈右衛門権佐〉 ⑫119,188
維茂(平) ⑥101
維祐(伊東) ⑨261
維頼(相良) ⑩1
維利(原田) ⑮263
一唯(山内) ⑧6
一益(瀧川) ⑫219
一義(加藤) ⑨93
一義(横山) ⑭184
一吉(猪子) ⑩131
一吉(国領) ⑩135
一吉(高木) ③138
一吉(横山) ⑭183
一継(堀田) ⑫212
一玄(桑山) ⑪46
一行(遠山) ⑨134
一綱(岡部) ⑨251
一斎(成瀬) ⑩189
一之(鈴木) ⑮50
一氏(堀田) ⑫213
一次(石川) ②210
一時(猪子) ⑩130
一時(瀧川) ⑫219
一日(猪子) ⑩131
一守(瀧川) ⑫223
一秀(今川) ②24
一秀(梶川) ⑥37
一重(青木) ⑭118
一重(石原) ⑪14
一重(加藤) ⑨93
一重(桑山) ⑪42
一重(横山) ⑭183
一俊(瀧川) ⑫223
一勝(安藤) ③197
一勝(石川) ②210
一勝(大野) ⑪32
一勝(瀧川) ⑫219
一乗(瀧川) ⑫221
一常(横山) ⑭184
一縄(堀田) ⑫212
一信(岩出) ④116
一正(佐々木) ⑬183
一正(島) ⑥26
一正(長坂) ⑤3
一生(松平) ①65,160
一西(戸田) ⑩83
一政(石川) ②210
一政(関) ⑥51
一政(横山) ⑭184
一晴(桑山) ⑪45
一全(横山) ⑭184
一仲(瀧川) ⑫223
一長(石川) ②210
一長(堀田) ⑫213
一直(桑山) ⑪45
一通(稲葉) ⑬11
一通(堀田) ⑫213
一通(横山) ⑭184
一鉄(稲葉) ⑬2,8
一任(三好) ④247
一豊(山内) ⑧4
一房(横山) ⑭184
一友(横山) ⑭183
乙若(源) ①39
乙若子命 ⑮182
乙主(日下部) ⑭127
乙正(日下部) ⑭127
乙乃子命 ⑮182
乙長(日下部) ⑭128
乙麻呂(藤原) ⑦164⑨241
尹経(細川) ②30
尹松(横田) ⑬152
尹勝(赤井)→忠泰(赤井)
尹成(牧野) ⑤162
尹貞(小出) ⑩121
尹文(藤原) ⑦168
尹明(小出) ⑩122
尹祐(伊東) ⑨262
尹隆(細川)→尹経(細川)
因俊(山中) ⑭173
胤縁(遠藤) ⑥204
胤家(龍造寺) ⑦244
胤雅(水野) ⑤54
胤基(遠藤) ⑥204
胤義(三浦) ⑥116
胤儀(相馬) ⑥170
胤久(津金) ④82
胤経(相馬) ⑥170

胤継（相馬）　⑥170
胤広（相馬）　⑥171
胤弘（相馬）　⑥165
胤行（東）　⑥203
胤高（相馬）　⑥170
胤康（酒井）　⑩217
胤綱（相馬）　⑥160
胤国（相馬）　⑥170
胤次（河内）　⑦118
胤次（高城）　⑪85
胤次（津金・跡部）　④87
胤時（高城）　⑪85
胤時（津金）　④78
胤実（相馬）　⑥170
胤俊（今井）　⑧146
胤松（横田）　⑬153
胤辰（高城）　⑪85
胤信（佐々木）　⑬94
胤信（相馬）　⑥171
胤正（河内）　⑦118
胤清（大田原）　⑭102
胤清（津金）　④82
胤盛（河内）　⑦117
胤盛（関）　⑥50
胤晴（相馬）　⑥171
胤宗（相馬）　⑥170
胤則（高城）　⑪85
胤村（相馬）　⑥160
胤村（三浦）　⑥118
胤忠（相馬）　⑥170
胤長（相馬）　⑥170
胤直（遠藤）　⑥204
胤定（押田）　②227
胤貞（相馬）　⑥171
胤卜（津金）　④82
胤頼（相馬）　⑥163
胤頼（東）　⑥203
員綱（木村）　⑧31
員平（杉原）　⑦11

ウ

宇合（藤原）　⑦140
宇佐津臣命　⑦138
宇多天皇　⑬65, 175
運家（赤井）　③243
運雅（大江）　⑫134
雲屋（宮城）　⑫189, 193

エ

永（渡辺）　⑭30
永安（近山）　④116
永嘉（近山）　④115
永基（城）　⑥101
永久（島津）　⑨151
永教（伊丹）　③84
永景（船越）　⑩11
永継（織田）　⑥34
永見（小野）　⑭176
永綱（岡部）　⑨251
永綱（湯）　⑬130
永次（江原）　⑪6
永時（米倉）　④63
永重（藤掛）　⑥34
永俊（藤掛）　⑥35
永勝（藤掛）　⑥34
永信（小佐手）　④26, 48
永親（伊丹）　③84
永正（石川）　②216
永成（藤掛）　⑥35
永清（内山・安間）　⑤8, 9
永盛（日根野）　⑪21
永盛（森山）　⑦63
永澄（石垣・神保）　⑮200
永澄（藤原）　⑨194
永珍（柳生）　⑫86
永徳（妻木）　③106
永頼（藤原）　⑦168
英吉（江川）　③186
英景（宇野）　③186
英元（江川）　③186
英綱（木村・林）　⑧33
英治（宇野）　③186
英首座（山名）　①254
英住（宇野）　③186
英信（宇野）　③186
英親（宇野）　③186
英政（江川）　③187
英盛（宇野）　③186
英盛（戸沢）　⑦48
英長（江川）　③187
英房（宇野）　③186
英明（岡野）　⑥92
英友（宇野）　③186
英利（江川）　③188
栄以（木下）　⑮134
栄雲（中野）　⑮267
栄可（吉田）　⑮156, 206
栄之（蜂屋）　⑩40
栄次（江原）　⑪6
栄次（蜂屋）　⑩39
栄秀（龍造寺）　⑦244
栄勝（蜂屋）　⑩38
栄勝（花房）　②119
栄親（本堂）　②185
栄正（蜂屋）　⑩39
栄西（保田）　④38
栄晴（桑山）　⑪44
栄宅（蜂屋）　⑩38
栄知（蜂屋）　⑩39
栄都（本多）　⑧262

栄包(蜂屋)　⑩39
叡奴内親王　⑫112
衛好(谷)　⑬78
衛之(谷)　⑬79
衛次(谷)　⑬79
衛将(谷)　⑬78
衛勝(谷)　⑬79
衛成(谷)　⑬78
衛政(谷)　⑬79
衛清(谷)　⑬79
衛冬(谷)　⑬78
衛友(谷)　⑬78
衛利(谷)　⑬79
易先(知久)　⑤128
益躬(小千)　⑬20
益継(野中)　⑧207
益豪(伊東)　⑨261
益親(松平)　①54,101
益男(越智)　⑬21
悦心(知久)　⑤128
円家(赤井)　③242
円如(大江)　⑫118
円成(源)　①40
円清(小笠原)　④16
円盛(大江)　⑫118
円都(伊豆)　⑥146
円道(毛利)　⑫138
延(渡辺)　⑭50
延員(西郷)　⑤166
延王　⑮164
延吉(佐藤)　⑧180
延久(指田)　⑩182
延久(村越)　⑪103
延景(朝倉)　⑭133
延兼(石部)　⑮184
延綱(富岡)　⑧30
延次(木下)　⑭82
延時(糟屋)　⑨200
延時(村越)　⑪103
延重(佐藤)　⑧181
延俊(木下)　⑭80
延政(堀)　⑨106
延連(村越)　⑪103
宛(源)　⑭1,10
園人(紀)　⑫207
塩手臣(紀)　⑫207
塩麿(稲葉)　⑬1,8
猿千代丸(竹田)　⑮144
遠義(藤原)　⑦149
遠久(向)　⑧147
遠経(土屋)　⑥144
遠経(藤原)〈右大弁〉　⑦161⑨193
遠経(藤原)　⑧158
遠景(天野)　⑦166⑩18
遠兼(渋河)　⑦166
遠光(井上)　①46③237
遠光(加賀美)　①48④14,146,226
遠綱(日根野)　⑪21
遠綱(渡辺)　⑭14
遠時(天野)　⑩18
遠俊(今井)　⑧146
遠春(高田)　③49
遠瞻(在原)　⑫113
遠澄(藤原)　⑨194
遠直(天野)　⑩19
遠房(天野)　⑩19
遠明(中北)　⑧146
演誉(内藤)　⑧52

オ

於(渡辺)　⑭38
往宗(石原)　⑪13
屋主忍雄命　⑫206
音人(大江)　⑫114,188

カ

可久(森)　②226
可佐(蜂屋)　⑩41
可次(金森)　⑤156
可重(金森・伊藤)　⑤153
可正(蜂屋)　⑩41
可正(三好)　④248
可成(高木)　③145
可成(森)　②218
可政(森)　②219,226
可多能祐大連　⑦138
可澄(森)　②226
可直(青木)　⑭120
花倉主(今川)　②18
夏井(紀)　⑫228
夏野(清原)　⑥95
家為(吉田)　⑬142
家員(葦田)　③238
家員(西郷)　⑤164
家益(野路里)　②188
家季(赤井)　③242
家季(糟屋)　⑨199
家基(源)　①45③189
家義(丹治)　⑭116
家吉(春日)　⑫43
家久(川上)　②137
家久(島津)　②150
家久(島津・松平)　②151
家久(松平)　①54,101
家久(吉田)　⑬141
家教(木曾)　②186
家業(葦田)　③237
家業(日野)　⑨188

家景(赤井)　③241
家景(木曾・馬場)　②189
家景(丹治)　⑭116
家継(赤井)　③241
家継(伊東)　⑨259
家兼(斯波)　②51
家兼(菅原)　⑫89
家兼(龍造寺)　⑦244
家堅(赤井)　③240
家賢(赤井)　③239
家元(葦田)　③238
家厳(柳生)　⑫87
家広(葦田)　③238
家広(大江)　⑫131
家広(蔭山)　②9
家広(丹治)　⑭116
家広(松平)　①56,112
家広(松平・保科)　①68,172⑥73
家弘(藤原)　⑨8
家弘(松平)　①54,101
家光(日野)　⑨190
家行(佐々木・愛智)　⑬110,176
家行(藤原)　⑨7
家恒(奈須)　⑮201
家高(葦田)　③237
家高(八木)　⑭130
家康(三浦)　⑥117
家綱(足利)　⑦151⑧193⑮249
家綱(岡部)　⑨243
家綱(丹治)　⑭116
家国(赤井)　③241
家国(大江)　⑫118
家国(畠山)　②40
家佐(馬場)　②189
家之(奈須)　⑮201
家氏(足利・斯波)　①34②50
家氏(龍造寺)　⑦244
家次(天野)　⑧138
家次(雨宮)　⑤32
家次(安藤)　③192
家次(植村)　③92
家次(大平)　⑭165
家次(春日)　⑫43
家次(狩野)　⑦167
家次(酒井)〈源正〉　①220
家次(酒井)〈宗慶〉　①241
家次(清水)　⑩237
家次(杉原)　⑦12
家次(曾根)　④42,44
家次(高室)　⑤16
家次(樋口)　⑤106
家次(松平)　①68,170⑮257
家次(吉田)　⑬141
家治(奥平・松平)　⑥141
家治(山崎)　⑬111
家時(足利・世良田)　①34,53,99②2
家時(越智)　⑬22
家実(藤原)　⑨8
家周(秩父)　⑥228
家周(藤原)　⑦173
家重(安藤)　③190
家重(岡)　⑮212
家重(木曾)　②189
家重(御手洗)　⑪177
家重(柳生)　⑫86
家俊(岡)　⑮212
家俊(紀)　⑫209
家春(春日)　⑫44
家純(龍造寺)　⑦244
家昌(安食野)　②188
家昌(奥平)　⑥141
家勝(清水)　③164
家勝(中山)　⑭113
家勝(松平)　①64,102
家乗(松平)　①66,154
家職(赤井)　③242
家信(木曾・上松)　②187
家信(丹治)　⑭117
家信(松平)　①57,114
家親(木曾)　②187
家親(毛利)　⑫141
家親(最上)　②60
家成(石川)　②199,204
家成(岡)　⑮212
家政(植村)〈祖父〉　③92
家政(植村)〈孫〉　③92
家政(宍戸)　⑦155
家政(千村)　⑤247
家政(蜂須賀)　⑤138
家政(吉田)　⑬142
家清(赤井)〈五郎〉　③241
家清(赤井)〈兵衛大夫〉　③245
家清(大関)　⑭108
家清(松平)　①55,109
家盛(戸沢)　⑦49
家盛(山崎)　⑬111
家晴(千村)　⑤247
家宗(日野)　⑦160⑨187
家宗(源)　①45③189
家宗(柳生)　⑫86
家村(木曾)　②187

諱　カ(家嘉雅介快海懐檜覚鶴学葛)

家村(三浦)〈四郎〉 ⑥117
家村(三浦)〈六郎左衛門〉 ⑥118
家泰(本郷) ⑤191
家仲(沼田) ②186
家忠(糟屋)→家季(糟屋)
家忠(酒井) ①220
家忠(松平)〈浄雲〉 ①57,112
家忠(松平)〈源慶〉 ①61,131
家忠(松平)〈雪峯旭映〉 ①69,104
家長(赤井) ③241
家長(小笠原) ④203
家長(内藤) ⑧35
家澄(有馬) ⑨194
家澄(吉田)→家隆(吉田)
家直(赤井) ③239
家直(八木) ⑭130
家定(安藤) ③190
家定(春日) ⑫44
家定(日下部) ⑭128
家定(持明院) ⑨205
家定(杉原・木下・豊臣) ⑦13⑭80
家定(坪内) ⑪96
家貞(植村) ③93
家貞(福富) ⑭165
家藤(持明院) ⑨205
家道(木曾) ②187
家任(馬場) ②189
家能(持明院) ⑨205
家範(赤松) ⑬200
家範(葦田) ③237
家範(紀) ⑫229
家範(丹治) ⑭116
家範(中山) ⑭113
家範(馬場・三富) ②187
家副(松平)→家信(松平)
家輔(葦田) ③238
家方(木曾) ②187
家豊(木曾) ②187
家房(赤井) ③242
家房(松平) ①57,113
家満(赤井) ①46
家満(井上・葦田) ③237
家満(木曾・熱川) ②189
家満(藤原) ⑧214,250
家茂(赤井) ③239
家門(龍造寺) ⑦244
家祐(伊東) ⑨267
家鷹(小林) ⑪124
家頼(青木) ⑭123
家頼(木曾) ②187
家利(杉原) ⑦12
家隆(丹治) ⑭116
家隆(吉田) ⑬141
家連(赤井) ③239
嘉以(藤堂) ⑩58
嘉英(竹村) ⑩259
嘉教(西尾) ⑤207
嘉言(大江) ⑫120
嘉広(竹村) ⑩260
嘉次(藤堂) ⑩59
嘉勝(竹村) ⑩259
嘉正(藤堂) ⑩59
嘉清(藤堂) ⑩58
嘉長(藤堂) ⑩59
嘉文(高尾) ④91
嘉邦(坂) ⑮146
嘉房(藤堂) ⑩58
嘉明(加藤) ⑨70
嘉有(竹村) ⑩260
嘉理(竹村) ⑩259
嘉隆(小浜) ⑪231
嘉隆(九鬼) ⑩203
雅家(北畠) ⑬231
雅経(水野) ⑤53
雅継(水野) ⑤53
雅綱(木村) ⑧29
雅綱(渡辺) ⑭14
雅実(源) ⑬199
雅信(源) ⑬175
雅忠(丹波) ⑮165
雅定(源) ⑬199
雅利(瀧川・羽柴)
→雄利(瀧川・羽柴)
雅良(藤林) ⑮21
介行(山中) ⑤10
介次(大岡) ⑪196
介次(山中) ⑤9
介秀(山中) ⑤9
介重(山中) ⑤10
介勝(山中) ⑤9
介政(山中) ⑤10
介宗(大岡) ⑪196
快尊(上杉) ⑦200
海雄(清原) ⑥95
懐広(柴橋) ⑫130
檜隈皇子 ⑭116
覚胤(坂) ⑮148
覚義(源) ④145
覚弘(井戸) ⑫17,19
覚性(小笠原) ④168
覚性(知久) ⑤127
鶴若(源) ①39
鶴寿丸(竹田) ⑮142
学澄(本多) ⑧280
葛原親王 ⑥1,9,40

葛紘(小野)　⑭177
官照(安倍)　⑫249
桓武天皇　⑥1,9,40
貫之(紀)　⑫228
菅家(菅原)→道真(菅原)
寛海(野呂)　⑮25
寛覚(野呂)　⑮24
寛次(西山)　⑨146
寛信(源)　⑬176
寛宗(西山)　⑨146
寛朝(源)　⑬176
寛明(西山)　⑨146
幹隆(芋淵)　⑨213
観照(小笠原)　④153
鑑光(立花)　②174
鑑俊(立花)　②174
鑑連(立花)　②174

キ

企(渡辺)　⑭11
伎波豆　⑮111
希義(源)　①40
季益(丹波)　⑮166
季益(龍造寺)　⑦244
季遠(新庄)　⑧147
季遠(土屋)　⑥144
季家(赤井)　③241
季家(藤原)　⑧144
季吉(三上)　⑬126
季久(島津)　②140
季郷(堀)　⑨108
季景(丹波)　⑮166
季兼(藤原)　⑦168
季賢(丹波)　⑮166
季賢(藤原)　⑮140
季広(蠣崎)　④128
季光(毛利)　⑫138
季光(度会)　⑮184
季孝(藤原)　⑦173
季高(堀)　⑦157
季康(丹波)　⑮165
季康(藤原)　⑧158
季綱(朽木)　⑬100
季綱(佐野)　⑧194
季綱(藤原)　⑦169
季衡(平・伊勢)　⑥2⑦1
季次(三上)　⑬126
季重(丹波)　⑮166
季重(本間)　⑤196
季俊(丹波)　⑮245
季俊(内藤)　⑦147
季俊(藤原)　⑧144
季俊(松平)　⑨108
季信(秋田)　⑫257
季清(藤原・佐藤)
　⑦148,244
季則(源)　⑬199
季直(三上)　⑬126
季定(佐々木)
　→為俊(佐々木)
季範(藤原)　⑦168
季方(藤原)　⑧144
季邦(源)　①98
季房(源)　⑬199
季用(近藤)　⑦254
紀通(稲葉)　⑬10
紀貞(本多)　⑧261
紀利(本多)　⑧262
亀若(源)　①39
亀松(松平)　①218
起宗(坂)　⑮146,150
基胤(大沢)　⑨206
基員(大沢)　⑨210
基益(小俣)　⑨209
基遠(日根野)　⑪21
基家(赤井)〈妙願〉
　③239
基家(赤井)〈実乗〉
　③242
基家(葦田)　③238
基家(木曽)　②186
基家(持明院)
　⑦163⑨205
基義(逸見)　④1
基久(大沢)　⑨205
基経(穴山)　④26
基経(藤原)　⑦141,161
基顕(星合)　⑬255
基弘(源)　①44
基光(石河)　③167
基行(織田)　⑥11
基洪(大沢)　⑨209
基高(大河内)　③31
基康(丹波)　⑮165
基綱(佐野)
　⑦152⑧29,194⑮250
基衡(藤原)　⑦147
基国(畠山)　②40,42
基国(源)　①41
基之(大沢)　⑨209
基氏(足利)　①37②3,7
基氏(足利・加古)　①34
基氏(今川)　②15
基氏(新田)　①259
基実(織田)　⑥11
基秀(持明院)　⑨205
基重(安藤)　③189
基重(大沢)　⑨209
基重(小栗)　⑥106
基宿(大沢)　⑨207
基春(山高)　④98
基昌(畠山)　②48
基相(大沢)　⑨206

基将(大沢)　⑨209
基信(武田)　④22
基親(毛利)　⑫139
基正(福島)　⑥75
基成(福島)　⑥75
基清(赤井)　③241
基盛(持明院)　⑨205
基盛(平)　⑥3
基宗(持明院)　⑦163⑨205
基宗(伊達)　⑦174
基宗(福島)　⑥75
基宗(源)　①45
基村(三浦)　⑥119
基沢(毛利)　⑫140
基仲(福島)　⑥75
基長(持明院)　⑨205
基能(安藤)　③190
基雄(大沢)　⑨208
基頼(持明院)　⑦163⑨204
基頼(毛利)→基親(毛利)
寄山(知久)　⑤127
規次(宅間)　⑦211
規富(宅間)　⑦211
喜治(神谷)　⑭181
喜勝(安井)　④277
喜前(大村)　⑨198
喜多守(小千)　⑬20
貴久(島津)　②143
貴久(島津)→忠国(島津)
貴次(杉浦)　⑥214
貴純(有馬)　⑨194
貴勝(石川)　②208
貴成(石川・赤井)　②208③246
貴政(石川)　②208
貴定(石川)　②208
貴繁(石川)　②208
熙元(毛利)　⑫145
熙政(清水・山名)　③125
熙豊(清水)　③126
熙房(大江)　⑫125
熙房(毛利)→豊元(毛利)
輝興(池田)　②249
輝経(細川)　②30
輝元(毛利)　⑫150,167
輝虎(上杉・長尾)　⑦193
輝綱(松平)　③29
輝資(日野)　⑨192
輝政(池田・羽柴・松平)　②233
輝宗(伊達)　⑦175
輝澄(池田)　②248
祇寛(須田)　③252
義(松浦)　⑭3
義安(吉良)　②13
義唯(大島)　①269
義尹(足利)→義材(足利)
義胤(佐竹)　③255
義胤(杉本)　⑥114
義胤(相馬)〈相馬五郎〉　⑥160
義胤(相馬)〈長門守〉　⑥166
義胤(相馬)〈大膳亮〉　⑥168
義胤(相馬)〈小太郎〉　⑥170
義胤(桃井)　①33
義益(伊東)　⑨263
義益(大島)　①270
義遠(高田)　③48
義柯(森)　⑩116
義家(源)　①30～32,38,52,85,251　②2,10,27③254④141
義遐(足利)→義澄(足利)
義雅(赤松)　⑬208
義貫(一色)　②73
義季(石河)　③167
義季(渋川)　②109
義季(長井)　⑥115
義季(細川)　①33②28⑮231
義季(源・得川)　①31,52,98
義記(逸見)　④3
義基(木曽)　②186
義基(源)　②195
義基(吉田)　⑮155
義貴(逸見)　④4
義輝(足利)　①37
義祇(蒔田)　②22
義吉(千本)　⑨227
義久(足利)　②8
義久(石坂)→久泰(石坂)
義久(大多和)　⑥115
義久(葛山)　④29
義久(斎藤)　⑨163
義久(島津)　②146
義久(比企)　⑫45
義久(逸見)　④2
義久(三神)　⑪78
義久(宮原)　②6
義休(加藤)　⑨94
義教(足利)　①36
義郷(吉良)　②13
義興(大内)　⑭253
義興(新田)　①259
義堯(吉良)　②12
義堯(渋川)　②109

義業(源) ①47③254④13,144
義近(大島) ①269
義経(佐々木) ⑬50,65,109,176,188
義経(波多野) ⑦150
義経(源) ①40
義景(朝倉)→延景(朝倉)
義景(逸見) ④2
義景(三浦) ⑥129
義継(青木) ⑭122
義継(足利・吉良) ①33②10,21
義継(大島) ①262
義継(奈胡) ④16
義継(三浦) ⑥113
義継(米倉) ④64
義兼(足利) ①33②2,10,27,39,50
義兼(石川) ②196
義兼(大島) ①263
義兼(逸見) ④2
義兼(源・新田) ①31,98,258
義賢(佐々木・六角) ⑬181
義賢(源) ①38
義憲(佐竹・上杉) →義人(佐竹・上杉)
義憲(源・志田) ①38
義顕(足利・渋川・板倉) ①34②108
義顕(新田) ①259
義元(今川) ②18
義元(木曾) ②188
義元(吉良) ②12
義元(波多野) ⑦150
義元(逸見) ④4
義広(大岡) ⑪199
義広(蠣崎) ④127
義広(関口) ②24
義広(伊達) ⑦173
義広(源・紺戸) ②195
義広(源) →義憲(源・志田)
義弘(大内) ⑭251
義弘(島津) ②148
義光(小野) ⑭188
義光(新田) ①31,99
義光(源) ①30,47,96③254④1,13,36,143,226⑮195
義光(最上) ②54
義行(一条) ④97
義行(渋川) ②109
義行(津久井) ⑥113
義行(東条) ④18
義行(奈胡) ①48④147
義行(三浦) ⑥117
義行(山名) ①251
義厚(佐竹) ③256
義高(足利)→義澄(足利)
義高(木曾) ②186
義高(逸見) ④2
義康(木曾) ②188
義康(源・足利) ①30～32,98②2,10,27,39
義康(最上) ②59
義綱(木村) ⑧30
義綱(朽木) ⑬94,178
義綱(田中) ①271
義綱(源) ①30,96③254④142
義綱(湯) ⑬129
義綱(渡辺) ⑭13
義衡(岩城) ⑥99
義国(杉浦・杉本・三浦) ⑥207
義国(源・足利) ①31,32,38,52,96,251,258②2,10,27
義国(和田) ⑥115
義佐(新田) ①32,99
義材(足利) ①36
義之(細川) ⑮239
義氏(足利)〈左馬頭〉 ①33②2,10,21,39,50,61
義氏(足利)〈兵衛佐〉 ②4
義氏(朽木) ⑬94
義氏(利見) ④148
義氏(和田) ⑥114
義氏(山名)→政氏(山名)
義視(足利) ①36
義嗣(足利) ①35
義資(日野) ⑨191
義資(源・万力) ②195
義次(朝比奈) ⑥175
義次(小笠原・牧野) ④218⑤162
義次(小林) ⑪116
義次(斎藤) ⑨163
義次(田中) ①272
義次(比企) ⑫44
義次(逸見) ④3
義次(三浦) ⑥129
義治(大島) ①270
義治(佐々木・六角) →義弼(佐々木・六角)
義治(佐竹) ③256
義治(逸見) ④2
義治(脇屋) ①259

義持(足利)　①35
義持(逸見)　④4
義時(北条)　⑥54
義時(源・石川)　①30,40,97②195
義滋(相良)　⑩5
義実(足利)　①33②27⑮231
義実(岡崎)　⑥113
義守(最上)　②54
義秀(今川)→一秀(今川)
義秀(河村)　⑦150⑧19
義秀(長沼)　⑧101
義秋(世良田)　①53,100
義秋(最上)　②54
義就(畠山)　②41
義重(大岡)　⑪199
義重(佐竹)　③257
義重(逸見)〈白蓮〉　④2
義重(逸見)〈伝霜〉　④4
義重(新田)　①30～32,52,97,251,258
義俊(佐竹)　③256
義俊(長谷川)　⑧160
義俊(鼻和)　④16
義俊(源・新田・里見)　①31,98
義俊(最上)　②60
義俊(山名)　①252
義春(朝比奈)　⑥175
義春(上杉・畠山)　②43,48
義春(木曽)　②188
義春(吉良)　②12
義春(渋川)　②108
義春(多々良)　⑥115
義春(松平)　①69,104,169
義春(最上)　②53
義舜(佐竹)　③257
義純(足利・畠山)　①33
義純(有馬)　⑨195
義純(宗)　⑥44
義純(畠山)　②39
義淳(最上)　②54
義助(足利)　①33
義助(逸見)　④3
義助(脇屋)　①259
義尚(足利)　①36
義尚(吉良)　②12
義昌(木曽)　②188
義昌(千本)　⑨227
義昭(足利)　①37
義昭(吉良)　②13
義昭(佐竹)　③257
義勝(青木)　⑭121
義勝(足利)　①36
義勝(魚住)　⑬216
義勝(大岡)　⑪198
義勝(大島)　①263
義勝(木曽)　②188
義勝(斎藤)　⑨163
義勝(日野)　⑨191
義勝(蒔田・小笠原)　②23④220
義勝(三浦)　⑥129
義勝(宮原)　②6
義勝(山下)　⑤233
義照(宮原)　②6
義照(山名)　①255
義信(青山)　⑭213
義信(石川)　②196
義信(吉良)　②12
義信(佐竹)　③256
義信(武田)　④28
義信(三浦)　⑥119
義信(和田)　⑥114
義真(吉良)　②12
義真(宗)　⑥50
義真(畠山・上杉)　②47,49
義深(畠山)　②40
義親(足利)　②5
義親(馬場・高遠)　②188
義親(本堂)　②182
義親(源)　①30,96
義人(佐竹・上杉)　③256⑦204
義正(大草)　⑪205
義正(小笠原)　④218
義正(新見)　④93
義正(松平・本目)　①196
義成(青山)　⑭214
義成(浅利)　①48④17,147
義成(宗)　⑥45
義政(足利)　①36
義政(池田)　⑮203
義政(岡本)　⑨63
義政(千本)　⑨225
義政(南部)　④229
義政(藤井)　⑬216
義政(源・常磐)　①30,85
義清(足利)　①33②27⑮231
義清(佐々木・隠岐)　⑬67,90,128,177
義清(佐藤)　⑦148
義清(土屋)　⑥114
義清(新見)　④92

義清(沼) ⑫11
義清(御嶽) ⑧209
義清(源・武田・逸見) ①47④1,14,36,144,226⑮195
義盛(佐竹) ③256
義盛(宗) ⑥43
義盛(和田) ⑥114,207
義晴(足利) ①37
義晴(山本) ③265
義精(青木) ⑭121
義宣(佐竹) ③257
義詮(足利) ①35②3
義宗(足利・荒川) ①33
義宗(板全) ②196
義宗(木曾) ②186
義宗(杉本) ⑥114,207
義宗(新田) ①259
義宗(源) ①96
義則(赤松)〈次郎〉 ⑬200
義則(赤松)〈三尺入道〉 ⑬208
義則(畠山) ②43
義村(赤松) ⑬208
義村(荒木) ⑧11
義村(小野) ⑭177
義村(三浦) ⑥116
義智(宗・羽柴) ⑥44
義智(最上) ②61
義仲(木曾) ①38②186
義仲(逸見) ④2
義忠(石川) ②197
義忠(今川) ②17
義忠(糟屋) ⑨199
義忠(真田) ⑥113
義忠(田中) ①271
義忠(畠山)〈冷清寺〉 ②42
義忠(畠山)〈宗栄寺〉 ②42
義忠(逸見) ④2
義忠(水野) ⑤61
義忠(源) ①96
義長(一条) ④18
義長(松平) ①196
義長(最上) ②61
義長(山名)→重長(山名)
義朝(源) ①30,38②130
義澄(足利) ①36
義澄(矢部) ⑥115
義調(宗) ⑥44
義直(朝比奈) ⑥175
義直(有馬) ⑨195
義直(一色)〈宮内太輔〉 ②66
義直(一色)〈左京大夫〉 ②73
義直(金窪) ⑥114
義直(高橡) ②53
義稙(足利)→義材(足利)
義通(足利)→義澄(足利)
義通(石川) ②196
義通(波多野) ⑦149
義通(山内・首藤) ⑦149⑧2,91
義定(吉良) ②13
義定(千本) ⑨226
義定(波多野) ⑦150
義定(御嶽) ⑧210
義定(源・山本) ①47
義定(最上) ②54
義定(安田) ①48④16,36,147
義貞(石川) ②196
義貞(新田) ①259
義貞(本間) ⑤196
義冬(吉良) ②14
義当(大島) ①270
義等(千本) ⑨227
義統(武田) ④57
義統(畠山) ②43
義藤(吉良) ②12
義同(三浦) ⑥132
義篤(佐竹) ③257
義範(一色) ②73
義範(山名) ①31,98,251
義繁(佐竹) ③255
義弥(吉良) ②13
義弼(佐々木・六角) ⑬182
義武(穴山) ④22
義平(源) ①39
義並(丹羽) ⑭94
義弁(上野) ①34②114
義保(大島) ①269
義保(岡本) ⑨62
義豊(上松) ②188
義豊(大島) ①267
義房(新田) ①259
義房(逸見) ④2
義満(足利) ①35
義明(足利) ②4
義明(三浦) ⑥113
義茂(木曾) ②186
義茂(和田) ⑥114
義門(源) ①40
義有(山口) ⑥115
義祐(有馬) ⑬200
義祐(伊東) ⑨262
義雄(大島) ①271
義陽(相良) ⑩5
義頼(青木) ⑭124

義頼(山名) ①255
義利(木曾) ②188
義隆(大内) ⑭253
義隆(大島) ①262
義隆(堅田) ⑨214
義隆(佐竹・岩城) ③257
義隆(畠山) ②43
義隆(源・森) ①30,40,97
義隆(横山) ⑭177
義龍(斎藤) ⑫33
義量(足利) ①35
義連(早良) ⑥115
義廉(源・新田)
→義兼(源・新田)
儀持(三浦) ⑥126
儀俊(進藤) ⑧160
儀俊(三浦) ⑥126
儀成(牧野) ⑤159
礒継(日下部) ⑭128
礒主(日下部) ⑭128
礒部王 ⑭229
鞠子(木曾) ②186
吉(篠瀬) ⑪81
吉(渡辺) ⑭30
吉安(末吉) ⑪36
吉安(毛利) ⑫183
吉惟(沢・浅羽) ⑫15
吉胤(太田) ⑧109
吉永(青木) ⑭121
吉永(紅林) ⑭156
吉永(高屋) ⑤105
吉英(小出) ⑩123
吉延(加藤) ⑨95
吉加(石来) ⑪228
吉家(赤井) ③243
吉家(太田) ⑧114
吉貫(鳥居) ⑦35
吉貴(成吉) ②208
吉久(有田) ⑮106
吉久(石川) ⑮252
吉久(今村) ⑧22
吉久(太田) ⑧114
吉久(長田) ⑦58
吉久(加藤) ⑨100
吉久(神谷) ⑪160
吉久(久保田) ⑤47
吉久(河内・三浦) ⑦118
吉久(後藤) ⑨150
吉久(酒井) ①250
吉久(向坂) ⑤197
吉久(桜井) ⑩216
吉久(篠瀬) ⑪82
吉久(佐藤) ⑧180
吉久(佐橋) ⑩227
吉久(佐原) ⑥133
吉久(沢) ⑫14
吉久(杉浦) ⑥208
吉久(瀬名) ②25
吉久(曾根) ④44
吉久(高付) ⑤251
吉久(高林) ⑩241
吉久(高原) ⑪8
吉久(高屋) ⑤105
吉久(都筑) ⑨170
吉久(戸田) ⑩79
吉久(夏目) ⑪236
吉久(本多) ⑧275
吉久(三井) ⑦79
吉久(宮田) ⑪188
吉久(村上・竹内) ③212
吉久(森) ⑧175
吉久(森本) ⑤50
吉久(山中) ⑪64
吉久(依田) ③175
吉丘(中沢) ⑪139
吉近(太田) ⑧109
吉景(佐橋) ⑩229
吉景(杉浦) ⑥210
吉景(野尻) ⑭159
吉景(曲淵) ④113
吉継(高木) ③139
吉兼(関) ⑧25
吉元(荒河) ②129
吉玄(青木) ⑭121
吉玄(本多) ⑧249
吉広(長田) ⑦58
吉広(越智) ⑤268
吉広(蠣崎) ④129
吉広(小宮山) ⑤40
吉孝(高木) ③139
吉綱(久保田) ⑤45
吉綱(小泉)〈久弥助〉 ⑤239
吉綱(小泉)〈平三郎〉 ⑩137
吉綱(国領) ⑩136
吉綱(佐野) ⑧200
吉綱(松平) ③29
吉綱(横地) ⑫53
吉綱(渡辺) ⑭26
吉之(斎藤) ⑨163
吉次(石川) ⑮252
吉次(石原) ⑪12
吉次(岩間) ⑩240
吉次(内河) ⑮74
吉次(内田) ⑪89
吉次(大岡) ⑪201
吉次(太田)〈十左衛門尉〉 ⑧109
吉次(太田)〈七右衛門尉〉

⑧113
吉次（岡部）〈内記〉　⑨250
吉次（岡部）〈小次郎〉　⑭192
吉次（小倉）　⑤264
吉次（小栗）　①194
吉次（長田）　⑦59
吉次（越智）　⑤269
吉次（垣部）　⑪250
吉次（加藤）　⑨94，96
吉次（金田）　⑦39
吉次（木村）　⑬62
吉次（小泉）　⑤239⑩136
吉次（国領）　⑩135
吉次（小宮山）　⑤39
吉次（近藤）　⑦259
吉次（酒井）　①250
吉次（向坂）　⑤197
吉次（篠瀬）　⑪81
吉次（佐藤）　⑧180
吉次（佐橋）　⑩228
吉次（柴山）　⑫253
吉次（曾根）　④42
吉次（高木）　③140
吉次（高林）〈弥市郎〉　②26
吉次（高林）〈次郎兵衛尉〉　⑩241
吉次（高屋）　⑤105
吉次（田口）　⑩175
吉次（都筑）　⑨174
吉次（鳥居）　⑦35
吉次（永井）〈五右衛門〉　⑥191
吉次（永井）〈与次郎〉　⑫181
吉次（中田）　⑮96
吉次（夏目）　⑪238
吉次（西尾）　⑤200，201，203
吉次（春田）　⑤217
吉次（樋口）　⑤106
吉次（日根野）　⑪24
吉次（深見）　⑤4
吉次（深谷）　⑮71
吉次（布施）　⑭92
吉次（曲淵）　④114
吉次（松崎）　⑩114
吉次（三井）　⑦78
吉次（薬袋）　⑤42
吉次（宮田）　⑪188
吉次（武蔵）　⑪83
吉次（森）　⑧175
吉次（山角）　⑪53
吉次（横地）　⑫53
吉次（吉田）　⑬145
吉治（紅林）　⑭155
吉時（庵原）　⑬17
吉時（金田）　⑦40
吉時（富永）　⑬171
吉時（日根野）　⑪24
吉時（布施）　⑭88
吉時（細田）　⑩172
吉実（富永）　⑬168
吉実（山中）　⑦115
吉守（鳥居）　⑦28，34
吉種（仙波）　⑪189
吉種（原田）　⑦104
吉秋（栗屋）　⑮102
吉重（庵原）　⑬17
吉重（稲生）　⑪227
吉重（今村・坪井）　⑧22
吉重（太田）　⑧113
吉重（木村・竹尾）　⑬63
吉重（熊沢）　⑪143
吉重（小宮山）　⑤40
吉重（高木）　③139
吉重（筒井）　⑫24
吉重（曲淵）　④114
吉重（薬袋）　⑤42
吉重（吉田）　⑬145
吉重（渡辺）　⑭48
吉春（石原）　⑪13
吉春（佐橋）　⑩229
吉春（清水）　⑩80，238
吉勝（石来）　⑪228
吉勝（庵原）　⑬17
吉勝（岩佐）　⑩244
吉勝（上原）　⑧174
吉勝（太田）　⑧105
吉勝（垣部）　⑪250
吉勝（糟屋）　⑨201
吉勝（神尾）　⑪155
吉勝（熊沢）　⑪143
吉勝（小泉）　⑩137
吉勝（後藤）　⑨153
吉勝（小林）　⑪113
吉勝（三枝・中村）　⑮39
吉勝（斎藤）　⑨163
吉勝（酒井）　①247
吉勝（佐橋）　⑩229
吉勝（杉浦）　⑥210
吉勝（曾根）　④43
吉勝（田口）　⑩175
吉勝（竹内）　⑮93
吉勝（永井）〈七郎右衛門〉　⑥191
吉勝（永井）〈勘九郎〉　⑫181
吉勝（中山）　⑭115
吉勝（林）　⑨181
吉勝（水野）　⑤62
吉勝（溝口）　④275

吉勝(宮田) ⑪188
吉勝(武蔵) ⑪83
吉勝(村上) ③211
吉勝(村越) ⑪102
吉勝(山上) ⑧211
吉勝(山本) ③262
吉縄(沢) ⑫14
吉信(斎藤) ⑦157
吉信(夏目) ⑪236
吉信(藤原) ⑨143
吉真(木村) ⑬62
吉真(関) ⑧25
吉親(石来) ⑪228
吉親(小出) ⑩124
吉親(三枝) ⑮34
吉正(今村) ⑧22
吉正(岩佐) ⑩244
吉正(太田)〈甚四郎〉 ⑧107
吉正(太田)〈勘九郎〉 ⑧114
吉正(大屋) ⑧191
吉正(岡部) ⑭191
吉正(小倉) ⑤264
吉正(長田) ⑦56
吉正(押田) ②227
吉正(加藤)〈喜兵衛〉 ⑨94
吉正(加藤)〈久大夫〉 ⑨100
吉正(木村) ⑬62
吉正(久保田) ⑤46
吉正(近藤) ⑦260
吉正(杉浦) ⑥210
吉正(関) ⑧24
吉正(曽根) ④44
吉正(永井) ⑥190
吉正(成瀬) ⑩195
吉正(野尻) ⑭159
吉正(三井) ⑦78
吉正(武蔵) ⑪82
吉正(村上) ③213
吉正(村瀬) ⑭36
吉正(山田) ⑩79
吉正(山中) ⑪64
吉正(山本) ③263
吉正(依田) ③176
吉成(遠藤) ⑩253
吉成(太田) ⑧109
吉成(糟屋) ⑨200
吉成(桑島) ⑪241
吉成(小出) ⑩125
吉成(小宮山) ⑤40
吉成(近藤) ⑦259
吉成(佐藤) ⑧179
吉成(杉浦) ⑥209
吉成(戸田) ⑩79
吉成(永井) ⑥190
吉成(速水) ⑩242
吉成(彦坂) ⑤104
吉成(布施)〈半兵衛〉 ⑭88
吉成(布施)〈亀之助〉 ⑭88
吉成(村瀬) ⑭36
吉成(毛利) ⑫184
吉政(庵原) ⑬18
吉政(大岡) ⑪201
吉政(越智) ⑤268
吉政(久保田) ⑤45
吉政(小出) ⑩118
吉政(酒依) ④89
吉政(向坂) ⑤197
吉政(佐橋) ⑩229
吉政(杉田) ⑩179
吉政(高根) ⑧208
吉政(中沢) ⑪137
吉政(夏目) ⑪239
吉政(深谷) ⑮71
吉政(森) ⑧175
吉清(大田原) ⑭101
吉清(鳥居) ⑦35
吉清(中沢) ⑪137
吉清(曲淵) ④113
吉清(村上) ⑬35
吉清(依田) ③175
吉宗(石原) ⑪13
吉宗(太田) ⑧113
吉宗(桑島・駒井) ⑪240
吉宗(斎藤) ⑦157
吉宗(沢) ⑫14
吉則(鳥居) ⑦34
吉則(森本) ⑤50
吉続(朝比奈) ⑦218
吉続(久保田) ⑤45
吉泰(遠藤) ⑩253
吉置(太田) ⑧105
吉竹(太田) ⑧114
吉忠(有泉) ⑮82
吉忠(大岡) ⑪201
吉忠(小栗) ①194
吉忠(近藤) ⑦259
吉忠(佐橋) ⑩227
吉忠(高木) ③139
吉忠(高付) ⑤251
吉忠(永井) ⑥191
吉忠(夏目) ⑪237
吉忠(林) ④251
吉忠(速水) ⑩242
吉長(越智) ⑤268
吉長(久保田) ⑤46
吉長(向坂) ⑤197
吉長(鈴木) ⑤204

吉長(高木)　③140
吉長(鳥居)　⑦35
吉長(松下)　⑬105
吉長(山口・小坂)　⑭266
吉長(山中)　⑪64
吉長(渡辺・武蔵)　⑭48
吉澄(岡部)　⑭192
吉澄(斎藤)　⑨163
吉直(大屋)　⑧191
吉直(越智)　⑤268
吉直(紅林)　⑭156
吉直(関)　⑧25
吉直(山口)　⑭266
吉定(青木)　⑭125
吉定(熊沢)　⑪143
吉定(小宮山)　⑤39
吉定(西尾・鈴木)　⑤203,204
吉定(御嶽)　⑧210
吉貞(有田)　⑮106
吉貞(杉浦)　⑥208
吉田(石部)　⑮183
吉道(平岡)　③121
吉任(高木)　③138
吉比(山角)　⑪53
吉備(上原)　⑦77
吉平(高木)　③139
吉包(斎藤)　⑨163
吉豊(朝比奈)　⑦218
吉房(太田)　⑧105
吉房(岡部)　⑭192
吉房(加藤)　⑨94
吉房(木村)　⑬63
吉房(曲淵)　④114
吉明(内山)　⑤8
吉明(小泉)　⑤239
吉明(高木)　③140
吉明(竹内・中沢)　⑮94
吉明(日根野)　⑪25
吉明(平岡)　③121
吉明(三浦)　⑪195
吉茂(佐橋)　⑩229
吉茂(山本)　③262
吉門(曲淵)　④114
吉雄(日根野)　⑪27
吉用(日下部)　⑭127
吉頼(高木)　③139
吉利(高林)　②26
吉利(田口)　⑩175
吉利(長坂・深見)　⑤4
吉利(野口)　⑦229
吉里(上原)　⑦78
吉里(本多)　⑧248
吉隆(毛利)　⑫184
吉連(戸田)　⑩79
九仏(坂)　⑮145
久(松浦)　⑭2
久(渡辺)　⑭2,10,38
久安(島津)　②138
久逸(島津)　②141
久員(比企)　⑫46
久家(赤井)〈永通〉　③241
久家(赤井)〈河内守〉　③242
久家(高室)　⑤16
久家(近山)　④115
久季(糟屋)　⑨199
久季(本間)　⑤194
久義(島津)　②135
久儀(三浦)　⑥126
久吉(神尾)　⑪144
久吉(川井)　⑮78
久吉(久保田)　⑤48
久吉(沢)　⑫109
久吉(杉原)　⑦16
久吉(辻)　⑤261
久吉(中沢)　⑪138
久吉(春田)　⑤216
久近(榊原)　②98
久経(島津)　②133
久慶(島津)　②150
久兼(伊集院)　②134
久元(島津)　②146
久元(杉浦)　⑥212
久玄(小栗)　⑥109
久幸(島津)　②136
久幸(杉浦)　⑥212
久恒(酒井・松平)　①242
久高(岡部)　⑨248
久綱(大河内)　③25
久綱(糟屋)　⑨199
久綱(黒田)　⑭163
久綱(葉山)　⑪60
久国(島津)　②136
久之(辻)　⑤262
久之(細川)　⑮240
久氏(島津)〈七郎〉　②134
久氏(島津)〈三郎左衛門尉〉　②135
久志宇賀主命　⑦138
久次(跡部)　④85
久次(天野)　⑩29
久次(碇山)　②139
久次(石川)　⑮253
久次(小栗)　⑥108
久次(金丸)　⑪246
久次(川井)　⑮79
久次(久保田)　⑤48
久次(河内)　⑦118
久次(後藤)　⑨150

久次(斎藤)　⑨161
久次(指田)　⑩182
久次(島津)　②136
久次(杉原)　⑦16
久次(曾雌)　⑤36
久次(近山)　④115
久次(辻)　⑤262
久次(富田)　⑤257
久次(中沢)　⑪139
久次(成瀬)〈九兵衛〉　⑩199
久次(成瀬)〈吉平〉　⑩201
久次(春田)　⑤217
久次(福井)　⑫31
久次(渡辺)　⑭34
久時(阿蘇谷)　②134
久時(島津)→久経(島津)
久重(尾崎)　⑤222
久重(久保田)　⑤48
久重(榊原)　②98
久重(桜井)　⑩216
久重(永田)　⑪180
久重(春田)　⑤216
久重(渡辺)　⑭34
久俊(小栗)　⑥108
久俊(指田)　⑩182
久俊(島津)→久逸(島津)
久尚(椛山)　②170
久尚(富田)　⑤258
久昌(辻)　⑤262
久勝(小栗)　⑥109
久勝(杉浦)　⑥211
久勝(渡辺)　⑭34
久照(島津)　②138
久信(福井)　⑫32
久信(松浦)　⑭7
久真(杉浦)　⑥212
久親(佐多)　②137
久親(島津)　②136
久親(松平)　①54,101
久世(島津)　②138
久正(木村)　⑬62
久正(辻)　⑤261
久成(荒尾)　⑭211
久成(小栗)　⑥109
久成(杉浦)　⑥211
久政(榊原)　②98
久清(跡部)　④87
久清(島津)　②135
久清(中川・石川)　③74
久盛(倉橋)　⑪130
久盛(仙石)　③89
久盛(戸沢)　⑦49
久盛(中川)　③74
久聖(辻)　⑤262
久宗(川井)　⑮78
久泰(石坂)　②137
久琢(永田)　⑪178
久忠(桜井)　⑩215
久忠(筒井)　⑤222⑫22
久長(織田)　⑥12
久長(島津)→忠長(島津)
久直(跡部)　④85
久直(北郷)　②167
久通(榊原)　②98
久定(川井)　⑮78
久伯(坂)　⑮147
久範(赤松)　⑬200
久比臣(紀)　⑫207
久米丸(小千)　⑬20
久保(島津)　②151
久邦(仙石)　③90
久豊(島津)　②140
久有(新納)　②137
久雄(島津)　②168
久頼(佐々木・六角)　⑬180
久頼(能勢)　③125
久頼(万年)　⑪80
久利(後藤)　⑨153
久利(高付)　⑤251
久立(伊集院)　②169
久隆(九鬼)　⑩209
久隆(仙石)　③90
久隆(福原)　⑦164⑨214,220
久廉(碇山)　②139
弓束(坂上)　⑮164
巨岳(知久)　⑤128
巨狭山命→臣狭山命
巨勢親王　⑫112
巨勢麻呂(藤原)　⑦168
居々登魂命　⑦137
挙周(大江)　⑫122
挙俊(大江)　⑫124
挙晴(仁加保)　④244
挙誠(仁加保)　④244
挙冬(大江)　⑫135
魚弼(紀)　⑫228
魚名(藤原)　⑦140,143,146,156,171,243
御気(石部)　⑮183
御原(石部)　⑮183
御原王　⑥95
御食子卿(藤原・中臣)　⑦139
御食津臣命　⑦138
共家(井伊)　⑦235
共資(藤原)　⑦235
共次(三浦)　⑥124
共直(井伊)　⑦235
共保(井伊)　⑦235

共良（藤原）　⑦234
匡家（坂）→匡時（坂）
匡行（大江）　⑫124
匡衡（大江）　⑫122
匡時（大江）→維順（大江）
匡時（坂）　⑫141
匡周（大江）　⑫123
匡朝（大江）　⑫124
匡範（大江）　⑫124
匡房（大江）　⑫122
匡隆（大江）　⑫123
教意（小笠原）　④151
教久（島津）　②136
教具（北畠）　⑬237
教経（赤沢）　④224
教経（平）　⑦2
教景（朝倉）〈美作守〉　⑭132,138
教景（朝倉）〈下野守〉　⑭132,138
教景（朝倉）〈弾正左衛門〉　⑭132
教景（朝倉）→敏景（朝倉）
教賢（堀江）　⑬250
教元（那波）　⑫137
教広（大江）　⑫131
教広（大久保）　⑨34
教広（織田）　⑥12
教弘（大内）　⑭252
教幸（大内）　⑭253
教氏（世良田）　①53,99
教氏（武藤）　⑮136
教次（西尾）　⑤207
教春（細川）　②29
教助（曾我）　⑦68
教勝（大久保）　⑨34
教信（花房）　②114
教親（一色）　②73
教親（木造）　⑫223⑬211,236
教成（牧野）　⑤163
教宗（田村）→景実（田村）
教仲（山口）　⑭254
教能（阿波）　⑮10
教豊（山名）　①253,256
教房（星合）　⑬247
教隆（大久保）　⑨33
競（渡辺）　⑭29
興阿（知久）　⑤127
興元（細川）　②35
興元（毛利）　⑫145
興孝（細川）　②37
興綱（渡辺）　⑭16
興昌（細川）　②36
興信（松浦）　⑭4
興清（沼）　⑫11
興知（横山）　⑭180
興登魂→居々登魂命
堯熙（山名）　③126
堯政（山名）　③126
堯頼（相良）　⑩4
業基（安藤）　③190
業賢（清原）　⑥96
業恒（清原）　⑥95
業氏（細川）　②30
業平（在原）　⑫113
業保（跡部・和田）　④266
曲庵（吉田）　⑮157
玉淵（大江）　⑫116
玉興（河野）　⑬21
玉室（井上）　⑫34
玉叟（水野）　⑧119
玉男（小千）　⑬20
玉澄（越智）　⑬21
玉林（木曾）　②188
近（渡辺）　⑭49
近吉（朝日）　③185
近吉（杉浦）　⑥215
近憲（秋山）　④271
近広（水野）　⑤59
近綱（奥津）　⑦166
近綱（三木）　⑪73
近綱（渡辺）　⑭27
近之（水野）　⑤59
近次（朝日）　③185
近次（川口・松下）　⑦86,87
近次（森川）　⑬157
近信（水野）　⑤58
近正（松平）　①65,159
近正（山本）　③267
近成（杉浦）　⑥215
近清（松平）　①186
近定（大江）　⑫117
近祐（曾我）　⑦70
近路（朝日）　③185
金全（江原）　⑪5
金蔵坊（宮城）　⑫194

ク

駒王丸（三浦）　⑥116
駒子（坂上）　⑮164
具安（田村）　⑬246
具教（北畠）　⑬240
具堯（星合）　⑬254
具康（木造）　⑫224⑬211,236
具国（北畠）→晴具（北畠）
具次（木造）　⑬211
具種（星合）　⑬246
具親（北畠）　⑬244
具成（北畠）　⑬244

具政(木造・北畠)　⑬211,237
具泰(星合)　⑬247
具忠(田村)　⑬246
具通(久世)　⑬220
具通(星合)　⑬253
具平親王　⑬199
具方(北畠)→材親(北畠)
具豊(織田)→信雄(織田)
具房(星合)→具種(星合)
具枚(星合)　⑬251
空玄(伊東)　⑨271
空請(岡本)　⑮190
君家(赤井)　③245

ケ

兄虫(石部)　⑮183
恵呈論師(新庄)　⑧147
恵波皇子　⑭100
桂巌(坂)　⑮149
経(渡辺)　⑭11
経家(吉良)　②21
経基(源)　①29,49,52,74②1④138
経基王→経基(源)
経義(木曾)　②186
経義(吉香)　⑦166
経義(源・額戸)　①31,98
経久(平)　⑦2
経矩(亀井)　⑬140
経景(遠山)　⑨134
経兼(大島)　①262
経兼(横山)　⑭177
経顕(赤沢)　④223
経顕(天野)　⑩18
経元(永井)　⑫179
経光(赤沢)　④223
経光(毛利)　⑫138
経高(佐々木)　⑬66,88,177
経高(毛利)　⑫140
経康(小笠原)→経治(小笠原)
経国(関口)　②15
経氏(吉良)　②21
経氏(津毛)　④156
経資(少弐)　⑨238
経治(小笠原)　④225
経時(北条)　⑥54
経秀(藤原)　⑦149
経重(武藤)　⑨238
経俊(主藤・首藤)　⑧3,91
経俊(丹波)　⑮246
経春(山高)　④98
経信(佐藤)　⑧177
経親(毛利)　⑫140
経生(源)　①75
経政(天野)　⑩18
経清(藤原)　⑦146
経泰(秩父)　⑥227
経智(赤沢)　④224
経長(井上)　③228,232
経澄(有馬)　⑨194
経定(榊原)　⑪215
経稔(武藤)　⑨238
経範(藤原)　⑦149
経方(佐々木)　⑬50,65,109,176,188
経方(平)　⑦19
経房(安保)　⑭117
経茂(宗)　⑥41
経頼(大森)　⑨3
経隆(赤沢)　④224
経隆(大島)　①262
敬重(石巻)　⑩113
景安(天羽)　⑮90
景以(山岡)　⑮5
景胤(渋江)　⑮188
景益(山岡)　⑮5
景遠(土屋)　⑥145
景遠(中野)　⑮266
景義(渋河)　⑦166
景吉(朝倉)　⑭140
景吉(加藤)　⑨90
景吉(遠山)　⑨135
景吉(畠山)　⑮200
景吉(山岡)　⑮3
景久(伊藤)　⑧184
景久(富田)　⑤258
景久(中野)　⑮266
景教(富田)　⑧28
景経(天野)　⑩18
景継(永尾)　⑥197
景慶(天羽)　⑮90
景兼(入江)　⑦166
景兼(山岡)　⑮4
景憲(小幡)　⑥237
景憲(遠山)　⑨138
景顕(天野)　⑩18
景元(加藤)　⑨89
景元(伊達)　⑮244
景元(中野)　⑮267
景玄(遠山)　⑨131
景虎(北条・上杉)　⑥63
景広(蠣崎)　④130
景広(田付)　⑬117
景広(山岡)　⑮6
景弘(富田)　⑧28
景光(入江)　⑦166
景行(天野)　⑩19

景行(岡上) ⑪208
景行(遠山) ⑨131
景孝(山岡) ⑮6
景恒(遠山) ⑨135
景高(朝倉) ⑭133
景高(小幡) ⑥231
景高(長塩) ⑭95
景高(山岡) ⑮3
景綱(宇都宮) ⑨14,38
景綱(遠山) ⑨138
景綱(水野) ⑤64
景綱(渡辺) ⑭14
景国(大江) ⑫118
景佐(山岡) ⑮4
景之(梅沢) ⑧76
景氏(金丸) ②77
景氏(中野) ⑮266
景氏(野呂) ⑮25
景次(天羽) ⑮90
景次(梅沢) ⑧76
景次(伊達) ⑮243
景次(遠山)〈三郎右衛門〉 ⑨135
景次(遠山)〈小右衛門〉 ⑨142
景次(富田) ⑧28
景次(本多) ⑧239
景次(宮崎) ⑪172
景次(山岡)〈十兵衛〉 ⑮4
景次(山岡)〈半兵衛〉 ⑮6
景治(加藤) ⑨90
景治(田付) ⑬117
景持(伊藤) ⑧184
景実(田村) ⑫127
景実(藤原) ⑨8
景守(内藤) ⑧77
景種(原田) ⑦104
景周(半田) ⑮251
景秀(天野) ⑩19
景秀(伊藤) ⑧184
景重(片切) ⑤123
景重(加藤) ⑨90
景重(島田) ⑦148
景重(遠山)〈忠三郎〉 ⑨135
景重(遠山)〈忠兵衛〉 ⑨136
景重(宮崎) ⑪172
景重(山岡) ⑮3
景俊(伊藤) ⑧184
景俊(加藤) ⑨89
景如(半田) ⑮252
景助(篠山) ⑮7
景松(横田) ⑬153
景勝(上杉・長尾) ⑦193
景信(永尾) ⑥198
景信(中野) ⑮266
景信(山岡)〈美作守〉 ⑮2
景信(山岡)〈伝右衛門〉 ⑮3
景信(山高) ④98
景親(岡上)〈道鏡〉 ⑪208
景親(岡上)〈甚右衛門尉〉 ⑪208
景親(加藤) ⑨90
景親(島田) ⑦148
景親(蜷川) ⑭226
景正(加藤) ⑨98
景成(鎌倉) ⑥113
景成(遠山) ⑨131
景成(中野) ⑮266
景政(天野) ⑩18
景政(遠山) ⑨142
景政(山岡) ⑮6
景清(加藤) ⑦158⑨143
景晴(山岡) ⑮6
景盛(野呂) ⑮25
景盛(日根野) ⑪23
景詮(秋山) ②75
景宗(遠山) ⑨142
景宗(余語) ⑫108
景則(遠山) ⑨136
景村(鎌倉) ⑥113
景村(三浦) ⑥116
景泰(三浦) ⑥116
景忠(伊達) ⑮243
景忠(松平) ①59,128
景長(伊達) ⑮243
景長(山岡)〈庄右衛門〉 ⑮2
景長(山岡)〈五郎作〉 ⑮4
景朝(遠山) ⑦158⑨143
景澄(入江) ⑦166
景澄(田付) ⑬117
景直(井伊) ⑦237
景直(遠山) ⑨142
景直(船越) ⑩10
景通(鎌倉) ⑥113
景通(中野) ⑮267
景定(大江) ⑫118
景定(春日) ⑫42
景定(田付) ⑬117
景定(山岡) ⑮2
景貞(天野) ⑩19
景貞(渋河) ⑦166
景道(加藤) ⑦157⑨143
景繁(横瀬) ①260
景保(天野) ⑩18
景房(天野) ⑩21

諱　ケ(景継慶繋犬見建兼健堅賢)

景本(山岡) ⑮5
景明(杉原) ⑦15
景茂(城・玉虫) ⑥101
景友(山岡) ⑮4
景祐(山岡)→景佐(山岡)
景頼(島田) ⑦148
景頼(中野) ⑮266
景利(天野) ⑩21
景利(田付) ⑬117
景理(大江) ⑫119
景隆(天野)〈近江守〉 ⑩18
景隆(天野)〈甚右衛門〉 ⑩19
景隆(小浜) ⑪229
景隆(山岡) ⑮3
景倫(船越) ⑩10
景連(中野) ⑮266
景廉(加藤) ⑦158⑨143
継蔭(日野) ⑨187
継氏(河勝) ⑭240
継治(幸田) ③184
継信(佐藤) ⑧177
継成(佐藤) ⑧178
慶安(人見) ⑮209
慶円(赤井) ③243
慶広(蠣崎) ④128
慶国(藤原) ⑮141
慶侍者(小笠原) ④164
慶秀(河西) ⑮97
慶順(西川) ⑮109
慶勝(遠藤) ⑥206
慶伝(熊谷) ⑮222
慶童丸(志岐) ⑨195
慶弁(島津) ⑨151
慶祐(熊谷) ⑮221
慶利(遠藤・三木) ⑥206,207
慶隆(遠藤) ⑥205
繋(松浦) ⑭2
犬勝(宮城) ⑫200
見玉(坂) ⑮152
見孝(竹田) ⑮144
見透(竹田) ⑮142
建広(津軽) ⑮227
建次(津軽) ⑮227
兼(渡辺) ⑭11
兼員(今井) ⑤14
兼遠(橘) ⑭150
兼家(藤原)〈摂政〉 ⑦141,153⑨212
兼家(藤原) ⑧214,250
兼義(池田) ⑮203
兼義(泉出) ②53
兼久(今井) ⑤14
兼久(富田) ⑤257
兼久(野々山) ②194
兼経(大島) ①262
兼広(大江)〈広種男〉 ⑫133
兼広(大江)〈氏広男〉 ⑫135
兼広(松前) ④132
兼光(日野) ⑨189
兼光(藤原) ⑦150⑧97,193,211⑮249
兼行(淵名) ⑦150⑧193,211⑮249
兼康(丹波) ⑮247
兼康(横山) ⑭178
兼綱(野々山) ②192
兼綱(源・大河内) ①42③24,31
兼三(藤原) ⑦172
兼氏(横山) ⑭178
兼治(花房) ②115
兼周(野々山) ②194
兼俊(山中) ⑭170
兼助(藤原) ⑧214,250
兼信(板垣) ①49④17,46
兼正(土肥) ⑮255
兼清(沼) ⑫11
兼宗(野々山) ②194
兼宗(横山) ⑭178
兼則(横山) ⑭178
兼続(今井) ⑤15
兼知(横山) ⑭181
兼忠(小野) ⑭185
兼長(横山) ⑭178
兼朝(緒方) ⑮18
兼直(蟹沢) ②53
兼通(藤原) ⑦141,153⑧214,250
兼貞(渋河) ⑦166
兼輔(藤原) ⑦144
兼房(藤原) ⑦154⑨13
兼茂(菅原) ⑫89
兼友(横山) ⑭178
兼頼(平) ⑥169
兼頼(丸毛) ④155
兼頼(最上) ②51
兼隆(今井) ⑤15
兼隆(藤原) ⑦154⑨13
健氏(武藤) ⑮136
堅吉(小出) ⑩121
堅高(寺沢) ⑫216
堅忠(佐藤) ⑧178
堅甫(宮城) ⑫190
賢永(佐々木・大原) ⑬182
賢広(小島) ⑤100
賢持(三雲) ⑨9

賢信(下曾祢)　④26,50
賢正(宮城)　⑫194
賢盛(杉原)　⑦12
賢宣(葦野)　⑨231
賢忠(赤井)　③243
賢珍(西川)　⑮109
賢文(建部)　⑬115
賢宝(小股)　①34
賢祐(宮城)　⑫193
憲安(井上)　③230
憲胤(相馬)　⑥165
憲英(上杉)　⑦201
憲栄(葛見)　⑦201
憲家(榎本)　⑦209
憲家(山崎)　⑬110
憲寛(上杉・足利)　⑦192
憲基(上杉)　⑦191,204
憲吉(難波田)　⑩170
憲賢(上杉)　⑦201
憲顕(上杉)　⑦191,199
憲元(宅間)　⑦209
憲光(庁鼻)　⑦203
憲光(戸田)　⑩62,67
憲行(井上)　③231
憲行(小幡)　⑥231
憲孝(上杉)　⑦203
憲高(小幡)　⑥231
憲綱(宅間)　⑦211
憲国(只懸)　⑦203
憲次(難波田)　⑩170
憲治(秋山)　④271
憲時(宅間)　⑦210
憲実(上杉)　⑦191,202,204
憲秀(長沼)　⑧101
憲周(秩父)　⑥228
憲重(上杉)　⑦204
憲重(小栗)　⑥106
憲重(小幡)　⑥231
憲重(宅間)〈掃部助〉　⑦209
憲重(宅間)〈四郎〉　⑦209
憲重(難波田)　⑩170
憲俊(宅間)　⑦209
憲春(上杉)　⑦200,201
憲将(上杉)　⑦200
憲勝(井上)　③230
憲勝(宅間)　⑦212
憲信(上杉)　⑦203
憲親(上杉)　⑦203
憲政(上杉)　⑦192
憲清(宅間)　⑦208
憲盛(上杉)　⑦201
憲忠(上杉)　⑦192,205
憲長(上杉)　⑦203
憲長(難波田)　⑩170
憲張(遠藤)　⑩252
憲朝(藤原)　⑦169
憲直(榎本)　⑦208
憲定(上杉)　⑦191,204
憲貞(宅間)　⑦209
憲藤(上杉)　⑦199
憲能(宅間)　⑦209
憲武(上杉)　⑦203
憲輔(只懸)　⑦203
憲輔(藤原)　⑦190
憲方(上杉)　⑦191,200
憲方(宅間)　⑦210
憲房(上杉)　⑦190,192,198
憲頼(高田)　③49
憲利(難波田)　⑩170
憲隆(小幡)　⑥231
憲良(松平)　①206
顕意(浅野)　②259
顕胤(相馬)　⑥165
顕雲(小笠原)　④154
顕家(北畠)　⑬234
顕家(三淵)→藤英(三淵)
顕雅(大河内・北畠)　⑬238
顕経(細川)　②30
顕憲(藤原)　⑦190
顕広(大江)　⑫130
顕光(藤原)　⑦153⑧214,250
顕高(小幡)　⑥231
顕綱(大河内)　③24,31
顕衡(麻原)　⑫142
顕氏(細川)　②29⑮231
顕時(中山)　⑦145
顕重(宅間)　⑦210
顕俊(木造)　⑬235
顕信(北畠)　⑬234
顕成(北畠)　⑬234
顕清(源)　①45
顕宗(皆川)　⑧99
顕泰(北畠)　⑬235
顕智(浅野)　②258
顕忠(藤原)　⑧214,250
顕長(長尾・由良)　①261
顕定(上杉)　⑦192,195,205,206
顕能(北畠)　⑬235
顕房(上杉)　⑦207
顕房(源)　⑬199
顕雄(北畠)　⑬235
元安(大江)　⑫132
元胤(東)　⑥204
元延(服部)　⑭68
元延(平野)　⑮264

元淵(小山)　⑫142
元可(平野)　⑮264
元家(有馬)　⑬200
元家(大江)　⑫131
元家(長崎)　⑥52
元格(坂)　⑮154
元義(榊原)　⑪223
元吉(浅井)　⑩236
元吉(高木)　③136
元吉(中西)　⑪140
元吉(水野)　⑤58
元吉(柳沢)　⑩248
元吉(山中)　⑦115
元吉(依田)　③176
元久(浅井)　⑩237
元久(神尾)　⑪144
元久(佐原)　⑥110, 134
元久(島津)　②139
元挙(毛利)　⑫139
元興(越智)　⑬22
元近(浅井)　⑩236
元近(岡田)　⑪146
元倶(毛利)　⑫149
元経(小松)　⑫250
元経(榊原)　⑪215
元景(秋元)　⑩226
元景(梅沢)　⑧76
元景(繁沢)　⑫148
元継(山田)　⑭158
元顕(大江)　⑫130
元玄(安西)　⑦110
元広(蠣崎)　④129
元光(武田)　④57
元高(大江)　⑫132
元康(毛利)　⑫149
元綱(宇都宮)　⑨67
元綱(朽木)　⑬96
元綱(野々山)　②194
元綱(水野)　⑤60
元綱(毛利)　⑫147
元綱(渡辺)　⑭12
元佐(大江)　⑫132
元氏(繁沢)　⑫147
元次(石渡)　⑮83
元次(上田)　④255
元次(岡田)　⑪146
元次(斎田)　⑤270
元次(酒井)　①249
元次(榊原)　⑪223
元次(佐々木)　⑬184
元次(佐原)　⑥110, 134
元次(竹尾)　⑤240
元次(武田)　④57
元次(深尾)　⑬194
元次(間宮)　⑬53
元次(間宮)　⑬56
元次(山中)　⑦114
元治(佐藤)　⑧177
元治(深尾)　⑬194
元時(大江)〈兵庫助〉　⑫130
元時(大江)〈修理亮〉　⑫132
元時(左沢)　⑫131
元秋(尼子)　⑫148
元秋(三浦)　⑥129
元就(毛利)　⑫145, 153
元重(浅井)　⑩234
元重(大塚)　⑧167
元重(岡部)　⑨250
元重(小栗)　⑥110
元重(神尾)　⑪144
元重(酒井)　①249
元重(榊原)　⑪223
元重(中西)　⑪140
元重(深尾)　⑬194
元重(間宮)〈伝右衛門〉　⑬53
元重(間宮)〈理左衛門〉　⑬56
元重(山田)　⑭158
元俊(上田)　④255
元俊(斎田)　⑤271
元俊(酒井)　①249
元俊(桜井・斎藤)　⑤28
元春(吉川)　⑫147
元春(野村)　⑬123
元春(水野)　⑤58
元春(毛利)→師親(毛利)
元純(有馬)　⑨197
元如(中西)　⑪140
元助(曾我)　⑦68
元昌(小林)　⑪125
元勝(上田)　④256
元勝(大江)　⑫132
元勝(大久保)　⑨56
元勝(筧)　⑫4
元勝(神尾)　⑪153
元勝(斎田)　⑤271
元勝(永井・保々)　⑫179
元勝(松下)　⑬106
元勝(間宮)　⑬56
元常(細川)　②29
元心(松平)　①59, 127
元信(浅井)　⑩236
元信(池田)　②233
元信(織田)　⑥16
元信(武田)　④57
元信(毛利)　⑫150
元真(安部・諏訪)　⑤116
元真(安西)　⑦109
元真(神尾)　⑪154

元親（毛利）　⑫139
元随（毛利）　⑫149
元正（浅井）　⑩237
元正（石渡）　⑮83
元正（木村）　⑬63
元正（西郷）　⑤164
元正（野村）　⑬123
元正（服部）　⑭68
元正（水野）　⑤58
元成（浅井）　⑩236
元成（筧）　⑫3
元成（島）　⑫7
元成（竹尾）　⑤240
元成（松平）　①60,129
元成（間宮）　⑬53
元政（荒木）　⑧17
元政（上田）　④256
元政（大江）　⑫130
元政（大久保）　⑨56
元政（斎田）　⑤271
元政（島）　⑫7
元政（土井）　③7
元政（長崎）　⑥53
元政（中西）　⑪141
元政（野々山・植田）　②191
元政（毛利）　⑫149
元政（柳沢）　⑩247
元清（荒木）　⑧17,18
元清（大田原）　⑭101
元清（毛利）　⑫149
元清（山田）　⑭159
元済（脇坂）　⑩161
元晴（桑山）　⑪43
元晴（間宮）　⑬53
元仙（安西）　⑦110
元宣（木村）　⑬63
元宣（毛利）　⑫149
元詮（浅井）　⑩236
元詮（大江）　⑫132
元宗（深尾）　⑬194
元総（毛利）　⑫150
元続（小笠原）　④219
元村（佐原）　⑥134
元智（坂）　⑮154
元中（知久）　⑤128
元沖（細川）　②34
元忠（浅井）　⑩235
元忠（朝倉）　⑭140
元忠（鳥居）　⑦29
元長（朝比奈）　⑦213
元長（乾）　⑫10
元長（吉川）　⑫147
元長（小林）　⑪124
元長（畠山）　⑮200
元朝（大江）　⑫132
元朝（中西）　⑪140
元澄（畠山）　⑮200
元直（岡田）　⑪153
元珍（望月）　⑮224
元通（長崎）　⑥52
元定（小笠原）　④220
元定（斎田）　⑤270
元定（細川）　⑮240
元貞（浅井）　⑩236
元貞（野村）　⑬123
元貞（毛利）　⑫139
元貞（横地）　⑫50
元冬（大江）　⑫135
元道（竹尾）　⑤240
元徳（人見）　⑮209
元任（毛利）　⑫149
元能（内藤）　④58
元範（小松）　⑫250
元範（敷名）　⑫147
元平（間宮）　⑬53
元保（五味）　⑪152
元方（在原）　⑫114
元方（糟屋）　⑨199
元包（片桐）　⑤125
元芳（松平）　①59,102,127
元房（黒）　⑭117
元房（毛利）　⑫142
元満（荒木）　⑧17
元茂（神尾）　⑪154
元茂（鍋島）　⑦247
元茂（美濃部）　⑫90
元茂（山中）　⑦115
元有（細川）　②29
元庸（望月）　⑮225
元利（島）　⑫8
元倫（水野）　⑤61
幻庵（北条）　⑥57
幻也（吉田）　⑮206
玄以（前田）　⑫110
玄胤（三浦）　⑥119
玄益（今大路）　⑮126
玄可（青木）　⑭122
玄紀（角倉）　⑮159
玄景（朝倉）　⑭138
玄弘（南）→南照庵（宮城）
玄朔（曲直瀬）　⑮124
玄察（武藤）　⑮138
玄之（角倉）　⑮158
玄重（本多）　⑧248
玄勝（内田）　⑮130
玄信（安倍）　⑮211
玄信（平賀）　④238
玄正（本多）　⑧249
玄済（高木）　⑮132
玄盛（戸沢）　⑦48
玄盛（本多）　⑧248
玄泰（金保・賀茂）

⑮248
玄琢(野間) ⑮193
玄竹(奈須) ⑮202
玄鉄(阿知和) ①62,140
玄陶(木下) ⑮134
玄冶(岡本) ⑮190
玄理(丹羽) ⑭94
玄理(曲直瀬・沼津) ⑮128
玄琳(岡本) ⑮192
言命(坂部・渥美) ⑦96,99
彦雅(久志本) ⑮185
彦狭島尊→伊予皇子
彦国見賀岐建与来命 ⑮182
彦重(久志本) ⑮185
彦楯津命 ⑮182
彦太忍信命 ⑫206
彦長(久志本) ⑮185
彦通(久志本) ⑮185
彦田都久祢命 ⑮182
彦和志理命 ⑮182
源賢(源) ①78④140
源尊(上曾祢) ④17
源喩(三浦) ⑥118
源祐(片切) ⑤124
厳秀(吉田) ⑬90,177⑮155
厳昭(角倉) ⑮159
厳勝(柳生) ⑫87
厳辰(角倉) ⑮159
厳尊(源) ①48④147

コ

古佐美(紀) ⑫228
古人(菅原) ⑫89
古白(牧野) ⑮10
古麻佐 ⑮111
古祐(曾我) ⑦70
虎永(土屋) ⑬197
虎義(秋山) ②74
虎吉(三枝) ⑮25
虎吉(土屋) ⑥151
虎久(土屋) ⑬197
虎興(土屋) ⑬197
虎駒丸(三浦) ⑥119
虎高(藤堂) ⑩46
虎康(秋山) ④267
虎康(伊丹) ③80
虎之助(土井) ③8
虎資(大原) ⑬118
虎嗣(秋山) ②73
虎次(金丸) ⑥151
虎重(伊丹) ③81
虎昌(大井) ④70
虎盛(小畠) ⑥233
虎千代(松平) ①219
虎隆(土屋) ⑬197
湖月和尚(島津) ②142
跨耳命 ⑦138
五条局(日根野) ⑪22
後漢霊帝 ⑮164
後小橋命→天牟羅雲命
公蔭(清水谷) ⑮140
公永(藤原) ⑮140
公貫(大草・井上) ⑪202
公幹(大江) ⑫114
公季(閑院) ⑮139
公久(赤井) ③250
公暁(源) ②130
公業(日野) ⑨188
公恵(毛利) ⑫138
公経(一条) ⑮140
公経(大草) ⑪202
公継(大草) ⑪202
公兼(藤原) ⑮140
公広(西目) ⑫130
公広(藤原) ⑮140
公広(松前) ④131
公光(藤原) ⑦148,243⑧1,176⑮265
公綱(佐々木) →行綱(佐々木)
公綱(葉山) ⑪61
公国(大江) ⑫118
公材(橘) ⑭150
公資(大江) ⑫120
公脩(藤原) ⑧176
公重(大草) ⑪202
公信(大井) ④70
公信(武田) ④22
公真(閑院) ⑮139
公深(一色) ①34②61,68,72
公成(閑院) ⑮139
公政(大草) ⑪202
公清(藤原・佐藤) ⑦148,243⑧2,90,157⑮265
公清(湯) ⑬129
公則(斎藤) ⑦158
公澄(藤原) ⑦149⑧157
公通(西園寺) ⑮139
公定(清水谷) ⑮140
公表米(日下部) ⑭126
公雄(赤井) ③250
公頼(細川) ②28⑮231
広安(石野) ⑭205
広安(小笠原) ④214
広英(石野) ⑭206

広家（吉川）　⑫148
広家（山崎）　⑬110
広義（須田・本目）　③252
広吉（石野）　⑭205
広郷（久世・大久保）　⑬230
広業（大福寺）　⑨188
広近（坂部）　⑦96
広経（大江）　⑫120
広景（朝倉）　⑭131,137
広慶（五十嵐）　⑤19
広賢（久世）　⑬230
広顕（麻原）　⑫142
広顕（小沢）　⑫130
広顕（毛利）　⑫140
広元（大江）　⑫125
広光（石野）　⑭206
広光（蒔田）　⑩166
広光（毛利）　⑫138
広孝（本多）　⑧252
広高（寺沢）　⑫215
広綱（阿曾沼）　⑧29,116
広綱（石野）　⑭204
広綱（河勝）　⑭241
広綱（黒田）　⑭163
広綱（佐々木）　⑬91
広綱（佐野）　⑧194
広綱（源）　③35
広国（麻原）　⑫142
広之（石野）　⑭205
広之（久世）　⑬229
広氏（蔭山）　②8
広資（味岡）　⑨215
広次（石野）　⑭206
広次（大江）　⑫129
広時（石野）　⑭206
広時（大江）　⑫129
広種（大江）　⑫133
広秀（大江）　⑫135
広重（石野）〈与三郎〉　⑭205
広重（石野）〈新蔵〉　⑭206
広重（江戸）　⑥177
広重（大江）　⑫132
広重（小笠原）　④212
広重（久世）　⑬230
広庄（須田）　③252
広尚（石野）　⑭205
広尚（河勝）　⑭242
広相（橘）　⑭150
広勝（小笠原）〈孫六郎〉　④213
広勝（小笠原）〈新九郎〉　④216
広勝（坂部）　⑦90
広勝（長野）　⑤244
広勝（三宅）　⑪69
広照（皆川）　⑧103
広信（小笠原）　④217
広親（蔭山）　②9
広親（酒井）　①220
広世（福原）　⑫142
広正（小笠原）〈兵右衛門尉〉　④212
広正（小笠原）〈十右衛門〉　④217
広正（小宮山）　⑤41
広正（長田）　⑫172
広正（吉川）　⑫148
広正（高木）　③147
広正（寺沢）　⑫215
広成（石野）　⑭205
広成（多治比）　⑭100
広政（久世）　⑬221
広清（長谷川）　⑧161
広宣（久世）　⑬221
広宗（大江）　⑫129
広則（蒔田）　⑩167
広村（織田）　⑥11
広泰（大江）　⑫133
広泰（深尾）　⑬189
広忠（石野）→広綱（石野）
広忠（小笠原）　④213
広忠（蔭山）　②9
広長（石野）　⑭205
広長（久世）　⑬221
広澄（清原）　⑥95
広直（大江）　⑫133
広通（久世）　⑬221
広定（織田）　⑥11
広定（佐々木）　⑬92,178
広定（蒔田）　⑩166
広貞（石野）　⑭206
広当（久世）　⑬228
広内（麻原）→実広（麻原）
広能（麻原）　⑫143
広浜（紀）　⑫228
広房（毛利）〈中務大輔〉　⑫142
広房（毛利）〈左近将監〉　⑫143
広明（河勝）　⑭242
広茂（毛利）　⑫143
広門（筑紫）〈上野介〉　⑨239
広門（筑紫）〈主水正〉　⑨239
広有（石野）　⑭206
広有（河勝）　⑭242
広頼（麻原）　⑫143
広利（坂部・渥美）　⑦96,99

広隆(河勝) ⑭240
弘蔭(日野) ⑦160⑨187
弘家(大内) ⑭250
弘家(山崎) ⑬112
弘吉(日根野) ⑪24
弘景(和気) ⑮113
弘元(毛利) ⑫145
弘幸(大内) ⑭250
弘綱(内田) ⑪90
弘佐(日下部) ⑭128
弘佐(日根野) ⑪24
弘就(日根野) ⑪23
弘重(諏訪) ⑤109
弘勝(日根野) ⑪24
弘真(大内) ⑭249
弘親(麻原) ⑫142
弘世(大内) ⑭250
弘成(大内) ⑭250
弘盛(大内) ⑭250
弘晴(南倉) ⑮162
弘定(松浦) ⑭4
弘貞(大内) ⑭250
弘道(日下部) ⑭127
弘方(日根野) ⑪25
弘方(藤原) ⑨8
弘祐(伊東) ⑨271
弘隆(山口) ⑭263
光(村越)〈七郎左衛門尉〉 ⑪101
光(村越)〈兵庫允〉 ⑪101
光(渡辺)〈玄峯〉 ⑭30
光(渡辺)〈弥之助〉 ⑭30
光(渡辺)〈源太郎〉 ⑭39
光安(大島)→光成(大島)
光胤(相馬) ⑥162
光運(由比) ⑮100
光英(松平) ①59,102
光延(建部) ⑬114
光遠(新庄) ⑧146
光家(赤井)〈左衛門督〉 ③242
光家(赤井)〈源左衛門〉 ③244
光家(秋山) ④267
光家(一条) ④18
光家(柳生) ⑫86
光嘉(分部・細野) ⑤242
光季(小田切) ⑤33,254
光基(源・土岐) ①41②257③1,53,56
光義(石河) ③167
光義(大島) ①263
光義(源・田井) ①48
光吉(多賀) ⑭208
光吉(多羅尾) ⑩186
光吉(平林) ⑧171
光久(始良) ②139
光久(木村) ⑧33
光久(島津) ②139
光久(島津・松平) ②166
光教(西尾) ⑤204
光郷(分部) ⑤244
光経(浅野) ②258
光経(加賀美) ④14
光経(武田) ④19
光景(彦坂) ⑤104
光継(大島) ①263
光兼(大胡) ⑧212
光兼(大島) ①262
光賢(土岐) ③58
光広(石野) ⑭207
光広(蠣崎) ④127
光広(山口) ⑦54
光好(大島) ①267
光好(角倉) ⑮157
光好(多羅尾) ⑩186
光好(本多) ⑧236
光好(村越) ⑪101
光行(木村) ⑧32
光行(土岐) ①42②257③2,53,56
光行(南部) ①48④14,149,226
光行(三淵) ②38
光恒(分部) ⑤241
光高(前田) ⑫82
光高(分部) ⑤241
光康(小笠原) ④164,203,208,209
光綱(大河内) ③25
光綱(糟屋) ⑨199
光綱(黒田) ⑭163
光綱(水野) ⑤64
光衡(土岐) ①42②257③2,53,56
光国(坂) ⑮147
光国(源) ①41②257③1,48,52,56
光佐(大江) ⑫129
光之(海野) ⑭60
光之(大胡) ⑧212
光資(那須) ⑨215
光次(下山) ④232
光次(本多) ⑧275
光治(猪飼) ⑦46
光治(石河) ③167
光治(加藤) ⑨95
光時(武田) ④20
光時(土屋) ⑥144
光時(土岐・浅野)

①42②257
光種(打越)　④261
光秀(高木)　③137
光秀(西尾)　⑤204
光秀(藤原)　⑧214,251
光重(秋山)　④270
光重(猪飼)　⑦47
光重(打越)　④261
光重(大胡)　⑧212
光重(小幡)　⑦155
光重(小尾)　④82
光重(加藤)　⑨95
光重(建部)　⑬113
光重(戸田)　⑩66
光重(中川)　⑥28
光重(丹羽)　⑩99
光重(本多)　⑧276
光重(松平)
①58,102,115
光重(源・深栖)　①43
光俊(大島)〈八郎兵衛尉〉
①267
光俊(大島)〈久左衛門〉
①270
光俊(於曾)　④15,150
光俊(多羅尾)　⑩186
光俊(山口)　⑦55
光純(浅野)　②259
光助(藤原)　⑧214,250
光尚(細川)　②37
光将(大河内)　③24
光勝(大島)　①267
光勝(本多)〈平三〉
⑧231
光勝(本多)〈小平次〉
⑧275
光勝(由比)　⑮100
光勝(分部)　⑤243
光信(稲生)　⑪226
光信(細見)　⑫212
光信(源・土岐)
①41②257③1,52,56
光信(分部・長野)
⑤243,245
光親(大島)　①266
光親(松平)
①61,102,138
光正(稲生)　⑪226
光正(大久保)　⑨58
光正(関)　⑧26
光正(高木・兼松)
⑮131
光正(戸田)　⑩70
光正(彦坂)　⑤102
光正(山口)　⑦54
光正(由比)　⑮100
光成(大島)　①266
光成(加藤)　⑨85
光成(日野)　⑨189
光政(池田)　②250
光政(石河)　③167
光政(大島)　①267
光政(西条)　④167
光政(建部)　⑬115
光政(南部)　④229
光政(本多)　⑧276
光政(八木)　⑭131
光清(浅野)　②257
光清(加賀美)　④149
光清(源)　③236
光晟(浅野・松平)
②276
光盛(浅野)　②258
光盛(大島)　①269
光盛(戸沢)　⑦49
光盛(日根野)　⑪21
光泉(長沼)　⑧102
光宗(大島)　①263
光宗(伊達・松平)
⑦183
光宗(常葉)　④155
光村(三浦)　⑥117
光太(多羅尾)　⑩186
光泰(加藤)　⑨71
光仲(池田)　②250
光仲(三栗)　②258
光忠(浅野)　②258
光忠(神尾)　⑪158
光忠(島津)　②133
光忠(戸田)〈捴左衛門尉〉
⑩71
光忠(戸田)〈弥兵衛尉〉
⑩73
光長(井上)　③228,231
光長(大島)→光親(大島)
光長(長谷川)　⑧166
光長(逸見)
①47④1,14,145
光朝(秋元)　⑩227
光朝(秋山)
①48④14,148
光朝(浅野)　②259
光澄(日野)　⑨189
光直(加藤)　⑨75
光直(下山)　④233
光直(本多)　⑧276
光定(秋山)　④14
光定(加藤)　⑨76
光定(土岐)　③2,53,57
光定(戸田)　⑩71
光定(分部)　⑤241
光道(小堀)　⑪107
光平(井上)
①46③228,231

諱　コ（光向好考行）

光平（杉原）　⑦11
光平（本多）　⑧275
光保（浅野）　②258
光豊（大島）→義豊（大島）
光房（浅野）　②258
光房（毛利）　⑫145
光末（加藤）　⑨95
光猶（小田切）　⑤254
光頼（相良）　⑩1
光隆（打越）　④261
光隆（小浜）　⑪230
光隆（藤原）　⑦173
光隆（森田）　⑨213
向月（知久）　⑤128
好（渡辺）　⑭38
好胤（渋江）　⑮188
好輝（大森）　③183
好吉（橘）　⑭150
好景（松平）　①60,129
好古（小野）　⑭177
好次（本多）　⑧236
好治（大森）　③181
好重（板倉）　②109
好勝（早川）　⑪16
好長（大森）　③181
好方（越智）　⑬22
好峯（越智）　⑬22
好房（本多）　⑧236
考時（野内）　⑭178
行阿（知久）　⑤127
行家（秩父）　⑥228
行家（源）　①39
行基（高柳）　⑦151
行義（紀）　⑫209
行義（佐竹）　③255
行義（下川辺）　⑦151
行義（平）　⑦18
行義（奈胡）　④16
行義（藤原）　⑨8
行吉（守屋）　⑪182
行久（野一色）　⑬85
行久（野呂）　⑮25
行経（木村）　⑧30
行経（三浦）　⑥119
行景（近藤）　⑦148
行元（春日）　⑫40
行広（織田）　⑥11
行広（蠣崎）　④130
行広（守屋）〈左大夫〉　⑪182
行広（守屋）〈虎之助〉　⑪183
行光（太田）　⑦150⑧98
行高（紀）　⑫209
行綱（伊佐）　⑬178
行綱（小倉）　⑮177
行綱（佐々木）　⑬92
行綱（渡辺）〈半七郎〉　⑭12
行綱（渡辺）〈武兵衛尉〉　⑭47
行氏（東）　⑥203
行氏（北条）　⑥55
行資（橘）　⑭150
行次（小山）　⑧191
行次（守屋・無藤）　⑪182
行実（伊庭）　⑬176
行秋（二階堂）　⑩12
行重（大河内）　③24
行重（柴田・会田）　⑤177
行重（守屋）〈常鑑〉　⑪182
行重（守屋）〈定永〉　⑪182
行重（守屋）〈六左衛門尉〉　⑪182
行俊（内藤）　⑦147⑧34,144
行相（石部）　⑮184
行職（大江）　⑫114
行信（浅原）　④16
行信（深尾）　⑬189
行信（依田）　③169
行親（木村）　⑧30
行正（織田）　⑦24
行正（小山）　⑧190
行性（知久）　⑤127
行政（太田）　⑦150⑧98
行清（西江）　⑩12
行清（沼）　⑫11
行盛（戸沢）　⑦49
行晴（二階堂・西江）　⑩12
行宗（伊達）　⑦174
行宗（秩父）　⑥228
行則（太田）　⑦150
行村（三浦）　⑥119
行尊（太田）　⑦150⑧98
行忠（跡部）　④263
行忠（糟屋）　⑨200
行長（小蔵）　④15
行長（東条）　④53
行長（藤崎）　④151
行長（北条）　⑥55
行直（井伊）　⑦237
行直（小山）　⑧191
行定（小山）　⑧190
行定（佐々木・真野・舟木）　⑬50,176,188
行定（坪内）　⑪99
行定（三雲）　⑨9
行範（佐々木）　⑬189

行平(在原)　⑫112
行方(太田)　⑦150
行房(丹治)　⑭118
行明(曲淵)　④114
行頼(大森)　⑨3
行隆(岡部)　⑨248
孝縁(田村)　⑬246
孝賀(岡)　⑭193⑮130
孝興(岡)　⑭193⑮130
孝景(朝倉)　⑭133
孝景(朝倉)→敏景(朝倉)
孝元天皇　⑫206
孝高(黒田・小寺)　⑬41
孝綱(長沼)　⑦152
孝子(坂上)　⑮164
孝之(細川)　②35
孝実(藤原)　⑨8
孝俊(岡)　⑭193⑮129
孝盛(杉原)　⑦12
孝直(岡)　⑭193⑮129
孝貞(岡)　⑭193⑮129
孝道(源)　①78
孝徳天皇　⑭126
孝房(岡)　⑭193
孝明(岡野)　⑥93
孝利(片桐)→元包(片桐)
孝霊天皇　⑬19
幸永(海野)　⑭60
幸遠(海野)　⑭60
幸家(赤井)　②209③245
幸家(海野)　⑭59
幸義(海野)〈小太郎〉　⑭61
幸義(海野)〈左京大夫〉　⑭61
幸吉(真田)　⑭63
幸継(海野)　⑭59
幸広(海野)　⑭59
幸広(松前)　④132
幸恒(海野)　⑭58
幸高(青山)　⑧85
幸康(海野)　⑭60
幸綱(渡辺)　⑭47
幸氏(海野)　⑭59
幸次(浅羽)　④235
幸次(跡部)　④264
幸次(鳴海)　⑮262
幸次(花房)　②117
幸治(大久保)　⑨35
幸守(海野)　⑭61
幸秀(海野)　⑭61
幸重(海野)　⑭60
幸俊(山中)　⑭172
幸春(海野)　⑭59
幸昌(海野)　⑭60
幸昌(花房)　②117
幸勝(海野)　⑭59
幸勝(神尾)　⑪158
幸信(海野)　⑭60
幸信(大久保)　⑨34
幸信(真田)　⑭62
幸真(海野)　⑭59
幸親(海野)　⑭59
幸数(海野)　⑭61
幸正(青山)　⑧85
幸正(浅羽)　④235
幸成(青山)　⑧82
幸政(真田)　⑭62
幸盛(海野)　⑭59
幸盛(山中)　⑬130
幸宗(松井)　⑭160
幸則(海野)　⑭61
幸村(三浦)　⑥118
幸忠(神尾)　⑪158
幸長(赤井)　②209③246
幸長(浅野)　②266
幸長(町野・斎藤)　⑭87
幸澄(藤原)　⑨194
幸通(青山)　⑧85
幸定(海野)　⑭60
幸棟(海野)　⑭61
幸保(斎藤)　⑨166
幸明(海野)　⑭58
幸利(青山)　⑧85
幸隆(真田)　⑭61
幸和(町野)　⑭84
恒(渡辺)　⑭39
恒興(池田)　②229
恒元(池田)　②252
恒行(藤原)　⑨7
恒清(杉原)　⑦11
恒則(丹羽)　⑭94
恒宅(赤井)→忠秋(赤井)
恒茂(菅原)　⑫90
恒利(池田)　②229
荒島(日下部)　⑭126
高(渡辺)　⑭39
高胤(相馬)　⑥165
高遠(新庄)　⑧147
高嘉(藤堂)　⑩59
高岳親王　⑫111
高寛(品川)　②19
高基(足利)　②4
高貴王　⑭233⑮164
高箕(小千)　⑬20
高義(足利)　①35
高義(深尾)　⑬189
高吉(京極)　⑬70
高吉(藤堂)　⑩98
高吉(日根野)　⑪23
高吉(八木)　⑭130
高久(品川)　②19
高久(中沼)　②133
高久(三浦)　⑥125

高供(京極) ⑬73
高教(黒田) ⑬40
高経(斯波) ②51
高景(朝倉) ⑭129
高景(朝倉)→正景(朝倉)
高継(小野) ⑭185
高継(長塩) ⑭95
高継(日根野) ⑪26
高見王 ⑥1,9,40
高賢(佐々木) ⑬182
高虎(藤堂) ⑩46
高広(大江) ⑫135
高広(小笠原) ⑤20
高広(京極) ⑬73
高光(小野) ⑭188
高光(木村) ⑧32
高光(京極) ⑬69
高行(小野) ⑭187
高行(小幡) ⑥230
高幸(小野) ⑭187
高候(岡本) ⑨64
高綱(佐々木) ⑬67,90,177
高綱(山上) ⑦152
高綱(渡辺) ⑭16
高国(京極) ⑬74
高三(京極) ⑬74
高算(大井) ④21
高氏(京極) ⑬68
高市親王 ⑭229
高視(菅原) ⑫89
高資(那須) ⑨218
高次(井口) ⑬154
高次(京極) ⑬70
高次(藤堂) ⑩56
高次(内藤) ⑧68
高次(日根野) ⑪26
高次(森) ⑫182
高治(京極) ⑬74
高時(北条) ⑥55
高実(梅戸) ⑬181
高主(石部) ⑮183
高秀(梶川) ⑥37
高秀(京極)〈五郎左衛門〉 ⑬69
高秀(京極)〈武蔵守〉 ⑬70
高重(江戸) ⑥177
高重(大江) ⑫132
高重(織田) ⑥21
高重(佐々木) ⑬182
高重(八木) ⑭130
高俊(井口) ⑬154
高俊(新庄) ⑧146
高如(品川) ②19
高昌(小幡) ⑥233
高昌(京極) ⑬73
高勝(京極) ⑬74
高縄(小千) ⑬20
高信(佐々木) ⑬39,93,179
高信(南部) ④230
高信(松下) ⑦87
高真(日根野) ⑪26
高親(朽木) ⑬95
高仁(藤原) ⑦168
高正(大草) ⑪203
高成(岡部) ⑨249
高成(毛利) ⑫184
高政(小野)〈左馬助〉 ⑭186
高政(小野)〈太兵衛〉 ⑭189
高政(京極) ⑬71
高政(黒田) ⑬48
高政(畠山)〈尾張守〉 ②41
高政(畠山) ⑮200
高政(毛利) ⑫182
高清(朝倉) ⑭129
高清(大関) ⑭108
高清(大田原) ⑭102
高清(京極) ⑬69
高清(黒田) ⑬40
高盛(大草) ⑪203
高盛(岡本) ⑨64
高盛(小野) ⑭186
高盛(梶川) ⑥37
高詮(京極) ⑬69
高宗(井口) ⑬154
高宗(黒田) ⑬40
高増(大関・大田原) ⑭103,109
高増(大関) ⑭112
高則(間宮) ⑬55
高泰(堀部) ⑬155
高知(京極) ⑬71
高知(佐々木) ⑬182
高沖(京極) ⑬74
高忠(湯) ⑬129
高長(松下) ⑦87⑨168⑬100,103,107
高直(新庄) ⑧148
高直(毛利) ⑫184
高通(朽木) ⑬98
高定(佐々木・大原)→賢永(佐々木・大原)
高定(竹田) ⑮142
高定(毛利) ⑫184
高度(畠山) ⑮200
高当(日根野) ⑪26
高棟(平) ⑥1,9⑦18
高藤(勧修寺)

⑦144,189,234
高道(京極)　⑬73
高扶(藤原)　⑦165⑨242
高保(大原)　⑬181
高峯(京極)　⑬69
高房(鍋島)　⑦246
高房(藤原)　⑦143,156,172
高望(平)　⑥1,10,40,111,158,169
高満(黒田)　⑬40
高茂(玉虫)　⑥104
高茂(美濃部)　⑫92
高雄(織田)　⑥22
高頼(青木)　⑭124
高頼(佐々木・六角)　⑬180
高頼(万年)〈七郎右衛門尉〉　⑪80
高頼(万年)〈三左衛門尉〉　⑪81
高和(京極)　⑬71
康安(松平)　①58,116
康員(西郷)　⑤165
康永(三宅)　⑪70
康映(松井・松平)　⑤185
康家(山崎)　⑬110
康紀(本多)　⑧260
康儀(太田)　⑧115
康久(柴田)　⑤174
康敬(石巻)　⑩112
康景(天野)　⑩19
康元(石巻)　⑩113
康元(松平)　①203
康玄(木造)　⑬236
康玄(横山)　⑭180
康広(小笠原)　④219
康広(三宅)　⑪70
康江(松田)　⑧203
康孝(松平)　①70,105
康高(大須賀・松平)　②89
康綱(岡部)　⑨243
康綱(佐野)　⑧116
康国(依田・松平)　③169
康之(遠藤)　⑩254
康資(太田)　③38
康資(太田)→資宗(太田)
康次(服部)　⑭72
康次(細田)　⑩171
康次(松平)　①163
康次(横山)　⑭180
康治(酒井)　⑩217
康持(三善)　⑭83
康重(江戸)　⑥177
康重(太田)　⑧115
康重(柴田)　⑤174
康重(鈴木)　⑮50
康重(本多)　⑧257
康重(松井・松平)　⑤182
康重(三宅)　⑪71
康俊(本多・酒井)　①242⑧236
康俊(町野)　⑭83
康俊(松平)　①68,168
康俊(間宮)　⑬52
康純(有馬)　⑨197
康将(本多)　⑧240
康勝(天野)　⑩23
康勝(伊丹)　③81
康勝(笠原)　⑪9
康勝(榊原)　②87
康勝(行方)　⑪243
康勝(細田)　⑩171
康勝(松平)　①68,168
康勝(三宅)　⑪71
康勝(米津)　⑮65
康常(松井・松平)　⑤185
康信(天野)　⑩24
康信(服部)　⑭73
康信(松平)〈若狭守〉　①57,114
康信(松平)〈久七郎〉　①58,126
康信(間宮)　⑬52
康信(三宅)　⑪69
康信(三善)　⑭83
康親(来島)　⑬37
康親(松井・松平)　→忠次(松井・松平)
康親(松平)　①68,168
康世(天野)　⑩24
康正(石巻)　⑩113
康正(松平)　①164
康成(牧野)〈右馬允〉　⑤158
康成(牧野)〈讃岐守〉　⑤160
康政(榊原)　②81,95
康政(細田)　⑩171
康政(松井・松平)　⑤184
康政(三宅)　⑪70
康政(三善)　⑭83
康清(大田原)　⑭101
康清(佐藤)　⑦148
康盛(松平)　①68,168
康盛(三宅)　⑪71
康宗(天野)　⑩23

康宗(三善)→康政(三善)
康則(布施) ⑭89
康村(大久保) ⑨56
康忠(大久保) ⑨54
康忠(柴田) ⑤172
康忠(松平) ①67,103
康長(柴田) ⑤173
康長(戸田・松平) ⑩64
康長(本多) ⑧240
康長(正木) ⑥132
康長(松田) ⑦41
康直(伊丹) ③80
康直(太田) ⑧115
康直(戸田) ⑩66
康通(天野) ⑩24
康通(石川) ②200,204
康定(松田) ⑦41⑧203
康貞(石巻) ⑩113
康貞(布施) ⑭89
康貞(三宅) ⑪67
康貞(依田・松平) ③170
康任(大久保) ⑨56
康豊(天野) ⑩24
康豊(山内) ⑧5
康房(大江) ⑫124
康命(松井・松平) ⑤185
康用(近藤) ⑦249
康頼(丹波) ⑮165,175,245
康連(三善) ⑭83
康朗(松井・松平) ⑤185
綱(渡辺) ⑭1,10,38
綱義(山下) ⑤233
綱儀(三浦) ⑥127
綱元(山下) ⑤233
綱次(山下) ⑤233
綱重(飯塚) ⑦75
綱重(山下) ⑤233
綱松(尾畑) ⑬153
綱勝(三田) ⑥199
綱信(間宮) ⑬55
綱正(佐野) ⑧200
綱成(北条・福島) ⑥67,75
綱清(大田原) ⑭103
綱房(天方) ⑧94
篁(小野) ⑭177
衡盛(戸沢) ⑦48
興→キョウ
克角(坂) ⑮145
克盛(戸沢) ⑦48
国遠(日根野) ⑪21
国家(赤井)〈式部〉 ③241
国家(赤井)〈豊前守〉 ③241
国家(葦田) ③238
国季(日根野) ⑪21
国基(福島) ⑥75
国吉(三枝) ⑮31
国吉(日根野) ⑪23
国吉(依田)〈次郎左衛門尉〉 ③175
国吉(依田)〈勘三郎〉 ③176
国香(平)→良望(平)
国経(横瀬) ①260
国景(日根野) ⑪22
国孝(朝岡) ⑨68
国綱(宇都宮) ⑨66
国綱(大河内) ③25
国綱(三枝) ⑮31
国綱(佐野) ⑧194⑮250
国綱(松下) ⑦87⑨168⑬101,107
国綱(源) ③36
国綱(山県) ⑥75
国綱(渡辺) ⑭12
国氏(今川) ①33②15
国氏(畠山) ②40
国氏(山県) ⑥75
国時(落合) ⑥74
国守(紀) ⑫208,228
国守(日下部) ⑭127
国重(朝岡) ⑨69
国重(安間) ⑤9
国常立尊→天御中主尊
国信(武田) ④56,126
国親(福島) ⑥75
国政(朝岡) ⑨68
国政(山県) ⑥74
国清(沼) ⑫11
国清(畠山) ②40
国盛(浅野) ②258
国盛(日根野) ⑪22
国盛(山県) ⑥75
国泰(宇都宮) ⑨67
国長(松下) ⑦87⑨168⑬101,103,107
国朝(足利) ②5
国直(源・山県) ①42⑥74
国当(日下部) ⑭127
国篤(土岐) ③61
国繁(由良) ①261
国繁(横瀬) ①260
国豊(朝岡) ⑨68
国房(源・美濃) ①41②257③1,52,56
国摩大鹿島命 ⑦138

黒田大連　⑦138

サ

佐国(大江)　⑫117
佐時(大江)　⑫129
佐晴(日下部)　⑭128
佐泰(大江)　⑫128
佐長(大江)　⑫129
佐渡守(水野)　⑤75
佐波良　⑮111
佐房(大江)　⑫128
嵯峨天皇　⑥9⑭1
歳久(島津)　②150
在久(飯田)　④11
在衡(藤原)　⑦172
在重(朝倉)〈河内守〉　⑭134
在重(朝倉)〈六兵衛尉〉　⑭134,136
在勝(飯田)　④11
在信(内田)　⑪91
在直(小幡)　⑥236
在麿(日下部)　⑭127
材親(北畠)　⑬239
材盛(宗)　⑥43
三安(島)　⑥26
三尹(小出)　⑩120
三悦(吉田)　⑮159
三休(久我)　⑬214
三厳(柳生)　⑫88
三光(松平)　①58,116
三綱(渡辺)　⑭27
三正(神谷)　⑪161
三正(村上)　③217
三政(荒尾)　⑭211
三政(堀)　⑨105
三清(中西)　⑪141
三盛(神谷)　⑪161
三折(坂)　⑮147
三存(斎藤)　⑨156
三竹(野間)　⑮194
三並(小千)　⑬20
三明(小出)　⑩122
三友(斎藤)　⑨158
三由(若林)　⑩249
山蔭(藤原)　⑦143,156,172
山就(荒尾)　⑭211
残道(天方)　⑧93

シ

士仏(坂)　⑮145,150
之家(安富)　⑫212
之継(堀田)　⑫212
之虎(成瀬)　⑩195
之光(戸田)　⑩73
之高(中村)　⑦59
之綱(松下)　⑬101,105
之次(大屋)　⑧192
之時(紀)　⑫211
之実(内藤)　④58
之重(中村)　⑦59
之俊(森川)　⑬163
之助(池田)　②232
之勝(細川)　⑮240
之勝(松下)　⑬105
之勝(溝口)　④8
之信(伊丹)　③81
之親(中原)　⑭204
之親(紀)　⑫211
之正(井上)　③229
之正(堀田)　⑫212
之成(青木)　⑭123
之成(中村)　⑦59
之成(成瀬)　⑩194
之政(大屋)　⑧191
之盛(紀)　⑫210,211
之泰(紀)　⑫210,211
之直(土屋)　②79
之直(中村)　⑦59
之通(紀)　⑫211
之定(竹田)　⑮142
之貞(青木)　⑭122
之徳(妻木)　③106
之能(青木)　⑭122
之房(井上)　③229
之末(戸塚・伊奈)　⑮88
之満(細見)　⑫212
之明(杉原)　⑦16
之隆(那須)→資之(那須)
氏員(丹羽)　②68
氏影(武藤)　⑮135
氏遠(土屋)　⑥145
氏家(赤井)〈又次郎〉　③242
氏家(赤井)〈又右衛門尉〉　③244
氏家(今川)　②17
氏家(黒岡)　③238
氏規(北条)　⑥63
氏輝(今川)　②18
氏輝(戸田)　⑩83
氏輝(北条)　⑥62
氏祇(武藤)　⑮137
氏儀(佐多)　②137
氏吉(浅野)　②278
氏吉(河野)　⑬16
氏久(島津)　②139
氏久(細川)　⑮240
氏教(西尾)　⑤207
氏興(丹羽)　②69
氏経(大島)　①262

氏経(戸田)　⑩85
氏景(朝倉)〈美作守〉　⑭132,138
氏景(朝倉)〈孫右衛門尉〉　⑭132,138
氏継(大島)　①262
氏兼(一色)　②68
氏兼(蒲原)　②17
氏兼(堀場)　⑬156
氏憲(上杉)　⑦199
氏顕(上杉)　⑦200
氏元(大江)　⑫135
氏虎(堀内)　⑨202
氏広(大江)　⑫135
氏広(蔭山)　②9
氏広(松前)　④132
氏光(戸田)　⑩83
氏光(北条)　⑥63
氏行(小川)　⑧142
氏行(小幡)　⑥230
氏行(武藤)　⑮135
氏幸(海野)　⑭61
氏康(北条)　⑥57
氏綱(大河内)　③31
氏綱(小川)　⑧142
氏綱(佐々木)〈壱岐三郎〉　⑦87⑨167⑬100
氏綱(佐々木)〈四郎〉　⑬94
氏綱(佐々木・六角)　⑬181
氏綱(北条)　⑥57,67
氏綱(渡辺)　⑭14
氏之(森川)　⑬162
氏資(那須)　⑨217
氏次(浅野)　②278
氏次(石野)　⑬210
氏次(岩瀬)　⑩239
氏次(加藤)　⑨83
氏次(丹羽)　②70
氏時(京極)　⑬93
氏時(朽木)　⑬95
氏時(丹羽)　②68
氏時(北条)　⑥62
氏時(森川)　⑬162
氏識(丹羽)　②69
氏守(石野)　⑬210
氏秀(長沼)　⑧102
氏重(浅野)　②278
氏重(小栗)　⑥106
氏重(北条・保科)　③223⑥70,74
氏重(北条)　⑥66
氏従(丹羽)　②68
氏俊(岩瀬)　⑩238
氏俊(瀬名)　②24
氏俊(三浦)　⑥126
氏俊(森川)　⑬158
氏春(戸田)　⑩85
氏春(長合)　⑦207
氏女(足利)　②4
氏助(曾我)　⑦68
氏勝(岩瀬)　⑩239
氏勝(河野)　⑬17
氏勝(神保)　⑭218
氏勝(丹羽)　②70
氏勝(馬場)　④121
氏勝(北条)　⑥69
氏照(石野)　⑬210
氏照(戸田)　⑩85
氏常(赤沢)　④223
氏信(鵜殿)　⑭243
氏信(京極)　⑬39,68,93,179
氏信(神保)　⑭218
氏信(武田)　④22,56,125⑮196
氏信(戸田)　⑩84
氏信(丹羽)　②71
氏信(北条)　⑥65
氏信(松平)　①57,115
氏信(間宮)　⑬55
氏信(森川)　⑬161
氏真(今川)　②18
氏親(今川)　②18
氏数(東)　⑥204
氏数(藤林)　⑮20
氏政(左沢)　⑫131
氏政(北条)　⑥59
氏清(武田)　④70
氏清(丹羽)　②69
氏清(山名)　①252
氏盛(関)　⑥51
氏盛(戸沢)　⑦48
氏盛(丹羽)　②68
氏盛(北条)　⑥64
氏説(武藤)　⑮136
氏善(堀内)　⑨202
氏宗(一色)　②68
氏宗(伊達)　⑦175
氏宗(北条)　⑥66
氏則(岩瀬)　⑩238
氏村(東)　⑥203
氏村(林)　⑥116
氏泰(大友)　②173
氏置(石野)　⑬210
氏忠(岩瀬)　⑩239
氏忠(島津)　②139
氏忠(北条・佐野)　⑥63
氏長(鵜殿)　⑭242
氏長(大河内)　③31
氏長(島立)　④160
氏長(神保)　⑭217
氏長(北条)　⑥72

氏朝(上杉)　⑦200
氏朝(吉良)　②22
氏朝(河野)　⑬17
氏張(神保)　⑭217
氏澄(有馬)　⑨194
氏直(黒川)　②53
氏直(北条)　⑥60
氏定(岩瀬)　⑩238
氏定(上杉)　⑦195,206
氏定(丹羽)　②71
氏定(堀内)　⑨202
氏定(山崎)　⑬110
氏貞(石野)　⑬209
氏貞(今川)　②24
氏鉄(戸田)　⑩84
氏範(丹羽)　②68
氏繁(北条)　⑥68
氏平(武藤)　⑮136
氏包(戸田)　⑩85
氏邦(北条)　⑥62
氏房(小山)　②197
氏房(河野)　⑬16
氏房(北条・太田)　⑥61
氏満(足利)　②3,7
氏満(石野)　⑬209
氏明(瀬名)　②24
氏明(丹羽)　②68
氏茂(菅原)　⑫90
氏茂(美濃部)　⑫94
氏祐(伊東)　⑨262
氏与(岩瀬)　⑩239
氏頼(大江)　⑫135
氏頼(大森)　⑨4
氏頼(佐々木・六角)　⑬180
氏頼(山中)　⑦113
氏利(河野)　⑬17
氏利(戸田)　⑩86
氏利(北条)　⑥65
氏連(稲垣)　⑤225
仕(源)　⑭1,10
四条局(日根野)　⑪22
市正(水野)　⑤74
市千魂命　⑦137
糸松丸(三浦)　⑥119
至(渡辺)　⑭38
至鎮(蜂須賀・松平)　⑤143
志古夫(石部)　⑮183
志拏直(坂上)　⑮164,175
枝(松浦)　⑭2
枝賢(船橋)　⑥96
師尹(藤原・小一条)　⑦141,161
師胤(相馬)　⑥160
師遠(中原)　⑭204
師季(大江)　⑫114
師季(中原)　⑭204
師季(源)　⑬199
師久(島津)　②138
師業(大江)　⑫115
師継(大江)　⑫115
師元(大江)　⑫135
師元(中原)　⑭204
師広(石野)　⑭205
師光(方原)　④145
師光(中原)　⑭204
師光(源・福島)　①41
師行(小幡)　⑥230
師康(丹波)　⑮247
師綱(佐野)　⑧194
師綱(中原)　⑭204
師国(相馬)　⑥170
師氏(東)　⑥203
師氏(細川)　⑮233
師氏(武藤)　⑮136
師治(佐藤)　⑧177
師実(原)　③2
師重(石野)　⑭204
師重(北畠)　⑬232
師助(曽我)　⑦68
師尚(高階)　⑫113⑭229
師尚(中原)　⑭204
師勝(富永)　⑬170
師常(相馬・千葉)　⑥159,170
師信(佐藤)　⑧177
師親(大江)　⑫115
師親(北畠)　⑬231
師親(原)　③2
師親(毛利)　⑫141
師清(原)　⑦165
師清(藤原)　⑧176
師宗(中原)　⑭204
師則(藤原)　⑧176
師忠(石野)　⑭204
師定(石野)　⑭204
師任(中原)　⑭203
師文(藤原)　⑧176
師平(中原)　⑭203
師輔(藤原)　⑦141,153⑧214⑨212
師房(源)　⑬199
師雄(毛利)　⑫138
師隆(岩城)　⑥98
師良(中原)　⑭204
嗣成(和気)　⑮113
資為(遠山・太田)　③45⑨144
資一(溝杭)　③117
資胤(相馬)　⑥170
資胤(那須)　⑨218
資員(溝杭)　③116

資永(那須)　⑨217
資英(福原)　⑨221
資栄(日野・花房)　⑨192
資益(福原)　⑨221
資家(稲沢)　⑨216
資家(大江)　⑫115
資家(篠山)　⑮7
資家(千本)　⑨225,228
資家(那須)　⑨216
資家(溝杭)　③116
資規(福原)　⑨221
資義(福原)　⑨221
資吉(恒岡)　③47
資久(会田)　⑭152
資久(椛山)　②137
資久(恒岡)　③47
資教(柳原)　⑨191
資興(葦野)　⑨231
資業(日野)　⑦160⑨188
資郡(福原)　⑨222
資景(那須)　⑨219
資継(福原)　⑨221
資継(溝杭)　③116
資継(柳原)　⑨190
資兼(太田)　③36
資兼(溝杭)　③115
資兼(源・溝杭・平岡)　①41
資賢(葦野)　⑨230
資元(多喜)　⑤270
資元(溝杭)　③116
資広(志村)　⑭230
資広(福原・那須)　⑨220
資広(福原)　⑨222
資光(多喜)　⑤269
資光(平岡)　③117
資好(溝杭)　③117
資孝(福原・大田原)　⑨222
資高(太田)　③38
資高(溝杭)　③116
資康(太田)　③38
資康(柳原)　⑨191
資綱(今井)　⑧145
資綱(佐野)　⑧194
資衡(福原)　⑨222
資国(太田)　③36
資国(日野西)　⑨191
資之(那須)〈五郎〉　⑨214,215
資之(那須)〈太郎〉　⑨217
資氏(河田)　⑨216
資氏(那須)　⑨217
資只(志村)　⑭230
資次(太田)　③45
資次(大原)　⑬118
資次(千本)　⑨225
資次(多喜)　⑤269
資治(太田)　③36
資持(伊東)　⑨267
資持(千本)　⑨224
資持(那須)　⑨218
資時(福原)　⑨221
資時(溝杭)　③116
資実(那須)　⑨218
資実(日野)　⑨190
資種(溝杭)　③116
資周(太田)　③45
資重(会田)　⑭152
資重(朝比奈)　⑦225
資重(恒岡)　③47
資重(那須)〈次郎〉　⑨217
資重(那須)〈与一〉　⑨220
資重(平岡)　③119
資重(溝杭)　③117
資俊(千本)　⑨225
資俊(丹波)　⑮246
資春(葦野)　⑨231
資勝(会田)　⑭152
資勝(朝比奈)　⑦226
資勝(千本・福原)　⑨229
資勝(多喜)　⑤270
資勝(日野)　⑨192
資勝(溝杭)　③116
資常(福原)　⑨221
資信(会田)　⑭153
資信(松野)　⑮84
資真(多喜)　⑤269
資親(葦野)　⑨230
資親(須田)　⑫202
資親(那須)　⑨217
資世(那須)　⑨216
資正(恒岡)　③47
資正(溝杭)　③117
資成(大江)　⑫115
資政(大原)　⑬118
資政(千本)　⑨225
資政(多喜)　⑤269
資政(溝杭)　③116
資清(会田)　⑭152
資清(太田)　③36
資清(大田原)　⑭102
資清(須藤)　⑦163⑨213
資盛(大原)　⑬118
資盛(城)　⑥101
資盛(平)　⑥3,11
資盛(福原)　⑨223
資盛(溝杭)　③116

資晴(那須)　⑨219
資宣(日野)　⑨190
資宗(太田)　③42
資増(大関)　⑭111
資則(志村)　⑭230
資則(福原・大田原)　⑭103
資村(那須)　⑨216
資村(三浦)　⑥117
資村(溝杭)　③116
資泰(葦野)〈大和守〉　⑨232
資泰(葦野)〈民部少輔〉　⑨234
資忠(那須)　⑨216,230
資忠(北郷)　②137
資長(伊王野)　⑨215
資長(太田)　③37
資長(志村)　⑭230
資長(日野)　⑨189
資朝(日野)　⑨190
資朝(松野)　⑮84
資澄(福原)　⑨222
資直(大原)　⑬118
資直(恒岡)　③47
資陳(福原)　⑨221
資通(須藤)　⑦163⑨213
資藤(那須)　⑨216
資能(少弐)　⑨237
資敏(福原)　⑨224
資保(福原)　⑨222
資方(葦野)　⑨230
資法(武藤)　⑨238
資豊(葦野)〈茂林〉　⑨231
資豊(葦野)〈玄勝〉　⑨232
資房(太田)　③36
資房(須藤)　⑦163⑨213
資房(那須)　⑨218
資房(溝杭)　③117
資満(須藤)　⑦163⑨213
資名(日野)　⑨190
資明(柳原)　⑨190
資友(篠山)　⑮8
資頼(少弐)　⑨237
資頼(溝杭)→重頼(溝杭)
資隆(那須)　⑦164⑨213,220,224
資隆(那須)→宗隆(那須)
資隆(横山)　⑭177
資良(篠山)　⑮8
資良(志村)　⑭230
次基(安藤)　③205
次吉(天野)　⑧139
次吉(安藤)　③192
次吉(大屋)　⑧192
次吉(折井)　⑤23
次吉(坂尾)　⑩245
次吉(森川)　⑬157
次久(折井)　⑤22
次広(蠣崎)　④130
次弘(森川)　⑬163
次光(国領)　⑩136
次綱(斎藤・大草)　⑨161
次種(仙波)　⑪189
次重(阿倍)　⑫258
次重(安藤)　③192
次重(神谷)　⑪163
次俊(折井)　⑤21
次昌(折井)　⑤22
次勝(太田)　⑧109
次勝(菅沼)　③22
次勝(高原)　⑪8
次正(折井・入戸野)　⑤25
次正(久留)　⑦72
次正(山下)　⑤233
次正(山本)　③265
次政(坂尾)　⑩245
次政(森川)　⑬157
次清(大田原)　⑭102
次則(高原)　⑪9
次忠(折井)　⑤23
次忠(坂尾)　⑩245
次忠(平井)　⑬120
次忠(本間)　⑤195
次長(国領)　⑩136
次長(比留)　⑫56
次年(本間)　⑤195
次茂(松平)　①165
次利(高原)　⑪7
自綱(三木)　⑥206⑪72
治一(石尾)　⑧17,18
治胤(相馬)　⑥171
治家(吉良)　②21
治久(姶良)　②139
治元(河野)　⑪18
治綱(富田)　⑧30
治綱(松平)　③30
治綱(渡辺)〈半蔵〉　⑭26
治綱(渡辺)〈次郎左衛門尉〉　⑭44
治氏(吉良)　②21
治次(加藤)　⑨96
治持(水野)　⑧119
治秀(井戸)　⑫17
治重(石尾)　⑧19
治昌(石尾)　⑧18
治正(河野)　⑪18
治長(日下部)　⑭127
治伝(河野)　⑮117

治良(大沢) ⑨211
治良(日下部)
→治長(日下部)
持(松浦) ⑭2
持益(池田) ⑮203
持益(土岐)〈左京大夫〉 ③53
持益(土岐)〈市正〉 ③54
持家(有馬) ⑬200
持家(久留栖野) ③238
持家(高清水) ②51
持義(塩松) ②52
持久(木村) ⑧32
持経(細川) ②30
持兼(池田) ⑮203
持兼(斯波) ②51
持賢(細川) ⑮235
持憲(上杉) ⑦200
持元(細川) ⑮235
持広(蔭山) ②9
持広(吉良) ②12
持光(日野) ⑨191
持幸(海野) ⑭61
持康(木造) ⑫223⑬211,236
持国(畠山) ②40
持之(細川) ⑮235
持氏(足利) ②3,7
持重(細川) ⑮240
持助(吉良) ②11
持常(細川) ⑮239
持信(一色) ②73
持世(大内) ⑭252
持成(宅間) ⑦209
持清(京極) ⑬69
持清(吉良) ②12
持盛(大内) ⑭253
持宗(伊達) ⑦175
持泰(本郷) ⑤192
持仲(足利) ②7
持長(小笠原) ④162,208
持長(吉良) ②11
持朝(上杉) ⑦207
持直(斯波) ②51
持定(上杉) ⑦206
持範(一色) ②62
持富(畠山) ②40
持豊(山名) ①253
持有(細川) ②29
持頼(西室) ②52
時(渡辺) ⑭43
時安(松村) ⑩117
時安(横山) ⑭178
時雨(和気) ⑮112
時永(横山) ⑭178
時家(赤井)〈越前守〉 ②209③244
時家(赤井)〈十郎左衛門尉〉 ③241
時家(赤井)〈弥五郎〉 ③243
時家(高野) ⑦156
時家(横山) ⑭178
時季(小野) ⑭177
時喜(赤井) ③248
時熈(山名) ①252
時義(山名) ①252
時吉(伊東) ⑨273
時久(新納) ②137
時久(野内) ⑭178
時香(赤井) ③248
時郷(島田) ③102
時景(中野) ⑮266
時継(諏訪) ⑤109
時兼(横山) ⑭177
時賢(大江) ⑫123
時元(大江) ⑫135
時元(小長谷) ⑤213
時元(那波) ⑫137
時元(毛利) ⑫140
時広(大江) ⑫133
時広(毛利) ⑫143
時広(横山) ⑭177
時光(日野) ⑨190
時光(毛利) ⑫139
時行(北条) ⑥55
時行(依田) ③169
時高(越智) ⑬23
時高(左沢) ⑫131
時綱(宇都宮) ⑨14,38
時綱(岡部) ⑨243
時綱(鏡) ⑬178
時綱(木村) ⑧29
時綱(朽木) ⑬94
時綱(朽木)〈五郎〉 ⑬95
時綱(佐々木) ⑬92
時綱(武田) ④20,47,55,70,125⑮196
時綱(正木) ⑥132
時綱(渡辺) ⑭14
時国(畠山)→国氏(畠山)
時国(藤原) ⑨8
時之(小長谷) ⑤215
時之(曽我) ⑦68
時氏(伊東) ⑨268
時氏(大江) ⑫132
時氏(北条) ⑥54
時氏(山名) ①252
時次(赤井) ③248
時次(小長谷) ⑤214
時治(横山) ⑭178
時実(南部) ④227

時秀(大江)　⑫133
時重(赤井)　③248
時重(小長谷)　⑤212
時重(諏訪)　⑤110
時重(宮崎)　⑪172
時重(横山)　⑭177
時春(大江)　⑫134
時助(曽我)　⑦67
時尚(小長谷)　⑤215
時勝(赤井)　③246
時勝(小長谷・大岡)　⑤214
時勝(杉浦)　⑥208
時勝(吉田)　⑬147
時常(東)　⑥203
時信(一条)　④97
時信(大江)　⑫131
時信(工藤・伊東)　⑨242,258⑩16
時信(相良)　⑦165
時信(佐々木・六角)　⑬179
時信(諏訪)　⑤110
時信(船木)　⑬50
時信(武川)　④18
時親(木村)　⑧29
時親(毛利)　⑫139
時正(肥田)　③112
時成(和気)　⑮113
時政(赤井)　③246
時政(南部)　④229
時政(北条)　⑥54
時盛(杉原)　⑦12
時盛(日根野)　⑪22
時盛(北条)　⑥55
時盛(野内)　⑭178
時千(大江)　⑫134
時宗(曽我)　⑦167
時宗(長沼)　⑧98
時宗(北条)　⑥55
時村(筥室)　⑧100
時泰(佐々木)　⑬189
時知(横山)　⑭178
時致(曽我)　⑨259
時仲(小野)　⑭177
時忠(島津)<忠直男>　②133
時忠(島津)<泰忠男>　②133
時忠(正木)　⑥132
時忠(山田)　⑤92
時忠(横山)　⑭178
時長(赤井)　③248
時長(伴野・伴)　④15,151
時長(藤原)　⑦143,156,172
時直(赤井)　③246
時直(松村)　⑩117
時直(横山)　⑭178
時通(石川)　②197
時通(丹波)　⑮246
時通(正木)　⑥132
時定(藤林)　⑮19
時貞(服部)　⑭73
時文(相良)　⑦165
時文(藤原)　⑩1
時平(武田)　④20
時房(中村)　⑭117
時望(平)　⑦18
時茂(大江)　⑫131
時茂(玉虫)　⑥104
時茂(正木)　⑥132
時友(小長谷)　⑤213
時祐(中坊・超昇寺)　⑪136
時頼(北条)　⑥55
時利(水上)　④278
時里(西沢)　⑭209
時理(工藤)　⑦165⑨242,258⑩16
時隆(一宮)　④19
時隆(横山)　⑭178
時連(小長谷)　⑤214
茲矩(亀山)　⑬130
茲政(亀山)　⑬140
茲粖臣(紀)　⑫207
滋春(在原)　⑫113
滋野天皇→貞秀親王
爾佐布命　⑮182
式宗(大田)　⑭226
識隆(小寺・黒田)　⑬41
櫛真乳魂命　⑮181
日東(坂)　⑮145
実(渡辺)　⑭39
実以(伊藤)　⑧188
実遠(斎藤)　⑦159
実家(熊谷)　⑥77
実家(藤原)　⑨8
実季(秋田)　⑫256
実久(市野)　⑪30
実久(長井)　⑥195
実近(葦野)　⑨231
実兼(藤原)　⑦169
実元(後藤)　⑨149
実広(麻原)　⑫142
実光(安保)　⑭117
実光(南部)　④227
実光(日野)　⑨189
実光(源)　④145
実行(藤原)　⑨8
実高(小幡)　⑥231
実高(藤原)　⑨8
実綱(小倉)　⑮177

諱　シ(実舎主守)

実綱(佐野)　⑧194⑮250
実綱(日野)　⑨188
実綱(藤原)　⑨8
実国(仁木)　①33②28
実国(源)　①41
実次(市野)　⑪30
実次(酒井)　⑥201
実時(小倉)　⑮177
実秀(土肥)　⑥201
実重(大槻)　③237
実重(酒井)　⑥201
実俊(伊藤)　⑧187
実勝(越智)　⑬21
実勝(佐久間)　⑥221
実信(伊藤)　⑧187
実信(藤原)　⑨8
実信(依田)　⑤108
実正(酒井)　⑥201
実政(日野)　⑨188
実清(中西)　⑪141
実盛(斎藤)　⑦159
実宗(藤原)　⑦173
実乃(三雲)　⑨9
実長(熊谷)　⑥77
実長(相良)　⑩4
実朝(源)　②130
実直(青木)　⑭118
実直(斎藤)　⑦159
実範(藤原)　⑦168
実方(藤原)　⑦162
実明(酒井)　⑥201
実雄(大森)　⑨4
実頼(大森)　⑨4
実頼(藤原・小野宮)　⑦141,161
実利(市野)　⑪31
実隆(瀧田)　⑨214
舎人親王　⑥95
主栄(坂)　⑮152
守(渡辺)　⑭40
守胤(岩下)　⑦52
守英(三枝・天川)　⑮37
守家(野呂)　⑮25
守家(松平)　①54,101,106
守家主(多治比)　⑭100
守義(三枝)　⑮31
守吉(上原)　⑦77
守吉(三枝)　⑮29,39
守久(岩下)　⑦53
守久(桜井)　⑩215
守久(重田)　⑩176
守久(島津)　②138
守久(高木)→茂久(高木)
守久(野呂)　⑮24
守久(依田)　③177
守興(小千)　⑬21
守景(野呂)　⑮41
守元(水野)　⑤56
守広(三枝)　⑮31
守光(三枝)　⑮34
守光(重田)　⑩176
守行(三枝)　⑮36
守行(南部)　④228
守行(水野)　⑤80
守綱(三枝)　⑮25
守綱(三田)　⑥200
守綱(渡辺)　⑭16
守国(三枝)　⑮22
守国(重田)　⑩176
守之(三枝)　⑮27
守氏(野呂)　⑮24
守次(三枝)　⑮34
守次(桜井)　⑩215
守次(高木)　③142
守次(竹田)　⑨179
守次(富永)　⑬173
守次(成神)　⑪213
守次(水野)〈弥兵衛〉　⑤57
守次(水野)〈監物〉　⑤80
守次(三田)　⑥200
守次(依田)　③177
守時(富永)　⑬173
守実(足利)　②8
守種(竹田)　⑨179
守秀(三枝)〈源十郎〉　⑮31
守秀(三枝)〈大蔵〉　⑮37
守秀(重田)　⑩176
守秀(田辺)　⑫234
守秀(依田)　③177
守秋(三枝)〈宗四郎〉　⑮30
守秋(三枝)〈新九郎〉　⑮35
守重(岩下)　⑦52
守重(神尾)　⑪145
守重(三枝)　⑮29
守重(富永)　⑬172
守重(水野)　⑤56
守春(野呂)　⑮25
守昌(三枝)　⑮34
守将(野呂)　⑮24
守勝(神尾)　⑪145
守勝(三枝)　⑮36
守勝(高木)　③142
守勝(長谷川)　⑧160
守勝(林)　⑨186
守信(三枝)〈十蔵〉　⑮30
守信(三枝)〈八郎左衛門〉　⑮38
守信(重田)　⑩177
守信(津軽)　⑩184

守信(水野)　⑤80
守真(重田)　⑩177
守真(田辺)　⑫234
守親(北畠)　⑬234
守親(松平)　①55,106
守世(神尾)　⑪145
守正(水野)　⑤57
守政(神尾)　⑪146
守盛(三枝)　⑮36
守先(三枝)　⑮30
守泰(野呂)　⑮25
守知(三枝)　⑮29
守知(長谷川)　⑧158
守忠(重田)　⑩177
守長(桜井)　⑩215
守長(野呂)　⑮25
守長(三田)　⑥200
守直(三枝)　⑮27
守直(依田・伴野)　③179
守定(三枝)　⑮36
守定(重田)　⑩177
守定(坪内)　⑪95
守定(富永)　⑬172
守棟(島津)　②142
守敦(三枝)　⑮30
守繁(野呂)　⑮25
守平(在原)　⑫113
守明(竹田)　⑨179
守明(野呂)　⑮24
守友(三枝)　⑮27,39
守利(神尾)　⑪146
守里(三枝)　⑮34
守隆(小浜)　⑪231
守隆(九鬼)　⑩205
守龍(三枝)　⑮27
首名(坂上)　⑮164
須猶(小田切)　⑤255
種家(秋月)　⑭235
種吉(立花)　②181
種吉(原田)　⑦100
種吉(水上)　④279
種久(高屋)　⑤105
種久(吉田)　⑬142
種顕(秋月)　⑭235
種広(蠣崎)　④131
種弘(大蔵)　⑭235
種光(大蔵)　⑭234
種幸(秋月)　⑭235
種高(秋月)　⑭235
種綱(松村)　⑩116
種材(大蔵)　⑭234
種氏(秋月)　⑭235
種氏(原田)　⑦102
種資(秋月)　⑭235
種資(大蔵)　⑭235
種次(有賀)　⑤122
種次(立花)　②180
種次(内藤)　⑧74
種次(原田)　⑦102
種治(酒井)　⑩218
種時(秋月)　⑭236
種実(秋月)　⑭237
種重(有賀)　⑤121
種重(原田)　⑦102
種春(秋月)　⑭239
種春(原田)　⑦103
種昌(内藤)　⑧74
種勝(米倉)　④64
種照(秋月)　⑭236
種照(原田)　⑦103
種常(原田)　⑦103
種信(原田)　⑦103
種真(原田)　⑦101
種親(有賀)　⑤122
種正(上原)　⑧174
種正(原田)　⑦104
種生(大蔵)　⑭235
種成(大蔵)　⑭235
種成(原田)　⑦101
種成(和気)　⑮113
種政(有賀)　⑤122
種清(内藤)　⑧75
種忠(秋月)　⑭235
種長(秋月)　⑭237
種長(立花)　②181
種長(原田)　⑦101
種長(森)　⑧174
種朝(秋月)　⑭236
種直(大蔵)→種成(大蔵)
種直(原田)　⑦102
種貞(秋月)　⑭235
種貞(有賀)　⑤121
種貞(原田)　⑦101
種道(秋月)　⑭235
種方(秋月)　⑭236
種友(原田)　⑦100
種雄(秋月)　⑭235
種頼(秋月)　⑭235
寿継(鳴海)　⑮262
寿元(岡)　⑮212
寿幸(鳴海)　⑮262
寿恒(鳴海)　⑮262
寿三(坂)　⑮147
寿昌(岡部)　⑨248
寿昌(徳永)　⑫37
寿世(鳴海)　⑮261
寿盛(戸沢)　⑦49
寿仙(岡本)　⑮192
寿仙(熊谷)　⑮221
寿仙(坂)　⑮149
寿徳(建部)　⑬113
寿林(高木・都築)　③145

授(渡辺)　⑭2,11
秀(渡辺)　⑭35
秀安(戸川)　⑪1
秀胤(相馬)　⑥171
秀延(木村)　⑧31
秀遠(新庄)　⑧146
秀遠(藤原)　⑦149
秀家(赤井)　③243
秀家(葦田)　③238
秀家(川村)　⑧19
秀家(小出)　⑩119
秀家(堀)→親良(堀)
秀基(長沼)　⑦152
秀義(佐々木)　⑬39,66,85,87,110,128,177⑮155
秀義(佐竹)　③255
秀久(仙石)　③89
秀郷(藤原)　⑦146,243⑧1,34,97,143,176,193⑮249,265
秀経(木村)　⑧31
秀景(朝倉)　⑭138
秀継(前田)　⑫75
秀慶(竹田)　⑮142
秀元(麻原)　⑫143
秀元(大江)　⑫136
秀元(大塚)　⑧167
秀元(野々山)　②194
秀元(毛利)　⑫149,167
秀玄(本多)　⑧248
秀現(徳山)　③111
秀厳(大江)　⑫126
秀光(長沼)　⑧102
秀行(長沼)　⑧100
秀孝(織田)　⑥17
秀候(岡本)　⑨64
秀高(川村)　⑧19
秀高(野一色)　⑬85
秀高(藤原)　⑦150
秀綱(大河内)　③25
秀綱(木村)　⑧31
秀綱(佐野)　⑧194
秀綱(都筑・松下)　⑨168⑬107
秀綱(吉田)　⑮156
秀綱(渡辺)〈八郎三郎〉　⑭13
秀綱(渡辺)〈半十郎〉　⑭23
秀衡(藤原)　⑦147
秀氏(河勝)　⑭240
秀氏(吉田)　⑮156
秀次(志村)　⑨175
秀治(木村)　⑧31
秀治(堀)　⑨107
秀種(多賀)　⑨104
秀秋(小早川)　⑭81
秀就(毛利・松平)　⑫150,171
秀重(河村)　⑨139
秀重(津田)　⑥33
秀重(丹羽)　⑩96
秀重(堀)　⑨102
秀俊(野一色)　⑬85
秀俊(皆川)　⑧99
秀春(吉田)　⑮156
秀勝(青山)　⑬81
秀勝(渥美)　⑦99
秀勝(一色)　②63
秀勝(織田)　⑥20
秀勝(近藤)〈太郎右衛門〉　⑦262
秀勝(近藤)〈右衛門〉　⑦263
秀勝(都筑)　⑨175
秀勝(野一色)　⑬85
秀勝(溝口・豊臣)　④5
秀勝(安井)　④277
秀辰(近藤)　⑦262
秀信(織田)　⑥20
秀信(榊原)　⑪222
秀信(堀)　⑧154⑨125
秀信(御嶽)　⑧210
秀信(吉田)　⑮155
秀信(織田)→頼長(織田)
秀信(溝口)→宣勝(溝口)
秀嵩(堀)　⑨126
秀正(近藤)　⑦262
秀正(志村)　⑨175
秀正(屋代)　⑤130
秀成(織田)　⑥17
秀成(中川)　③73
秀征(中川)→久盛(中川)
秀政(天野)　⑩18
秀政(小笠原)　④182
秀政(小出)　⑩118
秀政(中川)　③73
秀政(中坊)　⑪136
秀政(野一色)　⑬85
秀政(堀・豊臣・羽柴)　⑨103
秀清(兼松)　⑩100
秀清(佐藤)　⑧2
秀清(本多)　⑧252
秀盛(梶川)　⑥39
秀盛(戸沢)　⑦49
秀盛(日根野)　⑪23
秀盛(森山)　⑦63
秀盛(和田)　⑥115
秀宗(伊達)　⑦184
秀宗(長沼)　⑧102
秀則(織田)　⑥20
秀村(今村)　⑧19⑭198

秀泰(堀部)　⑬155
秀忠(大屋)　⑦152
秀長(井戸)　⑫18
秀長(町野)　⑭84
秀長(吉田)　⑮155
秀直(長沼)　⑧101
秀通(今村)　⑧19⑭198
秀定(坪内)　⑪98
秀定(中坊)　⑪136
秀定(堀部)　⑬155
秀定(御嶽)　⑧209
秀貞(武蔵)　⑪83
秀登(近藤)　⑦262
秀年(本間)　⑤195
秀範(西川)　⑮109
秀敏(織田)　⑥33
秀包(毛利)→元総(毛利)
秀門(筑紫)　⑨239
秀友(遠山)　⑨131
秀友(中坊)　⑪136
秀有(豊島)　⑥196
秀有(水谷)　⑫128,145
秀祐(中坊)　⑪136
秀雄(織田)　⑥22
秀用(近藤)　⑦252
秀頼(太田)　⑧29,116
秀利(梶川)　⑥37
秀隆(皆川)　⑧105
秀隆(施薬院)　⑮167
周家(龍造寺)　⑦244
周檜(武田)　④26
周耆(竹田)　⑮143
周光(竹田)　⑮143
周暠(源)　①37
周三(吉田)　⑮206
周勝(山下)　⑤234
周済(土岐)　③57
周泉(竹田)　⑮141
周存(河島)　⑮260
周岱(上杉)　⑦205
周仲(大江)　⑫124
周桃(竹田)　⑮143
周房(大江)　⑫124
周防(足利)　②8
周頼(相良)　⑩1
宗→ソウ
秋過(渡辺)　⑭31
秋高(畠山)　⑮200
秋氏(武藤)　⑮135
脩行(近藤)　⑦148⑧2
就勝(毛利)　⑫147
就頼(吉川)　⑫148
就隆(毛利)　⑫152
穐並(石部)　⑮184
鷲取(藤原)　⑦143,146,156,172
十市王　⑭100
十忠(島津)　②136
十仏(坂)　⑮145
重(御子神)　⑩134
重(渡辺)〈左馬助〉　⑭32
重(渡辺)〈与右衛門〉　⑭37
重安(上田)　④254
重安(坂本)　⑤49
重安(永倉)　⑮254
重安(野間)　⑪27
重安(藤川)　⑨255
重安(美濃部)　⑫98
重安(三宅)　⑪66
重安(山田)　⑤90
重胤(相馬)〈孫五郎〉　⑥160
重胤(相馬)〈治部少輔〉　⑥165
重胤(東)　⑥203
重員(跡部)　④265
重員(高田)　③48
重員(比企)　⑫46
重永(津田)　⑥33
重永(根占)　②168
重永(柳生)　⑫87
重益(金尾屋)　⑥106
重遠(紀)　⑫209
重央(水野)　⑤61
重家(赤井)　③242
重家(石井)　⑮93
重家(平・小栗)　⑥105
重家(別所)　⑬213
重家(真野)　⑦112⑪33
重家(水野)　⑤57
重家(八木)　⑭130
重家(山崎)〈小太郎〉　⑬110
重家(山崎)〈源太左衛門〉　⑬111
重家(横島)　⑥106
重看(本多)　⑧246
重幹(平)　⑥105
重願(諏訪)　⑤109
重義(阿波)→重能(阿波)
重義(金森)　⑤157
重義(工藤)　⑨255
重吉(阿部)　⑫243
重吉(天野)　⑩36
重吉(稲富)　⑦83
重吉(浦野)　⑪20
重吉(太田)　⑧115
重吉(奥山)　⑪81
重吉(笠原)　⑮244
重吉(小林)　⑪123
重吉(斎藤)　⑨162
重吉(向坂)　⑤198
重吉(鈴木)〈市左衛門〉

⑮51

重吉(鈴木)〈清右衛門〉 ⑮60

重吉(津田) ⑥33

重吉(土屋・加藤) ⑥153

重吉(妻木) ③106

重吉(戸田) ⑩72

重吉(富永) ⑬169

重吉(長坂) ⑧273

重吉(中野) ⑧174

重吉(野間) ⑪29

重吉(萩原) ⑬217

重吉(久永) ⑭222

重吉(平井) ⑬121

重吉(松倉) ⑩111

重吉(松平) ①62,140,198

重吉(真野) ⑦112⑪33

重吉(三宅) ⑪67

重吉(山田) ⑤91

重吉(山本) ③263

重吉(依田) ③175

重久(天野) ⑩29

重久(石川) ②212

重久(磯貝) ⑪104

重久(伊藤) ⑧182

重久(小栗) ⑥106

重久(小尾) ④83

重久(金丸) ⑪246

重久(河村・大石) ⑧169

重久(黒沢) ⑫251

重久(榊原) ②96

重久(勝) ⑫13

重久(富永) ⑬168

重久(成瀬) ⑩201

重久(野間) ⑪27

重久(原) ⑩17

重久(広戸) ⑫54

重久(宮崎) ⑪173

重教(田村) ⑫127

重郷(板倉) ②112

重郷(近藤) ⑦256

重興(石川) ②207

重近(金森) ⑤155

重近(鳥居) ⑦28

重矩(板倉) ②111

重矩(雀部) ⑤265

重俱(鈴木) ⑮57

重形(板倉) ②112

重経(河澄) ⑭119

重経(毛利) ⑫140

重景(伊藤) ⑧182

重景(小野) ⑭185

重景(宮崎) ⑪173

重継(森) ②227

重慶(大橋) ⑭55

重兼(青木) ⑭120

重兼(小野) ⑭185

重兼(宅間) ⑦208

重堅(小出) ⑩120

重賢(稲垣) ⑤224

重賢(竹中) ⑤171

重顕(上杉) ⑦205

重顕(河澄) ⑥105

重顕(塩入) ⑮76

重元(安藤) ③206

重元(上田) ④254

重元(太田) ⑧115

重元(長田) ⑫173

重元(酒井) ①245

重元(戸田) ⑩69

重元(富永) ⑬171

重元(鳥居) ⑦28

重元(成瀬) ⑩198

重元(望月) ⑮224

重元(門奈) ⑩127

重玄(本多) ⑧248

重玄(横田) ⑬153

重広(江戸) ⑥177

重広(小栗) ⑥105

重広(田総) ⑫134

重弘(大内) ⑭250

重弘(小栗) ⑥106

重弘(永倉) ⑮254

重弘(中野) ⑧174

重弘(古田) ⑩164

重弘(松平・鈴木) ①62,140

重光(浅野) ②258

重光(大江) ⑫121

重光(太田) ⑧115

重光(大槻) ③237

重光(小野) ⑭185

重光(小島) ⑭118

重光(小松) ⑫251

重光(斎藤) ⑦157

重光(仲) ⑮204

重光(日野) ⑨191

重光(藤原) ⑨143

重光(水上) ④278

重光(横島) ⑥106

重好(中島) ⑧172

重好(永田) ⑪179

重好(矢橋) ⑦108

重行(上杉) ⑦206

重行(浦野) ⑪20

重行(大胡) ⑧212

重行(大関) ⑥106

重行(小野) ⑭185

重行(河島) ⑮225

重行(久永) ⑭225

重恒(喜多見) ⑥179

重恒(奈須)　⑮201
重恒(古田)　⑩165
重恒(溝口)　④275
重恒(山口)　⑭264
重恒(山田)　⑤90
重高(大胡)　⑧212
重高(小野)　⑭185
重高(保田)　④37
重康(石川)　②205
重康(丹波)　⑮165
重康(戸田)　⑩69
重綱(青山)　⑧90
重綱(稲垣)　⑤227
重綱(大河内)　③29
重綱(岡部)　⑨252
重綱(佐々木)　⑬93,179
重綱(佐野)　⑧194
重綱(松下)〈右衛門〉　⑬102
重綱(松下)〈与兵衛尉〉　⑬103
重綱(松波)　⑩108
重綱(真野)　⑪36
重綱(間宮)　⑬56
重綱(宮崎)　⑪171
重綱(渡辺)〈半蔵〉　⑭23
重綱(渡辺)〈荘兵衛〉　⑭36
重衡(平)　⑥3
重克(山口)　⑭262
重国(大胡)　⑧212
重国(平・信太)　⑥170
重国(角南)　⑪77
重国(秩父)　⑥228
重国(原)　⑩17
重国(山名)　①251
重三(鈴木)　⑮45
重三(筒井)　⑤222⑫22
重三(間宮)　⑬56
重之(遠藤)　⑩253
重之(酒井)　①247
重之(鈴木)　⑮45
重之(秩父)　⑥229
重之(藤川)　⑨256
重之(松平)　①58,126
重之(山中)　⑤10
重氏(上田)　④254
重氏(大河内)　③31
重氏(河勝)〈太郎兵衛〉　⑭241
重氏(河勝)〈勘左衛門〉　⑭241
重氏(小林)　⑪123
重氏(鈴木)　⑮44
重氏(津田)　⑥32
重氏(鳥居)　⑦27
重氏(逸見)　④2
重氏(松下)　⑬105
重氏(森川)　⑬161
重氏(吉田)　⑬144
重糸(八木)　⑭142
重師(富永)　⑬170
重次(阿倍)　⑫277
重次(阿部・三浦)　⑫241
重次(阿部)　⑫244
重次(天野)　⑩35
重次(雨宮)　⑤32
重次(飯田)　⑤134
重次(池田)〈左衛門尉〉　⑮203
重次(池田)〈道陸〉　⑮203
重次(石川)　②206
重次(伊藤)　⑧182
重次(稲富)　⑦82
重次(井上)　③224
重次(伊吹)　⑬119
重次(浦野)　⑪20
重次(海野)　⑭65
重次(遠藤)　⑩252
重次(大谷)　⑮99
重次(小川)　⑤248
重次(奥山)〈治右衛門尉〉　⑦51
重次(奥山)〈茂左衛門尉〉　⑨254
重次(笠原)　⑮244
重次(金丸)　⑪246
重次(金森)　⑤155
重次(川添)　⑬124
重次(河村)　⑧168
重次(小長谷)　⑤215
重次(小林)〈又六郎〉　⑧88
重次(小林)〈平左衛門尉〉　⑪112
重次(小林)〈十兵衛〉　⑪114
重次(小林)〈理右衛門〉　⑪123
重次(沢)　⑫14
重次(島田)　③100
重次(下山)　④232
重次(杉浦)　⑥214
重次(菅波)　⑤248
重次(鈴木)〈忠兵衛尉〉　⑮45
重次(鈴木)〈与九郎〉　⑮53
重次(鈴木)〈一郎兵衛〉　⑮54
重次(鈴木)〈七右衛門〉　⑮58

重次(鈴木)〈佐兵衛〉 ⑮60
重次(鈴木)〈喜右衛門〉 ⑮61
重次(秩父) ⑥228
重次(柘植) ⑦26
重次(津田) ⑥33
重次(富永) ⑬168
重次(鳥居) ⑦36
重次(内藤) ⑧71
重次(長坂) ⑧272
重次(成瀬) ⑩197
重次(野尻) ⑪36
重次(野間) ⑪28
重次(萩原) ⑬217
重次(長谷川) ⑭154
重次(平井) ⑬120
重次(広戸) ⑫54
重次(福島) ③128
重次(布施) ⑭92
重次(本多)〈平七郎〉 ⑧239
重次(本多)〈作左衛門〉 ⑧241,248
重次(松倉) ⑩111
重次(松崎) ⑮104
重次(松平) ①60,138
重次(松波) ⑩108
重次(三宅) ⑪72
重次(宮崎) ⑪173
重次(村瀬)〈清蔵〉 ⑪105
重次(村瀬)〈伊豆守〉 ⑭36
重次(毛利) ⑫185
重次(森川)〈助兵衛〉 ⑬156
重次(森川)〈勝右衛門〉 ⑬157
重次(森川)〈久右衛門〉 ⑬160
重次(森川)〈善大夫〉 ⑬166
重次(矢頭) ⑤218
重次(山田) ⑤93
重次(渡辺) ⑭36
重治(跡部) ④265
重治(大橋) ⑭55
重治(岡田) ④39
重治(奥山) ⑦51
重治(織田) ⑥21
重治(黒沢) ⑫252
重治(酒井) ⑩218
重治(竹中) ⑤167
重治(土屋) ⑥152
重治(成瀬) ⑩200
重治(長谷川) ⑭154
重治(古田) ⑩164
重治(別所) ⑬213
重治(村瀬) ⑪104
重持(江戸) ⑥177
重時(天野) ⑩30
重時(池田) ⑮203
重時(入来院) ②145
重時(小林) ⑪112
重時(神保) ⑭221
重時(鈴木) ⑮56
重時(内藤) ⑧71
重時(永見) ⑭198
重時(中山) ⑦232
重時(野内) ⑭177
重時(細田) ⑩172
重時(三浦) ⑥118
重時(山口) ⑭264
重実(熊谷) ⑥77
重実(鳥居) ⑦28
重種(戸田) ⑩70
重種(内藤) ⑧71
重種(原田) ⑦104
重種(松波) ⑩108
重種(米倉) ④64
重秀(厚科) ⑥105
重秀(今村) ⑧19⑭198
重秀(上田) ④254
重秀(小松) ⑫249
重秀(八木) ⑭130
重周(小知) ⑮70
重秋(小沢) ①198
重俊(石川) ②207
重俊(大胡) ⑦151⑧211
重俊(小島・蘆屋) ⑤100,102
重俊(小知) ⑮70
重俊(菅波) ⑤248
重俊(鈴木) ⑮54
重俊(丹波) ⑮246
重俊(鳥居) ⑦27
重俊(永田) ⑪181
重俊(松平) ①189
重俊(御嶽) ⑧210
重俊(望月) ⑭59
重俊(森川) ⑬163
重俊(山口) ⑭254
重俊(山田) ⑤95⑪56
重春(鈴木) ⑮60
重春(鳥居) ⑦28
重春(中島) ⑧173
重春(永田) ⑪180
重純(内藤) ④59
重純(長坂) ⑧273
重純(本多) ⑧260
重純(山田) ⑤91
重助(小松) ⑫250
重助(彦坂) ⑤103

重尚(阿部)　⑫243
重昌(板倉)　②111
重昌(伊藤)　⑧183
重昌(稲垣)　⑤228
重昌(小栗)　⑥106
重昌(小幡)　⑥232
重昌(梶川)　⑥38
重昌(勝)　⑫13
重昌(永田)　⑪180
重昌(深尾)　⑧6
重将(林・成瀬)　④252
重章(本多)　⑧260
重勝(蘆屋)　⑤101
重勝(阿部)　⑫244
重勝(天野)　⑩36
重勝(荒河)　②127
重勝(飯田)　⑤134
重勝(石川)　②207
重勝(石河)　③168
重勝(大関)　⑥106
重勝(小川)　⑤248
重勝(筧)　⑫4
重勝(加藤)　⑨78
重勝(金森)　⑤157
重勝(河島)　⑮225
重勝(川添)　⑬124
重勝(河村)　⑧168
重勝(喜多見)　⑥179
重勝(小林)〈源右衛門尉〉　⑧88
重勝(小林)〈左次兵衛〉　⑪114
重勝(小林)〈右衛門太郎〉　⑪115
重勝(近藤)　⑦256
重勝(坂)　⑮147
重勝(酒井)　①245
重勝(坂部)　⑦89
重勝(杉浦)　⑥208
重勝(菅波)　⑤248
重勝(鈴木)〈与九郎〉　⑮53
重勝(鈴木)〈権之助〉　⑮60
重勝(角南)　⑪77
重勝(戸田)　⑩70
重勝(鳥居)　⑦27
重勝(永井)　⑫180
重勝(中川)　⑥28
重勝(永田)　⑪180
重勝(長谷川)　⑭153
重勝(久永)　⑭223
重勝(平岡)　③119
重勝(藤川)　⑨255
重勝(布施)　⑭92
重勝(古田)　⑩163
重勝(前島)　⑮92
重勝(松平)〈伝三郎〉　①63,143
重勝(松平)〈市郎左衛門〉　①191
重勝(真野)　⑦112
重勝(水野)　⑤57
重勝(宮城)　⑫200
重勝(三宅)〈半七郎〉　⑪66
重勝(三宅)〈市左衛門尉〉　⑪72
重勝(森川)　⑬166
重勝(安井)　④277
重勝(山口)　⑭255
重勝(山田)〈甚五郎〉　⑤92
重勝(山田)〈伊右衛門尉〉　⑪56
重勝(米津・井上)　⑮67
重照(荒河)　②127
重常(加藤)　⑨77
重常(竹中)　⑤170
重常(成瀬)　⑩198
重縄(山田)　⑤95
重辰(鈴木)　⑮45
重辰(長谷川)　⑭154
重信(阿倍)　⑫263
重信(安藤)〈彦十郎〉　③203
重信(安藤)〈伊勢千代〉　③207
重信(五十嵐)　⑤235
重信(池田)　②255
重信(井上)　⑮67
重信(大武)　⑦64
重信(大橋)　⑭57
重信(多門)　⑭52
重信(岡谷)　⑪209
重信(小栗・南方)　⑥105
重信(河村)　⑧168
重信(小林)〈半弥〉　⑪114
重信(小林)〈吉十郎〉　⑪116
重信(塩入)　⑮76
重信(勝)　⑫13
重信(鈴木)〈久七郎〉　⑮54
重信(鈴木)〈内蔵助〉　⑮56
重信(秩父)　⑥228
重信(土屋)　⑥152
重信(長坂)　⑧272
重信(林・成瀬)　④251
重信(藤川)　⑨256
重信(松倉)　⑩111

重信(松平) ①64,146
重信(松波) ⑩109
重信(間宮) ⑬56
重信(源) ⑬175
重信(山口) ⑭263
重信(山田)〈与兵衛〉 ⑤95
重信(山田)〈平右衛門〉 ⑮215
重信(吉田) ⑬144
重真(阿倍) ⑫263
重真(田辺) ⑫234
重真(戸田) ⑩69
重真(永田) ⑪179
重真(渡辺) ⑭47
重親(葉山) ⑪60
重親(松平) ①61,139
重親(丸茂) ④262
重世(荒河) ②127
重世(犬塚) ⑪225
重世(本多) ⑧261
重正(荒河) ②128
重正(安藤) ③208
重正(飯田) ⑤134
重正(猪飼) ⑦46
重正(石川) ②216
重正(稲生) ⑪227
重正(太田) ③39
重正(多門) ⑭52
重正(奥山) ⑨255
重正(小倉) ⑬126
重正(小尾) ④84
重正(加藤) ⑨77
重正(河村) ⑧169
重正(黒川) ⑭195
重正(高力) ⑥78
重正(小林)〈平左衛門尉〉 ⑪113
重正(小林)〈新平〉 ⑪121
重正(小林)〈与五右衛門〉 ⑪123
重正(酒井) ①246
重正(佐々木) ⑬183
重正(鈴木)〈太郎左衛門尉〉 ⑩200
重正(鈴木)〈久兵衛〉 ⑮54
重正(高木) ③147
重正(津田) ⑥33
重正(土屋) ⑥153
重正(鳥居) ⑦36
重正(成瀬) ⑩197
重正(萩原) ⑬217
重正(伴) ⑮9
重正(逸見) ④2
重正(前島) ⑮92
重正(松平)〈民部〉 ①54,149
重正(松平)〈太郎八〉 ①63,145
重正(松波) ⑩108
重正(三宅) ⑪67
重正(山田) ⑮213
重成(青山) ⑧80,87
重成(安藤) ③208
重成(池田)〈久左衛門〉 ②255
重成(池田)〈伊賀守〉 ⑮203
重成(石川) ②204
重成(井上) ③224
重成(今村) ⑭199
重成(遠藤) ⑩253
重成(奥山) ⑦51
重成(小栗) ⑥105
重成(筧) ⑫2
重成(小林) ⑪115
重成(斎藤) ⑨162
重成(沢) ⑫14
重成(塩入) ⑮76
重成(鈴木)〈三郎九郎〉 ⑮45
重成(鈴木)〈九左衛門〉 ⑮51
重成(鈴木)〈四郎三郎〉 ⑮54
重成(鈴木)〈喜左衛門〉 ⑮62
重成(土屋) ⑥153
重成(永見・今村) ⑭197
重成(野田) ⑪165
重成(野間) ⑪28
重成(長谷川) ⑭154
重成(布施) ⑭92
重成(牧野) ⑤160
重成(松平) ①58,124
重成(真野) ⑦112
重成(丸茂) ④262
重成(武藤) ⑩90
重成(森川) ⑬160
重成(山田) ⑤96
重成(山本) ③263
重成(余語) ⑫107
重政(跡部) ④264
重政(阿部) ⑫244
重政(荒河) ②127
重政(池田) ②254
重政(石川) ②205
重政(一色) ②67
重政(上田) ④254
重政(浦野) ⑪20
重政(大岡) ⑪201

重政(太田)　⑨144
重政(大橋)　⑭57
重政(小栗)　⑥105
重政(長田)　⑦56
重政(笠原)　⑪10
重政(河村)　⑧168
重政(小出)　⑩120
重政(雀部)　⑤265
重政(杉田・上林)　⑩179
重政(鈴木)〈三郎左衛門尉〉　⑮44
重政(鈴木)〈雅楽助〉　⑮49
重政(鈴木)〈木工之助〉　⑮56
重政(鈴木)〈長左衛門〉　⑮59
重政(筒井・大岡)　⑫24
重政(徳山)　③111
重政(戸田)　⑩70
重政(富永)　⑬168
重政(鳥居)　⑦28
重政(内藤)〈筑前守〉　④58
重政(内藤)〈与左衛門尉〉　⑧67
重政(永井)　⑫180
重政(長谷川)　⑭154
重政(藤川)　⑨256
重政(古田)　⑩164
重政(松崎)　⑮104
重政(松下)　⑬105
重政(真野)　⑦112
重政(三宅)　⑪72
重政(宮崎)　⑪172
重政(村瀬)　⑪106
重政(毛利)　⑫185
重政(森)〈大膳亮〉　②223
重政(森)〈次郎兵衛〉　②226
重政(森川)〈小兵衛〉　⑬161
重政(森川)〈半弥〉　⑬164
重政(矢頭)　⑤218
重政(山口)　⑭255
重政(山崎)　⑪62
重清(大胡)　⑧212
重清(大田原)　⑭101
重清(金尾屋)　⑥106
重清(中川)〈佐渡守〉　③72
重清(中川)〈将監〉　③75
重清(永田)　⑪180
重清(水谷)　⑫128, 144
重晟(横田)　④264
重盛(江戸)　⑥176
重盛(平)　⑥3, 11
重盛(伴)　⑮9
重晴(桑山)　⑪41
重晴(鈴木)　⑮51
重宣(朝倉)　⑭136
重宣(小林)　⑪122
重宣(皆川)→隆庸(皆川)
重詮(荒河)　②127
重宗(飯尾)　⑥14
重宗(石井)　⑮93
重宗(石原)　⑪13
重宗(板倉)　②111
重宗(稲垣)　⑤224
重宗(小栗)　⑥105
重宗(坂部)　⑦100
重宗(豊島)　⑥196
重宗(戸田)　⑩70
重宗(成瀬)　⑩197
重宗(別所)　⑬213
重宗(松波)　⑩109
重則(有馬)　⑬201
重則(遠藤)　⑩252
重則(多門)　⑭52
重則(鈴木)〈助大夫〉　⑮54
重則(鈴木)〈小民部丞〉　⑮56
重則(長谷川)　⑭153
重則(古田)　⑩163
重則(松平)　①63, 144
重則(真野)　⑦112
重則(森川)　⑬158
重則(山田)　⑤88
重村(三浦)〈七郎左衛門〉　⑥118
重村(三浦)〈五左衛門〉　⑥120
重村(山名)　①252
重大(板倉)　②112
重大(稲垣)　⑤228
重泰(有馬)　⑬206
重知(久永)　⑭224
重知(横山)　⑭181
重忠(浅井)　⑩234
重忠(筧)　⑫1
重忠(小林)　⑪114
重忠(酒井)　①221
重忠(古田)　⑩164
重忠(松平)〈伝三郎〉　①63, 143
重忠(松平)〈九郎右衛門〉　①70, 183
重忠(松平)〈藤三郎〉　①189
重忠(門奈)　⑩127

重長（青山）　⑧89
重長（安藤）　③205
重長（池田）　②256
重長（今村）　⑧20⑭199
重長（江戸）　⑥176
重長（加藤・大森）　③183⑨78
重長（高力）　⑥77
重長（小松）　⑫250
重長（杉原）　⑦14
重長（鈴木）〈九大夫〉　⑮46
重長（鈴木）〈播磨守〉　⑮60
重長（西尾）　⑤203
重長（伴）　⑮9
重長（松平）〈伝五郎〉　①63, 144
重長（松平）〈修理大夫〉　④190
重長（溝口）　④275
重長（毛利）　⑫185
重長（山口）　⑭263
重長（山名）　①252
重朝（朝倉）　⑭136
重朝（阿倍）　⑫264
重朝（小栗）　⑥105
重朝（溝口・境）　④273
重澄（大川戸）　⑥116
重直（青木）　⑭118
重直（板倉）　②112
重直（遠藤）　⑩252
重直（金森）　⑤155
重直（熊谷）　⑥77
重直（小林）　⑪114
重直（近藤）　⑦258
重直（鈴木）　⑮49
重直（妻木）　③107
重直（永田）　⑪179
重直（中野）　⑧174
重直（南部）　④232
重直（彦坂）　⑤103
重直（布施）　⑭92
重直（古田）　⑩164
重直（松平・小笠原）　①63, 144④189
重直（溝口）　④275
重直（山口）　⑭264
重直（山田）　⑤95⑪56
重通（稲葉）　⑬2, 9
重定（伊藤）　⑧182
重定（奥山）　⑦51
重定（佐々木）　⑬189
重定（勝）　⑫13
重定（鈴木）　⑮57
重定（竹中）　⑤171
重定（彦坂）　⑤103
重定（堀場）　⑬161
重定（森川）　⑬160
重定（保田）　④37
重定（山口）　⑭264
重定（山田）　⑪56
重貞（安藤）　③207
重貞（小栗）　⑥105
重貞（河村）　⑧168
重貞（鈴木）　⑩200
重貞（仲）　⑮204
重貞（奈須）　⑮202
重貞（成瀬）　⑩197
重貞（三宅）　⑪67
重度（正木・五十嵐）　⑤235
重冬（門奈）　⑩128
重棟（山田）　⑤93
重藤（上杉）　⑦205
重道（鈴木）　⑮52
重任（小松・黒沢尻）　⑫249
重能（阿波）　⑮10
重能（安藤）　③207
重能（上杉・勧修寺）　⑦208
重能（岡田）　⑤98
重能（小栗）　⑥105
重能（秩父）　⑥228
重能（成瀬）　⑩200
重能（本多）　⑧246
重比（鈴木）　⑮44
重甫（宮城）　⑫189, 193
重保（大橋）　⑭55
重輔（水谷）　⑫128, 144
重方（上杉）　⑦202
重方（江戸）　⑥176
重方（本多）　⑧247
重朋（八木）　⑭142
重房（天野）　⑩30
重房（上杉）　⑦190, 198
重房（大江）　⑫124
重房（小野）　⑭185
重房（竹中）　⑤171
重房（長坂）　⑤5
重房（藤川）　⑨256
重満（紀）　⑫209
重名（森川）　⑬164
重明（小出）　⑩121
重明（丹波）　⑮165
重明（三浦）　⑥120
重茂（玉虫）　⑥103
重茂（鳥居）　⑦27
重門（竹中）　⑤169
重門（妻木）　③107
重也（村瀬）→重治（村瀬）
重友（鈴木・松平）　⑮59
重友（塙・原田）　⑮216

重友(三浦)　⑥120

重祐(大江)　⑫130

重頼(青木・上山)　⑭123

重頼(荒河)　②128

重頼(有馬)　⑬206

重頼(池田)　⑮203

重頼(金森)　⑤156

重頼(酒井)　①248

重頼(鈴木)　⑮61

重頼(丹波)　⑮165

重頼(内藤)　⑧54

重頼(溝杭)　③117

重頼(森川)　⑬164

重頼(八木)　⑭130

重頼(矢橋)　⑦107

重利(天野)　⑩36

重利(池田・下間)　②254

重利(大津)　⑮98

重利(多門)　⑭52

重利(金森)　⑤157

重利(小西)　⑬149

重利(島田)　③103

重利(神保)　⑭220

重利(鈴木)　⑮56

重利(土屋)　⑥153

重利(富永)　⑬170

重利(松平)　①70,184

重利(山田)　⑤89

重隆(岩城)〈左京太夫〉　⑥99

重隆(岩城)〈庄次郎〉　⑥100

重隆(黒田)　⑬40

重隆(松波)　⑩108

重良(有馬)　⑬206

重良(石野)　⑭204

重良(岩手)　⑫250

重良(梶川)　⑥38

重良(酒井)　①248

重良(雀部)　⑤265

重良(中川)　③75

重良(中山)　⑭115

重良(長谷川)　⑧165

重良(本多)　⑧247

重良(松崎)　⑮105

重良(三浦・朝比奈)　⑥128

重良(水野)　⑤62

重倫(成瀬)　⑩197

重廉(江戸)　⑥177

重路(永田)　⑪179

重和(奥山)　⑨254

叔勝(林)　⑨185

宿阿(龍造寺)　⑦244

宿奈　⑮111

淑光(紀)　⑫208

述松(横田)　⑬153

俊安(泉)　⑧145

俊永(朝比奈)　⑦213

俊家(赤井)　③240

俊家(岩室)　⑭165

俊家(藤原・大宮)　⑦162⑨204

俊家(山崎)　⑬112

俊雅(瀧川・羽柴)　⑬212

俊雅(丹波)　⑮245

俊季(秋田)　⑫256

俊季(藤原)　⑧144

俊吉(村越)　⑪102

俊久(竹生)　⑩258

俊矩(柳生)　⑫88

俊経(泉)　⑧145

俊経(平)　⑦3

俊景(泉)　⑧145

俊継(伊勢)　⑦3

俊堅(大平)　⑭166

俊光(大胡)　⑧212

俊光(日野)　⑨190

俊行(今井)　⑧145

俊行(大胡)　⑧212

俊康(木造・北畠)　⑫223⑬211,236

俊綱(足利)　⑦152⑧116,194⑮249

俊綱(今井)　⑧145

俊綱(蒲生)　⑦147

俊綱(首藤)　⑧91

俊国(進藤)　⑧160

俊之(本多)　⑧239

俊氏(入野)　②15

俊氏(吉良)　②12

俊氏(首藤)→俊綱(首藤)

俊氏(細川)　②28⑮231

俊次(木造)　⑬212

俊次(本多)　⑧237

俊治(木下)　⑭81

俊時(御嶽)　⑧210

俊実(片山)　⑮177

俊舎(依田)　③169

俊重(牛込)　⑧213

俊重(紀)　⑫209

俊春(進藤)　⑧160

俊昌(本多)　⑧239

俊勝(上田)　④256

俊勝(竹生)　⑩258

俊勝(久松・松平)　①202

俊勝(本多)　⑧240

俊信(村越)　⑪102

俊世(本多)　⑧240

俊正(泉)　⑧145

諱　シ(俊春舜純淳順筍且諸如助)

俊正(本多)〈伊賀〉 ⑧240
俊正(本多)〈佐渡守〉 ⑧264
俊成(足立) ⑧144
俊成(堀) ⑧145
俊盛(関) ⑥50
俊盛(森山) ⑦61
俊宣(木造) ⑬212
俊宗(泉) ⑧144
俊宗(大平) ⑭167
俊宗(皆川) ⑧102
俊忠(稲垣) ⑤230
俊忠(島津) ②134
俊忠(丹波) ⑮246
俊忠(源・箕田) ⑭11
俊長(織田) ⑥18
俊直(天方) ⑧96
俊直(井伊) ⑦236
俊直(根岸) ⑩260
俊通(軽部) ⑭129
俊通(木造) ⑬235
俊通(主藤・首藤) ⑧3,91
俊通(丹波) ⑮245
俊通(藤原) ⑧250
俊定(青木) ⑭125
俊定(木下) ⑭81
俊文(紀) ⑫209
俊平(泉) ⑧145
俊方(竹生) ⑩258
俊名(今井) ⑧146
俊茂(木造) ⑫224⑬211,236
俊茂(玉虫) ⑥102
俊友(山中) ⑭173
春王丸(足利) ②8
春吉(石川) ②212
春吉(山田) ⑤97
春久(石川) ②212
春景(伊藤) ⑧184
春彦(石部) ⑮184
春綱(三木) ⑪73
春綱(渡辺) ⑭12
春次(山田) ⑤97
春日皇子 ⑭176
春実(大蔵) ⑭234
春守(水野) ⑤56
春重(石川) ②212
春重(入江) ⑩15
春勝(林) ⑨186
春親(葦野) ⑨231
春正(入江) ⑩15
春政(大島) ①270
春宗(中原) ⑭203
春澄(入江) ⑩15
春方(山高) ④98
春明(大井) ④21
春茂(神保) ⑭216
春也(坂) ⑮148
春倫(入江) ⑩15
舜喜(新庄) ⑧147
舜興(西川) ⑮110
舜広(蠣崎) ④129
純伊(大村) ⑨198
純御(大村) ⑨198
純堯(宇久) ④35
純玄(五島) ④35
純治(大村) ⑨198
純信(大村) ⑨198
純前(大村) ⑨198
純忠(大村・有馬) ⑨195,198
純定(宇久) ④35
純友(藤原) ⑦161⑨193
純頼(大村) ⑨198
淳己(坂) ⑮147
淳氏(武藤) ⑮136
淳茂(菅原) ⑫89
淳和天皇 ⑥9
順元(織田) ⑥25
順高(織田) ⑥25
順俊(織田) ⑥25
順清(宅間) ⑦210
順貞(安倍) ⑮210
筍(人見) ⑮209
且元(片桐)→直盛(片桐)
諸兄(橘) ⑭149
諸人(紀) ⑫207
諸澄(藤原) ⑨194
諸飽(小千) ⑬21
如鏡(大江) ⑫114
如三(山田) ⑮215
如仙(山田) ⑮215
如蔵(平) ⑥111
助永(城) ⑥101
助家(赤井) ③239
助義(野一色) ⑬85
助吉(野一色) ⑬86
助行(藤原) ⑧250
助国(城) ⑥101
助国(宗) ⑥41
助次(伊藤) ⑧186
助次(松野) ⑮85
助時(本多) ⑧215
助秀(本多) ⑧214,251,263
助重(小栗) ⑥106
助重(野一色) ⑬85
助俊(藤原) ⑧214,250
助俊(本多) ⑧264
助勝(松野) ⑮85
助勝(溝口) ④8
助乗(曾我) ⑦69

助信（松野）　⑮84
助正（篠山）　⑮8
助正（松野）　⑮84
助政（曾我）　⑦70
助政（南部）　④229
助政（本多）　⑧215,251,263
助清（首藤）　⑦149⑧2,90
助清（沼）　⑫11
助清（藤原）　⑧214,250
助宗（河合）　⑦159
助忠（斎藤）　⑦157
助忠（藤原）　⑧250
助直（遠山）　⑨140
助通（首藤）　⑧2,90
助定（本多）　⑧215,251,263
助道（首藤）　⑦149
助範（伊東）　⑨267
助平（武藤）　⑮135
助方（高木）　③137
助豊（本多）　⑧215
助頼（陸奥）　⑫250
叙用（藤原・斎藤）　⑦156⑨143
小千御子　⑬19
小倉王　⑥95
小足臣（紀）　⑫207
少庭（石部）　⑮182
尚胤（東）　⑥204
尚鑑（有馬）　⑨194
尚久（島津）　②146
尚経（細川）　②30
尚重（武藤）　⑨238
尚正（勝部）　⑬125
尚征（永井）　⑫176
尚政（永井）　⑫174
尚宗（伊達）　⑦175
尚知（長谷川）　⑧160
尚長（織田）　⑥18
尚長（畠山）　②41
尚度（畠山）→尚長（畠山）
尚保（永井）　⑫176
尚茂（宗）　⑥42
尚門（筑紫）　⑨239
尚祐（曾我）　⑦69
昇（源）　⑭1,10
昌安（今井）　⑤13
昌安（太田）　⑧113
昌安（松平）　①58,115
昌渭（秦）　⑮172
昌永（西山）　⑨145
昌栄（松浦）　⑭3
昌遠（土屋）　⑥145
昌快（小田切・長谷川）　⑤253
昌寛（西山）　⑨145
昌喜（飯室）　⑤30
昌輝（大井）　④71
昌義（大井）　④71
昌義（金丸）　②75
昌義（武田）　④21
昌義（源・佐竹）　①47③254
昌吉（秋山）　④268
昌吉（飯室）　⑤31
昌吉（井気多）　⑫31
昌吉（今井）　⑤13
昌吉（小田切）　⑤252
昌吉（三枝）　⑮31
昌吉（酒依）　④88
昌吉（塚原）　⑤44
昌吉（土屋）　⑥154
昌吉（松平）　①62,142
昌吉（逸見）　④11
昌久（牛奥）　④96
昌久（西山）　⑨148
昌久（初鹿野）　⑪29
昌休（里村）　⑮108
昌興（青沼）　④11
昌興（建部）　⑬116
昌興（徳永）　⑫40
昌近（西山）　⑨147
昌景（高林）　④272
昌慶（竹田）　⑮141
昌元（海野）　⑭65
昌元（酒依）　④88
昌言（大江）　⑫120
昌広（御手洗・加藤）　⑪176
昌光（酒依）　④88
昌行（朝比奈）　⑦223
昌孝（高木）　③150
昌幸（真田）　⑭62
昌恒（土屋）　②76
昌綱（佐野）　⑧195
昌綱（高木）　③150
昌綱（多田）　③86
昌綱（西山）　⑨148
昌在（飯田）　④10
昌之（織田）　⑥12
昌資（有泉）　⑮81
昌次（朝比奈）　⑦223
昌次（稲山）　⑮101
昌次（牛奥）〈織部〉　④96
昌次（牛奥）〈左源太〉　④96
昌次（牛奥）〈太郎右衛門〉　④96
昌次（大井）　④71
昌次（小田切）　⑤253
昌次（酒依）　④89
昌次（田沢）　⑤26

昌次(土屋)　②74
昌次(西山)　⑨145
昌次(初鹿野)　⑪30
昌次(馬場)　②189
昌叱(里村)　⑮108
昌秀(秋山)　④267
昌重(飯田)　④11
昌重(牛奥)〈靱負〉　④95
昌重(牛奥)〈与三左衛門〉　④95
昌重(海野)　⑭65
昌重(荻原)　⑭201
昌重(小幡)　⑥258
昌重(小宮山)　⑤43
昌重(酒依)　④89
昌重(高林)　④272
昌重(高室)　⑤16
昌重(田沢)　⑤26
昌重(塚原)　⑤44
昌重(徳永)　⑫40
昌重(初鹿野)　⑪30
昌重(松平)　①62,142
昌重(御手洗)　⑪178
昌俊(川井)　⑮77
昌俊(高尾・今井)　④91
昌俊(多田)　③85
昌俊(丹波)　⑮246
昌俊(西山)　⑨147
昌春(朝比奈)　⑦223
昌春(西山)　⑨146
昌勝(飯室)　⑤31
昌勝(井気多)　⑫31
昌勝(奥平)　⑥141
昌勝(小田切)　⑤253
昌勝(川井)　⑮77
昌勝(建部)　⑬116
昌勝(徳永)　⑫40
昌勝(中川)　③79
昌勝(西山)〈八兵衛〉　⑨145
昌勝(西山)〈十右衛門〉　⑨148
昌勝(細見)　⑫212
昌勝(山下)　⑤235
昌信(駒井)　④74
昌信(西山)　⑨148
昌信(松平)　①62,142
昌親(朝比奈)　⑦222
昌親(建部)　⑬116
昌親(西山)　⑨146
昌是(朝比奈)　⑦222
昌世(青沼)　④11
昌世(荻原)　⑭201
昌成(秋山)　④268
昌成(飯室)〈伝八郎〉　⑤31
昌成(飯室)〈市郎左衛門〉　⑤31
昌成(牛奥)〈七太夫〉　④96
昌成(牛奥)〈太郎右衛門〉　④96
昌成(小田切)　⑤252
昌成(高室)　⑤16
昌成(徳永)　⑫40
昌成(守屋)　⑪183
昌姓(西山)　⑨149
昌清(土屋)　⑥154
昌盛(小幡)　⑥234
昌雪(海野)　⑭65
昌琢(里村)　⑮109
昌忠(秋山)　④268
昌忠(跡部)　④263
昌忠(飯室)　⑤30
昌忠(小幡)　⑥235
昌忠(土屋)　⑥154
昌忠(平原)　③173
昌長(青沼)　④12
昌長(駒井)　④74
昌澄(朝比奈)　⑦223
昌澄(織田)　⑥16
昌澄(多田)　③84
昌直(跡部)　④264
昌直(今井)　⑤13
昌直(小田切)　⑤253
昌直(杉原)　⑦15
昌定(飯室)　⑤30
昌程(里村)　⑮109
昌等(川井)　⑮78
昌能(稲山)　⑮101
昌伯(坂)　⑮147
昌繁(多田)　③86
昌平(青沼)　④11
昌保(駒井)　④74
昌房(高林)　④272
昌房(守屋)　⑪183
昌明(石原)　⑪15
昌明(酒井)　⑥201
昌明(杉原)　⑦16
昌茂(雨宮)　⑤32
昌茂(牛奥)　④96
昌茂(城)　⑥103
昌茂(西山)　⑨147
昌門(西山)　⑨148
昌利(井気多)　⑫30
昌利(徳永)　⑫37
昌利(松平)　①62,141
昌龍(松平)　①56,101
昌倫(秦)　⑮173
松安(河野)　⑮118
松賀(坂)　⑮152
松久(成瀬)　⑩199
松碩(坂)　⑮148
松千代(坂)　⑮152

昭季(秋田)　⑫256
昭慶(竹田)　⑮141
昭高(畠山)　②41
相喜(糟屋)　⑨200
相兼(大江)〈理任男〉　⑫120
相兼(大江)〈尊基男〉　⑫122
相広(内藤)　⑧73
相次(内藤)　⑧73
相法(和気)　⑮112
相茂(神保)　⑭216
将吉(春田・八田)　⑤217
将恒(中村)　⑥112
将国(平)　⑥169
将氏(河勝)　⑭241
将氏(武藤)　⑮136
将盛(宗)　⑥44
将長(平)　⑥169
将平(平)　⑥111
将門(平)　⑥1,111,158,169
将頼(平)　⑥111
笑雲(中野)　⑮266
笑悦(中野)　⑮268
章経(佐々木)
　→義経(佐々木)
章親(和気)　⑮112
章政(内藤)　⑧66
章致(日根野)　⑪21
紹琮(細川)　②34
勝(松浦)　⑭3
勝(渡辺)〈弥之助〉　⑭30
勝(渡辺)〈孫三郎〉　⑭35
勝(渡辺)〈筑後守〉　⑭37
勝(渡辺)〈藤三郎〉　⑭49
勝安(松浪)　⑩109
勝以(田中)　①272
勝尹(田中)　①272
勝永(室賀)　⑤130
勝英(駒井)　④73
勝遠(土屋)　⑥145
勝家(柴田)　⑤175
勝家(堀田・山田)　⑫213
勝雅(瀧川・羽柴)
　→雄利(瀧川・羽柴)
勝海(小千)　⑬20
勝義(松平)　①207
勝吉(浅原)　④236
勝吉(渥美)　⑦96
勝吉(井戸・山崎)　⑫19
勝吉(長田)　⑦56
勝吉(木村)　⑬62
勝吉(酒井)　①243
勝吉(杉浦)〈八郎五郎〉　⑥208
勝吉(杉浦)〈三左衛門〉　⑥210
勝吉(杉浦)〈平太夫〉　⑥212
勝吉(都筑)　⑨172
勝吉(戸田)　⑩77
勝吉(内藤)〈四郎兵衛〉　⑧74
勝吉(内藤)〈源蔵〉　⑧77
勝吉(平野)　⑥96
勝吉(深見)　⑤4
勝吉(細井)　⑫28
勝吉(本郷)　⑤193
勝吉(前場)　⑭145
勝吉(松浪)　⑩110
勝久(石渡)　⑮82
勝久(織田)　⑥12
勝久(近藤)　⑦261
勝久(島津)〈道恕〉　②136
勝久(島津)〈遠江守〉　②141
勝久(島津)〈又八郎〉　②143
勝久(内藤)〈四郎兵衛尉〉　⑧74
勝久(内藤)〈太郎左衛門〉　⑧77
勝久(中山)　⑦233
勝久(細井)　⑫28
勝居(松田)　⑧206
勝興(柴田)　⑤176
勝近(久保)　⑪131
勝経(伊丹)　③82
勝元(木村)　⑬63
勝元(花房)　②122
勝元(細川)　⑮235
勝元(門奈)　⑩127
勝広(松平)　①63,64,144,148
勝広(松前)　④132
勝光(桜井)　⑩210
勝光(日野)　⑨192
勝光(山木)　⑦53
勝行(朝比奈)　⑦221
勝行(牛込)　⑧212
勝行(本多)　⑧230
勝綱(長田)　⑦56
勝綱(葉山)　⑪61
勝綱(松下)　⑬104
勝綱(山木)　⑦53
勝綱(渡辺)〈国松〉　⑭26
勝綱(渡辺)〈八郎右衛門尉〉　⑭46
勝国(朝岡)　⑨68
勝之(朝比奈)　⑦221

勝之(佐久間・佐々) ⑥218
勝氏(久保) ⑪132
勝資(跡部) ④265
勝次(石渡) ⑮82
勝次(久保) ⑪133
勝次(桜井) ⑩210
勝次(柴田) ⑤176
勝次(菅沼) ③11
勝次(杉浦) ⑥208
勝次(都筑) ⑨173
勝次(内藤) ⑧43
勝次(土方) ③166
勝次(水野) ⑤86
勝治(酒井) ⑩219
勝時(朝比奈) ⑦221
勝時(久保)〈伝助〉 ⑪133
勝時(久保)〈勘次郎〉 ⑪133
勝時(都筑) ⑨172
勝時(中山) ⑦230
勝時(山田) ⑪55
勝秀(前場) ⑭144
勝秋(牧) ⑭168
勝重(板倉) ②110
勝重(伊丹)〈左兵衛〉 ③81
勝重(伊丹)〈理左衛門〉 ③82
勝重(牛込) ⑧213
勝重(大田) ⑮219
勝重(大津) ⑮98
勝重(長田) ⑦56
勝重(梶川) ⑥38
勝重(木村) ⑬61
勝重(久保)〈木工右衛門尉〉 ⑪132
勝重(久保)〈五郎兵衛〉 ⑪132
勝重(駒井) ④75
勝重(近藤) ⑦261
勝重(柴田) ⑤176
勝重(舘) ⑫16
勝重(内藤) ⑧67
勝重(中川) ③79
勝重(福島) ③128
勝重(藤井) ⑧208
勝重(布施) ⑭91
勝重(松浪) ⑩110
勝重(真野・稲田) ⑪33
勝重(水野)〈美作守〉 ⑤75
勝重(水野)〈大膳〉 ⑤83
勝重(三宅) ⑪69
勝重(門奈) ⑩127
勝重(山角) ⑪51
勝俊(木下) ⑭80
勝俊(近藤) ⑦261
勝俊(松平) ①206
勝俊(水谷) ⑧121
勝俊(山中) ⑭170
勝尚(中山) ⑦231
勝乗(本郷) ⑤193
勝乗(間宮) ⑬58
勝信(中山) ⑦231
勝信(松平) ①57,115
勝信(水野) ⑤76
勝信(村上) ③213
勝親(小宮山) ⑤41
勝親(松平) ①54,101
勝正(石川) ②216
勝正(上田) ④256
勝正(大津) ⑮98
勝正(木村) ⑬61
勝正(久保) ⑪131
勝正(久留) ⑦73
勝正(駒井) ④75
勝正(土屋) ⑥155
勝正(豊島) ⑥196
勝正(戸田) ⑩79
勝正(林) ⑨127
勝正(福村・山本) ③260
勝正(細井) ⑫29
勝正(松永) ⑮105
勝正(三好) ④248
勝正(門奈・小栗) ⑩127
勝成(阿部) ⑫246
勝成(久保) ⑪132
勝成(桜井) ⑩212
勝成(堀田) ⑫214
勝成(松木) ⑪165
勝成(水野) ⑤67
勝成(山角・鈴木) ⑪50
勝政(浅井) ⑫186
勝政(朝比奈) ⑦221
勝政(石河) ③168
勝政(伊丹) ③82
勝政(桜井) ⑩214
勝政(柴田・佐久間) ⑤175⑥218
勝政(高田) ③48
勝政(土井) ③7
勝政(中山) ⑦230
勝政(畠山) ⑮200
勝政(藤林) ⑮20
勝政(前場) ⑭144
勝政(松田・野中) ⑧206
勝政(松平・水野) ①207⑤62
勝政(真野) ⑪33

勝政(溝口)　④5
勝政(米津)　⑮64
勝清(木村)　⑬61
勝清(久保)　⑪132
勝盛(駒井)　④75
勝盛(佐久間)　⑥220
勝盛(下山)　④233
勝盛(戸沢)　⑦48
勝盛(山田)　⑫214
勝宣(坂部・久世)　⑦95⑬229
勝宗(朝岡)　⑨68
勝宗(佐久間)　⑥218
勝宗(中川)　⑥28
勝宗(水野)　⑧126
勝蔵(星合)→具泰(星合)
勝則(戸田)　⑩77
勝則(松平)　①208
勝則(水野)　⑤76
勝忠(跡部)　④263
勝忠(喜多見)　⑥178
勝忠(酒井)　①245
勝忠(柴田)　⑤177
勝忠(永井)　⑫182
勝忠(藤井)　⑧208
勝忠(松平)　①208
勝忠(水野)　⑤76
勝長(伊丹)　③82
勝長(今村)　⑧19⑭198
勝長(織田・武田)　⑥20
勝長(平野)　⑥96
勝長(福村)　③260
勝長(水野)　⑤86
勝長(山角)　⑪53
勝直(豊島)　⑥196
勝直(土方・清水)　③165
勝直(松平)　①187
勝直(松浪)　⑩109
勝定(駒井)　④75
勝定(柴田)　⑤176
勝定(坪内)　⑪92
勝定(中川)　③79
勝定(永見)　⑭197
勝貞(秋山)　④271
勝貞(酒井)　①247
勝貞(菅谷)　⑫230
勝貞(平野)　⑥96
勝貞(水野)　⑤77
勝道(山木)　⑦53
勝任(三好)　④248
勝年(佐久間)　⑥220
勝武(細井)　⑫29
勝平(尾関)　⑤223
勝弁(石部)　⑮183
勝豊(佐久間)　⑥220
勝豊(柴田)　⑤175
勝房(久保)　⑪131
勝房(山田)　⑤92
勝満(三好)　⑮264
勝明(細井)　⑫28
勝茂(鍋島)　⑦247
勝茂(行方)　⑪243
勝茂(平野)　⑥96
勝茂(細井)　⑫29
勝茂(松平)　①53,149
勝門(前場)　⑭145
勝也(成瀬)　⑫29
勝友(佐久間)　⑥220
勝友(村上)　③212
勝由(富永)　⑬172
勝頼(武田)　④28
勝利(近藤)　⑦261
勝利(柴田)　⑤177
勝利(菅沼)　③11
勝利(南部)　⑨127
勝隆(久保)　⑪132
勝隆(松平)　①64,146
勝隆(水谷)　⑧123
勝良(織田・武田)　⑥20
勝良(中原)　⑭203
証雲(三浦)　⑥117
証実(大森)　⑨4
照義(岩城)　⑥99
照久(榊原)　②96
照綱(岡部)　⑨243
照綱(渡辺)　⑭14
照衡(岩城)　⑥99
照守(中山)　⑭113
照重(笠原)　⑪9
照辰(河野)　⑬14
照清(榊原)　②97
照盛(河野)　⑬14
照泰(宮崎)　⑪173
照長(河野)　⑬14
照長論師(新庄)　⑧147
照直(一色)　②66
照直(榊原)　②99
照富(岡本)　⑨61
照良(河野)　⑬14
彰久(島津)　②145
上毛野内親王　⑫112
上友(米倉・柳沢)　④64
乗遠(松平)　①67,165
乗久(松平)　①66,158
乗元(松平)　①64,102,151
乗高(松平)　①67,166
乗国(宅間)　⑦210
乗次(松平)〈左七郎〉　①66,156
乗次(松平)〈右馬助〉　①67,166
乗寿(松平)　①66,157

乗勝(松平)　①65, 151
乗真(松平)　①66, 156
乗正(松平)　①65, 151
乗政(松平)　①66, 158
乗清(松平)　①67, 165
浄運(坂)　⑮151
浄快(坂)　⑮150
浄覚(石岡)　⑦237
浄喜(坂)　⑮151
浄慶(坂)　⑮153
浄見(坂)　⑮152
浄元(坂)　⑮154
浄光(湯)　⑬129
浄孝(坂)　⑮151
浄秀(坂)　⑮151
浄勝(坂)　⑮153
浄成(松木)　⑪165
浄盛(坂)　⑮152
浄忠(坂)　⑮152
浄珍(坂)　⑮153
浄隆(九鬼)　⑩203
浄林(吉田)　⑮156, 205
常庵和尚(東)　⑥204
常依(久志本)　⑮187
常意(宇都宮)　⑨14, 39
常尹(久志本)　⑮187
常胤(千葉)　⑥159, 203
常員(久志本)　⑮185
常縁(東)　⑥204
常往(多賀)　⑭208
常季(度会)　⑮184
常義(山中)　⑤10
常吉(溝口)　④274
常久(島津)　②150
常郷(久志本)　⑮185
常興(赤沢)　④223
常興(久志本)　⑮187
常慶(岡部)　⑨243
常慶(東)　⑥204
常兼(久志本)　⑮187
常兼(千葉)　⑥159
常顕(久志本)　⑮185
常顕(東)　⑥203
常元(久志本)　⑮186
常広(五十嵐・小笠原)　⑤19
常広(久志本)　⑮187
常弘(久志本)　⑮187
常光(久志本)　⑮185
常光(藤林)　⑮19
常行(久志本)　⑮185
常好(久志本)　⑮185
常孝(久志本)　⑮187
常高(織田)　⑥25
常衡(久志本)　⑮186
常氏(関口)　②15
常次(多賀)　⑭208
常時(横山)　⑭178
常重(千葉)　⑥159
常春(久志本)　⑮185
常諄(久志本)　⑮187
常尚(久志本)　⑮188
常昌(織田)　⑥12
常相(石部)　⑮184
常将(千葉)　⑥112, 159
常勝(織田)　⑥12
常勝(久志本)　⑮186
常勝(溝口)　④275
常辰(久志本)　⑮187
常真(久志本)　⑮185
常親(河内)　⑦117
常親(度会)　⑮184
常正(加藤)　⑨77
常成(和気)　⑮113
常清(大田原)　⑭101
常盛(和田)　⑥114
常先(江戸)　⑥178
常善(宇津)　⑨15, 39
常宗(久志本)　⑮185
常則(多賀)　⑭207
常知(神谷)　⑭181
常長(多賀)　⑭208
常長(溝口)　④274
常朝(岩城)　⑥99
常朝(久志本)　⑮185
常直(久志本)　⑮185
常直(多賀)　⑭207
常直(武藤・田沢)　⑮137
常通(原田)　⑮263
常貞(多賀)　⑭208
常貞(多賀)　⑭208
常貞(山角)　⑪49
常任(織田)　⑥12
常任(久志本)　⑮184
常範(久志本)　⑮186
常盤大連　⑦138
常保(久志本)　⑮185
常望(平)　⑥169
常有(細川)　②29
常隆(岩城)〈下総守〉　⑥99
常隆(岩城)〈左京太夫〉　⑥100
常良(久志本)　⑮188
常亮(久志本)　⑮186
常和(東)　⑥204
縄(渡辺)　⑭39
縄義(山本)　③264
縄次(山本)　③264
縄松(小幡・横田)　⑥258
縄政(浅井)　⑭162
縄美(武田)　④27

織次(戸張)　⑮108
織成(戸張)　⑮107
織定(戸張)　⑮107
職員(榊原)　②126
職兼(花房)　②114
職之(花房)　②119
職治(花房)　②115
職重(花房)　②115
職勝(花房)　②119
職信(榊原)　②126
職政(花房)　②123
職則(花房)　②122
職忠(花房)　②115
職澄(花房)　②119
職直(榊原・花房)　②123
職通(花房)　②114
職定(花房)　②115
職利(花房)　②122
心源(知久)　⑤127
心光(杉原)　⑦11
申成(松木)　⑪166
岑守(小野)　⑭176
臣狭山命　⑦138
信(渡辺)〈久左衛門〉　⑭29
信(渡辺)〈筑後守〉　⑭35
信安(小笠原)　④210
信安(織田)　⑥13
信安(河窪)　④33
信安(武田)　④69
信安(山寺)　④107
信安(山中)　⑦115
信安(山宮)　④25
信安(吉野)　⑪32
信為(織田)　⑥24
信為(笠原)　⑪9
信為(駒井)　④73
信一(松平)　①70,176
信員(諏訪)　⑤110
信永(穴山)　④25
信栄(武田)　④56,126
信遠(巨海)　④52
信遠(栗原)　④67
信遠(土屋)　⑥145
信家(赤井)　③240
信家(大井)　④21
信家(小佐手)　④49
信介(武田・穴山)　④25,48
信快(植木)　④19
信基(織田)→信雄(織田)
信基(武田)　④29
信基(間淵)　④19
信基(山高)　④98
信貴(小笠原)　④203
信輝(池田)→恒興(池田)
信義(武田)　①47④14,46,55,125,146⑮195
信義(津軽)　⑩185
信義(南部)　④230
信吉(油川)　④119
信吉(小笠原)　④214
信吉(織田)　⑥21
信吉(小林)　⑪115
信吉(斎藤)　⑨159
信吉(向坂)　⑤198
信吉(佐野・富田)　⑧195
信吉(鈴木)〈作兵衛〉　⑮53
信吉(鈴木)〈八兵衛〉　⑮55
信吉(関)　⑧23
信吉(竹内)　⑮94
信吉(長坂)　⑤2
信吉(中山)　⑭114
信吉(初鹿野)　⑪30
信吉(富士)　⑤211
信吉(本多)　⑧234
信吉(松平)　①54,149
信吉(松平・保科)　①68,70,172,179⑥73
信吉(三橋)　⑪74
信吉(宮重)　⑪190
信吉(山高)　④102
信吉(依田)〈下野守〉　③170
信吉(依田)〈左近〉　③178
信久(朝比奈)　⑦222
信久(市部)　④24
信久(岩出)　④117
信久(北海)　④24
信久(木村)　⑧32
信久(関)　⑧24
信久(中島)　④259
信久(馬場)　④120
信久(富士)　⑤210
信久(松平)〈兵助〉　①54,150
信久(松平)〈勘四郎〉　①70,182
信久(三神)　⑪78
信久(水野)　⑤84
信久(三橋)　⑪73
信郷(水野)　⑤85
信興(下曽祢)　④26
信堯(穴山)　④25
信業(跡部・和田)　④266
信近(水野)　⑤55
信恵(油川)　④27

信恵(武田)　④102
信経(一条)　④18,97
信経(今井)　④25,90
信経(木村)　⑧29
信経(武田)〈弥五郎〉　④19
信経(武田)〈帯刀〉　⑮199
信景(今井)　④24,90
信景(岩出)　④116
信景(武田)　④57
信景(船木)　⑬50
信継(下条)　④23
信継(米倉)〈弥太郎〉　④17
信継(米倉)〈六郎右衛門〉　④63
信継(米倉)〈加右衛門〉　④66
信慶(今井)　④25,90
信建(津軽)　⑩185
信県(穴山)　④25
信堅(有馬)　⑬206
信堅(津軽)　⑩185
信賢(大江)　⑫123
信賢(上条)　④19
信賢(巨勢村)　④25
信賢(武田)　④56,126⑮197
信賢(松尾)　④27
信元(小笠原)　④212
信元(北海)　④24
信元(水野)　⑤55
信虎(武田)　④27
信広(小佐手)　④48
信広(織田)　⑥15
信広(蠣崎)〈若狭守〉　④126
信広(蠣崎)〈但馬〉　④129
信広(倉科)　④25
信広(内藤)　⑧64
信広(松平)　①53,100,106,149
信弘(落合)　④21
信弘(源・豊島)　①44
信弘(依田)　③172
信光(織田)　⑥15
信光(鈴木)　⑮44
信光(武田・伊沢・石和)　①49④17,46,55,97,125⑮195
信光(武田)　⑮197
信光(戸田)　⑩73
信光(内藤)　⑧64
信光(西尾)　⑤204
信光(船木)　⑬50
信光(松平)　①54,100,106
信光(源・高木)　①44
信光(山寺)　④106
信好(織田)　⑥21
信好(佐久間)　⑥224
信行(小佐手)　④48
信行(織田)　⑥15
信行(高畠)　④18
信行(船木)　⑬50
信行(曲淵)　④112
信行(水野)　⑤87
信行(山高)　④98
信行(依田)　⑤108
信孝(安部)　⑤120
信孝(織田)　⑥20
信孝(武田)　⑮199
信孝(松平)　①70,105,183
信幸(真田)　⑭63
信幸(依田)　③170
信高(小笠原)　④211
信高(織田)〈三左衛門〉　⑥16
信高(織田)〈左衛門佐〉　⑥21
信高(間宮)　⑬54
信康(織田)　⑥15
信康(武田)　④24
信綱(阿曾沼)　⑧29
信綱(木村)　⑦152⑧116
信綱(佐々木)　⑬39,68,91,155,178
信綱(真田)　⑭62
信綱(武田)〈五郎二郎〉　④20,69
信綱(武田)〈刑部少輔〉　④29
信綱(武田)〈伊豆守〉　⑮197
信綱(手塚)　⑤108
信綱(松平・大河内)　③28
信在(武田)　④22,56,126
信三(山中)　⑦115
信之(安部)　⑤120
信之(小笠原・酒井)　①242④205,209
信之(榊原)　⑪222
信之(間宮)　⑬51
信之(山高)　④98
信資(落合)　④102
信次(青柳)　⑮69
信次(油川)　④119
信次(市川)　⑤17
信次(岩出)　④117

信次(江原)　⑪6
信次(大武)　⑦64
信次(小佐手)　④49
信次(織田)　⑥15
信次(河窪)　④33
信次(河内)　⑦119
信次(榊原)　⑪223
信次(高木)　③136
信次(竹内)〈八蔵〉　⑩250
信次(竹内)〈五左衛門〉　⑮94
信次(長坂)　⑤3
信次(夏目)　⑪237
信次(林)　⑨182
信次(福生)　⑪242
信次(本多)　⑧234
信次(曲淵・青木)　④112
信次(松平)　①187
信次(間宮)〈左衛門尉〉　⑬51
信次(間宮)〈長九郎〉　⑬53
信次(真里谷)　⑬57
信次(三橋)　⑪73
信次(宮重)　⑪191
信次(吉野)　⑪32
信次(依田)　③178
信治(織田)　⑥17
信治(木村)　⑧31
信治(武田)　⑮197
信治(山田)　⑤97
信時(織田)　⑥17
信時(武田)　④19,47,55,69,125⑮196
信時(南部)　④230
信時(林)　⑨181
信時(柳沢)　④111
信時(山寺)　④106
信実(織田)　⑥15
信実(佐久間)　⑥225
信実(平)　⑦19
信実(武田)〈次郎〉　④20
信実(武田)〈左兵衛大夫〉　④30
信実(山中)　⑦115
信守(武田)〈伊豆守〉　④22,56,126
信守(武田)〈弥三郎〉　④25,48
信守(依田)　③170
信種(青木)　④104
信種(河窪)　④32
信秀(織田)〈弾正忠〉　⑥14
信秀(織田)〈侍従〉　⑥20
信秀(水野)　⑤84
信秋(斎藤)　⑨160
信就(山寺)　④108
信重(江戸)　⑥177
信重(巨海)　④52
信重(小笠原)　④214
信重(尾崎)　⑤222
信重(織田)→昌澄(織田)
信重(笠原)　⑪10
信重(木村)　⑧30
信重(栗原)　④68
信重(河内)　⑦119
信重(佐久間)　⑥226
信重(真田)　⑭63
信重(下曾祢)　④50
信重(鈴木)　⑮50
信重(諏訪)　⑤109
信重(武田)〈三郎〉　④24,48
信重(武田)〈彦五郎〉　④57
信重(武田)〈法眼〉　⑮198
信重(竹内)　⑩250
信重(久永)　⑭223
信重(富士)　⑤210
信重(船木)　⑬50
信重(本多)　⑧252
信重(松平)　①187
信重(真野)　⑬166
信重(間宮)　⑬57
信重(三橋)　⑪75
信重(依田)　③172
信俊(今井)　④90
信俊(大江)　⑫125
信俊(河窪・武田)　④31
信俊(佐久間)　⑥226
信俊(佐々木)　⑬179
信俊(本多)　⑧231
信俊(水野)　⑤84
信俊(柳沢・青木)　④109
信俊(山高)　④101
信俊(山中)　⑭172
信春(武田)　④22,47,90
信尚(織田)　⑥23
信昌(今井)　④90
信昌(太田)　⑧113
信昌(奥平)　⑥138
信昌(織田)〈四郎三郎〉　⑥15
信昌(織田)〈因幡守〉　⑥23
信昌(桜井)　⑤28
信昌(真田)　⑭62
信昌(武田)　④26

信昌(山寺)　④105
信勝(朝比奈)　⑦221
信勝(安部)　⑤118
信勝(小栗)　①195
信勝(織田)　⑥17
信勝(小林)　⑪119
信勝(真田)　⑭62
信勝(柴田・佐久間)　⑤177
信勝(武田)〈治部少輔〉　④27
信勝(武田)〈大郎〉　④28
信勝(武田)〈法眼〉　⑮199
信勝(津軽)　⑩185
信勝(仁科)　④72
信勝(林)　⑨183
信勝(本多)　⑧233
信勝(松平)　①188
信勝(水野)　⑤85
信勝(三橋)　⑪74
信勝(山田)　⑤97
信照(鈴木)　⑮55
信照(内藤)　⑧65
信乗(松平)　①67,103
信常(水野)　⑤85,87
信縄(武田)　④26
信縄(間宮)　⑬55
信辰(佐久間)　⑥223
信辰(松浦)　⑭7
信真(小幡)　⑥231
信真(諏訪)　⑤116
信親(青木)　④104
信親(北畠)　⑬234
信親(酒井)　①220
信親(武田)　④57
信親(山高)　④98
信是(今井)　④90
信是(松尾)　④30
信正(青木)　④103
信正(青柳)　⑮69
信正(多門)　⑭53
信正(尾崎)　⑤222
信正(織田)　⑥26
信正(斎藤)　⑨159
信正(桜井)　⑤28
信正(下曾祢)　④50
信正(鈴木)　⑮53
信正(関)　⑧23
信正(高尾)　④91
信正(竹内)　⑩251
信正(内藤)　⑧63
信正(馬場)　④121
信正(福生)　⑪242
信正(牧野)　⑤162
信正(松浦)　⑭9
信正(間宮)　⑬57
信正(依田)　③178
信生(青木・落合)　④103
信生(松浦)　⑭8
信成(油川)　④120
信成(池田)　②233
信成(織田)　⑥15
信成(佐藤)　⑧179
信成(武田)〈刑部大輔〉　④21,47,51,67,70,102
信成(武田)〈次郎〉　⑮199
信成(内藤)　⑧38,57
信成(服部)　⑭77
信成(馬場)　④120
信成(富士)　⑤211
信成(牧野)　⑤161
信成(宮重)　⑪190
信政(大河内)　③25
信政(小笠原)　④209
信政(小栗)　①195
信政(木村)　⑧30
信政(真田)　⑭63
信政(鈴木)　⑮55
信政(武田・石和)　④18,47,55,125⑮195
信政(長坂)　⑤1
信政(中山)　⑭114
信政(依田)　③171
信清(大田原)　⑭102
信清(多門)　⑭52
信清(木村)　⑧33
信清(斎藤)　⑨160
信清(武田)　④23
信清(秩父)　⑥227
信清(三橋)　⑪75
信清(村上)　③210
信清(八代)　④148
信清(奴白)　④17
信清(吉野)　⑪31
信盛(安部)　⑤119
信盛(岩出)　④116
信盛(太田)　⑧116
信盛(小笠原)　④214
信盛(駒井・岩崎)　④20
信盛(佐久間)　⑥222
信盛(永井)　⑥192
信盛(平原)　③173
信盛(間宮)　⑬51
信盛(森山)〈市兵衛〉　⑦62
信盛(森山)〈豊後〉　⑦63
信晴(佐久間)　⑥222
信雪(内藤)　⑧64
信宗(飯尾)　⑥13
信宗(武田)　④20,47,51,56,70,125

⑮196
信宗(松平)　①188
信宗(三橋)　⑪74
信則(織田)　⑥16
信則(佐藤)　⑧178
信村(鈴木)　⑮55
信村(水野)　⑤87
信泰(佐々木)　⑬189
信泰(武田)　④20
信宅(河窪)　④33
信宅(長坂)　⑤1
信置(朝比奈)　⑦213
信忠(乾)　⑫9
信忠(小佐手)　④49
信忠(織田)　⑥19
信忠(桜井)　⑤27⑨166
信忠(武田・石和)　④17, 47, 69
信忠(夏目)　⑪240
信忠(富士)　⑤210
信忠(松平)　①67, 104, 167, 183
信忠(間宮)　⑬51
信忠(依田)　③178
信長(一条)　④18, 97
信長(織田)　⑥15
信長(黒田)　⑬40
信長(小松)　⑫250
信長(武田)　④24
信長(南部)　④228
信長(松平)　①59, 127
信澄(織田)　⑥16
信澄(加々爪)　⑦198
信澄(木村)　⑧32
信澄(手塚)　⑤108
信澄(林)　⑨181
信直(尾曾戸)　⑧31
信直(武田)　④21
信直(内藤)　⑧65
信直(南部)　④230
信直(富士)　⑤211
信直(松平)　①188
信直(山高)　④99
信通(稲葉)　⑬11
信通(巨海)　④52
信通(河窪)　④33
信通(栗原)　④23, 67
信通(内藤)　⑧65
信通(吉野)　⑪31
信丁(北条)　④21
信定(青木)　④103, 109, 112
信定(小笠原)　④178
信定(織田)　⑥14, 26
信定(笠原)　⑪10
信定(桜井)　⑤27⑨166
信定(下曾祢)　④51
信定(戸田)　⑩73
信定(松平)　①68, 104, 168⑮257
信貞(油川)〈播磨守〉　④27
信貞(油川)〈源兵衛〉　④119
信貞(大河内)　③25
信貞(織田)　⑥21
信貞(垣屋)　⑭130
信貞(河窪)　④33
信貞(知久)　⑤126
信貞(戸田)　⑩86
信貞(林)　⑨182
信貞(曲淵)　④112
信貞(松平)　①54, 150
信貞(松浦)　⑭9
信貞(依田)　③169
信鉄(戸田)　⑩85
信冬(間宮)　⑬50
信当(織田)　⑥17
信道(仁科)　④72
信道(木曾)　②187
信徳(武田)　⑮199
信年(木村)　⑧33
信範(平)　⑦19
信範(武田)　④102
信繁(武田)〈左馬助〉　④29
信繁(武田)〈治部少輔〉　④56, 126
信蕃(依田・松平)　③169
信凭(小笠原)　④210
信富(本郷)　⑤192
信武(武田)　④20, 47, 51, 56, 70, 125 ⑮196
信武(山高)　④98
信風(穴山)　④25
信文(下曾祢)　④26
信文(柳沢)　④111
信平(早川)　④19
信平(松平・石川)　①57, 113
信保(馬場)　④120
信保(山高)　④101
信方(一条・山高)　④97
信方(巨海)　④52
信方(栗原)　④68
信包(織田)　⑥16
信豊(武田)〈左馬助〉　④29
信豊(武田)〈彦次郎〉　④57
信房(大江)　⑫124
信房(小佐手)　④48

信房(小栗) ①195
信房(神尾) ⑪156
信房(河窪) ④32
信房(宮重) ⑪190
信本(河窪) ④33
信枚(津軽) ⑩185
信満(武田) ④23,48,90
信明(巨海) ④52
信明(大井) ④21
信明(栗原) ④23,67
信明(山寺) ④105
信茂(内田) ⑪91
信茂(木村) ⑧31
信茂(桜井) ⑤28
信茂(城) ⑥103
信茂(菅原) ⑫90
信門(筑紫) ⑨239
信友(安部) ⑤120
信友(油川) ④27
信友(巨海) ④52
信友(小栗) ①195
信友(織田) ⑥23
信友(栗原) ④68
信友(武田) ④28
信友(柳沢) ④66
信由(小笠原) ④210
信由(小栗) ①194
信由(下曾祢) ④50
信由(武田) ④57
信有(諏訪) ⑤110
信雄(織田) ⑥20
信雄(河窪) ④32
信与(織田) ⑥17
信誉(夏目) ⑪239
信頼(栗原) ④68
信頼(高田) ③49
信頼(武田)→氏信(武田)
信利(内田) ⑪91
信利(多門) ⑭54
信利(斎藤) ⑨158
信利(水野) ⑤87
信立(青木) ④109,112
信隆(一宮) ④18
信龍(一条) ④30
信良(織田) ⑥22
信良(武田) ⑮199
信良(内藤) ⑧65
信良(細川) ⑮238
信隣(今井) ④90
信嶺(小笠原)
④204,209,211
津速魂命 ⑦137
神皇産霊尊 ⑮181
神聞勝命 ⑦138
神野→嵯峨天皇
真夏(日野)
⑦140,160⑨187
真季(閑院) ⑮139
真季(藤原) ⑮140
真吉(沢) ⑤266
真久(沢) ⑤267
真久(渋谷) ⑨203
真景(野呂) ⑮41
真綱(大河内) ③25
真綱(和気) ⑮112
真綱(渡辺)〈平六〉
⑭15
真綱(渡辺)〈六左衛門〉
⑭15
真綱(渡辺)〈源蔵〉
⑭44
真衡(藤原)→維幾(藤原)
真材(橘) ⑭149
真咋臣(紀) ⑫207
真之(朝比奈) ⑦220
真次(石原) ⑪12
真次(沢) ⑤266
真次(渋谷) ⑨203
真次(藤原) ⑮140
真次(松平) ①66,156
真治(永倉・坂倉)
⑮254
真持(清水谷) ⑮140
真時(清水谷) ⑮140
真重(小栗) ⑥106
真重(沢) ⑤267
真俊(沢) ⑤266
真楯(藤原) ⑦140,188
真如(日根野) ⑪21
真昌(織田) ⑥12
真昭(朝比奈) ⑦220
真勝(越智)→実勝(越智)
真乗(松平) ①65,152
真人(紀) ⑫208
真人大連 ⑦138
真正(朝比奈) ⑦220
真正(沢) ⑤266
真成(閑院) ⑮139
真政(内藤) ⑧66
真清(沢) ⑤267
真宗(坊城) ⑮139
真村(平) ⑦18
真忠(糟屋) ⑨200
真鳥宿祢(紀) ⑫206
真澄(間宮) ⑬55
真直(朝比奈) ⑦219
真定(沢) ⑤267
真貞(渋谷) ⑨203
真利(沢) ⑤267
秦石(秦) ⑮173
深躬(越智) ⑬21
進月(坂) ⑮146
新坊(宮城) ⑫189,193
親安(日下部) ⑭128

親胤(相馬)　⑥161
親家(赤井)　③243
親家(大森)　⑨2
親鑑(中原)　⑭204
親季(世良田)　①53,100
親基(織田)　⑥11
親義(井関)　⑭169
親義(桑島)　⑪240
親義(源・岡田)　①47④145
親吉(大木)　⑤51
親久(川上)　②137
親久(島津)　②136
親久(杉浦)　⑥213
親郷(大河内)　⑬239
親経(河野)　⑬23
親継(山下)　⑮121
親顕(毛利)　⑫140
親元(蜷川)　⑭227
親元(古河)　⑫130
親元(毛利)　⑫140
親厳(大江)　⑫125
親広(大江)　⑫128
親弘(源)　①43⑮176
親好(大森)　③181
親好(水原)　⑬196
親行(織田)　⑥11
親行(蜷川)　⑭226
親光(大江)　⑫125
親光(小野)　⑭188
親光(松平)　①66,103
親孝(越智)　⑬23
親孝(蜷川)　⑭227
親高(葦野)　⑨230
親康(石川)　②198
親康(高橋)　⑨2
親綱(蜷川)　⑭226
親衡(毛利)→親茂(毛利)
親之(山下)　⑮121
親之(山高)　④98
親氏(松平)　①53,100
親氏(武藤)　⑮136
親次(大津)　⑮98
親次(杉浦)　⑥212
親次(松平)〈清右衛門尉〉　①62,140
親次(松平)〈三郎次郎〉　①67,167
親治(源・宇野)　①44⑮176
親時(大友)　②172⑫127
親秀(出雲路)　②172
親秀(河西)　⑮97
親秀(中原)　⑭204
親重(河田)　⑩168
親重(堀)　⑨106
親重(山高)　④100
親俊(今大路)　⑮127
親俊(大橋)　⑪125
親俊(杉浦)　⑥214
親俊(蜷川)　⑭226
親俊(松平)　①68,168
親純(今大路)　⑮125
親順(蜷川)　⑭227
親昌(今大路)　⑮126
親昌(駒井)　④73
親昌(堀)　⑨112
親勝(大橋)　⑪125
親勝(杉浦)　⑥213
親乗(松平)　①65,152
親常(松平)　①185
親心(麻原)　⑫142
親心(蜷川)　⑭226
親信(井関)　⑭169
親信(大木)　⑤51
親信(平)　⑦18
親信(蜷川)　⑭226
親真(織田)　⑥3,11
親世(蜷川)　⑭227
親正(葦野)　⑨231
親正(杉浦)　⑥213
親正(松平)〈新助〉　①62,140
親正(松平)〈修理進〉　①64,102
親正(松平)〈清左衛門〉　①186
親正(水原)　⑬196
親成(北畠)　⑬234
親成(野田)　⑪165
親成(福島)　⑥75
親成(牧野)　⑤162
親成(和気)　⑮113
親政(井関)　⑭169
親政(大江)　⑫130
親政(立花)　②174
親政(蜷川)　⑭226
親政(横山)　⑭183
親清(河野)　⑬23
親清(主藤・首藤)　⑦149⑧2,91
親清(松平)　①65,152,159
親盛(戸沢)　⑦48
親盛(松平)　①67,104,167
親宣(堀)　⑨112
親善(大橋)　⑪126
親善(立花)　②174
親善(松平)　①55,106
親宗(大橋)　⑪126
親宗(毛利)　⑫140
親則(杉浦)　⑥213
親泰(星合)→頼房(星合)

親宅(松平)　①185
親智(堀)　⑨112
親忠(大木)　⑤51
親忠(北畠)　⑬245
親忠(松平)〈右京亮〉　①56,101,112,151
親忠(松平)〈佐渡守〉　①56,112
親忠(毛利)　⑫140
親長(蜷川)　⑭227
親長(松平)〈太郎左衛門〉　①54,149
親長(松平)〈岩津太郎〉　①64,102,151
親朝(蜷川)　⑭226
親直(大友)　⑫127
親直(駒井)　④73
親直(立花)　②174
親直(蜷川)　⑭226
親直(松平)　①56,101
親通(首藤)　⑧2
親貞(杉浦)　⑥211
親貞(松平)　①58,115
親当(蜷川)　⑭227
親統(北畠)　⑬235
親能(北畠)　⑬234
親文(大河内)　→親郷(大河内)
親平(北畠)→晴具(北畠)
親方(葦野)　⑨231
親豊(木曾)　②187
親房(北畠)　⑬232
親房(蜷川)　⑭228
親房(松平)　①66,103
親満(蜷川)　⑭228
親茂(大木)　⑤52
親茂(毛利)　⑫141
親友(杉浦)　⑥213
親友(松平)　①61,139
親隆(岩城)　⑥99
親隆(岩城・伊達)　⑥100
親良(堀・豊臣・羽柴)　⑨108
親良(松平)　①66,103
仁→ニン

ス

垂仁天王　⑮111
瑞筠(竹田)　⑮141
瑞雲(中野)　⑮267
瑞益(半井)　⑮116
瑞桂(半井)　⑮115
瑞策(半井)　⑮114
瑞室(清水)　⑮118
瑞寿(半井)　⑮116
瑞春軒(伊勢)　⑦7
瑞成(半井)　⑮117
瑞禅(堀田)　⑫212
瑞沢(半井)　⑮116
瑞琢(山下)　⑮122
瑞哲(江藤)　⑮120
崇行(小幡)　⑥230
崇伝(一色)　②63
数直(土屋)　②79

セ

是興(松浦)　⑭3
是兼(菅原)　⑫89
是公(藤原)　⑦164⑨241
是綱(小見)　⑮250
是親(三宅)　⑪66
是善(菅原)　⑫89
井殿(安倍)　⑫249
正(渡辺)〈権六郎〉　⑭30
正(渡辺)〈与右衛門〉　⑭38
正安(落合)　③129
正安(加藤)　⑨99
正安(小林)　⑪119
正安(佐野)　⑧198
正安(関)　⑧26
正安(戸川)〈主水正〉　⑪2
正安(戸川)〈土佐守〉　⑪3
正安(丹羽)　⑭95
正安(武者)　⑪247
正庵(小倉)　⑤264
正胤(神田)　⑦44
正胤(三浦)　⑥119
正員(西郷)〈弾正左衛門〉　⑤163
正員(西郷)〈孫六郎〉　⑤165
正永(多門)　⑭54
正永(杉原)　⑦17
正永(比留)　⑫56
正栄(大久保)　⑨58
正栄(兼松)　⑩105
正栄(小長谷)　⑤213
正栄(花房)　②118
正英(小林)　⑪116
正英(保科)　③223
正円(河野)　⑮118
正円(曲直瀬)　⑮128
正遠(橘)　⑭150
正家(赤井)〈二郎四郎〉　③239
正家(赤井)〈左京亮〉　③240
正家(秋山)　④268

正家(大草)　⑪207
正家(坂部)　⑦89⑫52
正家(土屋)　⑥149
正家(長塩)　⑭96
正家(本多)　⑧277
正家(山上)　⑩34
正家(山瀬)　⑮73
正貫(本多・長坂)　⑧271
正寄(中根)　⑩61
正輝(内藤)　⑧69
正義(阿倍)　⑫276
正義(井上)　③226
正義(楠)　⑭151
正義(田沢)　⑤27
正義(富永)　⑬173
正義(成瀬)　⑩187
正義(西尾)　⑬189
正義(本目)　①197
正義(山本)　③265
正義(横地・坂部)　⑫51
正吉(朝比奈)　⑦224
正吉(天野・山上)　⑩34
正吉(井出)　⑫25
正吉(稲葉)　⑬7
正吉(稲生)　⑪227
正吉(内河)　⑮73
正吉(大久保)　⑨57
正吉(大竹)　⑦65
正吉(多門)　⑭53
正吉(小川)　⑧126
正吉(長田)　⑦57
正吉(加々美)　④276
正吉(加藤)　⑨80
正吉(金田)　⑦39
正吉(兼松)　⑩100
正吉(岸)　⑫248
正吉(貴志)　⑫247
正吉(久保田)　⑤48
正吉(久留)　⑦72
正吉(小島)　⑤99
正吉(小林)〈十大夫〉　⑪115
正吉(小林)〈権大夫〉　⑪120
正吉(小宮山)　⑤43
正吉(酒井)　⑩220
正吉(榊原)〈彦内〉　⑪215
正吉(榊原)〈庄右衛門尉〉　⑪218
正吉(向坂)　⑤198
正吉(桜井)　⑩215
正吉(佐野)〈彦大夫〉　⑧198
正吉(佐野)〈兵右衛門〉　⑧201
正吉(柴田)　⑩173
正吉(新見)　④92
正吉(竹本)　⑩257
正吉(多田)　③85
正吉(土屋)　⑥149
正吉(筒井)　⑫23
正吉(外山)　⑪59
正吉(内藤)〈甚之丞〉　⑧51
正吉(内藤)〈吉兵衛尉〉　⑧69
正吉(内藤)〈市左衛門尉〉　⑧70
正吉(内藤)〈甚九郎〉　⑧75
正吉(中沢)　⑪139
正吉(中田)　⑮96
正吉(永田)　⑪181,206
正吉(中根)〈伝三郎〉　⑥182
正吉(中根)〈平太夫〉　⑥187
正吉(成瀬)　⑩201
正吉(萩原)　⑬218
正吉(長谷川)　⑧163
正吉(服部)　⑭74
正吉(比留)　⑫56
正吉(深津)　⑫47
正吉(本多)　⑧251
正吉(曲淵)　④114
正吉(松平)　①65,161
正吉(松本)　⑤135
正吉(三田・竹本)　⑪79
正吉(御手洗)　⑪175
正吉(山本)　③260
正吉(横山)　⑪58
正吉(渡辺)　⑭48
正久(天野)〈権七郎〉　⑩34
正久(天野)〈甚七郎〉　⑩37
正久(猪飼)　⑦46
正久(大河内・松平)
　→正綱(大河内・松平)
正久(加藤)　⑨91
正久(鎌田)　⑧189
正久(岸)　⑫248
正久(貴志)　⑫247
正久(久保田)　⑤46
正久(小西)　⑬149
正久(斎藤・大草)　⑨161
正久(榊原)　⑪215
正久(末高)　⑪244
正久(田沢)　⑤26
正久(土屋)　⑥149
正久(土肥)　⑮255

正久(永田)　⑪178
正久(野辺)　⑦116
正久(服部)　⑭75
正久(原)　⑤250
正久(御手洗)　⑪176
正久(森本)　⑤50
正久(山田)　⑤94
正及(野辺)　⑦117
正求(松平)　①59,126
正興(向井)　②106
正近(太田)　⑧111
正近(筧)　⑫5
正経(本多)　⑧251
正景(朝倉)　⑭132,137
正景(永尾)　⑥197
正景(野呂)　⑮40
正景(牧野)　⑮14
正継(井上)　③234
正継(山本)　③260
正継(米倉)　④65
正慶(蜂須賀)　⑤147
正見(赤井)　③240
正堅(花房)　②118
正元(猪子)　⑩131
正元(植村)　③98
正元(斎藤)　⑨162
正元(永井)　⑫179
正元(野尻)　⑭159
正元(蜂須賀)　⑤138
正元(比留)　⑫56
正玄(小林)　⑪118
正玄(近藤)　⑦260
正言(大江)　⑫120
正虎(楠)　⑭151
正虎(成瀬)　⑩194
正広(兼松)　⑩104
正広(内藤)　⑧72
正広(那波)　⑫137
正広(平岩)　⑭231
正広(平林)　⑧171
正広(深尾)　⑬189
正広(松風)　⑩115
正広(三橋)　⑪76
正弘(内田)　⑪90
正弘(小林)　⑪122
正弘(高木)　③144
正弘(柘植)　⑦25
正光(猪飼)　⑦46
正光(植村)　③99
正光(大河内)　③27
正光(加々美)　④276
正光(須田)　③251
正光(保科)　③220⑥72
正光(堀田)　⑫213
正光(松平)　①63,142
正好(久貝)　⑪127
正好(高木)　③144
正好(戸田)　⑩71
正好(平林)　⑧171
正行(井上)　③232
正行(兼松)　⑩104
正行(楠)　⑭151
正行(小堀)　⑪111
正行(多田)　③85
正行(中根)　⑥181
正行(本多)　⑧263
正行(曲淵)　④114
正行(水野)〈見敬〉　⑤82
正行(水野)　⑤82
正孝(松風)　⑩115
正幸(花房)　②115
正恒(大内)　⑭249
正高(神田)　⑦43
正高(山本)　③263
正綱(大河内)　③32
正綱(岡部)〈次郎右衛門尉〉　⑨243
正綱(岡部)〈庄左衛門尉〉　⑨252
正綱(加藤)　⑨84
正綱(鎌田)　⑧190
正綱(朽木)　⑬99
正綱(久保田)　⑤47
正綱(小林)　⑪120
正綱(杉浦)　⑥215
正綱(高木)〈頼母助〉　③145
正綱(高木)〈九助〉　③150
正綱(長谷川)　⑧163
正綱(本多)　⑧271
正綱(松平・大河内)　③26
正綱(向井)　②101
正綱(山下)　⑤233
正綱(渡辺)〈半助〉　⑭27
正綱(渡辺)〈次郎三郎〉　⑭44
正衡(平)　⑥2,10,41⑦1
正国(屋代)　⑤130
正哉(秋山)　④270
正歳(吉田)　⑬147
正載(鳥居)　⑦36
正之(阿倍〔部〕)　⑨41⑫264
正之(内田)　⑪86
正之(加藤)　⑨82
正之(久保)　⑪135
正之(小堀)　⑪112
正之(榊原)　⑪217
正之(深津)　⑫48
正之(保科)　③223
正之(三浦)　⑥128
正之(吉田)　⑬146

正氏（宇都野）　⑨60
正氏（本多）　⑧270
正氏（松田）　⑧205
正師（石野）　⑭204
正次（秋山）　④269
正次（足立）　⑪242
正次（跡部）　④264
正次（阿部）　⑫235
正次（安藤）〈岩之助〉　③193
正次（安藤）〈久太郎〉　③208
正次（飯高）　⑭98
正次（猪飼）　⑦47
正次（石川）　②211
正次（石原）　⑪13
正次（石丸）　⑤231
正次（市岡）　⑤256
正次（市川）　⑤17
正次（井出）　⑫25
正次（伊藤）　⑧186
正次（稲葉）　⑬5
正次（猪子）　⑩131
正次（岩間）　⑩240
正次（植村）　③99
正次（内田）　⑪87
正次（江原）　⑪6
正次（大岡）　⑪197
正次（大草）〈半左衛門尉〉　⑪205
正次（大草）〈太郎馬〉　⑪207
正次（大久保）〈三助〉　⑨46⑬228
正次（大久保）〈七郎〉　⑨57
正次（大久保・秋山）　⑨58
正次（太田）　⑧110
正次（大竹）　⑦66
正次（岡部）　⑭192
正次（小倉）　⑬126
正次（小栗）　⑥107
正次（小幡）　⑨64
正次（加々美）　④277
正次（梶川）　⑥36
正次（勝部）　⑬125
正次（勝屋）　⑮88
正次（加藤・竹本）　⑨81
正次（加藤）〈惣市郎〉　⑨88
正次（加藤）〈権右衛門〉　⑨99
正次（神谷）〈左太郎〉　⑪161
正次（神谷）〈縫殿助〉　⑪163
正次（神田）　⑦44
正次（久保田）　⑤48
正次（窪田）　⑤11
正次（久留）　⑦72
正次（河内・石川）　⑦119
正次（後藤）　⑨150
正次（小長谷）　⑤213
正次（小西）　⑬149
正次（小林）〈平左衛門尉〉　⑪116
正次（小林）〈又三郎〉　⑪122
正次（小堀）　⑪108
正次（酒井）　⑩220
正次（榊原）　⑪218
正次（佐々木）　⑬184
正次（柴村・朝比奈）　⑥175
正次（芝山）　⑤220
正次（島）　⑫9
正次（下山）　④232
正次（進藤）　⑨176
正次（新見）〈勘三郎〉　④93
正次（新見）〈市左衛門〉　④94
正次（鈴木）　⑮58
正次（高木）〈善次郎〉　③141
正次（高木）〈小左衛門尉〉　③149
正次（高木）〈又七郎〉　③150
正次（高橋）　⑭99
正次（竹本）　⑩257
正次（多田）　③85
正次（土屋）　⑥149
正次（筒井）　⑫20
正次（遠山）　⑨135
正次（戸田）　⑩81
正次（土肥）　⑮255
正次（内藤）〈源左衛門尉〉　④61
正次（内藤）〈四郎左衛門尉〉　⑧50
正次（内藤）〈与三兵衛〉　⑧70
正次（内藤）〈半弥〉　⑧73
正次（内藤）〈忠兵衛〉　⑧75
正次（長井）　⑥194
正次（長塩）　⑭96
正次（中田）　⑮96
正次（永田）　⑪181
正次（永田）　⑬151
正次（中根）〈五兵衛〉

⑥183
正次(中根)〈仁左衛門〉 ⑥184
正次(中根・松平) ⑥187
正次(萩原)〈宗心〉 ⑬218
正次(萩原)〈道言〉 ⑬218
正次(長谷川) ⑧162
正次(蜂屋) ⑩42
正次(服部) ⑭74
正次(羽太) ⑪245
正次(疋田) ⑨178
正次(平岩) ⑭232
正次(平林) ⑧171
正次(比留) ⑫56
正次(福井) ⑫32
正次(福生) ⑪242
正次(堀場) ⑬157
正次(本多)〈甚次郎〉 ⑧277
正次(本多)〈清兵衛〉 ⑧278
正次(本目) ①197
正次(松平) ①163
正次(真野) ⑪34
正次(間宮)〈三郎九郎〉 ⑬52
正次(間宮)〈諸左衛門〉 ⑬57
正次(三浦)〈亀千代〉 ⑥120
正次(三浦)〈半左衛門〉 ⑥127
正次(三橋) ⑪76
正次(宮城) ⑦43
正次(三宅) ⑪69
正次(宮重) ⑪191
正次(森川) ⑬163
正次(向井) ②106
正次(山上) ⑩35
正次(山瀬) ⑮73
正次(山田)〈甚五郎〉 ⑤91
正次(山田)〈平一郎〉 ⑮213
正次(山本) ③262
正次(横山) ⑪57
正次(吉田) ⑬146
正治(甲斐庄) ⑭151
正治(小西) ⑬149
正治(西尾) ⑬193
正治(真野) ⑪34
正治(山本) ③261
正時(朝比奈) ⑦216
正時(稲田) ⑩178
正時(今村) ⑧21
正時(岩間) ⑩240
正時(筧) ⑫5
正時(杉山) ⑪58
正時(須田) ③252
正時(柘植) ⑦25
正時(西沢) ⑭209
正時(細田) ⑩172
正時(吉田) ⑬147
正実(井上) ③232
正実(長井)〈豊前守〉 ⑥195
正実(長井)〈清太夫〉 ⑥195
正守(小倉・小堀) ⑬127
正守(内藤) ⑧70
正守(米津) ⑮65
正種(伊藤) ⑧187
正種(新見・近藤) ④93
正種(仙波) ⑪189
正種(原田) ⑦104
正寿(宅間) ⑦210
正周(阿部) ⑫241
正秀(大沢) ⑨210
正秀(小尾) ④84
正秀(楠) ⑭151
正秀(黒川) ⑭195
正秀(津田) ⑥33
正秀(堀田) ⑫210
正秀(間宮・依田) ⑬58
正秀(万年) ⑪80
正秋(石原) ⑪14
正秋(都筑) ⑨171
正就(井上) ③225
正十(小堀) ⑪111
正重(秋山)〈十右衛門〉 ④268
正重(秋山)〈惣兵衛〉 ④269
正重(秋山)〈内蔵助〉 ④270
正重(朝比奈)〈源六〉 ⑦216
正重(朝比奈)〈新五郎〉 ⑦224
正重(阿倍) ⑫276
正重(天野)〈九郎右衛門尉〉 ⑩29
正重(天野)〈孫太郎〉 ⑩35
正重(安西) ⑦111
正重(飯塚) ⑦76
正重(猪飼) ⑦47
正重(石川)〈長五郎〉 ②211
正重(石川)〈七郎右衛門

尉〉　②216
正重(石野)　⑭207
正重(石原)　⑪15
正重(伊藤)〈助蔵〉　⑧185
正重(伊藤)〈伝次郎〉　⑧187
正重(稲葉)　⑬5
正重(潮田)　⑪62
正重(大草)　⑪205
正重(大久保)〈次郎右衛門尉〉　⑨47
正重(大久保)〈七兵衛尉〉　⑨58
正重(大沢)　⑨211
正重(太田)　③42
正重(岡本)　⑨61
正重(小栗)　⑥107
正重(小栗)〈庄右衛門〉　⑥107
正重(筧)〈助大夫〉　⑫2
正重(筧)〈三郎左衛門〉　⑫4
正重(梶川)　⑥36
正重(加藤)〈喜助〉　⑨82
正重(加藤)〈市六郎〉　⑨91
正重(加藤)〈三九郎〉　⑨97
正重(加藤)〈清兵衛尉〉　⑨98
正重(神田)　⑦44
正重(久貝)　⑪128
正重(久保田)　⑤47
正重(久留)　⑦71
正重(高力)　⑥83
正重(小島)　⑤99
正重(小出)　⑩118
正重(小菅・小宮山)　⑤43
正重(小西)　⑬148
正重(小林)〈角右衛門尉〉　⑪119
正重(小林)〈忠右衛門〉　⑪122
正重(斎藤)　⑦157
正重(坂部)　⑦94⑫52
正重(榊原)〈喜兵衛〉　⑪216
正重(榊原)〈源兵衛尉〉　⑪218
正重(佐野)〈九右衛門〉　⑧199
正重(佐野)〈平兵衛〉　⑧201
正重(佐野)〈福阿弥〉　⑮250
正重(柴田)　⑩173
正重(柴村)　⑥176
正重(新見)　④92
正重(関)〈平三郎〉　⑧24
正重(関)〈木工左衛門尉〉　⑧26
正重(竹本)　⑩257
正重(多田)　③85
正重(津田・河北)　⑥34
正重(都筑)　⑨172
正重(戸田)　⑩82
正重(内藤)〈源助〉　④61
正重(内藤)〈外記〉　⑧49
正重(内藤)〈半弥〉　⑧73
正重(内藤)〈甚左衛門〉　⑧75
正重(中根)〈伝七郎〉　⑥182
正重(中根)〈喜四郎〉　⑥186
正重(成瀬)　⑩198
正重(原)　⑤250
正重(原田)　⑦105
正重(疋田)　⑨178
正重(広戸)〈半十郎〉　⑫54
正重(広戸)〈半左衛門〉　⑫55
正重(深津)　⑫47
正重(福井)　⑫32
正重(藤原)　⑨143
正重(布施)〈善六郎〉　⑭90
正重(布施)〈藤右衛門〉　⑭91
正重(布施)〈五兵衛〉　⑭91
正重(保科)　③221⑥73
正重(堀田)　⑫210,211
正重(本多)〈三弥左衛門尉〉　⑧268
正重(本多)〈甚次郎〉　⑧276
正重(本目)　①197
正重(牧野)　⑮16
正重(松平・石川)　①57,113
正重(松永)　⑮105
正重(松本)　⑤135
正重(真野)　⑪34
正重(間宮)　⑬58
正重(三浦)　⑥120
正重(御手洗)　⑪175
正重(宮城)〈平右衛門〉　⑦43
正重(宮城)〈対馬守〉　⑫190,194

正重（向井）　②100
正重（村越）　⑪101
正重（八木）　⑭142
正重（屋代）　⑤130
正重（山田）〈但馬〉　⑤94
正重（山田）〈三右衛門〉　⑤95
正重（山本）　③260
正重（余語）　⑫107
正述（甲斐庄）　⑭152
正俊（秋山）　④268
正俊（石川）　②211
正俊（井出）〈三左衛門尉〉　⑫26
正俊（井出）〈藤左衛門尉〉　⑫27
正俊（伊藤）　⑧185
正俊（井上）　③234
正俊（小幡）　⑨64
正俊（梶川）　⑥36
正俊（川添）　⑬124
正俊（神田）　⑦43
正俊（久貝）　⑪127
正俊（窪田）　⑤11
正俊（小知）　⑮70
正俊（後藤）　⑨150
正俊（小林）　⑪122
正俊（新庄）　⑧146
正俊（高木）　③154
正俊（田沢）　⑤26
正俊（柘植・織田）　⑦24
正俊（内藤）　⑧51
正俊（中根）〈仁左衛門〉　⑥184
正俊（中根）〈九郎兵衛〉　⑥187
正俊（羽太・戸田）　⑪245
正俊（平岩）　⑭232
正俊（広戸）　⑫55
正俊（深津・勝）　⑫49
正俊（布施）　⑭90
正俊（保科）　③218
正俊（真野）　⑪34
正俊（室賀）　⑤131
正春（兼松）　⑩106
正春（小堀）　⑪111
正春（水野）　⑤82
正純（堀田）　⑫210,211
正純（本多）　⑧265
正尚（長谷川）　⑧159
正昌（神谷）　⑪163
正松（桜井）　⑤28
正相（植村）　③98
正勝（秋山）　④271
正勝（浅原）　④236
正勝（渥美）　⑦99
正勝（天野）〈勘左衛門尉〉　⑩22
正勝（天野）〈清右衛門〉　⑩32
正勝（阿部）〈善右衛門尉〉　⑫235
正勝（阿部）〈茂右衛門〉　⑫246
正勝（安藤）　③197
正勝（井出）〈三右衛門尉〉　⑫25
正勝（井出）〈半左衛門尉〉　⑫27
正勝（猪飼）　⑦46
正勝（伊藤）　⑧185
正勝（稲田）　⑩178
正勝（稲葉）　⑬5
正勝（井上）　③224
正勝（岩間）　⑩240
正勝（植村・飯島）　③96
正勝（宇都野）　⑨59
正勝（大河原）　⑪4
正勝（大草）　⑪205
正勝（大河内）〈平十郎〉　③32
正勝（大河内）〈又次郎〉　③33
正勝（太田）〈四郎左衛門尉〉　⑧110
正勝（太田）〈彦左衛門尉〉　⑧111
正勝（多門）　⑭54
正勝（小倉）　⑬126
正勝（尾崎・筒井）　⑤222,223
正勝（小栗）　⑥107
正勝（梶）　⑦37
正勝（加藤）〈源四郎〉　⑨80
正勝（加藤）〈市兵衛〉　⑨86
正勝（加藤）〈市六郎〉　⑨91
正勝（加藤）〈市大夫〉　⑨100
正勝（金田）　⑦39
正勝（兼松）　⑩102
正勝（貴志）　⑫248
正勝（久貝）　⑪127
正勝（久留）　⑦71
正勝（小島）　⑤99
正勝（後藤）　⑨149
正勝（小西）　⑬149
正勝（小林）　⑪119
正勝（近藤）〈助右衛門〉　⑦260
正勝（近藤）〈惣左衛門〉

⑦263
正勝(西郷)　⑤163
正勝(榊原)〈七右衛門尉〉　⑪218
正勝(榊原)〈源左衛門尉〉　⑪218
正勝(坂部)〈甚左衛門〉　⑦95
正勝(坂部)〈次兵衛〉　⑦95
正勝(佐久間)　⑥224
正勝(桜井)　⑤28
正勝(佐野)　⑧202
正勝(新見)　④92
正勝(末高)　⑪244
正勝(杉浦)　⑥210
正勝(高木・服部)　③153
正勝(田草川)　⑭143
正勝(田沢)　⑤27
正勝(土屋)→之直(土屋)
正勝(都筑)　⑨171
正勝(外山)　⑪59
正勝(内藤)〈百介〉　⑧54
正勝(内藤)〈吉右衛門尉〉　⑧69
正勝(内藤)〈半左衛門尉〉　⑧72
正勝(永井)　⑫182
正勝(長井)　⑥194
正勝(中島)　④259
正勝(永田・小長谷)　⑬151
正勝(中根)〈半平〉　⑥183
正勝(中根)〈喜四郎〉　⑥186
正勝(中根)〈八郎左衛門尉〉　⑥187
正勝(長野)　⑤245
正勝(行方)　⑪243
正勝(成瀬)　⑩196
正勝(蜂須賀)　⑤136
正勝(早川)　⑪17
正勝(林)　⑨181
正勝(原木)　⑦76
正勝(疋田)　⑨178
正勝(久松)　①201⑫103
正勝(肥田)　③112
正勝(深津)　⑫48
正勝(本多)　⑧267
正勝(前田)　⑫110
正勝(牧)　⑭167
正勝(松風)　⑩115
正勝(間宮)　⑬58
正勝(万年)　⑪80
正勝(三浦)　⑥127
正勝(水野)　⑤86
正勝(三宅)　⑪69
正勝(梁田)　⑮89
正勝(山角)　⑪51
正勝(山崎)　⑪62
正勝(山下)　⑤233
正勝(山田)〈権之助〉　⑤91
正勝(山田)〈志賀左衛門〉　⑤96
正勝(山田)〈平一郎〉　⑮213
正勝(山本)〈与三兵衛〉　③265
正勝(山本)〈与九郎〉　③266
正勝(横山)　⑪57
正照(朝比奈)　⑦225
正照(稲生)　⑪227
正照(牧野)　⑮16
正仍(蜂屋)　⑩39
正乗(松平)　①67,165
正縄(山本)　③264
正辰(稲葉)　⑬6
正信(天野)　⑩37
正信(井出)　⑫27
正信(石川)　②211
正信(稲田)　⑩178
正信(稲生)　⑪226
正信(井上)　③232
正信(今村)　⑧21
正信(植村)　③99
正信(内田)　⑪87
正信(宇都野)　⑨60
正信(大草)　⑪207
正信(大久保)〈権右衛門尉〉　⑨22
正信(大久保)〈次郎左衛門尉〉　⑨57
正信(大河内)　③31
正信(大沢)　⑨210
正信(小川)　⑧141
正信(小倉)　⑤264
正信(小栗)　⑥107
正信(勝部)　⑬125
正信(加藤)〈九郎次郎〉　⑨79
正信(加藤)〈勘右衛門〉　⑨88
正信(加藤・牛奥)　⑨84
正信(川口)　⑦86
正信(久貝)　⑪128
正信(久保)　⑪135
正信(小林)〈左大夫〉　⑪116
正信(小林)〈文右衛門尉〉　⑪120

正信(近藤)　⑦264
正信(榊原)　⑪217
正信(佐々木)　⑬184
正信(柴田)　⑩173
正信(芝山)　⑫254
正信(柴山)　⑫253
正信(新見)　④92
正信(高木)　③149
正信(多田)　③87
正信(筒井)　⑫20
正信(中根)〈新左衛門尉〉　⑥181
正信(中根)〈六郎左衛門〉　⑥187
正信(西尾)　⑬191
正信(萩原)　⑬218
正信(長谷川)　⑧163
正信(花房)　②119
正信(平岩)　⑭232
正信(深津)　⑫49
正信(堀)　⑮257
正信(本多)　⑧264
正信(前田)　⑫110
正信(松平)　①186
正信(松本)　⑤135
正信(宮城・三上)　⑫195
正信(八木・田草川)　⑭143
正信(山崎)　⑪62
正信(山田・小笠原)　⑮214
正信(山田)　⑤94
正信(山本)　③262
正真(植村)　③98
正真(筧)　⑫5
正真(土屋)　⑥151
正森(布施)　⑭91
正親(伊丹)　③84
正親(井上)　③225
正親(岡本)　⑨61
正親(久留)　⑦72
正親(酒井)　①221
正親(芝山・横地)　⑫254
正親(清水)　③125
正親(松平)　①58, 116
正親(源)　①39
正世(朝倉)　⑭137
正世(天野)　⑩34
正世(内田)　⑪87
正世(佐野)　⑧201
正世(杉山)　⑪58
正世(和気)　⑮112
正生(小林)　⑪120
正成(青沼)　④12
正成(青山)　⑧88
正成(安部)　⑤119
正成(天野)　⑩34
正成(井出)　⑫26
正成(稲葉・林)　⑬2
正成(今村)　⑧22
正成(岩間)　⑩240
正成(内田)　⑪86
正成(宇都野)　⑨59
正成(大岡)　⑪197
正成(太田)　⑧111
正成(大竹)　⑦65
正成(多門)　⑭53
正成(筧)　⑫4
正成(梶)　⑦38
正成(勝屋)　⑮89
正成(加藤)〈源四郎〉　⑨80
正成(加藤)〈民部大輔〉　⑨85
正成(加藤)〈惣左衛門〉　⑨88
正成(金田)　⑦40
正成(兼松)　⑩103
正成(河島)　⑮260
正成(貴志)　⑫247
正成(楠)　⑭150
正成(窪田)　⑤11
正成(後藤)　⑨149
正成(小宮山)　⑤43
正成(近藤・堀)　⑦257
正成(近藤)　⑦259
正成(榊原)　⑪216
正成(佐々木)　⑬184
正成(佐々)　⑬186
正成(島)　⑫8
正成(進藤)　⑨177
正成(新見)　④92
正成(杉浦)　⑥210
正成(関)　⑧24
正成(高木)　③142
正成(高林)　④273
正成(田草川)　⑭143
正成(寺沢)→広高(寺沢)
正成(外山)　⑪59
正成(内藤)〈四郎左衛門尉〉　⑧44
正成(内藤)〈右京進〉　⑧51
正成(内藤)〈織部正〉　⑧51
正成(長井)　⑥194
正成(中根)〈伝七郎〉　⑥182
正成(中根)〈茂助〉　⑥184
正成(成瀬)　⑩192
正成(根本)　⑮98

正成(長谷川)　⑧162
正成(蜂屋)　⑩39
正成(花房)　②116
正成(羽太)　⑪245
正成(比留)　⑫56
正成(福島)　⑥75
正成(牧野)　⑮13
正成(松風)　⑩115
正成(松平)〈次大夫〉　①54,150
正成(松平)〈次右衛門〉　①113
正成(松平)〈内蔵助〉　①164
正成(三橋)　⑪76
正成(余語)　⑫107
正清(多門)　⑭54
正清(鎌田)　⑦149⑧2
正清(小林)　⑪118
正清(竹本)　⑩257
正清(長谷川)　⑧166
正清(山田)　⑤94
正盛(天野)　⑩37
正盛(太田)　⑧112
正盛(小栗)　⑥107
正盛(貴志)　⑫247
正盛(楠)　⑭151
正盛(小西)　⑬149
正盛(坂部)　⑦94
正盛(新見)　④93
正盛(平)　⑥2,10,41
正盛(高木)　③144
正盛(永井)　⑥193
正盛(中根)　⑩60
正盛(花房)　②118
正盛(堀田)　⑫211
正盛(水野)　⑤86
正盛(向山)　⑭51
正晴(榊原)　⑪217
正宣(末高)　⑪244
正善(堀)　⑮258
正総(内藤)　④61
正則(稲葉)　⑬7
正則(片岡)　⑨101
正則(勝部)　⑬125
正則(加藤)　⑨97
正則(小長谷)　⑤214
正則(榊原)　⑪218
正則(高木)　③153
正則(中根)　⑩60
正則(成瀬)　⑩196
正則(野辺)　⑦116
正則(疋田)　⑨178
正則(深津)　⑫48
正則(保科)　③218
正村(植村)　③98
正村(小林)　⑪120
正村(高木)　⑮133
正村(松平)　①59,126
正村(三浦)　⑥120
正村(水谷)　⑧120
正宅(落合)　③129
正但(深津)　⑫48
正知(芝山)　⑤220
正致(阿部)　⑫240
正智(浅野)　②259
正忠(浅原)　④235
正忠(天野)　⑩27
正忠(飯島)　③96
正忠(大久保)　⑨57
正忠(太田)　⑧111
正忠(小幡)　⑨64
正忠(筧)　⑫4
正忠(加藤)　⑨99
正忠(喜多見)　⑥179
正忠(小林)〈若狭〉　⑪116
正忠(小林)〈儀右衛門尉〉　⑪118
正忠(坂部)　⑦95
正忠(進藤)　⑨177
正忠(高橋)　⑭99
正忠(田沢)　⑤26
正忠(内藤)　⑧70
正忠(羽太)　⑪245
正忠(松風)　⑩115
正忠(三宅)　⑪69
正長(青山)　⑧87
正長(秋山)　④270
正長(天野)　⑩28
正長(井上)　③232
正長(今村)　⑧21⑭199
正長(宇都野)　⑨60
正長(小川)　⑧141
正長(筧)　⑫2
正長(加藤)〈伝三郎〉　⑨91
正長(加藤)〈市大夫〉　⑨99
正長(金田)　⑦39
正長(兼松)　⑩105
正長(久貝)　⑪128
正長(高力)　⑥80
正長(佐野)〈伝右衛門〉　⑧199
正長(佐野)〈福阿弥〉　⑮251
正長(末高)　⑪244
正長(高木)〈喜左衛門尉〉　③149
正長(高木)〈長次郎〉　⑮133
正長(多田)　③85
正長(丹羽)　⑭95

正長(長谷川)　⑧162
正長(服部)　⑭74
正長(松平・石川)　①57,113
正長(水野)　⑤82
正長(山田)　⑤95
正朝(植村)　③98
正朝(大久保)　⑨41⑫275
正朝(榊原)　⑪217
正朝(中根)　⑩61
正朝(松平)　①58,124
正澄(大河内)　③32
正直(石野)　⑬210
正直(石丸)　⑤232
正直(井出)　⑫25
正直(稲富)　⑦81
正直(井上)　③232
正直(太田)　⑧110
正直(小笠原)　④221
正直(小倉)　⑬127
正直(小尾)　④84
正直(梶・渡辺)　⑦38
正直(加藤)〈与大夫〉　⑨91
正直(加藤)〈左内〉　⑨101
正直(兼松)　⑩106
正直(小林)　⑪118
正直(坂部)　⑦95
正直(佐野)　⑧198
正直(島)　⑥26
正直(高木)〈九助〉　③147
正直(高木)〈勘右衛門尉〉　③154
正直(柘植)　⑦25
正直(内藤)　⑦102
正直(長塩)　⑭96
正直(広戸)　⑫55
正直(保科)　③218⑥72
正直(本多)　⑧271
正直(水野)　⑤86
正直(村越)　⑪101
正直(梁田)　⑥77
正直(山田)　⑤94
正直(山本)〈四兵衛〉　③260
正直(山本)〈平九郎〉　③266
正直(吉田)　⑬146
正珍(安藤)　③198
正陳(井出)　⑫26
正定(稲葉)〈治左衛門〉　⑬5
正定(稲葉)〈七之丞〉　⑬6
正定(日下部)　⑭146
正定(小林)　⑪116
正定(坂部)　⑦90
正定(高橋)　⑭99
正定(坪内)　⑪98
正定(鳥居・平井)　⑦36
正定(中根)　⑥182
正定(花房)　②115
正定(福島)　③128
正定(本多)　⑧263
正定(三浦)　⑥127
正定(吉田)　⑬146
正貞(井上)　③232
正貞(杉山)　⑪58
正貞(内藤)　⑧48
正貞(永田)　⑬150
正貞(平野)　⑪38
正貞(深津)　⑫49
正貞(保科)　③222⑥73
正貞(堀田)　⑫210
正程(安藤)　③199
正度(平)　⑥2,10,40⑦1
正冬(日下部)　⑭146
正冬(後藤)　⑨150
正当(平岩)　⑭232
正道(梶)　⑦37
正道(堀田)　⑫210,212
正徳(小田切)　⑤33
正任(安倍)　⑫249
正任(井上)　③227
正任(加藤)　⑨79
正能(小倉)　⑬126
正尾(兼松)　⑩105
正富(岡本)　⑨62
正武(植村)　③99
正武(川口)　⑦86
正武(小菅)　⑤44
正武(小林)　⑪119
正武(高木)　③154
正武(深津)　⑫49
正武(松平・青沼)　①67,166
正平(尾関)　⑤223
正平(中島)　④259
正甫(秋山)　④270
正保(小川)　⑧126
正方(加藤)〈庄兵衛尉〉　⑨86
正方(加藤)〈右馬允〉　⑨101
正方(兼松)　⑩105
正包(本多)　⑧270
正豊(都築)　③145
正房(稲葉)　⑬7
正房(甲斐庄)　⑭152
正房(勝部)　⑬125
正房(倉林)　⑪142

正房(小堀)　⑪107
正房(高木)　③144
正房(長坂)　⑤5
正房(成瀬)　⑩198
正房(北条)→氏長(北条)
正明(荻原)　⑭201
正明(丹羽)　⑭95
正明(本多)　⑧263
正明(三浦)　⑥120
正茂(勝屋)　⑮89
正茂(加藤)　⑨84
正茂(松平)　①164
正茂(山本)　③261
正門(少弐)　⑨239
正友(井上)　③224
正友(内田)　⑪87
正友(大岡)　⑪197
正友(多門)　⑭54
正友(尾崎)　⑤221
正友(神田)　⑦43
正友(久保)　⑪134
正友(杉浦)　⑥214
正友(都筑)　⑨171
正友(中根)　⑥184
正友(久永)　⑭225
正友(牧野)　⑮17
正祐(金田)　⑦39
正猶(土屋)　②77⑥151
正与(阿部)　⑫240
正与(多田)　③87
正用(鎌田・平林)　⑧189
正要(野辺)　⑦117
正頼(青木)　⑭124
正頼(安藤)　③198
正頼(成瀬)　⑩187
正頼(藤原)　⑦146⑧34
正頼(万年)　⑪80
正頼(三浦)　⑥128
正利(猪飼)　⑦46
正利(稲垣)　⑤229
正利(稲葉)　⑬7
正利(井上)　③226
正利(大屋)　⑧191
正利(小栗)　⑥108
正利(勝間田)　⑪86
正利(神谷)　⑪163
正利(小島)　⑤99
正利(近藤)　⑦259
正利(坂部)　⑦89
正利(島)　⑥26
正利(清水・戸田)→政利(清水・戸田)
正利(瀧川)　⑫224
正利(中根)　⑥186
正利(西尾)　⑬193
正利(萩原)〈久左衛門〉　⑬218
正利(萩原)〈三郎左衛門〉　⑬219
正利(蜂須賀)　⑤136
正利(林)　⑨127
正利(深津)　⑫47
正利(深見・小田切)　⑤33
正利(堀田)　⑫211
正隆(一宮)　④19
正隆(小西)　⑬148
正良(石野・永井)　⑭206
正良(植村)　③99
正良(大河原・柴田)　⑪4
正林(松浦)　⑭3
正倫(稲生)　⑪226
正琳(曲直瀬)　⑮127
正令(阿部)　⑫241
正列(蜂屋)　⑩39
正連(中根)　⑥187
正連(原木)　⑦76
正朗(小島)　⑤99
生綱(渡辺)　⑭15
生次(江原)　⑪6
生勝(戸田)　⑩82
成於(本多)　⑧249
成家(大胡)　⑧212
成雅(丹波)　⑮175
成季(秋田)　⑫255
成季(進・赤松)　⑬208
成基(安藤)　③189
成基(大江)　⑫121
成吉(尾崎)　⑤221
成吉(加藤)　⑨92
成久(加藤)　⑨92
成久(三橋)　⑪75
成郷(皆川)　⑧105
成堯(石川・大久保)　②202⑨35
成経(橘)　⑭150
成経(細川)　②30
成元(野条)　⑭245
成光(彦坂)　⑤102
成行(足利)　⑦151⑧116, 193, 211⑮249
成行(坂南)　⑦159
成恒(岡野)　⑥92
成高(吉良)　②22
成綱(宇都宮)　⑨13
成綱(佐々木・六角)　⑬179
成綱(佐野)　⑧194⑮250
成綱(渡辺)　⑭25
成衡(大江)　⑫122

成之(加藤) ⑨85
成之(皆川) ⑧105
成氏(足利) ②3,8
成次(青山) ⑭212
成次(加藤) ⑨92
成次(佐藤) ⑧179
成次(関) ②225
成次(鳥居) ⑦32
成次(根本) ⑮98
成次(野口) ⑮95
成次(牧野) ⑤160
成次(松木) ⑪165
成次(松平・川手) ①58,125
成次(三橋) ⑪75
成持(三雲) ⑨10
成時(赤松・進) ⑬208
成時(細田) ⑩172
成時(牧野) ⑮15
成時(三雲) ⑨11
成実(斎藤) ⑦159
成秀(進) ⑬209
成従(牧野) ⑮15
成重(青山) ⑭212
成重(島田) ③101
成重(根本) ⑮98
成重(本多) ⑧244
成重(松平) ①65,161
成俊(足利) ⑦152⑧194⑮249
成俊(木村) ⑬176
成春(吉田) ④23
成純(牧野) ⑮15
成潤(足利) ②8
成将(坂井) ⑦107
成勝(石谷) ⑩14
成勝(加藤) ⑨86
成勝(牧野) ⑮15
成勝(皆川) ⑧102
成常(境) ④273
成常(牧野) ⑮15
成職(宗) ⑥42
成信(牧野) ⑮15
成信(守屋) ⑪183
成正(多門) ⑭53
成政(青山) ⑭212
成政(荒尾) ⑭211
成政(坂井) ⑦106
成政(進) ⑬209
成宣(野条) ⑭245
成宗(伊達) ⑦175
成宗(那波) ⑫137
成村(赤松) ⑬208
成長(三雲) ⑨11
成直(阿波)→教能(阿波)
成通(大江) ⑫114
成定(牧野) ⑤158
成貞(水野) ⑤76
成貞(和気) ⑮112
成能(阿波)→重能(阿波)
成繁(横瀬・由良) ①260
成房(荒尾) ⑭210
成明(岡野) ⑥92
成茂(毛利) ⑫143
成頼(佐々木) ⑬50,65,109,176,188
成頼(土岐) ③53
成頼(土岐)→頼弘(土岐)
成利(荒尾) ⑭211
成利(大江) ⑫114
成利(坂井) ⑦106
成利(都筑) ⑦159
成里(牧野) ⑮11
成令(坂井) ⑦107
征盛(戸沢) ⑦49
征詮(木全) ⑫225
性尊(赤松)→性存(赤松)
性存(赤松) ⑬208
斉金論師(新庄) ⑧146
斉光(大江) ⑫121
政安(椿井) ⑩222
政依(伊達) ⑦173
政一(石原) ⑪12
政一(小堀) ⑪108
政一(佐野) ⑧197
政員(比企) ⑫45
政胤(相馬) ⑥171
政永(吉田) ⑬142
政延(揖斐) ③109
政可(小堀) ⑪112
政家(葦田) ③237
政家(向井) ⑪177
政家(山崎) ⑪63
政家(龍造寺) ⑦245
政季(内藤) ⑧55
政季(本間) ⑤194
政軌(揖斐) ③110
政輝(小俣) ⑤246
政義(五味) ⑧9
政義(下川辺) ⑦151
政義(世良田) ①53,100
政義(新田) ①259
政義(畠山) ⑮200
政義(畠山)→政尚(畠山)
政吉(石原) ⑪12
政吉(稲垣) ⑤229
政吉(揖斐) ③110
政吉(大井) ④240
政吉(小川) ⑧140
政吉(小坂) ⑤208⑭265
政吉(川合) ⑪19
政吉(国領) ⑩135
政吉(斎藤) ⑨164

政吉(清水)　⑩81,237
政吉(都筑)　⑨174
政吉(椿井)　⑩221
政吉(内藤)　⑧55
政吉(永田)　⑪178
政吉(松平)　⑨174
政吉(三島)　⑦45
政吉(横地)　⑫54
政吉(吉田)　⑬142
政吉(米津)　⑮66
政久(神谷)　⑪164
政久(土屋)　⑥150
政久(服部)　⑭77
政久(三島)　⑦44
政郷(北畠)　⑬238
政業(宮城)　⑦42
政均(揖斐)　③110
政近(南条)　①256
政矩(亀井)　⑬138
政具(一色)　②62
政具(北畠)→政郷(北畠)
政郡(板橋)　⑥190
政刑(斎藤)　⑨166
政形(吉田)　⑬142
政経(赤沢)　④224
政経(小笠原)　④159
政景(朝倉)　⑭139
政景(天野)　⑩18
政景(揖斐)　③109
政景(大井)　④241
政景(内藤)　④60
政継(阿倍)　⑫274
政継(海老名)　①256
政継(大井)　④240
政継(大田原)　⑭108
政継(米倉)　④64
政兼(野々山)　②191
政賢(高田)　③49
政憲(大河内)　③32
政顕(大河内)　③24
政元(朝倉)　⑭139
政元(勝)　⑮79
政元(那波)　⑫137
政元(南部)　④227
政元(細川)　⑮235
政虎(池田)　②250
政広(岩田)　⑫131
政広(大江)　⑫130
政広(蠣崎)〈右衛門〉　④129
政広(蠣崎)〈市正〉　④131
政広(横山)　⑭183
政広(吉田)　⑬143
政弘(天野)　⑩31
政弘(大内)　⑭252
政光(大井)　④237
政光(小山)　⑦151⑧98
政光(京極)　⑬69
政光(戸田)　⑩62
政光(服部)　⑭76
政光(日野)　⑨191
政光(二崎)　⑩68
政光(水上)　④278
政行(大井)　④239
政行(高田)　③48
政行(南部)　④228
政行(松田)　⑧205
政高(浅井)　⑭174
政高(大河内)　③31
政高(内藤)　④58
政候(浅井)　⑫187
政康(石川)　②197,205
政康(小笠原)　④161,200,208,209
政康(内藤)　⑧43
政康(南部)　④230
政綱(池田)　②249
政綱(揖斐)　③110
政綱(杉原)　⑦12
政綱(武田)　④19
政綱(長沼)　⑧98
政綱(松村)　⑩116
政綱(向井)　⑪177
政綱(渡辺)　⑭23
政国(畠山)〈播磨守〉　②41
政国(畠山)〈修理大夫〉　②43
政之(朝倉)　⑭140
政之(佐野)　⑧199
政之(柴田)　⑤172
政氏(足利)　②4
政氏(木田)　②15
政氏(西尾)　⑤202
政氏(武藤)　⑮136
政氏(山名)　①252
政資(那須)　⑨218
政資(日野)　⑨192
政次(雨宮)　⑤33
政次(石川)　②207
政次(伊東)　⑨274
政次(稲垣)　⑤229
政次(井上)　③226
政次(大井)　④241
政次(大須賀)　⑧202
政次(小栗)　⑥108
政次(折井)　⑤24
政次(筧)　⑫4
政次(勝矢)　⑤237
政次(小林)　⑪122
政次(駒木根)　⑩133
政次(榊原)→清定(榊原)
政次(佐野・大須賀)

⑧199
政次(菅沼)　③22
政次(杉浦)　⑥208
政次(鈴木)　⑮52
政次(竹田)　⑨180
政次(柘植)　⑦26
政次(都筑)　⑨174
政次(椿井)　⑩222
政次(戸田)〈七内〉　⑩73
政次(戸田)〈藤右衛門尉〉　⑩78
政次(内藤)〈左兵衛尉〉　⑧40
政次(内藤)〈仁左衛門尉〉　⑧55
政次(中川)　③80
政次(永田)　⑪179
政次(野間)　⑪28
政次(服部)　⑭78
政次(日向)　⑤7
政次(松平)〈助之丞〉　①60,138
政次(松平)〈小太夫〉　①191
政次(三島)　⑦45
政次(森)　⑫182
政次(諸星)　⑮71
政次(横地)　⑫54
政治(大河内)　③31
政治(大井)　④239
政治(幸田)　③184
政治(松浪)　⑩110
政時(大河内)　③31
政実(朝倉・鵜飼)　⑭140
政実(井上)　③226
政実(佐久間・豊臣)　⑥221
政秀(小笠原)　④164,208
政秀(佐野)　⑧197
政秀(服部)　⑭76
政秀(六郷)　⑨253
政重(浅井)　⑫186
政重(雨宮)　⑤32
政重(池田)　⑮203
政重(伊沢)　④76
政重(板橋)　⑥189
政重(稲垣)　⑤229
政重(井上)　③225
政重(大井)　④241
政重(小俣)　⑤246
政重(佐野)　⑧197
政重(杉浦)　⑥207
政重(勝)　⑮80
政重(鈴木)　⑮52
政重(大道寺)　⑩43
政重(田中)　⑨66
政重(土屋)　⑥150
政重(戸田)　⑩72
政重(内藤)　⑧40
政重(服部)　⑭77
政重(本多)　⑧267
政重(松平)〈六右衛門〉　①190
政重(松平)〈新九郎〉　①191
政重(水上)　④279
政重(向井)　②100⑪177
政重(山本)　③268
政重(吉田)　⑬146
政俊(大井)　④239
政俊(小栗)　⑥109
政俊(川合)　⑪19
政俊(仙石)　③90
政俊(内藤)　⑧68
政俊(松浪)　⑩110
政俊(吉田)　⑬145
政俊(六郷)　⑨253
政春(植村)　③93
政春(三島)　⑦45
政舜(葦田)　③238
政助(曾我)　⑦68
政尚(加々爪)　⑦196
政尚(貴志)　⑫248
政尚(畠山)　②41
政松(横田)　⑬152
政勝(渥美)　⑩232
政勝(雨宮)　⑤32
政勝(伊沢)　④77
政勝(石谷)　⑩14
政勝(伊東)　⑨274
政勝(揖斐)　③109
政勝(宇野)　⑧140
政勝(大井)　④239
政勝(小俣)　⑤246
政勝(折井)　⑤24
政勝(倉橋)　⑪129
政勝(斎藤)　⑨164
政勝(酒井)　①247
政勝(向坂)　⑤199
政勝(左沢)　⑫132
政勝(佐野)　⑧197
政勝(新見)　④94
政勝(瀬名)　②24
政勝(仙石)　③91
政勝(建部)　⑬114
政勝(椿井)　⑩221
政勝(戸田)　⑩73
政勝(富田)　⑧27
政勝(内藤)〈新十郎〉　④60
政勝(内藤)〈左平〉　⑧67

政勝(久永)　⑭225
政勝(細川)　⑮240
政勝(本多)　⑧230
政勝(松平)〈瀬兵衛〉　①60, 137
政勝(松平)〈新九郎〉　①192
政勝(溝口)　④7
政勝(向井)　②100⑪177
政勝(門奈)　⑩128
政勝(吉田)〈清左衛門〉　⑬143
政勝(吉田)〈権八郎〉　⑬145
政勝(依田)　③172
政勝(六郷)　⑨253
政照(一色)　②62
政乗(六郷)　⑨252
政辰(酒井)　⑩220
政辰(富永)　⑬172
政信(池田)　②250
政信(伊沢)　④76
政信(石谷)　⑩13
政信(石川)　②207
政信(市橋)　⑩89
政信(大井)　④237
政信(大須賀)　⑧202
政信(小笠原)　④206, 209
政信(小栗)　①194
政信(小俣)　⑤246
政信(川合)　⑪19
政信(高木)　③146
政信(高田)　③51
政信(津軽)　⑩184
政信(畠山)　②42
政信(服部)　⑭76
政信(本多)　⑧230
政信(本間)　⑤196
政信(横山)　⑪58
政信(米津)　⑮64
政真(下島)　⑮75
政親(河田)　⑩168
政親(中原)　⑭204
政遂(本多)　⑧268
政世(伊東)　⑨268
政正(吉良)　②22
政成(朝倉)　⑭139
政成(天野)　⑩32
政成(伊沢)　④77
政成(石原)　⑪12
政成(一色)　②67
政成(大井)　④240
政成(神谷)　⑪164
政成(小林)　⑪122
政成(近藤)　⑨111
政成(佐野)〈外記〉　⑧197
政成(佐野)〈十三郎〉　⑧199
政成(佐野)〈次郎兵衛〉　⑧202
政成(新見)　④94
政成(勝)　⑮79
政成(土屋)　⑥150
政成(都筑)　⑨173
政成(富田)　⑧27
政成(内藤)　⑧68
政成(野間)　⑪28
政成(日向)　⑤6
政成(松平)　①57
政成(三島)　⑦44
政成(山口)　⑭262
政成(吉田)　⑬142
政清(石谷)　⑩13
政清(井上)　③226
政清(大田原)　⑭106
政盛(戸沢)　⑦50
政盛(南部)　④229
政盛(三好)　⑭174
政盛(向井)　②100
政晴(内藤)　⑧40
政宣(佐野)　⑧199
政全(江原)　⑪6
政善(松平)　①57, 113
政宗(木造)　⑫223⑬211, 236
政宗(伊達)　⑦174
政宗(伊達・羽柴・松平)　⑦176, 184
政宗(山中)　④155
政増(大関)　⑭111
政則(赤松)　⑬208
政則(浅井)　⑫187
政則(天野)　⑩31
政則(井上)　③226
政則(大井)　④237
政則(斎藤)　⑨165
政則(仙石)　③91
政則(山崎)　⑪62
政泰(葦野)　⑨233
政泰(植村)　③96
政泰(加々爪)　⑦195
政泰(本郷)　⑤192
政泰(宮崎)　⑪174
政代(小堀)　⑪111
政知(足利)　①36
政忠(大井)　④241
政忠(糟屋)　⑨200
政忠(川合)　⑪19
政忠(斎藤)　⑨164
政忠(竹田)　⑨180
政忠(内藤)　⑧68
政忠(畠山)　⑮200

政忠(三田)　⑪79
政長(池田)　⑧167
政長(小笠原)　④158,197
政長(栗原)　④68
政長(五味)　⑧11
政長(下条)　④20
政長(神保)　⑭219
政長(高木)　③146
政長(竹田)　⑨180
政長(建部)　⑬113
政長(田中)　⑨65
政長(椿井)　⑩222
政長(東条)　④54
政長(内藤・豊臣)　⑧38
政長(中山)　⑦232
政長(畠山)　②40
政長(本多)　⑧230
政長(松平)　①192
政長(諸星)　⑮72
政朝(大井)　④237
政朝(本多)〈甲斐守〉　⑧229
政朝(本多)〈帯刀〉　⑧267
政澄(阿部)　⑫241
政直(市橋)　⑩90
政直(一色)　②73
政直(大井)　④241
政直(大岡)　⑪200
政直(乙部)　⑨176
政直(筧)　⑫5
政直(神谷)　⑪164
政直(駒井)　④72
政直(榊原)→康勝(榊原)
政直(瀬名)　②25
政直(富永)　⑬171
政直(貫名)　⑦236
政直(福村)　③260
政直(向井)　②101
政直(依田・松井)　③180
政定(加々爪)　⑦195
政定(向坂)　⑤199
政定(柘植)　⑦26
政定(椿井)　⑩221
政定(三田)　⑪79
政定(山角)　⑪50
政貞(池田)　②253
政貞(大岡)　⑪199
政貞(大河内)　③31
政貞(小笠原)
→政秀(小笠原)
政貞(小俣)　⑤246
政貞(菅谷)　⑫230
政貞(内藤)　④59
政貞(三宅)　⑪66
政度(畠山)　⑮200
政道(浅井)　⑭162
政道(湯)　⑬129
政徳(水上)　④279
政能(長沼)　⑧98
政普(柘植)　⑦23
政武(駒井)　④72
政武(都筑)　⑨173
政平(小河)　⑦151
政平(小長谷)　⑤213
政弁(石川)　②196
政保(大岡)　⑤215⑪199
政法(山本)　③268
政豊(小笠原)　④166
政豊(加々爪)　⑦196
政豊(山内)　⑧6
政豊(山崎)　⑪63
政豊(山名)　①253,256
政房(池田)　⑮203
政房(高力)　⑥85
政房(鈴木・松平)　⑮52
政房(土岐)　③54
政房(内藤)　⑧69
政房(山崎)　⑪62
政満(諏訪)　⑤111
政明(朝倉)　⑭140
政茂(桜井)　⑩217
政茂(下島)　⑮75
政茂(那波)　⑫137
政友(南条)　⑦75
政友(三島)　⑦44
政由(鎌田)　②169
政有(細川)　②29
政雄(揖斐)　③109
政頼(菅谷)　⑫231
政頼(武田)　④20
政頼(那波)　⑫137
政頼(畠山)→昭高(畠山)
政利(大河内)　③31
政利(小俣)　⑤246
政利(神谷)　⑪164
政〔正〕利(清水・戸田)　⑩79,237
政利(神保)　⑭221
政利(田中)　⑨65
政利(本多)　⑧230
政良(桜井)　⑩217
政良(溝口)　④8
政良(向井)　②101
政倫(大河内)　③31
政連(南部)　④228
省(渡辺)　⑭2,11
清(渡辺)〈新蔵〉　⑭29
清(渡辺)〈与三左衛門〉　⑭49
清安(竹田)　⑮144
清胤(岩城)　⑥99

清胤(大江)　⑫118
清胤(河原)　④15
清員(西郷)　⑤164
清雲(武藤)　⑮138
清遠(大江)　⑫119
清遠(日下部)　⑭129
清遠(新庄)　⑧147
清夏(藤原)　⑦165⑨242
清家(赤井)　③241
清家(小田)　④151
清家(藤原)　⑧214,250
清鑑(小笠原)　④178
清吉(高木)　③137
清吉(松平)　①190
清久(榊原)→照久(榊原)
清久(島津)　②142
清久(水野)　⑤81
清許(沼)　⑫12
清近(山本)　③267
清経(赤沢)　④152,223
清兼(石川)　②198
清言(大江)　⑫120
清公(菅原)　⑫89
清広(柘植)　⑦22
清光(源・逸見)　①47④1,14,36,145,226⑮195
清行(松平)　①55,110
清康(松平・世良田)　①70,104,183
清綱(大江)〈出雲守〉　⑫117
清綱(大江)〈文〉　⑫117
清綱(岡辺)　⑦166⑨242
清綱(渡辺)　⑭26
清衡(藤原)　⑦147
清之(井上)　③228
清氏(赤井)　③239
清氏(水野)　⑤81
清次(市岡)　⑤257
清次(神谷)　⑪158
清次(栗原)　④68
清次(戸田)　⑩77
清次(内藤)　⑧53
清次(中西)　⑪142
清次(水野)　⑤81
清治(幸田)　③184
清持(木村)　⑮261
清時(小笠原・鳴海)　④15,151
清実(高木)　③136
清実(林)　④253
清須(松平)　①187
清秀(井上)　③224
清秀(日下部)　⑭129
清秀(酒井)　①221
清秀(高木)　③130
清秀(中川)　③72
清充(石谷)　⑩14
清重(多門)　⑭54
清重(日下部)　⑭129
清重(柘植)　⑦21
清重(林)　④253
清重(本多)　⑧252
清俊(大江)　⑫115
清春(沼)　⑫11
清昌(松平)　①56,111
清勝(大岡)　⑪196
清勝(戸田)　⑩77
清勝(沼)　⑫11
清勝(林)　④253
清照(横山)　⑪57
清辰(柘植)　⑦20
清信(松平)　①55,110
清尋(日下部)　⑭129
清正(石谷)　⑩13
清正〔政〕(太田・高木)　③135⑧111
清正(神谷)　⑪159
清正(高井)　⑦40
清正(高木)　③137
清正(竹尾)　⑤240
清正(南)　⑦20
清正(横山)　⑪57
清成(内藤)　⑧52
清成(沼)　⑫11
清政(大岡)　⑪198
清政(太田・高木)→清正(太田・高木)
清政(木村)　⑬59
清政(榊原)　②95
清政(内藤)　⑧53
清政(中川)　④160
清政(松平)　①190
清政(村上)　③211
清政(横山)　⑭183
清盛(平)　⑥3,10,41
清晴(桑山)　⑪43
清善(松平)　①55,107
清宗(小笠原)　④165
清宗(松平)　①55,107
清増(大関)　⑭111
清足(石部)　⑮183
清続(本多)　⑧278
清村(沼)　⑫12
清泰(大岡)　⑪198
清忠(大江)　⑫114
清忠(松平)　①190
清忠(御嶽)　⑧209
清長(井上)　③228,232
清長(木村)　⑬59
清長(高力)　⑥78
清長(榊原)　②81,95
清長(高木)　③145

清長(柘植) ⑦23
清長(二階堂) ⑩12
清澄(藤原) ⑨194
清直(熊谷) ⑥77
清直(沼) ⑫11
清直(松平) ①186
清通(大江) ⑫117
清通(岡本) ⑨63
清通(久世) ⑬220
清定(石谷) ⑩13
清定(入江) ⑦166
清定(大江) ⑫117
清定(木村) ⑬59
清定(榊原) ②95
清定(沼) ⑫11
清定(藤林) ⑮19
清定(松平)〈内記〉 ①55,110
清定(松平)〈与一〉 ①68,170⑮257
清定(水野) ⑤81
清貞(沢) ⑤267
清貞(高木) ③137
清貞(沼) ⑫12
清道(沼) ⑫11
清方(上杉) ⑦202
清方(高木) ③134
清方(松平) ①56,111
清奉(三方) ⑭129
清房(工藤) ⑩16
清房(長坂) ⑤5
清房(藤原) ⑦190
清本(高木) ③136
清麿(和気) ⑮112
清茂(赤井) ③239
清茂(玉虫) ⑥103
清有(水谷) ⑫128,144
清幽(津田) ⑥29
清雄(松平) ①56,111
清隆(岩城) ⑥98
清隆(平井) ④16
清隆(源・安井) ①48④147
清良(沼) ⑫11
清和天皇 ①29,52,72④135⑭58
盛(松浦) ⑨195
盛(渡辺) ⑭43
盛(渡辺)→清(渡辺)
盛安(戸沢) ⑦49
盛安(永井) ⑥193
盛胤(相馬)〈大膳大夫〉 ⑥165
盛胤(相馬)〈弾正大弼〉 ⑥166
盛胤(相馬)〈小次郎〉 ⑥171
盛員(高田) ③48
盛永(須田) ③251
盛永(須藤) ⑨235
盛家(赤井) ③240
盛家(大江) ⑫118
盛家(霜) ⑪210
盛家(安富) ⑫212
盛義(須田) ③251
盛義(源・平賀) ①47④144
盛吉(須藤) ⑨236
盛吉(蔦木) ⑪169
盛吉(深谷) ⑮71
盛吉(御嶽) ⑧210
盛吉(向山) ⑭51
盛吉(依田) ③174
盛久(大江) ⑫115
盛久(糟屋) ⑨199
盛久(平) ⑦2
盛久(日根野) ⑪22
盛教(西尾) ⑤207
盛興(鹿伏兎) ⑮228
盛近(須田) ③253
盛近(山本) ③267
盛経(少弐) ⑨238
盛経(諏訪) ⑤108
盛経(平)〈八郎〉 ⑦2
盛経(平)〈備中守〉 ⑦3
盛経(日根野) ⑪22
盛景(飯河) ⑦121
盛景(平) ⑦3
盛継(伊勢) ⑦3
盛見(大内) ⑭251
盛兼(伴) ⑮9
盛賢(大江)〈師季男〉 ⑫115
盛賢(大江)〈時賢男〉 ⑫123
盛憲(藤原) ⑦190
盛広(大江) ⑫129
盛広(蠣崎) ④130
盛広(須藤) ⑨236
盛広(日根野) ⑪21
盛広(向山) ⑭51
盛弘(宗) ⑥43
盛光(平) ⑦2
盛光(高梨) ①46
盛行(平) ⑦2
盛行(伊勢) ⑦2
盛幸(山口) ⑭254
盛高(諏訪) ⑤108
盛高(諏訪)→頼重(諏訪)
盛綱(佐々木・加地) ⑬66,89,177
盛綱(佐野)〈小太郎〉 ⑧194
盛綱(佐野)〈吉之丞〉

⑧196
盛綱(平) ⑥4,11
盛綱(諸星) ⑮72
盛綱(渡辺) ⑭16
盛国(源・村上) ③236
盛之(飯河) ⑦120
盛氏(日根野) ⑪22
盛次(阿部) ⑫242
盛次(天野) ⑩38
盛次(飯河) ⑦121
盛次(太田) ⑧116
盛次(岡部) ⑨250
盛次(葛俣・小畠) ⑥233
盛次(五島) ④35
盛次(佐久間) ⑥216
盛次(蔦木) ⑪167
盛次(根来) ⑪212
盛次(三橋) ⑪74
盛次(諸星) ⑮71
盛治(鹿伏兎) ⑮229
盛治(日根野) ⑪22
盛時(糟屋) ⑨199
盛時(鹿伏兎) ⑮229
盛時(諏訪) ⑤109
盛実(長井) ⑥195
盛実(日根野) ⑪22
盛実(藤原) ⑦190
盛秀(川村) ⑧19
盛秀(楠) ⑭151
盛秀(平) ⑦2
盛秀(野呂) ⑮25
盛重(諏訪) ⑤108
盛重(根来) ⑪210
盛重(向山) ⑭51
盛重(諸星・曽根) ⑮72
盛重(山口) ⑭254
盛俊(大江) ⑫115
盛俊(小西) ⑬150
盛俊(山中) ⑭173
盛尚(須田) ③253
盛昌(中島) ④260
盛勝(久保田) ⑤47
盛勝(霜) ⑪210
盛勝(須藤) ⑨235
盛勝(高山) ⑥199
盛勝(三橋) ⑪74
盛常(須田) ③253
盛信(飯河) ⑦121
盛信(木村) ⑬60
盛信(楠) ⑭151
盛信(関) ⑥51
盛信(平) ⑦3
盛信(中島) ④259
盛信(仁科) ④28
盛森(須田) ③253
盛親(野呂) ⑮25
盛数(遠藤) ⑥204
盛世(諏訪) ⑤109
盛正(須田) ③253
盛正(知見寺) ⑪167
盛正(根来) ⑪211
盛政(飯河) ⑦120
盛政(河野) ④222⑬14
盛政(佐久間) ⑥216
盛政(須藤) ⑨236
盛政(野呂) ⑮25
盛政(伴) ⑮9
盛政(諸星) ⑮72
盛政(山口) ⑭254
盛清(大田原) ⑭101
盛清(源) ①45
盛迹(野呂) ⑮25
盛全(江原) ⑪7
盛宗(楠) ⑭151
盛聡(高山) ⑥198
盛泰(葦野) ⑨233
盛仲(橘) ⑭150
盛忠(野呂) ⑮25
盛忠(三橋) ⑪74
盛長(上野) ④153
盛長(宗) ⑥44
盛長(平)〈兵庫頭〉 ⑦2
盛長(平)〈信濃守〉 ⑦3
盛長(日根野) ⑪23
盛長(諸星) ⑮72
盛澄(日根野) ⑪22
盛直(井伊) ⑦236
盛直(飯河) ⑦120
盛直(中島)〈大蔵〉 ④259
盛直(中島)〈孫兵衛〉 ④260
盛直(日根野) ⑪22
盛通(山内) ⑧3
盛定(天野) ⑩38
盛定(飯河) ⑦120
盛定(宇久) ④35
盛定(小西) ⑬150
盛定(御嶽) ⑧210
盛定(森山) ⑦60
盛繁(山角) ⑪52
盛繁(依田・平原) ③174
盛豊(山内) ⑧3,9
盛房(大内) ⑭250
盛房(森山) ⑦62
盛満(須田) ③251
盛明(中島) ④260
盛明(森山) ⑦60
盛友(須田) ③251
盛祐(中坊) ⑪136
盛雄(関) ⑥50
盛頼(諏訪) ⑤108

諱　セ(盛晴精誠静整石碩雪説千仙宣専染詮全)

盛利(五島)　④35
盛利(中島)　④260
盛良(奥)　⑮229
盛良(須藤)　⑨235
晴具(一色)　②63
晴具(北畠)　⑬240
晴経(細川)　②30
晴継(南部)　④230
晴元(細川)　⑮236
晴広(相良)　⑩5
晴光(日野)　⑨192
晴康(宗)　⑥44
晴克(宮原)　②6
晴氏(足利)　②4
晴時(武藤)　⑮136
晴種(秋月)　⑭236
晴純(有馬)　⑨194
晴信(有馬)　⑨195
晴信(武田)　④28
晴政(赤松)　⑬208
晴政(南部)　④230
晴清(大田原)　⑭103
晴宗(伊達)　⑦175
晴直(宮原)　②4
晴通(河野)　⑬33
精(渡辺)　⑭33
精俊(鳥山)　①273
精親(鳥山)　①273
精明(鳥山)　①273
誠次(仁加保)　④245
誠勝(湯)　⑬129
誠政(仁加保)　④244
静諭(大江)　⑫137
整胤(相馬)　⑥171
石見王　⑭229
石次(宮原)　⑪184
石秋王　⑮164
石上内親王　⑫112
石利(宮原)　⑪184
碩庵(坂)　⑮153
雪成(早川)　⑪16
雪貞和尚(織田)　⑥16
説孝(藤原)　⑦144,189
説直(本間)　⑤195
千(織田)　⑥15
千古(大江)　⑫119
千国(藤原)　⑧143
千時(藤原)　⑦146⑧143
千種(藤原)→千時(藤原)
千秋(大江)　⑫119
千松(松平)　①219
千勝(阿部)　⑫242
千常(藤原)　⑦147,243⑧1,97,144,176,193⑮249,265
千清(藤原)　⑦146⑧34,144
千晴(藤原)　⑧34,143
千晴(藤原)→千時(藤原)
千代熊丸(毛利)　⑫152
千道(平岡)　③121
千方(藤原)　⑧144
千明(藤原)　⑧144
千里(大江)　⑫119,188
仙耀(知久)　⑤128
宣化天皇　⑭100,116
宣季(秋田)　⑫256
宣季(朝倉)　⑭137
宣経(榊原)　⑪222
宣賢(清原)　⑥96
宣元(長谷川)　⑧162
宣広(溝口)　④8
宣光(高木)　③130
宣行(高木)　③140
宣孝(藤原)　⑦145
宣高(一柳)　⑬26
宣綱(朽木)　⑬98
宣次(長谷川)　⑧162
宣実(葦野)　⑨231
宣秋(溝口)　④9
宣重(太田)　⑧112
宣重(小宮山)　⑤41
宣重(長谷川)　⑧163
宣俊(溝口)　④9
宣勝(岡部)　⑨247
宣勝(小宮山)　⑤41
宣勝(溝口)　④6
宣親(朝倉)　⑭136
宣正(朝倉)　⑭135
宣正(小宮山)　⑤41
宣成(朝倉)　⑭137
宣全(江原)　⑪7
宣総(梶)　⑦38
宣知(溝口)　④9
宣直(溝口)　④8
宣隆(岩城)　⑥100
宣隆(馬場)　②190
専益(南倉)〈親〉　⑮162
専益(南倉)〈子〉　⑮163
専順(市橋)　⑩86
専来(星合)　⑬254
染淵(大江)　⑫119
詮遠(新庄)　⑧146
詮持(斯波)　②51
詮重(小栗)　⑥106
詮春(細川)　②28⑮239
詮舜(西川)　⑮110
詮政(揖斐)　③109
詮泰(本郷)　⑤191
詮定(久松・一色)　①201⑫103
詮範(一色)　②62,72
全賀(板鼻)　③173
全真(平原)　③173

全成(源) ①40
全宗(施薬院) ⑮166
全仲(水谷) ⑧119
全隆(細川) ⑮241
全良(板鼻) ③173
前続(相良) ⑩4
前頼(相良) ⑩3
善(渡辺) ⑭32
善阿弥(鈴木) ⑮43
善淵(在原) ⑫111
善久(荒尾) ⑭210
善久(島津) ②141
善慶(竹田) ⑮141
善光(小堀) ⑪107
善幸(赤井) ③246
善次(荒尾) ⑭210
善秀(竹田) ⑮141
善秀(内藤) ⑮169
善勝(溝口) ④6
善親(堀) ⑮258
善征(平岡) ③120
善政(岡田) ⑤98
善長(松下) ⑬106
善貞(河島) ⑮260
善同(岡田) ⑤98
禅久(知久) ⑤127
禅欽蔵主(上杉) ⑦200

ソ

祖光(坂) ⑮149
祖舜(竹田) ⑮142
素景法師(東) ⑥204
素山(東) ⑥204
素純法師(東) ⑥204
素真→清和天皇
素性(良岑) ⑭94
素明法師(東) ⑥203
宗(渡辺) ⑭39
宗安(大田) ⑮218
宗安(柘植) ⑦21
宗安(塙) ⑮217
宗以(吉田) ⑮207
宗唯(伊吹) ⑬119
宗印(笠原) ⑮244
宗印(新庄) ⑧148
宗印(武田) ④24
宗印(野間) ⑮193
宗員(柘植) ⑦20
宗員(皆川) ⑧99
宗于(長沼) ⑧101
宗悦(奥) ⑮230
宗円(宇都宮)
⑦155⑨13
宗円(大江) ⑫118
宗円(丹波) ⑮175
宗遠(伊達) ⑦174
宗遠(土屋) ⑥144
宗遠(藤原) ⑧158
宗淵(大江) ⑫119
宗屋(施薬院) ⑮168
宗家(赤井) ③241
宗家(斯波) ②50
宗家(柘植) ⑦21
宗家(門奈) ⑩126
宗家(山崎) ⑬111
宗雅(紀) ⑫209
宗雅(施薬院) ⑮168
宗恪(吉田) ⑮162
宗活(吉田) ⑮206
宗閑(半井) ⑮116
宗季(秋田) ⑫256
宗季(清原) ⑥96
宗季(清水谷) ⑮140
宗季(藤原) ⑧158
宗季(本間) ⑤194
宗吉(板倉) ⑫245
宗吉(川口) ⑦83
宗吉(柘植) ⑦23
宗久(大田) ⑮218
宗久(沢) ⑫108
宗久(島津)<式部少輔>
②133
宗久(島津)<三郎左衛門
尉> ②138
宗久(島津)→久清(島津)
宗久(柘植) ⑦24
宗久(三浦) ⑥125
宗匡(立花) ②174
宗教(佐々木) ⑬197
宗教(那波) ⑫138
宗業(清原) ⑥96
宗矩(柳生) ⑫88
宗桂(吉田) ⑮156,205
宗経(諏訪) ⑤109
宗経(南部) ④227
宗景(井口) ⑫35
宗景(皆川) ⑧99
宗継(佐々木・六角)
→宗信(佐々木・六角)
宗継(藤原) ⑧158
宗継(米倉) ④62
宗慶(久志本) ⑮185
宗慶(竹田) ⑮142
宗慶(望月) ⑮224
宗見(清水) ⑮119
宗兼(藤原) ⑧158
宗賢(清原) ⑥96
宗顕(知久) ⑤128
宗元(江藤) ⑮120
宗元(上山) ⑫134
宗元(那波)<掃部助>
⑫137
宗元(那波)<弥次郎>

⑫138
宗玄(川那部)　⑫201
宗玄(宮城)　⑫193
宗厳(柳生)　⑫87
宗広(大江)〈太郎四良〉　⑫133
宗広(大江)〈孫次郎〉　⑫136
宗広(那波)　⑫137
宗広(日根野)　⑪21
宗弘(土屋)　⑥144
宗弘(保田)　④37
宗光(土屋)　⑥144
宗光(戸田)　⑩62,67
宗光(日野)　⑨189
宗好(日下部)　⑭145
宗行(太田)→行政(太田)
宗行(南部)　④228
宗高(朝倉)　⑭129
宗高(柘植)　⑦20
宗盍(久留島)　⑬38
宗康(小笠原・松尾)　④163,202,208,209
宗康(柘植)　⑦20
宗康(藤原)　⑧158
宗綱(宇都宮)　⑦155⑨13
宗綱(大河内)　③24
宗綱(木村)　⑧33
宗綱(佐々木・六角)　⑬179
宗綱(佐野)　⑧195
宗綱(伊達)　⑦174
宗綱(堀部)　⑬155
宗綱(吉田)　⑮156
宗綱(渡辺)　⑭24
宗衡(大江)　⑫135
宗国(柘植)　⑦21
宗佐(青山)　⑧86
宗氏(京極)　⑬40,68
宗氏(斯波)　②50
宗氏(堀場)　⑬156
宗資(須藤)　⑦164
宗資(那須)　⑨213
宗次(井狩)　⑪248
宗次(伊丹)　③83
宗次(伊吹)　⑬119
宗次(川口)　⑦85
宗次(小林)　⑪119
宗次(坂部)　⑦100
宗次(柘植)　⑦22
宗次(都筑)〈市左衛門尉〉　⑨170
宗次(都筑)〈万千代〉　⑨170
宗次(土肥)　⑮256
宗次(松井)　⑭160
宗次(松平)　①163
宗次(門奈)　⑩127
宗治(柘植)　⑦20
宗時(伊達)　⑦186
宗実(片山)　⑮181
宗実(杉本)　⑥114
宗実(伊達)　⑦186
宗秀(大江)　⑫133
宗秀(長沼)　⑧100
宗重(阿部)　⑫246
宗重(井狩)　⑪248
宗重(伊丹)　③83
宗重(井口)　⑫35
宗重(伊吹)　⑬119
宗重(川口)　⑦84
宗重(日下)　⑭148
宗重(小林)　⑪119
宗重(長谷川)　⑧158
宗重(松井)　⑭160
宗重(保田)　④37
宗重(余語)　⑫108
宗俊(青山)　⑧86
宗俊(赤井)　③243
宗俊(伊丹)　③83
宗俊(今井)　⑧145
宗俊(柘植)　⑦20
宗俊(中御門)　⑦162
宗俊(南条)　⑦74
宗俊(皆川)　⑧99
宗俊(山中)　⑭172
宗春(内田)　⑮130
宗恂(吉田)　⑮159
宗純(岡本)　⑮190
宗詢(知久)　⑤128
宗助(斎藤)　⑦157
宗尚(清原)　⑥96
宗将(土屋)　⑥144
宗勝(大田)　⑮219
宗勝(川口)　⑦83
宗勝(日下)　⑭147
宗勝(立花)　②174
宗勝(水野)　⑤86
宗勝(宮城)　⑫200
宗勝(門奈)　⑩126
宗常(皆川)　⑧99
宗信(井口)　⑫35
宗信(川口)　⑦84
宗信(紀)　⑫209
宗信(黒田)　⑬40
宗信(小林)　⑪119
宗信(佐々木)　⑬197
宗信(佐々木・六角)　⑬179
宗親(江藤)　⑮120
宗親(小林)　⑪121
宗親(長沼)　⑧100
宗親(野間)　⑪28

宗仁(長谷川)　⑧158
宗世(川口)　⑦85
宗正(板倉)　⑫245
宗正(日下部)　⑭146
宗成(勝島)　⑦20
宗成(皆川)　⑧102
宗成(吉田)　⑮161
宗政(小笠原)　④159
宗政(中沼)　⑦151
宗政(長沼)　⑧98
宗政(藤林)　⑮20
宗清(井狩)　⑪248
宗清(大田)　⑮218
宗清(丹波)　⑮166
宗清(柘植)　⑦19
宗清(湯)　⑬129
宗盛(平)　⑥3
宗雪(保田)　④38
宗説(坂)　⑮149
宗仙(丹波)　⑮175
宗仙(吉田)　⑮207
宗僊(片山)　⑮177
宗蔵主(小笠原)　④165
宗則(小笠原)　④165
宗則(皆川)　⑧99
宗村(伊達)　⑦173
宗村(皆川)　⑧99
宗存(武田)　④27
宗尊(柘植)　⑦23
宗泰(石川)　②197
宗泰(遠藤)　⑩253
宗泰(佐々木・六角)　⑬180
宗泰(長沼)　⑧99
宗泰(堀部)　⑬155
宗琢(片山)　⑮180
宗琢(山下)　⑮121
宗達(吉田)　⑮161
宗知(柘植)　⑦21
宗知(横山)　⑭181
宗智(武田)　④30
宗忠(日下)　⑭147
宗忠(丹波)　⑮166
宗忠(柘植)　⑦24
宗忠(皆川)→宗俊(皆川)
宗忠(門奈)　⑩127
宗忠(吉田)　⑮156,205
宗長(小笠原)　④155,195
宗長(島津)　②134
宗長(松平)　①69,175
宗長(皆川)　⑧99
宗直(松井)　⑭160
宗直(八木)　⑭131
宗陳(吉田)　⑮161
宗通(飯野)　⑬254
宗定(川口)　⑦83
宗定(保田)　④37
宗貞(井口)　⑫35
宗貞(伊勢)　⑦3
宗貞(柘植)　⑦20
宗貞(土屋)　⑥145
宗貞(良岑)　⑭93
宗的(長谷川)　⑧158
宗哲(片山)　⑮178
宗伝(熊谷)　⑮223
宗徳(秦)　⑮172
宗任(安倍)　⑫249
宗能(興津)　⑩17
宗能(秩父)　⑥227
宗能(柘植)　⑦21
宗巴(清水)　⑮118
宗巴(秦)　⑮169
宗伯(施薬院・三雲)　⑮167
宗範(大内)　⑭249
宗富(皆川)　⑧104
宗武(柘植)　⑦23
宗保(松井)　⑭160
宗甫(川那部)　⑫201
宗房(井狩)　⑪248
宗房(大江)〈文〉　⑫125
宗房(大江)〈四郎〉　⑫129
宗房(紀)　⑫229
宗満(小笠原)　④159
宗満(黒田)　⑬40
宗茂(立花・羽柴)　②175
宗茂(玉虫)　⑥103
宗茂(那波)　⑫138
宗有(彦坂)　⑤104
宗有(水谷)　⑫128,145
宗祐(熊谷)　⑮222
宗祐(清水)　⑮118
宗雄(柘植)　⑦22
宗頼(田村)　⑫127
宗頼(八木)　⑭130
宗利(朝比奈)　⑦214
宗利(松井)　⑭160
宗立(和田)　⑬80
宗隆(大田)　⑮218
宗隆(小笠原)　④158
宗隆(那須)　⑦164⑨214
宗林(吉田)　⑮156,205
宗和(吉田)　⑮207
倉継(日下部)　⑭128
倉増(日下部)　⑭128
桑田王　⑭229
僧可(上杉)　⑦200
総氏(石川)　②204
総長(石川)　②203
増広(大関)　⑭112
増次(大関)　⑭109

増清(大田原)　⑭106
増晴(大関)　⑭110
増弁(津軽)　⑮227
則(渡辺)　⑭39
則員(比企)　⑫45
則季(斎藤)　⑦157
則義(阿波)→教能(阿波)
則吉(加藤)　⑨83
則久(都筑)　⑨170
則経(斎藤)　⑦158
則景(赤松)　⑬199
則景(有馬)　⑬201
則光(斎藤)　⑦158
則高(斎藤)　⑦157
則康(鷲巣・細川)　③107
則綱(猪俣)〈小平六〉　⑭196
則綱(猪俣)〈助右衛門〉　⑭196
則綱(木村)　⑧33
則綱(南条)　⑦74
則綱(渡辺)　⑭46
則国(日下部)　⑭128
則次(有馬)　⑬204
則次(加藤)　⑨83
則次(都筑)　⑨171
則種(猪俣)〈親〉　⑭197
則種(猪俣)〈子〉　⑭197
則秀(有馬)　⑬200
則重(斎藤)　⑦159
則勝(加藤)　⑨83
則勝(杉浦)　⑥209
則勝(南条)　⑦73
則宗(浦上)　⑫212
則宗(保田)　④38
則村(赤松)　⑬200,207
則泰(植村)　③96
則直(知久)　⑤129
則貞(保々・鷲巣・細川)　③108
則道(岩城)　⑥98
則方(日下部)　⑭128
則房(倉林)　⑪142
則明(後藤)　⑦158
則茂(稲垣)　⑤227
則茂(神保)　⑭216
則門(南条)　⑦74
則祐(赤松)　⑬200,207
則頼(有馬)　⑬201
息村(越智)　⑬21
息方(越智)　⑬22
息利(越智)　⑬21
粟鹿(小千)　⑬20
続(渡辺)　⑭39
続成(佐藤)　⑧180
村基(荒木)　⑧14
村氏(吹田)　⑧14
村次(荒木)　⑧14
村重(荒木)　⑧11
村上天皇　⑬199
村常(荒木)　⑧15
村直(荒木)　⑧15
村満(荒木)　⑧15
村雄(藤原)　⑦146,243
存村(堀)　⑨125
尊運(上杉)　⑦207
尊基(大江)　⑫122
尊義(吉良)　②11
尊氏(足利)　①35②3,7
尊次(戸田)　⑩80
尊重(小笠原)　④153
尊俊(毛利)　⑫144
尊信(足利)　②5
尊徹(足利)　②8

タ

多(渡辺)　⑭33
多治比古王　⑭100
大廈和尚(武田)　④23
大原内親王　⑫112
大口臣(紀)　⑫207
大国(坂上)　⑮164
大日本根子彦太瓊→孝霊天皇
大助丸(藤堂)　⑩57
大小橋命　⑦138
大人(紀)　⑫207
大善院(織田)　⑥19
大太(大神)　⑮17
大俣王　⑭149
大勇(坂)　⑮146
大量(知久)　⑤128
泰(渡辺)　⑭2
泰家(八木)　⑭130
泰興(加藤)　⑨76
泰業(宮城)　⑦43
泰経(上山)　⑫136
泰景(宮崎)　⑪170
泰継(長和)　⑫136
泰元(朝岡)　⑨67
泰元(大江)　⑫129
泰元(大江)〈修理亮〉　⑫135
泰元(毛利)　⑫138
泰広(大江)〈又太郎〉　⑫129
泰広(大江)　⑫135
泰広(松前)　④132
泰弘(朝岡)　⑨67
泰行(田中)　⑥86
泰綱(宇都宮)　⑨14

泰綱(岡部)　⑦166⑨242
泰綱(佐々木・六角)　⑦86⑨167⑬68,93,100,155,179
泰綱(佐野)　⑧194
泰国(朝岡)　⑨67
泰国(畠山)　②39
泰氏(足利)　①34②2,10,50,61,108,114
泰氏(小笠原)　④155
泰氏(堀部)　⑬155
泰嗣(上条)　④19
泰次(菊池)　⑨5
泰次(宮崎)　⑪174
泰治(植村)　③95
泰時(北条)　⑥54
泰秀(朝夷名)　⑥114
泰秀(大江)　⑫133
泰秀(吉田)　⑮155
泰秋(毛利)→経親(毛利)
泰重(朝比奈)〈三郎右衛門尉〉　⑦216
泰重(朝比奈)〈甚二郎〉　⑦225
泰重(朝比奈)〈弥太郎〉　⑧82
泰重(江戸)　⑥177
泰重(大江)　⑫134
泰重(岡谷)　⑪209
泰重(宮崎)　⑪171
泰重(湯)　⑬129
泰勝(朝夷名)　⑥173
泰勝(朝岡)　⑨67
泰勝(朝比奈)　⑦225
泰勝(植村)　③94
泰勝(本郷)　⑤193
泰職(植村)　③93
泰信(遠藤)　⑩253
泰信(岡谷)　⑪209
泰信(小山)　②197
泰信(佐々木)　⑬93
泰信(佐原)　⑥133
泰信(湯)　⑬129
泰親(河田)　⑩168
泰親(松平・世良田)　①53,100,106
泰成(朝夷名)　⑥173
泰成(権田)　⑩174
泰政(小笠原)　④211
泰政(源・池田)　①43
泰清(小笠原)　④155
泰清(権田)　⑩174
泰清(佐々木)　⑬128
泰盛(戸沢)　⑦49
泰千(大江)　⑫136
泰宗(宇都宮)　⑨14,38
泰総(石川)　②203
泰村(三浦)　⑥116
泰忠(植村)　③94
泰忠(糟屋)　⑨200
泰忠(宮里)　②133
泰長(権田)　⑩174
泰朝(秋元)　⑩226
泰朝(植村)　③95
泰朝(宇都宮)　⑨66
泰朝(大江)　⑫137
泰朝(権田)　⑩174
泰朝(本郷)　⑤191
泰澄(朝夷名)　⑥174
泰直(朝岡)　⑨68
泰直(井伊)　⑦236
泰直(大友)→頼泰(大友)
泰通(朝夷名)　⑥174
泰通(星合)　⑬254
泰定(加々爪)　⑦196
泰定(菊池)　⑨6
泰冬(朝夷名)　⑥172
泰藤(宇都宮)　⑨14,38,66
泰範(今川)　②17
泰繁(横瀬)　①260
泰敏(湯)　⑬129
泰満(宮崎)　⑪170
泰茂(大江)　⑫136
泰茂(本郷)　⑤192
泰友(朝比奈)　⑦216
泰雄(朝夷名)　⑥173
泰雄(朝比奈)　⑥175
泰頼(大森)　⑨5
泰隆(九鬼)　⑩203
泰隆(佐久山)　⑨213
泰隣(宮崎)　⑪174
宅次(飯田・山田)　⑤133
宅重(飯田)　⑤133
琢庵(半井)　⑮116
鐸石別命　⑮111
達安(戸川)　⑪1
但勝(清水)　③164
淡海公→不比等(藤原)
湛(松浦)　⑭2
暖次(豊島)　⑥197

チ

池守(多治比)　⑭100
知(渡辺)　⑭39
知家(八田)　⑦155
知基(藤原)　⑧157⑮265
知基(茂木)　⑦155
知郷(藤原)　⑮265
知景(藤原)　⑮266
知広(大江)　⑫132

諱　チ(知致智稚嫡中仲虫沖忠)

知広(藤原)　⑮266
知好(前田)　⑫77
知氏(河勝)　⑭241
知氏(田中)　⑦156
知重(小田)　⑦155
知尚(八田)　⑦155
知昌(藤原)　⑧157⑮265
知乗(松平)　①66,158
知信(平)　⑦19
知親(河内)　⑦117
知政(大江)　⑫132
知清(横山)　⑭182
知盛(平)　⑥3,41
知宗(藤原)　⑧158
知宗(保田)　④37
知忠(藤原)　⑧157⑮265
知貞(土屋)　⑥148
知度(平)　⑥3
治→ジ
致雅(日根野)　⑪22
致公(源)　①49
致光(日根野)　⑪21
致時(中原)　⑭203
致秀(日根野)　⑪22
致任(源)　①49
致豊(山名)　①253
致有(日根野)　⑪22
致雄(紀)　⑫218,228
智淵(久志本)　⑮185
智時(藤原)→千時(藤原)
智忠(浅井)　⑩235
稚鐸石別命　⑮111
嫡女(龍造寺)　⑦244
中正(藤原)　⑦172
仲翁和尚(島津)　②140
仲家(源)　③236
仲雅(田村)　⑫127
仲景(和気)　⑮113
仲綱(源)　①42③35
仲実(田村)　⑫127
仲秋(乗木)　②17
仲政(池田)　②250
仲政(丹波)　⑮175
仲政(源)　①42③23,52
仲清(源)　①45
仲宣(大江)　⑫120
仲宗(源)　①45
仲能(田村)　⑫126
仲平(在原)　⑫113
仲隆(清原)　⑥96
虫名(石部)　⑮183
沖綱(渡辺)　⑭13
忠(渡辺・戸田)　⑭31
忠(渡辺)〈宮内少輔〉　⑭39
忠(渡辺)〈刑部少輔〉　⑭49
忠愛(大久保)　⑨32
忠安(糟屋)　⑨200
忠安(姶良)　②138
忠安(大久保)　⑨44
忠安(日比野)　⑤12
忠以(大久保)〈権之助〉　⑨48
忠以(大久保)〈五郎兵衛尉〉　⑨55
忠為(大久保)　⑨20
忠一(奥田)　⑩183
忠一(松平)　①61,136
忠員(大久保)　⑨15,42
忠員(西郷)　⑤165
忠永(大久保)　⑨32
忠永(西尾・酒井)　①224⑤200,203
忠栄(青山)　⑧86
忠栄(島津)　②150
忠英(蜂須賀)　⑤147
忠益(大久保)　⑨49
忠於(大久保)　⑨44
忠家(赤井)〈左衛門督〉　③242
忠家(赤井)〈兵衛大夫〉　③243
忠家(赤井)〈五郎〉　③248
忠家(葦田)　③237
忠家(伊奈)　⑩129
忠家(長田)　⑦56
忠家(戸塚)　⑮87
忠季(酒井)　①224
忠季(島津)　②132
忠紀(島津)　②168
忠基(伊奈)　⑩129
忠基(大久保)　⑨30
忠義(島津)　②132
忠義(本多)　⑧229
忠義(安田)　④36
忠義(山内・松平)　⑧7
忠吉(浅井)　⑭162
忠吉(阿部)　⑫237
忠吉(荒河)　②128
忠吉(石川)〈与三郎〉　②213
忠吉(石川)〈長左衛門〉　②215
忠吉(市岡)　⑤255
忠吉(犬塚)　⑪225
忠吉(大岡)　⑪194
忠吉(大木)　⑤52
忠吉(大久保)〈茂左衛門〉　⑨44
忠吉(大久保)〈四郎右衛門尉〉　⑨46
忠吉(岡部)　⑭190

忠吉(酒井) ①227
忠吉(杉田) ⑩180
忠吉(鳥居)〈兵庫助〉 ⑦28
忠吉(鳥居)〈伊賀守〉 ⑦28
忠吉(内藤)〈六左衛門尉〉 ⑧43
忠吉(内藤)〈甚五左衛門尉〉 ⑧43
忠吉(内藤)〈三之助〉 ⑧56
忠吉(中川) ③76
忠吉(本多) ⑧279
忠吉(松平) ①68,171
忠吉(持田) ⑩181
忠吉(山下) ⑤234
忠久(石川) ②213
忠久(大草) ⑪204
忠久(大久保)〈源四郎〉 ⑨23
忠久(大久保)〈弥三郎〉 ⑨42
忠久(梶川) ⑥35
忠久(酒井) ①229
忠久(榊原) ⑪220
忠久(島津) ②131
忠久(松平) ①61,136
忠久(水野) ⑤58
忠久(持田) ⑩181
忠久(門奈) ⑩128
忠抛(大久保) ⑨48
忠共(町田・島津) ②168
忠教(石川) ②196
忠教(大久保) ⑨26
忠郷(有馬) ⑬205
忠郷(大久保) ⑬228
忠興(大久保) ⑨54
忠興(島津) ②145
忠興(内藤) ⑧39
忠興(細川) ②34
忠堯(倉橋) ⑪130
忠近(中川) ③76
忠経(酒井)〈牛助〉 ①228
忠経(酒井)〈民部〉 ①229
忠経(島津)〈左衛門尉〉 ②132
忠経(島津)〈五郎〉 ②134
忠景(大久保) ⑨53
忠景(加藤) ⑨98
忠景(島津) ②132
忠景(丹波) ⑮166
忠景(筒井) ⑫21
忠景(鳥居) ⑦28
忠景(松平) ①60,129
忠景(毛利) ⑫144
忠継(池田・松平) ②246
忠継(宇宿) ②132
忠継(島津) ②134
忠継(松木) ⑪166
忠継(山田) ②133
忠継(米倉) ④62
忠詣(天野) ⑩28
忠兼(島津)→勝久(島津)
忠顕(天野) ⑩28
忠元(蘆屋) ⑤102
忠元(乾) ⑫9
忠元(大久保) ⑨45
忠元(島津)→光久(島津)
忠元(筒井) ⑤222
忠元(中根) ⑥182
忠元(水野) ⑤57
忠元(毛利) ⑫143
忠古(酒井) ①225
忠虎(奥田) ⑩183
忠公(伊奈) ⑩129
忠弘(島津)〈若狭守〉 ②142
忠弘(島津)〈東市正〉 ②168
忠広(蠣崎) ④130
忠広(蔭山) ②9
忠広(中馬) ⑫142
忠広(森) ②224
忠光(有泉) ⑮82
忠光(佐多) ②137
忠光(筒井) ⑫22
忠光(戸田) ⑩66
忠光(中山) ⑦231
忠光(本多) ⑧231
忠光(町田) ②134
忠光(安田) ④36
忠好(松平) ①69,175
忠行(大岡) ⑪193
忠行(興津) ⑩16
忠行(紀) ⑫218,228
忠行(酒井) ①229
忠行(丹波) ⑮166
忠孝(大井) ④237
忠幸(島津) ②141
忠幸(中川) ③77
忠恒(酒井) ①225
忠恒(島津)→家久(島津)
忠恒(鳥居) ⑦33
忠恒(松平) ①61,139
忠高(大久保) ⑨23
忠高(奥田) ⑩183
忠高(小野) ⑭185
忠高(京極) ⑬70

忠高（本多）　⑧215
忠康（板橋）　⑥189
忠康（島津）　②133
忠綱（足利）　⑦152⑧194⑮249
忠綱（岡部）　⑨242
忠綱（酒井）　①228
忠綱（島津）　②132
忠綱（杉浦）　⑥213
忠綱（松平）　①62,139
忠綱（三浦）　⑥127
忠綱（向井）〈刑部太輔〉　②100
忠綱（向井）〈兵部〉　②106
忠綱（渡辺）　⑭26
忠刻（本多）　⑧228
忠国（島津）　②140
忠国（松平）　①70,180
忠根（小笠原）　④189
忠佐（大久保）　⑨18
忠佐（島津）　②134
忠之（大久保）　⑨54
忠之（黒田・松平）　⑬48
忠之（戸塚）　⑮87
忠氏（和泉）　②136
忠氏（鳥居）　⑦27
忠氏（松平）　①69,174
忠次（青山）　⑧80
忠次（浅井）　⑩234
忠次（天野）　⑩27
忠次（雨宮）　⑪187
忠次（安藤）　④53
忠次（市岡）　⑤255
忠次（伊奈）　⑩129
忠次（犬塚）〈七蔵〉　⑪225
忠次（犬塚）〈平右衛門尉〉　⑪225
忠次（大井）　④237
忠次（大岡）　⑪192
忠次（大草）　⑪205
忠次（大久保）〈新蔵〉　⑨27
忠次（大久保）〈左衛門次郎〉　⑨41
忠次（大久保）〈藤右衛門尉〉　⑨45
忠次（大河内）　③33
忠次（奥田）　⑩183
忠次（小栗）　①195
忠次（金丸）　⑪246
忠次（酒井）〈蔵人〉　①229
忠次（酒井）〈小平次〉　①233
忠次（榊原・大須賀・松平）　②88,94
忠次（榊原）　⑪215
忠次（佐野）　⑮250
忠次（神）　⑫6
忠次（杉田）　⑩180
忠次（曽根）　④44
忠次（高付）　⑤252
忠次（宅間）　⑦211
忠次（筒井）　⑫21
忠次（豊島）　⑥196
忠次（戸田）〈三郎右衛門尉〉　⑩74
忠次（戸田）〈宗兵衛尉〉　⑩81
忠次（戸塚）　⑮88
忠次（鳥居）　⑦28
忠次（内藤）〈甚蔵〉　⑧42
忠次（内藤）〈平左衛門尉〉　⑧42
忠次（中川）　③77
忠次（久松）　⑫104
忠次（日比野）　⑤12
忠次（平賀）　④45
忠次（本多）〈彦八郎〉　⑧235
忠次（本多）〈大学〉　⑧268
忠次（松井・松平）　⑤178
忠次（松木）　⑪167
忠次（松平）〈弥九郎〉　①59,127
忠次（松平）〈市大夫〉　①60,138
忠次（松平）→長親（松平）
忠次（間宮）　⑬52
忠次（宮重）　⑪191
忠次（諸星）　⑮71
忠治（伊奈）　⑩129
忠治（島津）　②142
忠治（戸田）　⑩82
忠治（内藤）　⑧43
忠時（栗屋）　⑮102
忠時（大久保）〈宗四郎〉　⑨35
忠時（大久保）〈金兵衛尉〉　⑨43
忠時（小野）　⑭177
忠時（島津）→忠義（島津）
忠時（戸田）　⑩81
忠時（毛利）　⑫144
忠実（松平）　①59,128
忠守（大久保）　⑨44
忠守（水野）　⑤56
忠種（大岡）　⑪193
忠秀（宇宿）　②132
忠秀（岡部）　⑭190

忠秀（毛利） ⑫144
忠秋（赤井） ③250
忠秋（阿部） ⑫238
忠秋（小沢） ①198
忠脩（小笠原） ④182
忠重（天野） ⑩28
忠重（飯塚） ⑦75
忠重（石川） ②215
忠重（板倉） ②109
忠重（市岡） ⑤257
忠重（伊奈） ⑩130
忠重（稲垣） ⑤230
忠重（大井） ④237
忠重（大久保）〈彦兵衛尉〉 ⑨23
忠重（大久保）〈甚九郎〉 ⑨24
忠重（大久保）〈四郎左衛門尉〉 ⑨32
忠重（大久保）〈三郎右衛門尉〉 ⑨44
忠重（大久保）〈久六郎〉 ⑨44
忠重（大久保）〈右衛門八〉 ⑨51
忠重（大久保）〈次郎八〉 ⑨56
忠重（小沢） ①63, 143, 198
忠重（小野） ⑭185
忠重（加藤） ⑨78
忠重（神尾） ⑪145
忠重（熊谷） ⑥76
忠重（栗原） ④68
忠重（小林） ⑪120
忠重（酒井）〈壱岐守〉 ①228
忠重（酒井）〈長門守〉 ①243
忠重（杉田） ⑩180
忠重（諏訪） ⑤110
忠重（筒井）〈内蔵〉 ⑫21
忠重（筒井）〈弥兵衛尉〉 ⑫23
忠重（戸田） ⑩72
忠重（内藤） ⑧55
忠重（中川） ③76
忠重（中根） ⑥185
忠重（林） ④252
忠重（日比野） ⑤12
忠重（堀） ⑨116
忠重（本多） ⑧279
忠重（松平）〈三郎兵衛〉 ①61, 136
忠重（松平）〈大膳大夫〉 ①69, 173
忠重（水野） ⑤64
忠重（御手洗・向井） ⑪177
忠重（源） ①49
忠重（持田） ⑩181
忠重（矢橋） ⑦107
忠重（横地） ⑫51
忠俊（青山） ⑧81
忠俊（天野） ⑩27
忠俊（雨宮） ⑪187
忠俊（宇津） ⑨15
忠俊（大岡） ⑪193
忠俊（大久保） ⑨39
忠俊（酒井） ①244
忠俊（鳥居） ⑦27
忠俊（本多） ⑧235
忠俊（松平）〈刑部少輔〉 ①70, 181
忠俊（松平）〈越後守〉 ⑨108
忠俊（三浦） ⑥126
忠春（鳥居） ⑦33
忠純（本多） ⑧267
忠順（坂） ⑮147
忠助（梶川） ⑥35
忠助（筒井） ⑫21
忠助（逸見） ④3
忠尚（大久保）〈平右衛門尉〉 ⑨35
忠尚（大久保）〈六右衛門尉〉 ⑨48
忠尚（大久保）〈将監〉 ⑨51
忠尚（長坂） ⑤2
忠尚（松平） ①60, 128
忠昌（今井） ⑤14
忠昌（大久保） ⑨54
忠昌（奥平） ⑥143
忠昌（島津） ②142
忠昌（鳥居） ⑦33
忠松（豊島） ⑥196
忠昭（西尾） ⑤201
忠昭（松平） ①65, 162
忠相（本多） ⑧238
忠将（島津） ②144
忠将（本多） ⑧238
忠章（大岡） ⑪194
忠勝（石川） ②213
忠勝（伊奈） ⑩129
忠勝（巨海） ④52
忠勝（大井） ④237
忠勝（大井）→満久（大井）
忠勝（大岡） ⑪192
忠勝（大久保） ⑨45
忠勝（小栗） ①195
忠勝（長田） ⑦55
忠勝（熊沢） ⑪143

忠勝(斎藤) ⑨165
忠勝(酒井)〈讃岐守〉 ①225
忠勝(酒井)〈宮内太輔〉 ①242
忠勝(榊原) ⑪220
忠勝(田中) ①272
忠勝(戸田) ⑩78
忠勝(鳥居)〈宮内少輔〉 ⑦27
忠勝(鳥居)〈左近〉 ⑦32
忠勝(中川) ⑥28
忠勝(中山) ⑦233
忠勝(林) ④252
忠勝(平賀) ④45
忠勝(本多) ⑧215
忠勝(松平)〈孫右衛門〉 ①60,137
忠勝(松平)〈長七郎〉 ①69,175
忠勝(向井) ②102
忠勝(山上) ⑧210
忠勝(藁科) ⑩255
忠証(木全) ⑫225
忠常(大久保) ⑨33
忠常(小野) ⑩134
忠常(千葉) ⑥112,158
忠職(大久保) ⑨27
忠職(水野) ⑤75
忠辰(大久保)〈与一郎〉 ⑨50
忠辰(大久保)〈荒之助〉 ⑨54
忠信(佐藤) ⑧177
忠真(榊原) ⑪220
忠真(島津) ②133
忠真(本多) ⑧215
忠親(碇山) ②139
忠親(島津)〈下野守〉 ②135
忠親(島津)〈三郎次郎〉 ②150
忠親(肥田) ③113
忠親(藤原) ⑨2
忠親(本堂) ②183
忠綏(小笠原) ④154
忠世(大岡) ⑪194
忠世(大久保) ⑨16
忠世(酒井) ①223
忠正(雨宮) ⑪187
忠正(巨海) ④52
忠正(大久保) ⑨48
忠正(大河内) ③33
忠正(岡部)→吉正(岡部)
忠正(梶川) ⑥36
忠正(加藤) ⑨84
忠正(栗原) ④69
忠正(後藤) ⑨152
忠正(酒井)〈下総守〉 ①225
忠正(酒井)〈藤松〉 ①229
忠正(高尾) ④91
忠正(筒井) ⑫21
忠正(永井) ⑫181
忠正(本多) ⑧263
忠正(牧野・石川) ⑮16
忠正(松平) ①68,170
忠正(室賀) ⑤131
忠成(青山) ⑧80
忠成(大井) ④238
忠成(大井)→満実(大井)
忠成(大草) ⑪204
忠成(大久保) ⑨30
忠成(内藤) ⑧44
忠成(牧野) ⑤159
忠成(松木・神尾) ⑪145,167
忠成(松木) ⑪165
忠成(松平) ①69,174
忠成(毛利) ⑫143
忠征(瀧川) ⑫225
忠政(浅井) ⑭162
忠政(阿倍〔部〕・大久保) ⑨41⑫258
忠政(板橋) ⑥189
忠政(伊奈) ⑩129
忠政(大岡) ⑪193
忠政(大久保)〈弥三郎〉 ⑨42,46
忠政(大久保)〈右衛門八〉 ⑨50
忠政(大須賀・榊原) ②86,93
忠政(小笠原) ④183
忠政(奥平・松平) ⑥141
忠政(小栗) ①193
忠政(倉橋) ⑪130
忠政(酒井) ①228
忠政(榊原) ⑪218
忠政(神)〈藤右衛門尉〉 ⑫6
忠政(神)〈長左衛門尉〉 ⑫6
忠政(仙石) ③90
忠政(戸田) ⑩71
忠政(鳥居) ⑦32
忠政(内藤)〈六左衛門尉〉 ⑧43
忠政(内藤)〈仁兵衛尉〉 ⑧52
忠政(内藤)〈甚太郎〉 ⑧56

忠政(中川) ③78
忠政(林) ④251
忠政(肥田) ③113
忠政(堀) ⑮259
忠政(本多) ⑧225
忠政(松平)〈助之丞〉 ①60,137
忠政(松平)〈万助〉 ①69,175
忠政(松平)→忠隆(松平)
忠政(水野) ⑤55,78
忠政(森・羽柴) ②222
忠政(矢部) ⑦229
忠清(雨宮) ⑪187
忠清(伊奈) ⑩130
忠清(乾) ⑫9
忠清(岩城) ⑥98
忠清(大田原) ⑭101
忠清(糟屋) ⑨200
忠清(酒井) ①230
忠清(島津) ②165
忠清(内藤)〈金左衛門尉〉 ⑧42
忠清(内藤)〈三十郎〉 ⑧56
忠清(松平)〈民部太輔〉 ①55,110
忠清(松平)〈与十郎〉 ①70,184
忠清(水野) ⑤74
忠盛(平) ⑥3,10,41
忠晴(寺沢) ⑫216
忠晴(松平) ①70,181
忠雪(伊奈) ⑩129
忠宣(阿倍) ⑫263
忠善(水野) ⑤58
忠宗(大岡) ⑪195
忠宗(大久保) ⑨54
忠宗(島津) ②134
忠宗(伊達・松平) ⑦181,186
忠宗(知覧) ②132
忠宗(鳥居) ⑦28
忠宗(中川) ③77
忠宗(向井) ②106
忠宗(保田) ④36
忠総(石川) ②200⑨33
忠則(安田) ④36
忠村(大久保)〈清左衛門尉〉 ⑨36
忠村(大久保)〈三之助〉 ⑨56
忠存(坂) ⑮147
忠泰(赤井) ③249
忠知(蘆屋) ⑤101
忠知(大久保)〈源三郎〉 ⑨22
忠知(大久保)〈平六郎〉 ⑨57
忠知(小笠原) ④189
忠知(酒井) ①242
忠知(西尾) ⑤201
忠仲(毛利) ⑫144
忠長(雨宮) ⑪187
忠長(井上) ③228,232
忠長(大久保) ⑨24
忠長(榊原) ②87
忠長(島津)〈彦三郎〉 ②135
忠長(島津)〈図書頭〉 ②146
忠朝(酒井) ①229
忠朝(島津) ②138
忠朝(本多) ⑧227
忠澄(加々爪) ⑦197
忠澄(諏訪) ⑤114
忠澄(松平) ①61,139
忠直(井伊) ⑦237
忠直(大久保) ⑨51⑬221
忠直(後藤) ⑨153
忠直(酒井) ①229
忠直(榊原) ⑪218
忠直(佐多) ②137
忠直(島津) ②133
忠直(土屋) ②78⑪153
忠直(中山) ⑦232
忠直(鍋島・松平) ⑦247
忠直(肥田) ③113
忠直(本間) ⑤196
忠直(松平) ①69,174
忠直(山内) ⑧8
忠通(平) ⑥112
忠定(加々爪) ⑦195
忠定(鳥居) ⑦33
忠定(松平) ①60,129
忠貞(大久保) ⑨23
忠貞(岡)→孝貞(岡)
忠貞(紀) ⑫229
忠貞(松平) ①61,136
忠貞(水野) ⑤79
忠度(大江) ⑫114
忠当(大久保) ⑨53
忠当(酒井) ①244
忠道(紀) ⑫209
忠敦(小笠原) ④189
忠任(大久保) ⑨36
忠能(雨宮) ⑪187
忠能(興津) ⑩16
忠能(酒井) ①230
忠能(戸田) ⑩81
忠倍(島津) ②146
忠範(小野) ⑭177

忠武(筒井) ⑫22
忠平(島津) ②167
忠平(島津)→義弘(島津)
忠平(藤原) ⑦141,161
忠平(本多) ⑧229
忠保(小川) ⑧138
忠保(水野) ⑤63
忠輔(石川) ②198
忠邦(花房) ②115
忠豊(稲垣) ⑤230
忠豊(大久保) ⑨47
忠豊(本多) ⑧215
忠豊(山内・松平) ⑧8
忠房(岡)→孝貞(岡)
忠房(岡部) ⑭192
忠房(高力) ⑥82
忠房(相良) ⑩6
忠房(鳥居) ⑦33
忠房(内藤) ⑧43
忠房(中川) ③77
忠房(松平) ①61,137
忠房(三浦) ⑪195
忠房(渡辺) ⑭11
忠満(諏訪) ⑤110
忠名(大久保) ⑨27
忠明(奥平・松平) ⑥142
忠明(小野) ⑩134
忠明(杉原) ⑦15
忠明(丹波) ⑮165
忠明(鳥居) ⑦28
忠明(中川) ③78
忠茂(宇津) ⑨15,39
忠茂(立花) ②181
忠茂(鳥居) ⑦27
忠茂(毛利) ⑫143
忠門(青山) ⑧79,87
忠祐(大岡) ⑪192
忠雄(池田・松平) ②246
忠雄(大河内・大久保) ③33⑨27
忠与(宇津) ⑨15,39
忠余(小島) ⑤99
忠用(近藤) ⑦249
忠頼(蘆屋) ⑤102
忠頼(石川) ②196
忠頼(一条) ①49④17,46
忠頼(斎藤) ⑦157
忠頼(平) ⑥112,158
忠頼(丹波) ⑮166
忠頼(鳥居) ⑦33
忠頼(肥田) ③113
忠頼(松平) ①68,172⑥73
忠利(安藤) ④53
忠利(大久保) ⑨48
忠利(酒井) ①222
忠利(細川) ②36
忠利(本多) ⑧262
忠利(松平)〈主殿頭〉 ①61,133
忠利(松平)〈織部正〉 ①69,175
忠利(松平)〈九郎右衛門〉 ①70,184
忠利(松平)〈釆女正〉 ①205
忠隆(伊奈) ⑩130
忠隆(大久保) ⑨51
忠隆(奥平) ⑥142
忠隆(桂) ②169
忠隆(島津) ②143
忠隆(細川) ②36
忠隆(松平) ①61,136
忠良(伊集院) ②169
忠良(大久保) ⑨55
忠良(島津) ②143
忠良(本多) ⑧238
忠良(松平)〈長三郎〉 ①61,136
忠良(松平)〈甲斐守〉 ①204
忠隣(大久保) ⑨27
忠連(島津) ②133
長(宅間) ⑦210
長(渡辺)〈源五郎〉 ⑭42
長(渡辺)〈刑部少輔〉 ⑭49
長安(小笠原) ④190
長頤(田村) ⑭246⑮176
長一(織田)→長孝(織田)
長一(森) ②220
長尹(松下) ⑬101
長因(吉田) ⑮158
長員(上杉) ②48
長栄(田村) ⑭246⑮176
長栄(野間) ⑮193
長衛(田村) ⑭247
長益(織田) ⑥18
長淵(源) ①74
長屋王 ⑭229
長可(杉原・高橋) ⑦17
長家(赤井) ③244
長家(小曲) ④15
長家(千本) ⑨228
長家(松平・安城) ①67,103
長家(松平・久松)→俊勝(松平・久松)
長家(御子左) ⑦142,163⑨212,237

長快(藤原)　⑦162
長寛(鵜殿)　⑭244
長鑑(源)　①74
長季(成海)　⑭94
長基(安藤)　①46③189
長基(井上)　③228,232
長基(小笠原)　④159,199,208
長基(丹波)　⑮165
長喜(渋江)　⑮188
長祇(相良)　⑩5
長義(小笠原)〈弥五郎〉　④154
長義(小笠原)〈五郎〉　④161
長義(河内)　④16,147
長義(佐竹)　③255
長義(源・田井)　①48
長吉(池田・羽柴)　②239
長吉(市橋)　⑩90
長吉(木村)　⑬61
長吉(丹羽)　⑩99
長吉(林)　⑨185
長吉(布施)〈孫左衛門尉〉　⑭88
長吉(布施)〈孫左衛門〉　⑭88
長吉(松平)　①188
長吉(水野)　⑤75
長久(伊東)　⑨275
長久(丹波)　⑮175
長久(長谷川)　⑧164
長久(柳沢)　④67
長岌侍者(諏訪)　⑤111
長教(井上)　③228,232
長教(内藤)　④59
長興(赤沢)　④156
長興(鵜殿)　⑭244
長興(黒田)　⑬48
長堯(鵜殿)　⑭244
長近(金森)　⑤151
長経(小笠原)　④15,150,194,223,237
長景(遠山)　⑨134
長景(伏見)　⑩255
長継(森・関)　②224,225
長慶(丹波)　⑮175
長堅(横山)　⑭181
長元(宇佐美)　⑨257
長元(丹波)　⑮175
長広(大江)　⑫129
長広(蒔田)　⑩167
長光(八代・奴白)　④15,151
長光(奴白)　④17
長好(池田)　⑧167
長好(鵜殿)　⑭244
長好(大久保)　⑨26
長好(織田)　⑥18
長江(紀)　⑫228
長行(伊東・堀田)　⑨275
長孝(織田)　⑥18
長幸(池田)　②241
長恒(杉原)　⑦12
長康(楢崎)　⑬110
長綱(浅野)　②276
長綱(市橋)　⑩91
長綱(岡部)〈小次郎〉　⑨243
長綱(岡部)〈庄左衛門尉〉　⑨251
長綱(佐々木)　⑦87⑨167⑬100
長綱(松下)　⑬102
長綱(矢田)　④155
長綱(渡辺)　⑭13
長谷雄(紀)　⑫208,218,228
長歳(宇佐美)　⑨257
長算(根来)　⑪213
長之(小笠原)　④190
長之(神谷)　⑭181
長之(木造)　⑬237
長氏(足利)　①33②10
長氏(池田)　②242
長氏(小笠原)　④154,194
長氏(河勝)　⑭241
長氏(相良)　⑩3
長氏(杉原)　⑦17
長氏(東条)　④54
長氏(北条・伊勢)　⑥55
長次(伊東)　⑨275
長次(宇佐美)　⑨257
長次(鵜殿)　⑭243
長次(小笠原)　④191
長次(岡部)　⑨250
長次(織田)　⑥18
長次(織田)〈長兵衛尉〉　⑥21
長次(高力)　⑥84
長次(佐々)　⑬186
長次(千本)　⑨228
長次(曾根)　④42,44
長次(中村)　⑤263
長次(名取)　⑪249
長次(成神)　⑪213
長次(丹羽)　⑩98
長次(長谷川)　⑧164
長次(松平)　①188
長次(森川)〈助左衛門〉

⑬159
長次(森川)〈六左衛門〉 ⑬167
長治(浅野) ②276
長治(池田) ②242
長治(伊東) ⑨276
長治(神谷) ⑭180
長治(佐々) ⑬185
長治(平野・船橋) ⑥94,96
長治(宮城・三上) ⑫195
長持(鵜殿) ⑭242
長持(小笠原)〈小次郎〉 ④152
長時(小笠原)〈又二郎〉 ④170
長時(横山) ⑭178
長実(井上) ③228,232
長実(小笠原) ④153
長種(織田) ⑥19
長秀(小笠原) ④160,199,208,209
長秀(丹羽) ⑩93
長秀(吉田) ⑮156
長重(浅野) ②274
長重(天野) ⑩23
長重(池田) ②243
長重(鵜殿) ⑭244
長重(大久保) ⑨24
長重(小笠原) ④211
長重(木造) ⑬237
長重(佐々) ⑬185
長重(丹羽) ⑩96
長重(長谷川) ⑧164
長重(平野) ⑥95
長重(牧) ⑭168
長重(松田) ⑦42
長重(森川)〈助左衛門〉 ⑬160
長重(森川)〈六左衛門〉 ⑬167
長重(横山) ⑭180
長俊(鵜殿) ⑭244
長俊(河島) ⑮259
長俊(杉原) ⑦14
長俊(丹波) ⑮246
長俊(丹羽) ⑩98
長俊(野一色) ⑬85
長俊(野呂) ⑮25
長俊(森川) ⑬159
長俊(柳沢) ④67
長俊(山中) ⑭170
長昌(伊東) ⑨275
長昌(大久保) ⑨26
長昌(神谷) ⑭181
長昌(丹波) ⑮175
長松(阿部) ⑫242
長松(松平) ①217
長将(小笠原) ④161,208
長勝(浅野) ②259
長勝(池田) ⑧167
長勝(市橋) ⑩86
長勝(神尾) ⑪156
長勝(木造) ⑬237
長勝(榊原) ⑪224
長勝(向坂) ⑤199
長勝(千本) ⑨230
長勝(長谷川) ⑧164
長勝(平井) ⑬120
長勝(平野) ⑥95
長勝(牧) ⑭167
長勝(松下) ⑬104
長勝(松平) ①53,149
長勝(松平)→元心(松平)
長勝(水野) ⑤78
長勝(向井) ②99
長照(鵜殿) ⑭242
長照(丸茂) ④262
長常(池田) ②242
長縄(内藤) ④59
長臣(小笠原) ④211
長信(天野) ⑩22
長信(池田) ②243
長信(名取) ⑪249
長信(松下) ⑦87⑨168⑬101,103,107
長真(小笠原) ④220
長親(池田) ②244
長親(長谷川) ⑧164
長親(松平) ①66,102,151,167
長綏(伊那) ④151
長数(小笠原) ④155
長正(赤井) ③244
長正(小川) ⑧127
長正(木村) ⑬61
長正(木造) ⑬211
長正(田中) ①272
長正(丹羽) ⑩97
長正(原) ⑤249
長正(牧) ⑭167
長正(松平) ①188
長成(河島) ⑮259
長成(楠) ⑭151
長成(佐々) ⑬185
長成(三橋) ⑪75,224
長政(浅井) ⑫186
長政(浅野) ②259
長政(池田)〈河内守〉 ②240
長政(池田)〈下総守〉

②241
長政(市橋)　⑩89
長政(上杉)　②49
長政(小笠原)　④153,194
長政(岡部)　⑨248
長政(織田)　⑥18
長政(黒田)　⑬44
長政(榊原)　②81,95
長政(向坂)　⑤199
長政(神保)　⑭220
長政(関)　②225
長政(丹羽)　⑩93
長政(伏見)　⑩255
長政(山口)　⑦54
長晟(浅野)　②270
長清(大田原)　⑭101
長清(小笠原)　①48④14,148,193,223,237
長清(丹波)　⑮175
長清(中村)　⑤263
長盛(岡部)　⑨245
長盛(関)　⑥51
長盛(長谷川)　⑧164
長盛(武藤)　⑮135
長晴(向井)　②99
長宣(久世)　⑬221
長宗(市橋)　⑩91
長宗(伊那)　④164
長宗(保田)　④37
長則(織田)　⑥18
長則(金森)　⑤155
長則(松下)　⑬101
長続(相良)　⑩4
長村(小笠原)　④153
長村(三浦)　⑥117
長泰(池田)　②242
長泰(小笠原)　④211
長泰(平野・豊臣)　⑥94
長知(名取)　⑪249
長知(横山)　⑭179
長忠(池田)　②242
長忠(鵜殿)　⑭243
長忠(小笠原)　④152,194
長忠(木村)　⑬61
長忠(丹羽)　⑩93
長忠(向井)　②99
長朝(秋元)　⑩226
長朝(小笠原)〈助次郎〉　④154
長朝(小笠原)〈又二郎〉　④166
長澄(大倉)　④152
長直(鵜殿)　⑭244
長直(神谷)　⑪160
長直(熊谷)　⑥77
長直(勅使河原)　④154
長直(三好)〈伊賀守〉　④249
長直(三好)〈備中守〉　④249
長定(織田)　⑥18
長定(神尾)　⑪155
長定(相良)　⑩5
長定(山角)　⑪52
長貞(池田)　②241
長貞(上杉)　②49
長貞(森川)　⑬159
長伝(田村)　⑭246⑮176
長冬(小笠原)　④153
長冬(根来)　⑪213
長棟(小笠原)　④168
長徳(島津)　⑨151
長能(向坂)　⑤197
長能(下条)　④152
長伴(駒井)　④74
長範(松下)　⑦87⑨168⑬107
長富(内藤)　④59
長富(三橋)　⑪75,224
長武(内藤)　④59
長福寺(木曾)　②188
長保(小川)　⑧128
長保(駒井)　④74
長方(末吉)　⑪37
長房(小笠原)　④219
長房(高力)　⑥85
長房(杉原)　⑦13
長房(薄)　⑭117
長房(三好)　④150,249
長望(平)　⑥169
長毎(相良)〈太郎〉　⑩5
長毎(相良)〈左兵衛佐〉　⑩6
長明(池田)　②240
長明(末吉)　⑪37
長茂(稲垣)　⑤226
長茂(城)　⑥101
長門(江戸)　⑥177
長野(多治比)　⑭100
長有(田村)　⑭247⑮176
長雄(織田)　⑥24
長雄(木造)　⑬237
長猷(源)　①74
長誉(根来)　⑪213
長頼(青木)　⑭123
長頼(池田)　②242
長頼(相良)　⑩2
長頼(筑紫)　⑦163
長頼(東条)　④53
長頼(源)　①74
長頼(武藤)　⑨237

長利(青山) ⑭213
長利(市橋) ⑩86
長利(小笠原) ④169
長利(織田) ⑥19
長利(神保) ⑭219
長利(平野) ⑥95
長利(三宅) ⑪69
長隆(大蔵) ④15
長隆(小笠原) ④178
長隆(藤原) ⑦145
長隆(横山) ⑭178
長良(藤原) ⑦140,161⑨193
長廉(小笠原) ④154
長和(丹羽) ⑩99
張忠(松平) ①67,103
朝(渡辺) ⑭35
朝胤(三浦) ⑥119
朝延(秋鹿) ⑩246
朝家(葦田) ③238
朝義(岩城) ⑥99
朝久(三浦) ⑥125
朝経(赤沢) ④224
朝賢(西川) ⑮110
朝顕(八条) ⑦195,206
朝光(大井・中条) ④15,151,237
朝光(下山) ④233
朝光(藤林) ⑮19
朝光(結城) ⑦151⑧98
朝行(三浦) ⑥119
朝康(小笠原) ④164
朝綱(宇都宮) ⑦155⑨13
朝綱(大江) ⑫116
朝衡(大江) ⑫116
朝氏(吉良) ②11
朝氏(新田) ①259
朝資(荏原) ⑨215
朝実(藤原) ⑨9
朝重(宅間) ⑦210
朝常(三浦) ⑥119
朝信(武田・黒坂) ④17,47
朝信(三浦) ⑥125
朝親(本郷) ⑤191
朝親(本堂) ②183
朝正(秋鹿) ⑩246
朝正(秋山) ④271
朝成(石川・小山) ②197
朝成(藤方) ⑬215
朝政(小山) ⑦151⑧98
朝宗(上杉) ⑦199
朝宗(伊達) ⑦173
朝村(三浦)〈義村男〉 ⑥116,125
朝村(三浦)〈家村男〉 ⑥118
朝忠(江戸) ⑥178
朝長(大井) ④15
朝長(源) ①40
朝通(大江) ⑫117
朝定(上杉) ⑦195,205
朝定(藤林) ⑮19
朝典(大江) ⑫116
朝方(高倉) ⑦202
朝房(上杉) ⑦199
朝茂(城) ⑥104
朝頼(三条) ⑦144,189
朝隆(蒔田) ⑨214
超誉(松平) ①66,103
調(石部) ⑮182
澄景(大江) ⑫118
澄元(細川) ⑮236
澄江(大江) ⑫117
澄氏(武藤) ⑮136
澄世(有馬) ⑨194
澄則(有馬) ⑬200
澄存(今川) ②19
澄明(大江) ⑫116
澄隆(九鬼) ⑩203
直(下松浦) ⑭2
直安(山田) ⑪54
直為(一色) ②66
直為(内藤) ④58
直一(細) ⑮103
直員(千々石) ⑨195
直影(青木) ⑭120
直家(赤井)〈左衛門尉〉 ③243
直家(赤井)〈源太兵衛〉 ③245
直家(稲富) ⑦80
直家(熊谷) ⑥76
直家(田中) ⑦236
直家(祢津) ⑭59
直家(一柳) ⑬31
直家(最上) ②52
直寛(井伊) ⑦242
直寛(新庄) ⑧148
直寄(堀) ⑨117
直義(足利) ①35
直吉(田村) ⑭246
直吉(遠山) ⑨137
直吉(堀) ⑨124
直吉(三浦) ⑥130
直吉(村越) ⑪102
直久(川上) ⑪17
直久(高原) ⑪8
直久(田村)〈庄左衛門〉 ⑭246
直久(田村)〈太郎兵衛〉 ⑭246

直久(富田)　⑤257
直久(堀)　⑨122
直久(山田)　⑪55
直興(新庄)　⑧152
直興(一柳)　⑬32
直経(小松)　⑫250
直景(遠山)　⑨139,143
直景(堀)　⑨123
直継(青木)　⑭120
直慶(竹田)　⑮141
直兼(青木)　⑭118
直兼(内藤)　④58
直堅(山口)　⑤260
直賢(稲富)　⑦81
直元(永井)　⑫179
直元(間宮)　⑬52
直元(山中)　⑦113
直広(有富)→直衡(有富)
直弘(井戸)　⑫18
直弘(山田)　⑪56
直光(小笠原・大蔵)　④221
直好(新庄)　⑧155
直行(貫名)　⑦236
直孝(井伊)　⑦241
直高(一柳)　⑬27
直綱(黒田)　⑭164
直綱(新庄)　⑧153
直綱(松下)　⑬104
直綱(三木)　⑥207
直衡(有富)　⑫141
直国(井上)　③228,232
直材(松田)　⑦237
直之(井伊)　⑦241
直之(稲富)　⑦82
直之(小幡)　⑥232
直之(新庄)　⑧156
直之(堀)　⑨122
直氏(井伊)　⑦237
直氏(一色)〈宮内太輔〉　②66
直氏(一色)〈右京亮〉　②68
直氏(熊谷)　⑥77
直氏(新庄)　⑧151
直氏(堀)　⑨123
直嗣(新庄)　⑧148
直次(安藤)　③199
直次(神谷)　⑪162
直次(小林)　⑪116
直次(酒井)　①243
直次(佐野)　⑧196
直次(島田)〈五郎兵衛尉〉　③101
直次(島田)〈刑部少輔〉　③102
直次(下山)　④233
直次(杉田)　⑩180
直次(大道寺)　⑩43
直次(高林)　④272
直次(竹本)　⑫277
直次(立花)　②179
直次(遠山)　⑨137
直次(戸田)〈又久〉　⑩67
直次(戸田)〈市之丞〉　⑩68
直次(服部)　⑭75
直次(春田)　⑤218
直次(堀)〈雅楽助〉　⑨116
直次(堀)〈三十郎〉　⑨123
直次(松平)〈新五左衛門〉　①164
直次(松平)〈市正〉　④189
直次(三浦)　⑥130
直次(三好)　④250
直次(門奈)　⑩128
直治(安藤)　③207
直治(新庄)　⑧156
直治(内藤)　④58
直治(山口)　⑤261
直持(斯波)　②51
直時(井平)　⑦236
直時(稲富)　⑦80
直時(島田)　③101
直時(新庄)　⑧155
直時(永田)　⑪180
直時(堀)　⑨124
直時(山田)　⑪54
直滋(井伊)　⑦242
直滋(三好)　④250
直実(熊谷)　⑥76
直寿(新庄)　⑧152
直樹(土屋)　②80
直秀(稲富)　⑦80
直秀(戸田)　⑩67
直重(飯田)　⑤134
直重(稲富)　⑦80
直重(片桐)　⑤124
直重(加茂宮)　⑪185
直重(川上)　⑪17
直重(久保田)　⑤46
直重(熊谷)　⑥76
直重(高林)　④273
直重(永井)　⑫176
直重(花房)　②115
直重(一柳)　⑬30
直重(堀)　⑨120
直重(松平)　①165
直重(御手洗)　⑪175
直重(三好)　④250
直重(八木)　⑭130

直俊(新庄) ⑧148
直俊(永田) ⑪181
直春(木部) ⑭200
直純(有馬) ⑨196
直助(井伊) ⑦237
直升(堀) ⑨121
直升(三浦) ⑥130
直昌(新庄) ⑧149
直昌(建部) ⑬116
直昌(堀) ⑨117
直松(横田) ⑬153
直昭(堀) ⑨122
直勝(井伊) ⑦241
直勝(伊丹) ③82
直勝(大原) ⑩21
直勝(加茂宮) ⑪185
直勝(斯波) ②51
直勝(富永) ⑬171
直勝(永井・豊臣) ⑫173
直勝(根岸) ⑩261
直勝(堀) ⑨117
直勝(松平) ⑧66
直勝(三浦) ⑥130
直勝(溝口) ④8
直勝(門奈) ⑩128
直勝(山田) ⑪55
直照(一柳) ⑬32
直常(新庄) ⑧157
直常(服部・稲富) ⑭75
直縄(井伊) ⑦242
直縄(川上) ⑪17
直信(飯河) ⑦121
直信(小松) ⑫250
直信(武田) ⑮196
直信(遠山) ⑨140
直信(富永) ⑬173
直信(内藤) ④60
直信(堀) ⑨117
直信(真里谷) ⑬57
直信(八木) ⑭130
直親(井伊) ⑦238
直数(大道寺) ⑩45
直正(赤井) ③245
直正(朝比奈) ⑥175
直正(井上) ③232
直正(島田) ③101
直正(永田) ⑪181
直正(松平) ①164
直正(三浦) ⑥130
直成(細) ⑮103
直成(牧野) ⑤163
直成(三浦) ⑥131
直政(安藤) ③208
直政(井伊) ⑦239
直政(大岡) ⑤215⑪199
直政(織田) ⑥16
直政(加茂宮) ⑪186
直政(榊原) ⑪82
直政(高田) ③50
直政(瀧川) ⑫227
直政(多田) ③87
直政(知久) ⑤129
直政(遠山) ⑨140
直政(徳山) ③111
直政(戸田) ⑩68
直政(内藤・松平) ⑧66
直政(蜂屋) ⑩98
直政(堀)〈監物〉 ⑨113
直政(堀)〈釆女正〉 ⑨123
直政(三好) ⑭174
直清(一色) ②65
直清(神谷) ⑪162
直清(加茂宮) ⑪185
直清(高井) ⑦40
直清(遠山) ⑨139
直清(永井) ⑫175
直盛(井伊) ⑦238
直盛(片桐・豊臣) ⑤125
直盛(久保田) ⑤47
直盛(服部) ⑭75
直盛(一柳) ⑬27
直千(柴橋) ⑫130
直宗(井伊) ⑦238
直宗(鍋島) ⑦247
直宗(門奈) ⑩126
直則(富永) ⑬172
直則(内藤) ④58
直則(若林) ⑩249
直村(谷津) ⑦237
直泰(加藤) ⑨77
直忠(熊谷) ⑥76
直忠(新庄) ⑧151
直忠(山田) ⑪55
直長(池田) ②250
直長(新庄) ⑧155
直長(戸田) ⑩68
直長(堀) ⑨117
直長(松田) ⑦41
直朝(秋鹿) ⑩246
直朝(一色) ②65
直朝(堀) ⑨122
直澄(青木) ⑭120
直澄(井伊) ⑦242
直澄(加々爪) ⑦197
直澄(鍋島) ⑦247
直澄(藤原) ⑨194
直鎮(熊谷) ⑥76
直定(加茂宮) ⑪186
直定(代永) ⑮91
直定(新庄) ⑧152
直定(遠山) ⑨139

直定(中山)　⑭115
直定(堀)　⑨123
直定(矢部・大岡)　⑦228⑪200
直定(山田)　⑪54
直貞(片桐)　⑤124
直貞(永井)　⑫175
直冬(足利)　①37
直藤(岡)　⑦237
直道(田沢)　⑦237
直能(大柴・稲山)　⑮101
直範(中山)　⑭115
直平(井伊)　⑦238
直方(木部)　⑭200
直方(新庄)　⑧153
直房(今川)　②19
直房(小堀)　⑪107
直房(新庄)　⑧154
直房(勅使河原)　⑭118
直房(中野)　⑦238
直房(堀)　⑨122
直末(一柳)　⑬27
直満(井伊)　⑦238
直満(近藤)　⑦249
直明(一色)　②65
直明(杉原)　⑦15
直明(知久)　⑤130
直茂(鍋島)　⑦245
直哉(富永)　⑬173
直友(石野)　⑦236
直友(堀)　⑨117
直友(門奈)〈五郎大夫〉　⑩126
直友(門奈)〈善三郎〉　⑩126
直友(山口)　⑤259
直頼(一色)　②65
直頼(渋川)　②109
直頼(新庄)　⑧149
直頼(戸田)　⑩67
直頼(一柳)　⑬32
直頼(三木)　⑥206⑪72
直利(大岡)　⑪200
直利(三浦)　⑥131
直利(山田)　⑪55
直利(山中)　⑦114
直隆(小浜)　⑪232
直隆(小堀)　⑪107
直良(稲富)　⑦82
直良(戸田)〈半右衛門尉〉　⑩68
直良(戸田)〈市郎右衛門尉〉　⑩68
直倫(堀)　⑨117
植綱(朽木)〈出羽守〉　⑬95
植綱(朽木)〈民部少輔〉　⑬99
植宗(伊達)　⑦175
植長(畠山)　②41
珍辰(安藤)　③199
鎮信(松浦)　⑭5, 8, 9

ツ

通安(河野)　⑬13
通員(天方)　⑧92
通永(天方)　⑧93
通家(藤原)　⑨213
通季(天方)　⑧92
通季(西園寺)　⑮139
通基(持明院)　⑦163⑨204
通基(首藤)　⑧91
通義(河野)　⑬33
通義(河野)→通能(河野)
通久(河野)〈九郎四郎〉　⑬13, 24
通久(河野)〈刑部大輔〉　⑬26, 33
通久(村上)　⑬36
通供(白幡)　⑧93
通興(天方)　⑧92
通興(久我)　⑬214
通堯(河野)　⑬13, 25, 33
通景(首藤)　⑧91
通継(河野)　⑬13, 24
通継(南部)　④229
通兼(天方)　⑧94
通賢(大江)　⑫116
通憲(藤原)　⑦169
通元(河野)　⑬13
通弘(首藤)　⑧92
通孝(稲葉)　⑬10
通康(村上)　⑬34
通綱(天方)　⑧94
通国(大江)　⑫118
通之(天方)　⑧93
通之(河野)　⑬13
通之(徳井)　⑬35
通次(天方)　⑧96
通治(河野)　⑬13, 25
通治(花房)　②114
通秀(天方)　⑧92
通秋(天方)　⑧93
通重(一条)　⑦163
通重(河野)　⑬14
通俊(河野)　⑬15
通俊(御嶽)　⑧209
通春(一尾)　⑬214
通春(久留島)　⑬37
通春(河野)　⑬13
通尚(一尾)　⑬214

通章(天方)　⑧95
通勝(天方)　⑧94
通勝(河野)　⑬15
通照(稲葉)　⑬10
通信(河野)　⑬13,24
通正(天方)　⑧94
通正(久保田)　⑤47
通正(堀田)　⑫213
通成(大江)　⑫116
通成(河野)　⑬15
通政(河野)　④222⑬13
通清(大江)　⑫115
通清(鎌田)　⑦149⑧2
通清(久留島)　⑬38
通清(河野)　⑬23
通盛(赤川)　⑦106
通盛(河野)→通治(河野)
通宣(久世)　⑬220
通宣(河野)〈刑部太輔〉　⑬26,33
通宣(河野)　⑬34
通総(来島・豊臣)　⑬36
通則(来島)　⑬37
通則(河野)　⑬16
通泰(天方)　⑧92
通朝(河野)　⑬13,25
通直(天方・青山)　⑧85,95
通直(大江)　⑫117
通直(河野)〈刑部太輔〉　⑬26,33
通直(河野)〈弾正少弼〉　⑬26,33
通直(河野)〈四郎〉　⑬34
通直(河野)→通堯(河野)
通積(天方)　⑧92
通定(大江)　⑫117
通貞(久留島)　⑬38
通能(大江)　⑫116
通能(河野)　⑬26
通博(久世)　⑬220
通保(首藤・里見)　⑧91
通房(河野)　⑬13
通友(天方)　⑧95
通友(大江)　⑫115
通有(加藤)　⑨87
通有(河野)　⑬13,24
通利(河野)　⑬15
通理(大江)　⑫119
通隆(首藤)　⑧91
通良(天方)　⑧92

テ

弟河(藤原)　⑦165⑨241
定(松浦)　⑭3,9
定(渡辺)〈吉兵衛〉　⑭36
定(渡辺)〈与作〉　⑭49
定安(荒川)　②14
定安(戸川)　⑪1
定安(花井)　⑩223
定安(山角)　⑪49
定安(和田)　⑬83
定栄(竹田)　⑮143
定盈(菅沼)　③12
定益(久松)　①201⑫103
定延(久松)　⑫105
定佳(久松)　⑫104
定家(神保)　⑭221
定家(山崎)　⑬110
定賀(佐々木)　⑬92,178
定雅(竹田)　⑮142
定官(田中・菅沼)　③17
定巌(佐々木)
→定厳(佐々木)
定季(秋田)　⑫256
定基(大江)　⑫121
定基(小笠原)　④203
定義(佐々木)　⑬189
定義(土岐)　③68
定義(久松)　①202⑫103
定吉(市川)　⑤18
定吉(内田)　⑪88
定吉(榊原)　⑪221
定吉(佐々)　⑬187
定吉(菅沼)　③20
定吉(諏訪部)　⑤132
定吉(坪内)〈加兵衛尉〉　⑪98
定吉(坪内)〈十三郎〉　⑪98
定吉(坪内)　⑪100
定吉(蜂屋・布施)　⑩42
定吉(花井)　⑩224
定吉(堀越)　⑤238
定吉(本多)　⑧263
定吉(山角)〈四郎左衛門尉〉　⑪47
定吉(山角)〈牛太郎〉　⑪49
定久(日下部・西村)　⑭146
定久(諏訪部)　⑤132
定久(野呂)　⑮25
定久(久松)　⑫105
定久(藤林)　⑮19
定久(堀越)　⑤238
定久(前田)　⑮62
定久(御嶽)　⑧210
定久(矢島)　⑪84
定教(和田)　⑬82
定近(蜂屋)　⑩41
定矩(諏訪部)　⑤133
定珪(竹田)　⑮143

定経(大江)　⑫117
定景(天野)　⑩19
定継(志賀・渡辺)　①257
定継(久松)　①201
定継(和田)　⑬83
定慶(藤原)　⑮140
定兼(宅間)　⑦210
定兼(森川)　⑬156
定堅(一色)　②14
定賢(竹田)　⑮144
定賢(坪内)　⑪100
定玹(竹田)　⑮143
定厳(佐々木)　⑬92,178
定広(蠣崎)　④129
定広(深尾)　⑬189
定光(久松)　①201⑫103
定好(日下部)　⑭145
定好(神保)　⑭222
定行(曾雌)　⑤36
定行(坪内)　⑪100
定行(松平)　①210
定行(山角)〈九兵衛尉〉　⑪49
定行(山角)〈文右衛門尉〉　⑪52
定幸(黒沢・諏訪部)　⑫252
定恒(菅沼)　③18
定高(小幡)　⑥231
定高(佐々木)　⑬91,178
定康(伊勢・高橋)
　→親康(伊勢・高橋)
定康(清原)　⑥95
定綱(紀)　⑫209
定綱(木村)　⑧31
定綱(佐々木)
　⑬39,66,88,155,177
　⑮155
定綱(佐野)　⑧196
定綱(久松)　⑫103
定綱(松下)　⑬101
定綱(松平)〈三郎四郎〉　①212
定綱(松平)〈内記〉　③29
定綱(渡辺)　⑭27
定国(坂)　⑮146
定国(松平)　①216
定之(安西・大久保)　⑦111
定氏(久松)　①201⑫103
定氏(船越)　⑩10
定氏(三雲)　⑨12
定次(阿倍)　⑫257
定次(安藤)〈伝右衛門尉〉　③192
定次(安藤)〈次右衛門〉　③192
定次(安藤)〈志摩守〉　③197
定次(石丸)　⑤232
定次(市岡)　⑤256
定次(井上)　⑫34
定次(内田)　⑪89
定次(大谷)　⑮99
定次(榊原)　⑪221
定次(佐々)　⑬187
定次(曾雌)　⑤36
定次(曾根)　④42
定次(坪内)　⑪99
定次(花井)　⑩224
定次(久松)　⑫105
定次(平賀)　④46
定次(藤林)　⑮19
定次(堀越)　⑤238
定次(前田)　⑮63
定次(松平)　①218
定次(山角)　⑪48
定治(梶・菅沼)　⑦38
定治(菅沼)　③18
定持(三雲)　⑨9
定時(佐々木)　⑬189
定時(高柳)　⑧207
定時(坪内)　⑪95
定時(藤原・小一条)　⑦161
定時(真野)　⑬50
定滋(清原)　⑥95
定秀(松田)　⑧205
定秀(御嶽)　⑧210
定重(板倉)　②111
定重(江戸)　⑥177
定重(小山田)　⑦208
定重(佐々木)　⑬91,178
定重(志賀)　①258
定重(曾雌)　⑤34
定重(花井)　⑩224
定重(久松)　⑫104
定重(堀越)　⑤239
定重(御嶽)　⑧209
定重(御手洗・榎下)　⑪176
定重(矢部)　⑦228
定重(山角)　⑪50
定俊(菅沼)　③21
定俊(曾雌)　⑤37
定俊(竹田)　⑮141
定俊(久松・松平)　①202⑫103
定俊(船越)　⑩10
定俊(前田・中村)　⑮63
定俊(源)　①50
定助(小松)　⑫250

定助(本多)　⑧215
定昌(竹田)　⑮144
定昌(坪内)　⑪100
定昌(花井)　⑩224
定昭(菅沼)　③18
定勝(安藤)〈九右衛門〉　③191
定勝(安藤)〈十左衛門尉〉　③209
定勝(市川)　⑤18
定勝(上杉)　⑦193
定勝(海野)　⑭65
定勝(日下部)　⑭146
定勝(酒井)　①247
定勝(志賀)　①257
定勝(菅沼)　③21
定勝(諏訪部)　⑤132
定勝(根岸)　⑩261
定勝(花房)　②115
定勝(肥田)　③113
定勝(本多)　⑧280
定勝(前田)　⑮62
定勝(松田)　⑧204
定勝(松平)　①208
定勝(水野)　⑤63
定勝(矢部)　⑦227
定勝(山角)〈紀伊〉　⑪48
定勝(山角)〈清三郎〉　⑪50
定勝(和田)　⑬83
定仍(菅沼)　③15
定仍(坪内)　⑪99
定仍(根岸)　⑩261
定縄(松田)　⑧205
定信(菅沼)　③21
定信(坪内)　⑪98
定信(三雲)　⑨12
定親(須田)　⑫202
定親(土岐)　③2
定仁(成海)　⑭95
定正(安藤)〈九右衛門尉〉　③190
定正(安藤)〈三郎右衛門〉　③209
定正(榊原)　⑪221
定正(永田)　⑬151
定正(久松)　⑫105
定正(深尾)　⑬189
定正(堀越)　⑤239
定正(本多)　⑧251
定正(蒔田)　⑩167
定成(菅沼)　③15
定成(牧野)　⑤160
定成(矢部)　⑦227
定成(和気)　⑮113
定政(石丸)　⑤232
定政(市岡)　⑤256
定政(小笠原)　④169
定政(佐々)　⑬187
定政(菅沼)　③21
定政(曾雌)　⑤34
定政(土屋)　⑥150
定政(土岐・菅沼)　③62
定政(本多)　⑧263
定政(松平)〈孫十郎〉　①60,130,137
定政(松平)〈能登守〉　①217
定省→宇多天皇
定清(大田原)　⑭101
定清(曾雌)　⑤35
定清(高柳)　⑧207
定清(花井)　⑩223
定清(矢部)　⑦226
定盛(石丸)　⑤232
定盛(曾雌)→定清(曾雌)
定宣(竹田)　⑮144
定善(竹田)　⑮141
定禅(細川)　②29
定宗(飯尾)　⑥13
定宗(神保)　⑭221
定則(菅沼)　③21
定則(蜂屋)　⑩42
定則(久松)　①201⑫103
定則(深津)　⑫48
定則(蒔田)　⑩167
定則(矢部)　⑦226
定泰(佐々木)　⑬189
定泰(堀部)　⑬155
定智(安藤)　③191
定忠(本多)　⑧215
定忠(源)　⑬199
定長(高柳)　⑧207
定長(坪内)　⑪100
定朝(安藤)　③210
定朝(宅間)　⑦210
定澄(加々爪)　⑦198
定直(土屋)→数直(土屋)
定直(根岸)　⑩260
定通(佐々木)　⑬50
定通(藤原)　⑮140
定通(本多)　⑧215
定藤(上杉)→顕定(上杉)
定任(藤原)　⑦173
定能(曾雌)　⑤34
定白(竹田)　⑮144
定武(安藤)　③209
定武(菅沼)　③17
定平(佐々木)　⑬189
定平(松田)　⑧205
定方(藤原・三条)　⑦144,189
定方(山角)　⑪52
定芳(日下部)　⑭146

定芳(菅沼)　③15
定房(坪内)　⑪100
定房(松平)　①216
定房(源)　⑬199
定房(矢部)　⑦228
定明(土岐)　③62
定友(市川)　⑤18
定友(松平)　①209
定頼(上杉)　⑦207
定頼(小山田)　⑦208
定頼(小松)　⑫250
定頼(相良)　⑩3
定頼(佐久間)　⑨6
定頼(佐々木・六角)　⑬181
定頼(蜂屋)　⑩41
定頼(松平)　①218
定利(井上)　⑫34
定利(大谷)　⑮99
定利(深尾)　⑬189
定利(矢島)　⑪84
定利(和田)　⑬82
定隆(九鬼)　⑩203
定良(佐久間)　⑥226
定良(坪内)　⑪100
定良(前田)　⑮63
定連(花井)　⑩224
貞安(伊勢)　⑦5
貞安(井上)　③230
貞庵(仲)　⑮204
貞為(伊勢)　⑦8
貞胤(相馬)　⑥171
貞運(伊勢)　⑦8
貞延(今川)　②24
貞延(小島)　⑤100
貞遠(伊勢)　⑦7
貞遠(上野)　②114
貞遠(土屋)　⑥114
貞家(赤井)〈勝次郎〉　③240
貞家(赤井)〈三郎五郎〉　③241
貞家(吉良)　②21
貞家(高木)　③158
貞家(樋口)　⑤106
貞雅(伊勢)　⑦5
貞懐(大江)　⑫135
貞貫(服部)　⑭74
貞寄(桑山)　⑪44
貞輝(伊勢)　⑦10
貞義(吉良)　②10
貞義(佐竹)　③255
貞吉(有田)　⑮106
貞吉(坂本)　⑤49
貞吉(戸田)　⑩79
貞吉(伴野)　④258
貞久(天野)　⑩32
貞久(飯高)　⑭98
貞久(伊勢)　⑦5
貞久(奥平)　⑥135
貞久(桑山)　⑪41
貞久(島津)　②136
貞久(高木)　③155
貞興(伊勢)　⑦9
貞近(本多)　⑧274
貞経(伊勢・吉野)　⑦4
貞経(小笠原)　④224
貞経(少弐)　⑨238
貞経(武田)　④19
貞景(朝倉)　⑭132,138
貞景(朝倉)　⑭133
貞景(鯰江)　⑫201
貞景(西川)　⑪18
貞継(伊勢)　⑦3
貞継(名和)　②17
貞慶(小笠原)　④179
貞兼(尾崎)　②17
貞兼(鯰江)　⑫202
貞賢(天野)　⑩33
貞顕(大河内)　③31
貞元(高木)　③158
貞元(伴野)　③179④257
貞元(本多)　⑧274
貞元親王　①73④137
貞固親王　①73④137
貞広(大江)　⑫133
貞広(蔭山)　②9
貞広(保々)　③108
貞弘(荒川)　②11
貞弘(伊勢)〈与市〉　⑦6
貞弘(伊勢)〈佐衛門佐〉　⑦10
貞光(伊勢)　⑦10
貞好(設楽)　⑫99
貞行(伊勢)　⑦4
貞行(紀)〈八郎〉　⑫218
貞行(紀)〈九郎〉　⑫218
貞行(妻木)→貞徳(妻木)
貞行(伴野)　③179④257
貞行(永田)　⑬151
貞孝(伊勢)　⑦8
貞孝(徳山)　③111
貞高(中原)　⑭204
貞高(保々)　③108
貞綱(宇都宮)　⑨14,38
貞綱(大河内)　③24
貞綱(岡部)　⑨251
貞綱(朽木)　⑬96
貞綱(佐野)　⑧194
貞綱(松下)　⑬103
貞衡(平)　⑥2⑦2
貞国(安間)　⑤8
貞国(伊勢)　⑦6
貞国(瀬名)　②25

諱　テ(貞)

貞国(宗) ⑥42
貞国(畠山) ②40
貞国(横瀬) ①260
貞載(大友) ②173
貞之(伊勢) ⑦9
貞之(紀) ⑫218
貞氏(足利) ①34②3
貞氏(土屋) ⑥144
貞氏(横瀬) ①260
貞嗣(日野) ⑦168⑨188
貞次(浅羽) ④234
貞次(安間) ⑤8
貞次(飯高) ⑭97
貞次(小笠原) ④178
貞次(川田) ⑩169
貞次(坂本) ⑤49
貞次(設楽) ⑫99
貞次(高井) ⑮68
貞次(高木) ③155
貞次(徳山) ③111
貞次(中根) ⑥185
貞次(成神) ⑪213
貞次(布施) ⑭90
貞次(本多) ⑧275
貞次(松平) ①163
貞治(小笠原) ④225
貞治(奥平) ⑥138
貞治(宮城) ⑫193
貞治(横瀬) ①260
貞時(設楽) ⑫101
貞時(北条) ⑥55
貞守(伴野) ③179④257
貞守(水野) ⑤54, 78
貞種(伊勢) ⑦5
貞種(小笠原) ④178
貞秀(大江) ⑫133
貞秀(土居) ③2
貞秀親王 ⑭58
貞重(天野) ⑩33
貞重(有賀) ⑤121
貞重(伊勢) ⑦5
貞重(一色) ②66
貞重(井上) ⑮67
貞重(大井) ④239
貞重(大江) ⑫134
貞重(大河内) ③31
貞重(坂本) ⑤49
貞重(設楽) ⑫99
貞重(高井) ⑮68
貞重(高木) ③158
貞重(中根) ⑥185
貞重(西川) ⑪18
貞俊(阿部) ⑫245
貞俊(伊勢) ⑦7
貞俊(奥平) ⑥135
貞俊(小林) ⑪121
貞俊(坂本) ⑤50
貞俊(高木) ③158
貞純親王 ①29, 52, 73②1④137
貞助(浅羽) ④234
貞助(伊勢) ⑦7
貞昌(伊勢) ⑦9
貞昌(奥平) ⑥135
貞昌(片桐) ⑤126
貞昭(伊勢) ②169
貞相(今川) ②23
貞相(和気) ⑮112
貞勝(飯高) ⑭98
貞勝(奥平) ⑥136
貞勝(小野) ⑭189
貞勝(紀) ⑫218
貞勝(高木) ③158
貞勝(鯰江) ⑫202
貞照(伊勢) ⑦9
貞照(伊勢・島津) ⑦9
貞仍(北小路・伊勢) ⑦7
貞常(伊勢) ⑦5
貞職(伊勢) ⑦7
貞臣(今川) ②23
貞臣(堀越) ②17
貞辰(設楽) ⑫101
貞辰(北条・伊勢)
→貞藤(北条・伊勢)
貞辰親王 ①73
貞信(安部) ⑤120
貞信(伊勢) ⑦4
貞信(小笠原・高木) ④206
貞信(設楽) ⑫100
貞信(須藤) ⑦163⑨213
貞信(宗) ⑥44
貞信(徳山) ③111
貞信(伴野) ③179④257
貞信(服部) ⑭73
貞真(有川・伊勢) ⑦9
貞真親王 ①73
貞親(伊勢) ⑦6
貞親(大井) ④239
貞親(大友) ②173⑫128
貞親(毛利) ⑫140
貞数親王 ①73
貞世(今川) ②16, 23
貞正(太田) ⑧114
貞正(小野) ⑭189
貞正(小林) ⑪121
貞正(斎藤) ⑦157
貞正(瀬名) ②25
貞正(藤原) ⑨143
貞正(宮城) ⑫199
貞成(飯高) ⑭98
貞成(大内) ⑭250
貞成(城) ⑥101

貞成(丹墀)　⑭100
貞成(松木)　⑪166
貞政(天野)　⑩33
貞政(飯高)　⑭97
貞政(石河)　③168
貞政(伊勢)　⑦11
貞政(小笠原)〈治部大輔〉　④168
貞政(小笠原)〈因幡守〉　④190
貞政(設楽)　⑫100
貞政(高木)　③155
貞政(伴野)　④258
貞政(畠山)　②41
貞清(石谷)　⑩13
貞清(伊勢)　⑦5
貞清(大井)　④239
貞清(朽木)　⑬95
貞清(設楽)　⑫100
貞清(高井)　⑮68
貞盛(大内)→貞成(大内)
貞盛(宗)　⑥42
貞盛(平)　⑥2,10,40,98⑦1
貞盛(高木)　③158
貞晴(伊勢)　⑦11
貞晴(片桐)　⑤126
貞晴(桑山)〈加賀守〉　⑪44
貞晴(桑山)〈左近大夫〉　⑪44
貞誠(伊勢)　⑦5
貞宗(伊勢)　⑦6
貞宗(大友)　②173
貞宗(小笠原)　④156,195
貞宗(林)　⑦157
貞則(浅羽)　④234
貞則(伊勢)　⑦6
貞則(小笠原)　④225
貞則(小野)　⑭189
貞則(川田)　⑩169
貞則(西川)　⑪18
貞村(三浦)〈六郎〉　⑥118
貞村(三浦)　⑥119
貞泰(伊勢)　⑦5
貞泰(加藤)　⑨74
貞泰(上山)　⑫134
貞泰(本郷)　⑤191
貞代(設楽)　⑫100
貞男(大江)　⑫136
貞知(伊勢)　⑦7
貞知(仁木)　⑦6
貞致(紀)　⑫218
貞置(織田)　⑥21
貞仲(伊勢)　⑦4
貞仲(紀)　⑫218
貞忠(伊勢)　⑦7
貞忠(小笠原)　④203,211
貞長(伊勢)　⑦4
貞長(大内)　⑭250
貞長(佐々木)　⑦87⑨167⑬100
貞長(設楽)　⑫99
貞長(高木)　③158
貞長(徳山)　③111
貞長(服部)　⑭73
貞長(松平)　①189
貞長(由良)　①261
貞朝(小笠原)　④167
貞澄(有馬)　⑨194
貞直(伊勢)　⑦4
貞直(紀)　⑫218
貞直(伴野)　③179
貞直(八木)　⑭130
貞通(稲葉)　⑬2,9
貞通(山内)　⑧3
貞祢(日下部)　⑭128
貞典(和気)　⑮112
貞冬(伊勢)　⑦4
貞当(上野・石川)　②203
貞藤(北条・伊勢)　⑦7
貞道(設楽)　⑫99
貞徳(妻木)　③105
貞任(安倍)　⑫249
貞能(奥平)　⑥136
貞倍(伊勢)　⑦5
貞範(紀)　⑫208
貞繁(蜷川)　⑭227
貞繁(由良)　①261
貞弥(伊勢)　⑦5
貞富(服部)　⑭74
貞武(小野)　⑭190
貞副(松平)　①56,112
貞平(尾関)　⑤223
貞平(伴野)　③179④257
貞平親王　①73④137
貞保親王　①73④137
貞輔(徳山)　③111
貞包(土屋)　⑥144
貞法(武藤)　⑨238
貞峯(多治)　⑭100
貞房(伊勢)　⑦5
貞房(由良)　①262
貞末(伊勢)　⑦10
貞明(伊勢)　⑦8
貞明(岡野)　⑥93
貞明(設楽)　⑫99
貞明(伴野)　④258
貞明→陽成天皇
貞茂(菅原)　⑫90

貞茂(宗)　⑥42
貞茂(玉虫)　⑥101
貞茂(美濃部)　⑫91
貞友(阿部)　⑫245
貞友(大井)　④239
貞友(高木)　③155
貞有(天野)　⑩32
貞祐(伊勢)　⑦6
貞祐(伊東)　⑨261
貞雄(紀)　⑫218, 228
貞用(近藤)　⑦256
貞頼(大江)　⑫134
貞頼(紀)　⑫229
貞頼(渋川)　②108
貞頼(武田)　④20
貞頼(長井)　⑫137
貞頼(鯰江)
　→和甫(宮城・鯰江)
貞頼親王　①73
貞利(小笠原・河野)　④222
貞利(桑山)　⑪44
貞利(設楽)　⑫101
貞利(瀬名)　②25
貞利(高木)　③158
貞利(鯰江)　⑫201
貞陸(伊勢)　⑦7
貞隆(岩城・佐竹)　⑥100
貞隆(大井)　④238
貞隆(片桐)　⑤125
貞隆(九鬼)　⑩208
貞良(伊勢)　⑦8
祢貞(日下部)　⑭127
天王丸(源)　①39
天押雲命　⑦137
天岐与命　⑮182
天御雲命　⑮181
天御中主尊　⑦137⑮181
天狭介(小千)　⑬19
天狭貫(小千)　⑬19
天合尊　⑦137⑮181
天三下尊　⑦137⑮181
天嗣梓命　⑮181
天児屋根尊　⑦137
天日別命　⑮182
天曾己多智命　⑮181
天多祢岐祢尊
　→天多祢岐命
天多祢伎命　⑦137
天徳寺法印(佐野)　⑧195
天二上命→天牟羅雲命
天八下尊　⑦137⑮181
天八十万魂尊
　→天八百万魂尊
天八百日尊　⑦137⑮181
天八百万魂尊　⑦137⑮181
天武天皇　⑥95
天牟羅雲命　⑮181
天祐和尚(島津)　②142
天鈴梓命　⑮181
典通(稲葉)　⑬10
伝(渡辺)　⑭2, 10
田丸(日下部)　⑭128
田守別王　⑮111
田政(米津)　⑮65
田盛(米津)　⑮66

ト

都牟子(日下部)　⑭126
度綱(木村)　⑧30
度直(小野)　⑧30
冬光(毛利)　⑫141
冬康(丹波)　⑮246
冬嗣(藤原)　⑦140, 161, 189, 234⑨193, 199
冬資(少弐)　⑨238
冬重(大武)　⑦64
冬政(荻袋)　⑫131
当経(野辺)　⑦116
当忠(野辺)　⑦117
島(多治比)　⑭100
島田磨(橘)　⑭149
透慶(藤原)　⑮141
棟綱(海野)　⑭61
棟房(大江)　⑫124
棟梁(在原)　⑫113
登正(近藤)　⑦263
答(松浦)　⑭3
等玉(赤井)　③240
等玄(吉田)　⑮157
等広(蠣崎)　④131
統栄(宅間)　⑦210
統虎(小笠原)　④178
統最(小笠原)　④169
統蔵主(宅間)　⑦210
藤英(三淵)　②34, 38
藤丸(堀)　⑮258
藤広(長谷川)　⑧161
藤光(堀江)　⑬251
藤孝(細川・長岡)　②31
藤綱(宇都宮)　⑨66
藤根(大内)　⑭249
藤嗣(藤原)　⑦143, 156, 172
藤次(秋山)　②73
藤勝(堀江)　⑬251
藤成(千秋)　⑦207
藤成(藤原)　⑦143, 146, 243

藤忠(堀江)　⑬251
藤長(一色)　②63
藤直(一色)　②73
藤直(長谷川)　⑧161
藤童丸(松浦)　⑨195
藤方(堀江)→教賢(堀江)
藤明(長合)　⑦207
藤頼(大森)〈与一〉　⑨3
藤頼(大森)〈信濃守〉　⑨5
藤利(三淵)　②38
洞庵(坂)　⑮148
道意(宇津)　⑨14,39
道永(柳生)　⑫86
道遠(土屋)　⑥144
道音(阿倍)　⑫257
道加(人見)　⑮208
道家(葦田)　③237
道家(御子左)　⑦163
道賀(武藤)　⑮137
道雅(丹波)　⑮175
道久(落合)　⑪233
道慶(望月)　⑮224
道兼(藤原)　⑦142,154⑨13
道賢(平岡)　③121
道広(丹波)　⑮175
道行(六郷)　⑨252
道康(葦田)→道家(葦田)
道綱(渡辺)　⑭12
道三(斎藤・長井)　⑫33
道三(曲直瀬)　⑮123
道次(浅井)　⑭163
道次(落合・神谷)　⑪233
道次(宮崎)　⑪173
道時(中山)　⑦232
道秀(岩波)　⑮91
道昌(宇津)　⑨14,39
道勝(井上)　⑫34
道勝(落合)　⑪235
道勝(久松)　①201⑫103
道真(菅原)　⑫89
道生(人見)　⑮208
道成(平岡)　③120
道西(人見)　⑮208
道盛(戸沢)　⑦49
道宣(清水)　⑮118
道多(浅井)　⑭162
道忠(浅井)　⑭161
道長(千本)　⑨228
道長(藤原)　⑦142,162⑨212,237
道通(稲葉・豊臣)　⑬10
道通(水谷)　⑧119
道定(岩波)　⑮91
道定(久松)　①200⑫103
道貞(奈須)　⑮202
道徳(人見)　⑮208
道能(岩波)　⑮91
道伯(人見)　⑮209
道半(朝夷名)　⑥172
道風(小野)　⑭177
道明(藤原)　⑦168
道友(小長谷)　⑤212
道有(仲)　⑮204
道利(奥田)　⑨115
道利(長井)　⑫34
道隆(藤原)　⑦142,153⑨1,7
徳春(吉田)　⑮156,205
徳純(大村)　⑨198
徳誕(相馬)　⑥170
徳隣(秦・坂)　⑮153,171
敦興(知久)　⑤128
敦実親王　⑬65,175

ナ

奈麻呂(紀)　⑫228
奈良磨(紀)→飯麻呂(紀)
奈良磨(橘)　⑭149
内光(日野)　⑨192
内麻呂〔麿〕(藤原)　⑦140,160,188,234
南照庵(宮城)　⑫194
難波親王　⑭149

ニ

任世(大内)　⑭253
任誉(佐々木)　⑬177

ネ

寧茂(菅原)　⑫89
年綱(渡辺・石川)　⑭47

ノ

能遠(阿波)　⑮10
能久(設楽)　⑫102
能業(設楽)　⑫102
能恵(吉田)　⑬91
能恵坊(佐々木)　⑬178
能憲(宅間)　⑦201
能元(朝倉)　⑭140
能公(大江)　⑫122
能行(秩父)　⑥227
能高(大江)　⑫122
能秀(中原)　⑭204
能重(設楽)　⑫102
能俊(宅間)　⑦208

能成(島田)　⑦148
能政(設楽)　⑫102
能直(大友)　②132,172⑦148⑫127
能直(中原)　⑭204
能通(藤原)　⑦168
能利(設楽・戸東)　⑫102

ハ

馬養(藤原)→宇合(藤原)
梅賀丸(竹田)　⑮142
梅渚(知久)　⑤128
白吉(長田)　⑦55
白久(長田)　⑦57
白元(永井)　⑫176
白広(長田)　⑦58
白次(長田)〈喜八郎〉　⑦55
白次(長田)〈久兵衛〉　⑦57
白重(長田)　⑦58
白勝(長田)　⑦57
白信(長田)　⑦57
白政(長田)　⑦57
白茂(長田)　⑦57
伯王(妻木)　③105
伯元(熊谷)　⑮223
伯元(知久)　⑤127
伯重(秋山)　④270
伯正(秋山)　④269
狛福丸(竹田)　⑮144
八束(藤原)→真楯(藤原)
般若助(松平)　①62,141
飯麻呂(紀)　⑫208,228
範安(本間)　⑤195
範以(今川)　②18
範永(三浦)　⑥126
範英(今川)→直房(今川)
範季(本間)　⑤194
範光(一色)　②61,72
範高(三浦)　⑥126
範綱(渡辺)　⑭12
範国(今川)　②16
範国(平)　⑦18
範氏(一色)　②61,68,72
範氏(今川)　②16
範次(一色)　②64,73
範時(三浦)　⑥126
範重(菅谷)　⑫232
範俊(藤原)　⑦169
範尚(一色)　②64
範将(今川)　②24
範勝(一色)　②64
範勝(瀧川)　⑫219
範勝(久松)　①201⑫103
範信(藤原)　⑦168
範親(蜂屋)　⑦169
範政(今川)　②17
範政(菅谷)　⑫231
範宗(紀)　⑫229
範忠(今川)　②17
範忠(糟屋)　⑨200
範貞(一色)　②73
範貞(菅谷)　⑫232
範明(今川)　②20
範明(菅谷)　⑫233
範頼(源)　①40
繁(渡辺)　⑭11
繁広(北条)　⑥72
繁氏(細川)　②30
繁次(平野)　⑪39
繁時(日野)　⑦160⑨187
繁昌(天野)　⑩21
繁仍(町野)　⑭84
繁成(平)　⑥101
繁成(福島)　⑥75
繁盛(平)　⑥2,98,101,105
繁定(平野)　⑪38
繁登(平野)　⑪39
繁茂(玉虫)　⑥102
万→マン
蕃吉(木内)　⑩243
蕃久(木内)　⑩243
蕃在(日下部)　⑭128
蕃正(木内)　⑩243

ヒ

飛鳥(石部)　⑮182
嚮(渡辺)　⑭39
弥十郎(水野)　⑤74
弥清(岡山)　②15
弥直(井伊)　⑦236
美興(内藤)　⑧40
美清(柘植)　⑦23
美奴王　⑭149
百男(小千)　⑬20
百里(小千)　⑬20
浜雄(日野)　⑦160⑨187
敏景(朝倉)　⑭138
敏信(織田)　⑥12
敏成(飯尾)　⑥13
敏宗(織田)　⑥13
敏達天皇　⑭149,176
敏定(織田)　⑥12,33
敏任(織田)　⑥12
敏房(酒井)　⑩220
敏隆(永沼)　⑥14

フ

不比等(藤原) ⑦139,171,188
扶義(源) ⑬65,176
扶藤(大江) ⑫116
扶範(紀)→貞範(紀)
富(渡辺) ⑭35
富重(宅間) ⑦212
富勝(宅間) ⑦212
富朝(秋元) ⑩227
富朝(宅間) ⑦211
武久(島津)→忠昌(島津)
武経(赤沢) ④224
武行(藤原) ⑧98
武綱(丹治) ⑭117
武資(武藤) ⑨238
武時(丹治) ⑭117
武重(木田見) ⑥176
武重(小松) ⑫250
武春(下条) ④22
武勝(伊丹) ③82
武信(丹治) ⑭117
武清(沼) ⑫11
武続(栗原) ④22,51,67
武男(小千) ⑬20
武智麻呂(藤原) ⑦139,164⑨241
武内宿祢 ⑫206
武任(小松) ⑫250
武峯(丹治) ⑭117
武明(武田) ④22
武雄心命 ⑫206
分好(梶川) ⑥38
分重(梶川) ⑥39
分勝(梶川) ⑥38
分長(水野) ⑤59
文光(藤林) ⑮19
文行(藤原) ⑦147,243⑧1,176⑮265
文国(平) ⑥169
文脩(藤原) ⑦147,243⑧1,97,176,193⑮249,265
文利(紀) ⑫209
文利(宮城) ⑫194

ヘ

平城天皇 ⑥9⑫111,188
平麿 ⑮112
米地(柘植) ⑦26
片家(山崎) ⑬111
弁宗(大江) ⑫118

ホ

甫庵(山岡) ⑮5
保蔭(藤原) ⑦168
保英(服部) ⑭68
保久(服部) ⑭71
保郷(服部) ⑭68
保景(遠山) ⑨134
保元(木村) ⑬63
保衡(小野) ⑭177
保次(加藤) ⑨96
保次(神尾) ⑪157
保次(服部)〈源兵衛〉 ⑭69
保次(服部)〈中〉 ⑭70
保重(神尾) ⑪156
保俊(服部)〈市平〉 ⑭67
保俊(服部)〈中〉 ⑭71
保信(服部)〈親〉 ⑭71
保信(服部)〈子〉 ⑭71
保信(服部)〈半右衛門〉 ⑭71
保真(岡本) ⑨63
保森(服部) ⑭69
保正(服部)〈源兵衛〉 ⑭68
保正(服部)〈中〉 ⑭70
保成(服部) ⑭69
保盛(大内) ⑭249
保忠(加々爪) ⑦196
保長(服部) ⑭67
保通(丹波) ⑮246
保定(服部) ⑭69
保貞(加藤) ⑨97
輔忠(日野) ⑨188
輔道(日野) ⑦160⑨188
輔範(紀)〈弾正大弼〉 ⑫228
輔範(紀)〈紀八〉 ⑫229
方景(遠山) ⑨134
方好(飯河) ⑦121
方行(小幡) ⑥231
方子大連公 →可多能祐大連
方次(間宮) ⑬54
包秋(加藤) ⑨87
包助(曾我) ⑦70
邦時(正木) ⑥132
邦総(石川) ②203
法阿弥陀仏(武田) ④24
法久(石川) ②213
法久(武田) ④24
法久(都筑) ⑨170
法圻(今川) ②16
法亨(上杉) ⑦205
法次(石川) ②213
法重(都筑) ⑨170
法勝(都筑) ⑨170
法泰(岡谷) ⑪209
法頼(青木) ⑭123

峯時(丹治)　⑭117
峯緒(高階)　⑭229
峯信(丹治)　⑭117
峯範(橘)　⑭150
峯房(丹治)　⑭117
豊一(海老名)　①256
豊河(紀)　⑫228
豊家(山崎)　⑬112
豊義(山名)　①254
豊久(島津)〈伯耆守〉　②141
豊久(島津)〈又七郎〉　②150
豊久(松浦)　⑭4
豊継(海老名)　①256
豊継(米倉)　④64
豊元(毛利)　⑫145
豊玄(山名)　①255
豊光(烏丸)　⑨191
豊綱(佐野)　⑧195
豊国(山名)　①253
豊氏(有馬)　⑬202
豊嗣(宮城)　⑫191
豊次(八木)　⑭131
豊治(酒井)　⑩218
豊守(山名)　①255
豊重(稲垣)　⑤230
豊勝(青木)　④104
豊勝(押田)　②228
豊信(青木)　④104
豊信(水野)　⑤84
豊正(布下)　⑭66
豊政(八木)　⑭131
豊政(山名)　①254
豊盛(戸沢)　⑦49
豊盛(宮城)　⑫190
豊沢(藤原)　⑦146,243
豊忠(中山)　⑦232
豊長(有馬)　⑬204
豊長(山名)　①254
豊直(五味)　⑧10
豊通(久世)　⑬220
豊定(青木)〈勘九郎〉　④103
豊定(青木)〈勘右衛門〉　⑭125
豊定(志賀)　①258
豊定(山名)　①253
豊方(木曾)　②187
豊満(山名)　①254
豊明(朝倉・天方)　⑧94⑭140
豊明(布下)　⑭66
豊友(布下)　⑭66
豊利(細田)　⑩171
房一(三好)　④249
房家(馬場)　④121
房憲(上杉)　⑦203
房顕(上杉)　⑦192,205
房行(安富)　⑫212
房恒(岡野)　⑥90
房綱(木村)　⑧32
房子(那須)　⑨215
房次(岡野)　⑥92
房次(伊達)　⑮85
房次(馬場)　④122
房勝(馬場)　④121
房親(毛利)　⑫138
房成(神尾)　⑪156
房成(宅間)　⑦210
房成(松木)　⑪166
房政(伊達)　⑮85
房清(馬場)　④122
房前(藤原)　⑦139,171,188,234
房則(清原)　⑥95
房藤(上杉)　⑦206
房方(上杉)　⑦202,204
房雄(北畠)　⑬235
房頼(馬場)　④122
房利(松下)　⑬104
茅彦王　⑮111
木菟宿祢(紀)　⑫206
本主(大枝・土師)　⑫112,188
本真(大河内)　⑮227
梵松(竹田)　⑮143

マ

麻己目王　⑮111
麻呂(紀)　⑫207
麻呂(藤原)　⑦140
麻呂名(紀)　⑫208
米→ベイ
妹子(小野)　⑭176
末員(西郷)　⑤166
末広(織田)　⑥11
末綱(今井)　⑧145
末勝(門奈)　⑩128
末成(堀)　⑨106
末代丸(葦田)　③238
万吉(松平)　①217
万久(平野)　⑥94
万躬(小千)　⑬21
万子　⑮111
満(渡辺)　⑭2,11
満安(武者)　⑪247
満家(畠山)　②40,42
満家(最上)　②53
満雅(北畠)　⑬237
満快(源)　①29,50,76⑤107,123
満季(源)　①29,49,76

満基(中野)　②53
満義(吉良)　②10
満義(世良田)　①53,99
満吉(田中)　⑬74
満久(大井)　④242
満久(清野)　⑤30
満久(細川)　⑮239
満教(白茎)　⑫131
満経(赤沢)　④224
満経(佐々木・六角)
⑬180
満経(細川)　②30
満継(米倉)　④66
満兼(足利)　②3,7
満元(細川)　⑮235
満広(蠣崎)　④131
満広(左沢)　⑫131
満広(白茎)　⑫131
満光(長沼)　⑧101
満高(佐々木・六角)
⑬180
満綱(佐々木・六角)
→満経(佐々木・六角)
満綱(渡辺)　⑭11
満国(楯岡)　②53
満国(源・片切)
①50⑤107,123
満之(細川)　⑮239
満氏(江田)　①53,99
満氏(吉良)　①33②10
満氏(最上)　②54
満持(斯波)　②51
満実(井上)
①46③228,231,236
満実(大井)　④242
満実(源)　①76
満秀(足利)　②7
満秀(河西)　⑮97
満秀(黒田)　⑬40
満重(小栗)　⑥106
満重(源)　①76
満俊(室賀)　⑤131
満春(穴山)　④23
満春(布施)　④23
満助(曾我)　⑦68
満信(京極)　⑬39,68
満信(武田)　④22
満親(中原)　⑭204
満生(源)　①76
満成(清野)　⑤29
満政(源)　①29,49,76
満盛(大内)　⑭250
満盛(杉原)　⑦12
満雪(大井)　④238,242
満詮(足利)　①35
満詮(斯波)　②51
満則(畠山)　②40,42
満泰(北畠)　⑬237
満泰(堀部)　⑬155
満仲(源・多田)
①29,49,52,75②1④
138
満長(上山)　②52
満朝(八条)　⑦195,206
満澄(有馬)　⑨194
満直(稲村)　②7
満直(大井)　④238
満直(最上)　②52
満定(青木)　⑭125
満定(上杉)　⑦206
満定(八条)　⑦195
満貞(大井)　④243
満貞(吉良)　②11
満貞(篠河)　②7
満貞(島田)　③100
満度(畠山)→満則(畠山)
満波(清野)　⑤29
満範(一色)　②62,72
満美(大井・依田)
④243
満平(大井)　④243
満門(筑紫)　⑨239
満友(市川)　⑤17
満有(諏訪)　⑤110
満用(近藤)　⑦249
満要(大井)　④243
満頼(大窪)　②53
満頼(渋川)　②109
満頼(武田)　④23
満頼(源)　①76
満隆(足利)　②7
満隆(沢村)　⑨214
満隣(諏訪)　⑤111

ミ

妙庵(細川)　②35
妙雲(毛利)　⑫141
妙覚(平)　⑥11
妙玉(赤井)　③243

ム

無重(萩原)　⑬217

メ

命守(紀)　⑫228
明英(半井)　⑮114
明国(多田)　①42
明資(那須)　⑨217
明重(和気・丹波)
⑮114
明勝(加藤)　⑨71

明心(日根野)　⑪22
明親(半井・和気)　⑮114
明成(加藤)　⑨70
明成(和気)　⑮113
明仲(大井)　④21
明忠(竹川)　④123
明範(小谷)　③238
明平(杉原)　⑦12
明茂(竹川)　④123
明友(加藤)　⑨71
明友(竹川)　④123
明利(加藤)　⑨70

モ

茂(渡辺)　⑭31
茂安(神保)　⑭217
茂吉(石井)　⑮93
茂吉(竹島)　⑫106
茂吉(美濃部)　⑫92
茂久(高木)　③142
茂久(美濃部)〈菅三郎〉　⑫91
茂久(美濃部)〈市左衛門〉　⑫93
茂教(美濃部)　⑫91
茂継(鍋島)　⑦248
茂継(美濃部)　⑫91
茂元(大江)　⑫136
茂広(美濃部)　⑫93
茂江(美濃部)　⑫91
茂幸(竹島)　⑫106
茂高(美濃部)　⑫93
茂綱(木村)　⑧31
茂綱(朽木)　⑬98
茂次(竹島)　⑫106
茂次(奈良・飯高)　⑭98
茂次(美濃部)　⑫96
茂持(美濃部)　⑫94
茂時(大江)　⑫136
茂時(南部)　④228
茂時(美濃部)　⑫97
茂種(仙波)　⑪190
茂重(大江)　⑫134
茂重(美濃部)　⑫94
茂俊(美濃部)〈六郎三郎〉　⑫91
茂俊(美濃部)〈八郎右衛門〉　⑫98
茂尚(宗)　⑥44
茂勝(神保)　⑭216
茂勝(美濃部)〈十三郎〉　⑫92
茂勝(美濃部)〈与藤次〉　⑫94
茂信(竹島)　⑫106
茂信(美濃部)　⑫98
茂親(本堂)　②183
茂親(水原)　⑬195
茂数(美濃部)　⑫98
茂正(竹島)　⑫106
茂正(美濃部)〈市郎左衛門〉　⑫93
茂正(美濃部)〈権之助〉　⑫96
茂正(美濃部)〈一郎太郎〉　⑫98
茂成(竹島)　⑫106
茂成(筑紫)→広門(筑紫)
茂成(松木)　⑪165
茂成(和気)　⑮113
茂政(五十嵐)　⑤19
茂政(神保)　⑭216
茂盛(美濃部)　⑫91
茂宗(竹島)　⑫106
茂村(大内)　⑭249
茂忠(水原)　⑬195
茂忠(美濃部)　⑫94
茂長(美濃部)　⑫90
茂長(美濃部)〈数馬〉　⑫98
茂直(美濃部)　⑫98
茂定(神保)　⑭216
茂定(坪内)　⑪95
茂稔(井出・村松)　⑫27
茂濃(美濃部)　⑫91
茂範(赤松)　⑬200
茂範(高階)　⑭229
茂並(日下部)　⑭127
茂命(美濃部)　⑫95
茂明(美濃部)　⑫96
茂門(稲垣)　⑤228
毛人(小野)　⑭176
毛野(小野)　⑭176
門安(入戸野)　⑤25
門吉(入戸野)　④119
門光(入戸野)　⑤25
門次(折井・入戸野)　⑤25
門重(江戸)　⑥178
門昌(入戸野)　④118
門宗(入戸野)　④117
門定(入戸野)　④117

ユ

喩益(小笠原)　④168
友(渡辺)　⑭43
友于(在原)　⑫113
友季(秋田)　⑫256
友久(島津)　②141
友景(野呂)　⑮40
友綱(朽木)　⑬98

友佐（吉田）　⑮206
友之（渥美）　⑩232
友次（渥美）　⑩232
友次（平井）　⑬120
友次（丸山）　⑪63
友次（森川）　⑬163
友治（宇野）　③186
友治（幸田）　③184
友治（塙）　⑮217
友重（渥美）　⑩230
友重（遠山）　⑨129
友昌（市川）　⑤18
友勝（渥美）　⑩230
友勝（遠山）　⑨128
友勝（松下）　⑬106
友勝（丸山）　⑪63
友信（遠山）　⑨129
友信（柳瀬）　⑮104
友真（渥美）　⑩232
友正（丸山）　⑪63
友政（杉田）　⑩179
友政（遠山）　⑨129
友政（伏見）　⑩255
友清（高井）　⑦41
友清（柳瀬）　⑮104
友則（倉林）　⑪142
友忠（遠山）　⑨129
友澄（有馬）　⑨194
友澄（三浦）　⑥116
友定（坪内）　⑪98
友貞（織田）　⑥23
友貞（遠山）　⑨131
友徳（人見）　⑮208
友平（平野）　⑪38
右家（山崎）　⑬110
右馬允（水野）　⑤57
由之（池田）　②233
由成（池田）　②233
由隆（岩城）　⑥99
有佳（真野）　⑪35
有家（波多野）　⑧188
有間皇子　⑭126
有義（吉良）　②11
有義（武田・逸見）　①49④17,46
有吉（石丸）　⑤232
有久（島津）　②140
有経（藤原）　⑧158
有経（松田）　⑦150
有賢（大江）　⑫123
有元（大江）　⑫123
有光（浅野）　②258
有光（源・石河）　①44③167
有行（小幡）　⑥230
有綱（足利）　⑦151⑧29,194⑮250
有綱（波多野）　⑧189
有綱（日野）　⑨189
有綱（部屋戸）　⑧116
有綱（山口）　⑥115
有綱（渡辺）　⑭12
有国（進藤）　⑧160
有国（日野）　⑦160⑨188
有国（真野）　⑪35
有氏（世良田）　①53,99
有次（飯田）　④10
有次（石丸・鳥屋尾）　⑤231
有治（源）　⑮176
有俊（波多野）　⑧188
有俊（日野）　⑨189
有春（真野）　⑪35
有象（中原）　⑭203
有信（吉良）　②11
有信（佐々木）　⑬94
有信（日野）　⑨189
有親（世良田）　①53,100
有生（波多野）　⑧189
有政（波多野）　⑧188
有村（三浦）　⑥119
有村（山口）　⑥115
有泰（本郷）　⑤191
有知（伊志良）　⑦155
有忠（石丸）　⑤231
有澄（山口）　⑥115
有定（石丸）　⑤231
有棟（小出）　⑩121
有能（稲山）　⑮101
有範（日野）　⑨189
有頼（藤原）　⑦172
邑次（山本）　③269
邑重（山本）　③269
邑政（山本）　③269
祐安（伊東）　⑨262
祐員（伊東）　⑨268
祐遠（伊東）　⑨268
祐家（赤井）　③240
祐家（伊東）　⑨259
祐家（狩野）　⑦167
祐家（山崎）　⑬110
祐熙（伊東）　⑨267
祐義（源）　④145
祐吉（伊東）　⑨273
祐久（碇山）　②139
祐久（伊東）〈大和守〉　⑨266
祐久（伊東）〈九郎左衛門〉　⑨272
祐堯（伊東）　⑨262
祐近（河津）　⑦167
祐経（工藤）　⑦167⑨260
祐継（工藤）　⑨259
祐慶（伊東）　⑨264

祐堅(伊東)　⑨267
祐玄(伊東)→氏祐(伊東)
祐行(南部)　④228
祐光(伊東)〈八郎〉　⑨260
祐光(伊東)〈八郎左衛門尉〉　⑨261
祐光(伊東)〈八郎左衛門〉　⑨261,267
祐光(小尾・津金)　④78
祐国(伊東)　⑨262
祐次(伊東)〈藤松丸〉　⑨266
祐次(伊東)〈助三郎〉　⑨272
祐次(狩野)　⑦167
祐持(伊東)　⑨261
祐時(伊東)　⑦168⑨260
祐実(伊東)　⑨268
祐充(伊東)　⑨262
祐重(伊東)　⑨262
祐春(伊東)　⑨267
祐尚(伊東)　⑨268
祐将(伊東)　⑨261
祐勝(金田)　⑦39
祐信(伊東)〈新八郎〉　⑨271
祐信(伊東)〈七左衛門〉　⑨273
祐信(曾我)　⑦67
祐親(伊東)　⑨259
祐成(曾我)　⑦167⑨259
祐政(浅井)　⑫186
祐政(南部)　④228
祐清(伊東)　⑨259
祐清法師(大井)　④239
祐宗(伊東)　⑨261
祐則(野口)　⑦229
祐泰(河津)　⑨259
祐智(今大路)　⑮126
祐忠(伊東)　⑦167
祐長(伊東)　⑨260
祐朝(伊東)　⑨260
祐超(知久)　⑤127
祐藤(伊東)　⑨261
祐道(河津)　⑦167
祐範(伊東)　⑨268
祐兵(伊東)　⑨263
祐豊(伊東)　⑨266
祐豊(山名)　③126
祐茂(伊東)　⑨267
祐茂(宇佐美)　⑦168⑨260
祐友(伊東)　⑨273
祐隆(清原)　⑥96
猶英(塚原)　⑤44
猶次(石川)　⑮253
雄吉(小坂)　⑤208⑭265
雄久(土方)　③160
雄光(天野)　⑩25
雄好(天野)　⑩26
雄高(土方)　③163
雄氏(土方)　③162
雄次(土方)　③163
雄重(天野)　⑩26
雄重(土方)　③162
雄政(天野)　⑩26
雄政(土方)　③162
雄則(天野)　⑩25
雄則(土方)　③163
雄致(紀)　⑫218
雄忠(小坂)　⑤209
雄長(小坂)　⑤208
雄得(天野)　⑩25
雄友(藤原)　⑦164⑨241
雄頼(紀)　⑫218
雄利(瀧川・木造・羽柴)　⑫224⑬212
熊武(小千)　⑬20
融(源)　⑭1,10
融成(岡野・板部岡)　⑥86

ヨ

与栄(松浦)　⑭3
与賢(岡部)　⑨248
与嗣(松平)　①56,101,112
与政(下島)　⑮76
与副(松平)→与嗣(松平)
与満(小長谷)　⑤215
用一(近藤)　⑦256
用尹(近藤)　⑦253
用員(西郷)　⑤166
用可(近藤)　⑦255
用義(近藤)　⑦255
用久(島津)　②140
用弘(近藤)　⑦254
用行(近藤)　⑦255
用綱(黒田・近藤)　⑭164
用樹(日下部)　⑭128
用将(近藤)　⑦255
用信(阿倍)　⑫276
用政(近藤)　⑦253
用清(近藤)　⑦254
用忠(近藤)　⑦253
洋躬(越智)→深躬(越智)
庸尾(井上)　③229
庸名(井上)　③229
陽成天皇　①73④136
養孤(笠原)　⑮245
養泉(笠原)　⑮245

養琢(笠原)　⑮245

ラ

雷大臣命→跨耳命
頼安(能勢)　③124
頼安(塙)　⑮217
頼員(船木)→頼春(船木)
頼員(細川)　⑮231
頼永(能勢)　③123
頼栄(能勢)　③123
頼益(池田)　⑮203
頼益(土岐)　③53
頼円(伊東)　⑨261
頼延(揖斐)　③109
頼遠(大槻)　③237
頼遠(上野)　②114
頼遠(土岐)　③57
頼遠(福原)　①44③167
頼遠(藤原)　⑦146⑧34
頼演(伊東)　⑨261
頼家(源)　②130
頼家(武藤)　⑨237
頼寛(相良)〈藤太〉　⑩1
頼寛(相良)〈壱岐守〉　⑩9
頼季(清原)　⑥96
頼季(源・井上・乙葉・保科)　①29,46,85③228,231,236
頼基(丹波)　⑮165
頼基(土岐)　③58
頼義(安倍)→頼良(安倍)
頼義(土岐)　③55
頼義(源)　①29,45,52,79②2③228,236,254④140
頼久(川上)　②137
頼久(紀)　⑫229
頼久(島津)　②142
頼久(土岐)　③71
頼久(蒔田)　②22
頼久(宮城・山崎)　⑫191
頼郷(諏訪)　⑤115
頼業(清原)　⑥96
頼景(加藤)　⑨89
頼景(相良)　⑩1
頼景(丹治)　⑭116
頼景(丹波)　⑮166,247
頼景(源・愛子)　①44
頼継(伊勢)　⑦3
頼継(諏訪)　⑤110
頼継(土居)　③2
頼継(中津)　⑤126
頼慶(高田)　③48
頼慶(丹波)　⑮247
頼芸(土岐)　③54
頼兼(今川)　②16
頼兼(土岐)　③58
頼兼(野々山)　②192
頼兼(源)　①42③48
頼賢(源)　①38
頼顕(大森)　⑨3
頼顕(小山田)　⑦207
頼顕(土岐)　③68
頼元(大江)〈伊予守〉　⑫131
頼元(大江)〈式部丞〉　⑫135
頼元(丹波)　⑮247
頼元(知久)　⑤128
頼元(土岐)　③54
頼元(那波)　⑫137
頼元(細川)　②28⑮234
頼元(山中)　⑦113
頼広(相良)　⑩3
頼広(左沢)　⑫132
頼広(中野)　⑮266
頼広(那波)　⑫137
頼弘(土岐)　③61
頼弘(源)　①41
頼光(源)　①29,41,76②257③1,23,52,56,115④139⑥74
頼行(土岐)　③70
頼行(藤原)　⑦150⑧97,193,211⑮249
頼行(源)　①42③23
頼幸(能勢)　③122
頼高(紀)　⑫229
頼高(吉良)　②21
頼高(土岐)〈九左衛門〉　③55
頼高(土岐)〈下野守〉　③59
頼高(東根)　②52
頼康(紀)　⑫229
頼康(吉良)　②22
頼康(知久)　⑤129
頼康(土岐)　③100
頼綱(宇都宮)　⑨14
頼綱(佐々木)　⑬94
頼綱(佐々木・六角)　⑬155,179
頼綱(源・多田)　①41③23,52⑥74
頼綱(渡辺)　⑭12
頼国(今川)　②16
頼国(源)　①41②257③1,23,52,56,115⑥74

頼在(相良)　⑩9
頼之(能勢)〈宗右衛門〉　③123
頼之(能勢)〈四郎左衛門〉　③124
頼之(細川)　②28⑮233
頼氏(足利)〈治部大輔〉　①34②2,50
頼氏(足利)〈左馬頭〉　②5
頼氏(大江)　⑫115
頼氏(吉良)　②21
頼氏(朽木)　⑬94
頼氏(世良田・新田)　①32,52,99
頼氏(知久)　⑤129
頼氏(中野)　⑮266
頼氏(武藤)　⑨237
頼資(那須)　⑨215
頼資(広橋)　⑨190
頼資(源・溝杭)　①41③115
頼次(有馬)　⑬206
頼次(土岐)　③54
頼次(能勢)　③122
頼次(間宮)　⑬55
頼次(源)　⑮177
頼次(山中)　⑦113
頼治(吉良)　②21
頼治(花房)　②114
頼治(源)　①43⑮176
頼実(源)　①41
頼種(鷹巣)　②52
頼秀(大江)　⑫136
頼秀(丹波)　⑮247
頼秀(土岐)　③61
頼秀(八木)　⑭130
頼秋(土岐)　③61
頼重(明智・土岐)　③58
頼重(板倉)　②109
頼重(上杉)　⑦190,198
頼重(大江)　⑫134
頼重(大槻)　③237
頼重(小川)　⑤248
頼重(小栗)　⑥105
頼重(諏訪)〈三河守〉　⑤109
頼重(諏訪)〈刑部太輔〉　⑤111
頼重(丹波)　⑮247
頼重(千村)　⑤247
頼重(能勢)　③122
頼重(花房)　②115
頼重(船木)　③57
頼重(細川)　⑮239
頼俊(相良)　⑩3
頼俊(平)　⑦2
頼俊(藤原)　⑦147⑧34,144
頼俊(溝杭)　③117
頼俊(源)　①43⑮176
頼春(大森)　⑨3
頼春(紀)　⑫229
頼春(高田)　③48
頼春(能勢)　③123
頼春(船木)　③57
頼春(細川)　②28⑮232
頼舜(知久)　⑤127
頼純(喜連川)　②4
頼助(土岐)　③60
頼尚(清原)　⑥96
頼尚(少弐)　⑨238
頼尚(土岐)　③61
頼勝(天童)　②52
頼勝(土岐)　③55
頼勝(能勢)　③122
頼勝(平岡・溝杭)　③117
頼信(佐々木)　⑬94
頼信(源)　①29,45,52,77②1③228,231,236④140
頼親(相良)　⑩2
頼親(本堂)　②182
頼親(源)　①29,43,76③167④139⑮176
頼水(諏訪)　⑤113
頼数(東)　⑥204
頼世(土岐)　③53
頼成(千秋)　⑦207
頼成(土岐)　③55
頼成(平岡)　③120
頼成(源)　①43
頼政(源)　①42③23,31,35,48,52
頼清(石川)　②196
頼清(土岐)　③100
頼清(藤原)　⑦147⑧34,144
頼清(源)　①29,45,85③189,236
頼清(湯)　⑬128
頼宗(平)　⑦2
頼宗(土岐)　③53
頼宗(能勢)　③123
頼宗(藤原)　⑦142,162⑨204
頼宗(最上)　②53
頼増(諏訪・三枝)　⑮36
頼尊(平)　⑥112
頼泰(大友)　②172⑫127
頼泰(天童)　②52
頼泰(土岐)　③55

頼泰(花房) ②115
頼泰(本郷) ⑤192
頼仲(丹波) ⑮248
頼仲(源)〈掃部助〉 ①38
頼仲(源)〈皇后宮亮〉 ⑮177
頼忠(池田) ⑮203
頼忠(江戸) ⑥178
頼忠(大森) ⑨2
頼忠(糟屋) ⑨200
頼忠(諏訪) ⑤111
頼忠(妻木) ③105
頼忠(土岐) ③58
頼長(織田) ⑥18
頼長(諏訪) ⑤115
頼長(土岐)〈主水〉 ③55
頼長(土岐)〈蔵人〉 ③55
頼長(内藤) ⑧40
頼長(細川) ②28
頼長(持丸) ④18
頼張(土岐) ③71
頼朝(源) ①30, 40②130
頼直(金森) ⑤157
頼直(佐久間) ⑨6
頼直(丹波) ⑮247
頼直(天童) ②52
頼直(内藤) ⑧41
頼通(藤原) ⑦142
頼定(佐々木) ⑬92
頼定(諏訪) ⑤114
頼定(丹波) ⑮247
頼定(土岐) ③61
頼定(源) ①39
頼定(山中) ⑬178
頼貞(今川) ②16
頼貞(土岐) ③2, 53, 57
頼貞(土岐)→頼兼(土岐)
頼貞(細川) ②29
頼貞(源) ①29, 78
頼鉄(戸田) ⑩85
頼典(土岐) ③61
頼冬(紀) ⑫229
頼道(佐久間) ⑨7
頼篤(土岐) ③60
頼任(源) ①29, 85
頼範(源)〈左衛門尉〉 ①29, 78
頼範(源) ⑬199
頼繁(相良) ⑩1
頼武(布施) ④23
頼風(源) ①43
頼平(源) ①29, 78
頼平(武藤) ⑦148⑨237
頼方(上杉) ⑦202
頼豊(諏訪) ⑤111
頼豊(丹波) ⑮247
頼豊(土岐) ③71
頼房(石川) ②196
頼房(紀) ⑫229
頼房(相良)→義陽(相良)
頼房(丹波) ⑮248
頼房(星合) ⑬245
頼房(源) ①43⑮176
頼望(平) ⑥169
頼満(諏訪) ⑤111
頼明(大森) ⑨3
頼明(土岐) ③62
頼明(能勢) ③122
頼明(藤原) ⑦189
頼明(源) ①29, 78
頼茂(足利・石堂) ①34
頼茂(大江) ⑫136
頼茂(宗) ⑥41
頼茂(那波) ⑫138
頼茂(美濃部) ⑫90
頼有(細川) ②28⑮234
頼有(源・得川) ①52, 99
頼利(妻木) ③105
頼利(椋橋) ⑭94
頼隆(浅野) ②258
頼隆(清原) ⑥95
頼隆(諏訪) ⑤111
頼隆(能勢) ③123
頼良(安倍) ⑫249
頼量(丹波) ⑮247
頼隣(諏訪) ⑤110
頼連(中野) ⑮266

リ

利安(斎藤) ⑨161
利胤(相馬) ⑥167
利永(岡田) ④41
利永(高山) ⑥199
利家(高山) ⑥198
利家(前田・羽柴・豊臣) ⑫70
利基(斎藤) ⑨158
利基(藤原) ⑦144, 234
利喜(島田) ③103
利久(高原) ⑪8
利久(萩原) ⑬219
利久(前田) ⑫75
利久(丸茂) ④262
利興(馬場) ②190
利近(島田) ③104
利経(榊原) ⑪215
利景(遠山) ⑨132
利景(長塩) ⑭95
利兼(大江)→成通(大江)
利元(勝矢) ⑤238
利玄(前田) ⑫75
利広(蠣崎) ④130

利光(前田)→利常(前田)
利光(水上) ④278
利孝(前田) ⑫77
利綱(大河内) ③27
利綱(勝矢) ⑤236
利綱(渡辺) ⑭27
利斎(原田・平野) ⑮263,264
利三(斎藤) ⑨154
利氏(島田) ③102
利氏(西尾・鶴見) ⑤201
利次(岡田) ④40
利次(木下) ⑭82
利次(久保) ⑪134
利次(斎藤) ⑨160
利次(土屋) ⑥154
利次(前田) ⑫83
利次(松平) ①164
利次(宮原) ⑪184
利次(山中) ⑦114
利治(岡田)〈佐右衛門〉 ④39
利治(岡田)〈太郎右衛門〉 ④40
利治(斎藤) ⑨160
利治(前田) ⑫83
利実(片山) ⑮181
利実(日下部) ⑭128
利重(岡田) ④40
利重(馬場) ②190
利重(堀)〈左馬助〉 ⑨104
利重(堀)〈七三郎〉 ⑨116
利春(高林・島田) ②26③103
利昌(岡田) ④41
利昌(土井) ③2
利昌(前田) ⑫70
利勝(石河) ③168
利勝(神尾) ⑪155
利勝(土井) ③2
利勝(丸茂) ④262
利常(堀) ⑨115
利常(前田・松平) ⑫79
利親(半井) ⑮115
利仁(藤原) ⑦143,156,172⑨143
利世(島田) ③103
利世(藤原) ⑦144,234
利世(前田) ⑫78
利正(多門) ⑭54
利正(加藤) ⑨79
利正(久保・榎並) ⑪134
利正(島田) ③102
利正(山田) ⑭157
利成(加藤) ⑨79
利政(青山) ⑧90
利政(池田) ②250
利政(石河) ③168
利政(勝矢)〈権兵衛〉 ⑤236
利政(勝矢)〈土佐守〉 ⑤237
利政(駒木根) ⑩132
利政(斎藤) ⑨160
利政(堀) ⑨115
利政(前田・羽柴) ⑫77
利清(土屋) ⑥153
利宣(島田) ③103
利全(江原) ⑪5
利宗(斎藤) ⑨155
利宗(柘植) ⑦23
利中(井上) ⑫34
利忠(矢部) ⑦229
利長(岡田) ④39
利長(土井) ③7
利長(堀) ⑨106
利長(前田・羽柴) ⑫76
利長(松平) ①70,104,169
利長(和気) ⑮114
利直(岡田) ④41
利直(島田) ③104
利直(土屋) ②78
利直(南部) ④231
利直(堀) ⑨107
利通(勝矢) ⑤237
利定(坪内) ⑪92
利貞(瀧川・土岐) ③70⑫224
利貞(前田) ⑫78
利当(木下) ⑭82
利方(末吉) ⑪36
利豊(前田) ⑫78
利房(木下) ⑭80
利房(土井) ③7
利房(堀) ⑨116
利房(前田) ⑫78
利木(島田) ③104
利明(丸茂) ④263
利熊(大草) ⑪203
利隆(池田・松平) ②244
利隆(小浜) ⑪232
利隆(土井) ③7
理任(大江) ⑫120
梨迹臣命 ⑦138
立円(土方) ③163
立久(島津) ②141
立孝(細川) ②36
立雪(坂) ⑮148

栗限王 ⑭149
隆家(赤井) ③242
隆季(九鬼) ⑩209
隆基(九鬼) ⑩202
隆義(太田) ③255
隆義(二宮) ④16
隆景(小早川) ⑫148
隆兼(大江) ⑫123
隆兼(横山) ⑭177
隆元(大江) ⑫129
隆元(毛利) ⑫147,167
隆光(藤原) ⑦145
隆行(岩城) ⑥98
隆綱(大河内) ③27
隆綱(源) ③36
隆次(九鬼) ⑩202
隆次(鈴木) ⑮48
隆次(南条) ⑦75
隆時(出) ④16
隆時(大江) ⑫130
隆守(岩城) ⑥99
隆秀(南条) ⑦74
隆重(荒尾) ⑭211
隆松(横田) ⑬153
隆信(松浦)〈肥前守〉 ⑭4,9
隆信(松浦)〈壱岐守〉 ⑭7
隆信(龍造寺) ⑦245
隆正(神谷) ⑭181
隆成(楠) ⑭151
隆政(鈴木) ⑮49
隆政(南条) ⑦74
隆泰(小野) ⑭177
隆泰(本郷) ⑤191
隆忠(岩城) ⑥99
隆長(高力) ⑥84
隆直(佐々) ⑬186
隆敏(酒井) ⑩219
隆平(岩城) ⑥99
隆方(藤原) ⑦145
隆満(大田) ⑮218
隆庸(皆川) ⑧104
隆頼(平井) ④16
隆良(九鬼) ⑩202
龍還(成海) ⑭94
龍興(斎藤) ⑫33
龍芳(海野) ④28
侶庵(吉田) ⑮161
了雲(中野) ⑮268
了円(水谷) ⑧118
了厳(毛利) ⑫140
了後(河島) ⑮226
了次(酒井) ①243
了甫(織田) ⑥21
令→レイ
良安(水野) ⑤63
良以(河野) ⑮118
良季(清原) ⑥96
良喜(岡部) ⑨243
良久(和田) ⑬84
良業(清原) ⑥96
良継(石野) ⑭207
良兼(清原) ⑥96
良兼(平) ⑥1,112
良賢(清原) ⑥96
良賢(三浦) ⑥118
良弘(井戸)〈若狭守〉 ⑫17
良弘(井戸)〈左馬助〉 ⑫18
良弘(山村) ⑫204
良候(山村) ⑫203
良綱(木村) ⑬60
良綱(朽木) ⑬98
良国(丹波) ⑮246
良之(佐脇) ⑫75
良之(佐原) ⑥133
良枝(清原) ⑥96
良次(藤堂) ⑩59
良次(山田) ⑭157
良持(平) ⑥2,112
良時(平岡) ③120
良重(安倍) ⑮210
良重(千村) ⑤247
良俊(丹波) ⑮246
良春(藤原) ⑦234
良将(平) ⑥1,111,158,169
良勝(大野) ⑪32
良勝(加藤) ⑨86
良勝(山村) ⑫204
良成(安倍) ⑮210
良政(山田・多賀) ⑭157
良清(石野) ⑭204
良清(平岡) ③120
良盛(浅野) ②258
良盛(木村) ⑬60
良宣(清原) ⑥96
良全(水野) ⑤63
良宗(藤原) ⑦234
良知(平岡) ③120
良長(安倍) ⑮210
良直(井伊) ⑦236
良通(安倍) ⑮211
良道(山村) ⑫203
良任(丹波) ⑮246
良範(藤原) ⑦161⑨193
良文(平) ⑥2,112,158
良方(藤原) ⑦141,161⑨199
良房(藤原) ⑦141,161
良望(平)

⑥1, 10, 40, 98, 101, 111
良明(朝比奈)　⑦215
良門(藤原)
⑦141, 144, 189, 234
良雄(織田)　⑥24
良繇(平)　⑥1, 112
良頼(三木)　⑥206⑪72
良利(山村)　⑫203
良隆(小笠原)　④211
良隆(九鬼)　⑩208
林豪(大江)　⑫122
倫玄(横田)→倫松(横田)
倫重(三善)　⑭83
倫松(横田)　⑬153
倫忠(三善)　⑭83
琳聖太子　⑭248

レ

令安(戸川)　⑪3
連昌(松下)　⑬103
連清(木村)　⑮261
連長(松下)　⑬103
連澄(有馬)　⑨194
廉綱(渡辺)　⑭14
廉勝(石川)　②203
蓮乗院(宮城)　⑫194
鎌子(藤原・中臣)→鎌足(藤原・中臣)
鎌足(藤原・中臣)
⑦139, 171
鎌大夫　⑦138

ロ

老(日下部)　⑭127
鹿季(秋田)　⑫255

ワ

和氏(細川)　⑮232
和治(宮城)　⑫199
和甫(宮城・鯰江)
⑫195, 202
和由(平岡)　③120

称 呼 索 引

(一)

ア～サ

凡　　例

1．本索引は、幼名・通称・号・院号等（諱および官職・国名による呼称を除くすべての人名）を収めた。

2．称呼のあとにその姓名を示した。家名の次の（　）は、初めの姓・実家等を示す。

3．配列は原則として、本文に付せられた訓にもとづき、訓読による表音式五十音順とした。ただし、便宜音読によった場合もある。

4．同訓・同音のものは、字数の少ないものより、同字数のものは字画の少ないものより配列した。同字の場合は、人物を区別するために〈　〉を付して通称等を注記した。

5．本巻には、ア～サを収めた。

称呼索引目次

ア…… 1
イ…… 4
ウ……11
エ……12
オ……15
カ……19
キ……26
ク……33
ケ……37
コ……45
サ……56
シ……67
ス……97
セ……99
ソ…… 107
タ…… 115
チ…… 122
ツ…… 127
テ…… 127
ト…… 131
ナ…… 142
ニ…… 144
ヌ…… 146
ネ…… 146
ノ…… 147
ハ…… 147
ヒ…… 152
フ…… 156
ヘ…… 157
ホ…… 161
マ…… 163
ミ…… 170
ム…… 172
メ…… 173
モ…… 173
ヤ…… 174
ユ…… 179
ヨ…… 180
ラ…… 184
リ…… 184
レ…… 187
ロ…… 188
ワ…… 190

称呼索引

ア

愛菊
　土岐定明　③62
　土岐(菅沼)定政　③62
愛子六郎
　源(愛子)頼景　①44
愛寿
　伊藤祐持男　⑨262
会田源右衛門
　会田(柴田)行重　⑤177
会田小次郎
　会田某　⑭60
姶良三郎左衛門尉
　姶良忠安　②138
青木尾張守
　青木信定　④109,112
　青木信種　④104
青木清左衛門
　青木(落合)信生　④103
青木丹五
　青木実直　⑭118
青木美作守
　青木家頼　⑭123
青木与兵衛
　青木信親　④104
青山孫平次
　青山秀勝　⑬81
赤井越前守
　赤井時家　②209
赤井九郎
　赤井為家　③239
赤川三郎右衛門
　赤川通盛　⑦106
赤佐三郎
　井伊俊直　⑦236
赤佐太郎
　井伊盛直　⑦236
赤沢伊豆守
　赤沢清経　④223
赤沢弾正忠
　赤沢長興　④156
赤沢山城守
　赤沢清経　④152
赤淵明神
　日下部公表米　⑭126
赤松菊太郎
　赤松(進)成時　⑬208
赤松太郎
　赤松茂範　⑬200
赤松播磨守
　赤松則景　⑬199
秋田太郎
　秋田鹿季　⑫255
秋月三郎
　秋月種雄　⑭235
秋月太郎
　秋月種幸　⑭235
安芸中納言
　毛利輝元　⑫150
安芸入道
　天野景顕　⑩18
秋山源蔵
　金丸景氏　②77
秋山左衛門佐
　秋山景詮　②75
秋山太郎
　秋山光朝　④14,48,148
秋山土佐守
　秋山正次　④269
悪右衛門
　赤井直正　③245
悪右衛門尉
　赤井直正　③245
悪三郎
　武田(石和)信忠　④17,47
悪七郎五郎
　奥田某　⑨113
悪禅師
　公暁　②130
悪太郎
　赤沢朝経　④224
飽間治部大輔
　吉良治家　②21
悪霊大臣
　藤原(堀川)顕光　⑦153
あけちひこ九郎
　明智(土岐)頼重　③58
阿西
　山崎憲家　⑬110
朝夷名三郎
　朝夷名泰秀　⑥114
浅井茂左衛門

浅井政高　⑭174
浅井六之助
　浅井道忠　⑭161
麻右衛門
　小野高光　⑭188
朝岡新四郎
　朝岡泰元　⑨67
朝倉孫右衛門
　朝倉広景　⑭131
朝倉与三大夫
　朝倉宗高　⑭129
浅野九郎
　浅野光純　②259
浅野次郎
　土岐(浅野)光時　①42②257
浅野但馬守
　浅野長晟　②270
浅野太郎
　浅野光清　②257
浅野弾正少弼
　浅野長政　②259
浅野八郎
　浅野光朝　②259
浅野判官
　土岐光行　②257③56
あさひ
　杉原家利女　⑦13
旭三郎
　木曾義基　②186
旭将軍
　木曾義仲　②186
旭四郎
　木曾義宗　②186
朝比奈内記
　朝比奈直正　⑥175
朝比奈兵衛丞
　朝比奈泰雄　⑥175
朝比奈弥太郎
　朝比奈泰重　⑧82
朝日不説斎
　赤沢満経　④224
浅利与一
　浅利義成　①48④17,147
味岡四郎
　味岡広資　⑨215
足利上総介
　足利義兼　②50
足利宮内少輔
　足利泰氏　②108
足利宮内大輔
　足利泰氏　②114
足利五郎
　足利長氏　②10
足利三郎
　足利義兼　②2
足利左馬頭
　足利義氏　②21,39,61
足利式部大夫(輔)
　源(足利)義国　①96,258
足利七郎
　足利有綱　⑦151⑧29
足利次郎大夫
　足利有綱　⑧194⑮250
　足利成行　⑧193⑮249
足利新判官
　源(足利)義康　①98②2,27,39
足利大夫
　足利成行　⑦151⑧116,211
足利太郎
　足利俊綱　⑦152⑧116,194⑮249
足利孫太郎
　足利家綱　⑦151
足利又太郎
　足利忠綱　⑧194⑮249
足利陸奥判官
　源(足利)義康　①32
安食野次郎
　安食野家昌　②188
葦田押領使
　葦田忠家　③237
蘆田五郎
　赤井忠家　③248
葦田太兵衛尉
　葦田政家　③237
葦田八郎
　葦田家範　③237
　葦田朝家　③238
葦田判官代
　葦田忠家　③237
蘆屋遠江守
　蘆屋某　⑤101
阿曽沼小四郎
　阿曽沼広綱　⑧116
愛宕教学院
　祐智　⑮126
阿多々丸
　大友貞載　②173
足立三郎
　足立俊成　⑧144
新坊
　宮城某　⑫189,193
阿知和右衛門
　阿知和玄鉄　①62,140
　阿知和玄鉄男　①140
厚科小三郎
　厚科重秀　⑥105
渥美左大夫

桜井勝成　⑩212
跡部十郎左衛門
　跡部久直　④85
姉小路大納言
　三木自綱　⑥206⑪72
阿念
　楢崎長康　⑬110
阿野法橋
　源全成　①40
安保刑部丞
　安保実光　⑭117
安保三郎大夫
　安保経房　⑭117
安部大蔵
　安部(諏訪)元真　⑤116
阿部大蔵少輔
　阿部某　③224
阿部勘左衛門
　阿部宗重　⑫246
阿部権九郎
　阿部勝成　⑫246
阿部四郎五郎
　阿部(大久保)忠政　⑨41
　阿部正之　⑨41
阿倍甚五左衛門尉
　阿倍重次　⑫277
阿部茂右衛門
　阿部正勝　⑫246
天方備前守
　天方(青山)通直　⑧85
天野清兵衛尉
　天野家次　⑧138
天野藤内
　天野遠景　⑦166
雨宮源五左衛門
　秋山正次　④269
荒加賀入道
　源(足利)義国　①96
荒川右馬助
　荒川定安　②14
荒川四郎
　荒川貞弘　②11
荒木
　荒木村重女　⑧15
荒木大蔵
　荒木某　⑧18
荒木十左衛門尉
　荒木元満　⑧17
荒次郎
　赤沢満経　④224
荒之助
　大久保忠辰　⑨54
　大久保忠直　⑨51
　大久保忠当　⑨53
有泉大学助
　有泉某　⑮80
有馬兵部少輔
　有馬持家　⑬200
淡路冠者
　源為家　①39
淡路四郎
　皆川宗俊　⑧99
淡路八郎
　皆川宗村　⑧99
粟田関白
　藤原(粟田)道兼　⑨13
粟田左衛門督
　藤原(粟田)兼隆　⑦154⑨13
粟田左大臣
　藤原在衡　⑦172
粟田殿
　藤原(粟田)道兼　⑦154
粟野次郎
　伊達義広　⑦173
阿波孫次郎
　三好長房　④150
阿波民部大夫
　阿波重能　⑮10
安栄
　細川澄元　⑮236
安翁
　木曽信道　②187
安景長公
　最上家親　②60
安孝
　川上直重　⑪17
安興
　秋田惟季　⑫255
安光正念
　水野某　⑤55
安国公
　竹田昌慶　⑮141
安斎
　松倉重信　⑩111
安志
　荒木元清　⑧17,18
安室
　今大路親昌　⑮126
庵主
　駒井政武　④72
庵寿
　大井某　④70
安城左馬助
　松平(安城)長家　①67,103
安心
　比留正元　⑫56
安信
　野間安信　⑪27
安栖

田村長頤　⑭246
　田村長伝　⑭246
　田村長有　⑭247⑮176
安清
　酒井正次　⑩220
　間宮元重　⑬56
安栖院殿泰孝道忠
　松平信忠　①104
安禅院日了
　坂部広勝　⑦90
安道
　保田忠宗　④36
安藤市郎兵衛
　安藤忠次　④53
安藤太郎
　安藤長基　③189
安藤太郎左衛門
　安藤家重　③190
安間三右衛門
　安間貞次　⑤8
安養院
　植村泰忠　③94
安養寺
　一色義貫　②73
安楽寺中坊
　慶円　③243
安楽寺遍照坊
　宗俊　③243

イ

意安
　窪田正俊　⑤11
　吉田宗桂　⑮156, 205
意庵
　城（玉虫）景茂　⑥101
意安法眼
　吉田宗恂　⑮159
意安法橋
　吉田宗恪　⑮162
井伊右近大夫
　井伊直勝　⑦241
飯尾近江守
　飯尾定宗　⑥13
飯尾隠岐守
　飯尾信宗　⑥13
飯尾彦三郎
　飯尾重宗　⑥14
飯尾彦次郎
　飯野宗通　⑬254
井伊掃部頭
　井伊直孝　⑦241
井伊宮内少輔
　井伊直宗　⑦238
井伊九郎
　井伊共直　⑦235
井伊左衛門尉
　井伊弥直　⑦236
井伊左衛門太郎
　井伊行直　⑦237
井伊信濃守
　井伊直盛　⑦238
飯島才蔵
　植村（飯島）正勝　③96
飯島三郎右衛門
　飯島正忠　③96
井伊修理亮
　井伊直平　⑦238
井伊次郎
　井伊泰直　⑦236
　井伊良直　⑦236
井伊新大夫
　井伊惟直　⑦236
井伊太郎
　井伊盛直　⑦236
井伊彦次郎
　井伊直満　⑦238
井伊彦太郎
　井伊景直　⑦237
井伊肥後守
　井伊直親　⑦238
井伊備中次郎
　井伊共家　⑦235
井伊兵部少輔
　井伊直政　⑦239
　井伊直之　⑦241
井伊弥太郎
　井伊忠直　⑦237
　井伊直氏　⑦237
井伊靱負
　井伊直滋　⑦242
伊右衛門
　小菅正武　⑤44
　小長谷正次　⑤213
　本多光直　⑧276
猪右衛門
　木村保元　⑬63
　中山勝政　⑦230
　中山重時　⑦232
　中山道時　⑦232
　山田重縄　⑤95
　山田重俊　⑤95
伊右衛門尉
　渋谷真次　⑨203
　山田重勝　⑪56
　山田重俊　⑪56
猪右衛門尉
　小川忠保　⑧138
　竹本正次　⑩257
惟翁勝公
　最上義定　②54
伊王野次郎左衛門尉
　伊王野資長　⑨215
易屋

南倉弘晴　⑮162
伊織
一尾通尚　⑬214
加藤則勝　⑨83
新庄直時　⑧155
宅間忠次　⑦211
土岐頼久　③71
沼清貞　⑫12
牧野成勝　⑮15
森川次弘　⑬163
山崎弘家　⑬112
六郷正勝男　⑨254
五十嵐弥右衛門
五十嵐重信　⑤235
碇山兵部少輔
碇山祐久　②139
壱岐九郎
松下高長
⑦87⑨168⑬100,
103,107
壱岐三郎
佐々木氏綱
⑦87⑨167⑬100
以休斎
葦野資泰　⑨232
惟謦
島津久世　②138
池田紀伊守
池田恒興　②229
池田図書
池田政長　⑧167
池田備中守
池田長吉　②239
池田民部少輔
池田政重　⑮203
池寺寺主
貞兼　⑫202
為幸
近藤直満　⑦249
伊左衛門
小長谷時尚　⑤215
知久則直　⑤129
伏見為景　⑩256
猪左衛門
斎藤信清　⑨160
伊左衛門尉
星合具枚　⑬251
猪左衛門尉
神尾幸勝　⑪158
伊佐七郎
伊佐行綱　⑬178
石和小五郎
武田(石和)信政
④18,47
石和五郎
武田(伊沢・石和)信光
④17,46,55⑮195
伊沢五郎
武田(伊沢・石和)信光
①49
為三
三好一任　④247
石尾越後守
石尾治一　⑧17
石谷十郎右衛門尉
石谷政清　⑩13
石河冠者
源(石河)有光
①44③167
石川勘助
松平(石川)正重
①57,113
石河判官代
石川義兼　②196
石河兵衛尉
石川義通　②196
石川弥左衛門
石川(赤井)貴成
③246
石野新九郎
石野良清　⑭204
石松
市橋長宗　⑩91
石丸
松前幸広　④132
石山世尊寺の住持
山岡甫庵　⑮5
伊集院右衛門佐
伊集院忠良　②169
伊集院源介
伊集院久立　②169
以心
崇伝　②63
惟新
島津義弘　②148
依森院
武田信武　⑮196
伊豆工藤
工藤(伊東)維職
⑨259
泉五郎
泉俊経　⑧145
泉三郎
泉俊安　⑧145
泉十郎
泉俊景　⑧145
泉太夫
泉俊宗　⑧144
泉八郎
泉俊平　⑧145
意政
細川政勝　⑮240
伊勢次郎
小笠原政信

④206,209
伊勢新九郎
　北条(伊勢)長氏　⑥55
伊勢新次郎大夫
　伊勢(高橋)惟康　⑨2
伊勢千代
　安藤重貞　③207
　安藤重信　③207
伊勢隼人正
　伊勢貞昭　②169
怡叟長悦
　千本資家　⑨225
伊足
　伊藤実俊　⑧187
板垣三郎
　板垣兼信　①49④17,46
板倉蔵人
　板倉某　⑫245
板倉次郎
　足利(渋川・板倉)義顕　②108
板倉四郎右衛門
　板倉勝重　②110
板倉助右衛門
　板倉宗正　⑫245
　板倉宗吉　⑫245
板倉八右衛門
　板倉頼重　②109
板全三郎
　板全義宗　②196
板鼻右馬允
　板鼻全良　③173
板鼻六郎
　板鼻全賀　③173
一安
　近藤忠用　⑦249
一庵
　落合正宅　③129
一唯
　島津久保　②151
一位大僧都
　尊運　⑦207
一雲
　南条隆秀　⑦74
一雲院
　一色秀勝　②63
一雲趙堂
　浅原正忠　④235
一栄
　小知重周　⑮70
市右衛門
　伊吹宗重　⑬119
　栗屋忠時　⑮102
　栗屋吉秋　⑮102
　栗屋某　⑮102
　桜井信茂　⑤28
　真田幸吉　⑭63
　神保氏信　⑭218
　高井貞清　⑮68
　多田正重　③85
　土岐頼久　③71
　溝口重直　④275
市右衛門尉
　石谷政勝　⑩14
　久貝正勝　⑪127
　神保氏勝　⑭218
　中川忠重　③76
　中川忠次　③77
　仲重光　⑮204
　松浪政俊　⑩110
一尾淡路守
　一尾通春　⑬214
一翁
　斎藤義次　⑨163
一鷗
　吉田某　⑬143
一鷗斎
　宗義調　⑥44
一岳
　村上某　③210
一行
　南条宗俊　⑦74
市五郎
　稲葉正重　⑬5
市左衛門
　青木玄可　⑭122
　秋山近憲　④271
　折井次忠　⑤23
　折井政次　⑤24
　加藤正勝　⑨91
　後藤吉勝　⑨153
　鎮目惟明　⑤37
　設楽貞信　⑫100
　新見政勝　④94
　新見正次　④94
　新見政成　④94
　鈴木重吉　⑮51
　瀬名政直　②25
　萩原無重　⑬217
　蜂屋栄宅　⑩38
　蜂屋栄勝　⑩38
　花井定連　⑩224
　福村勝長　③260
　富士信久　⑤210
　松木勝成　⑪165
　松木浄成　⑪165
　美濃部茂久　⑫93
　山角勝重　⑪51
　横山一常　⑭184
　吉田政形　⑬142
市左衛門尉
　石原某　⑪11
　小笠原長房　④219

折井次昌　⑤22
　高林吉利　②26
　都筑宗次　⑨170
　都筑吉久　⑨170
　内藤正吉　⑧70
　中根正則　⑩60
　中根某〈親〉　⑩60
　中根某〈子〉　⑩60
　福生正次　⑪242
　丸山友勝　⑪63
　三神安信　⑪78
　三宅重勝　⑪72
　山田直忠　⑪55
市三郎
　片山宗偲　⑮177
　長塩高継　⑭95
　毛利高直　⑫184
一山第一悪稚児
　源賢　④140
一十郎
　杉浦正綱　⑥215
　杉浦正友　⑥214
市十郎
　稲富重吉　⑦83
　大久保忠高　⑨23
　桜井信昌　⑤28
　竹島茂次　⑫106
　能勢頼永　③123
一条甲斐守
　一条時信　④97
一条左大臣
　源雅信　⑬175
一条相国
　一条公経　⑮140
一条次郎
　一条忠頼　①49④17,46
一条太郎
　山高（一条）信方　④97
一条の侍読
　大江斉光　⑫121
　大江匡衡　⑫122
一条八郎
　一条信経　④97
一条与次郎
　一条義行　④97
一条六郎
　一条信長　④18,97
市助
　稲葉（林）正成　⑬2
　岡家成　⑮212
　柘植宗員　⑦20
　柘植宗知　⑦21
　柘植宗能　⑦21
　中川忠房　③77
　中川忠宗　③77
　一柳直末　⑬27
市蔵
　三井吉次　⑦78
　山角（鈴木）勝成　⑪50
　山田時忠　⑤92
市大夫
　加藤正勝　⑨100
　加藤正長　⑨99
　竹島茂宗　⑫106
　松平忠次　①60,138
　丸山友次　⑪63
一道
　大井満雪　④242
一入
　朝比奈勝政　⑦221
　丹波頼元　⑮247
一如
　立花親善　②174
市丞
　植村政春　③93
　土屋勝正　⑥155
　平野元延　⑮264
　宮田吉勝　⑪188
　山口吉直　⑭266
　山下昌勝　⑤235
　渡辺時　⑭43
市之丞
　石丸定盛　⑤232
　戸田直次　⑩68
　逸見義記　④3
　松平正光　①63,142
市之介
　河島長俊　⑮259
市之助
　織田信成　⑥15
一宮七郎
　一宮信隆　④18
一宮太郎
　一宮正隆　④19
市平
　朝比奈義次　⑥175
　朝比奈義春　⑥175
　服部保俊　⑭67
　松浪政治　⑩110
市兵衛
　伊吹宗次　⑬119
　織田高雄　⑥22
　加藤正勝　⑨86
　木造具次　⑬211
　小長谷時友　⑤213
　下島政真　⑮75
　杉浦久幸男　⑥212
　鈴木信政　⑮55
　鈴木政重　⑮52
　鈴木政次　⑮52
　鈴木（松平）政房　⑮52
　豊島秀有　⑥196
　深津正勝　⑫48

深津正重 ⑫47
　富士信重 ⑤210
　富士信成 ⑤211
　藤林勝政 ⑮20
　藤林雅良 ⑮21
　藤林宗政 ⑮20
　間宮重綱 ⑬56
　三浦直成 ⑥131
　森山信盛 ⑦62
　由良貞長 ①261
市兵衛尉
　伊奈忠基 ⑩129
　岩瀬氏忠 ⑩239
　太田正盛 ⑧112
　金森重直 ⑤155
　久保勝清 ⑪132
　高原利久 ⑪8
　西尾政氏 ⑤202
　松田直長 ⑦41
　山田直勝 ⑪55
一法師丸
　大友能直 ②172
一無
　北条氏繁 ⑥68
一夢
　稲富直家 ⑦80
一有
　曲直瀬(沼津)玄理 ⑮128
一遊斎
　一色藤長 ②63
一葉斎
　室賀勝永 ⑤130
一葉道本
　土方雄政 ③162
一蓮寺
　法阿弥陀仏 ④24
一郎
　椿井政定 ⑩221
一郎右衛門
　柴村(朝比奈)正次 ⑥175
　山中元吉 ⑦115
　横地忠重 ⑫51
市郎右衛門
　河勝将氏 ⑭241
　河島長俊男 ⑮260
　田中忠勝 ①272
　服部元正 ⑭68
　服部保英 ⑭68
　堀越定重 ⑤239
　三田守次 ⑥200
市郎右衛門尉
　榊原元義 ⑪223
　戸田直良 ⑩68
　三橋信清 ⑪75
一郎左衛門
　野々山兼周 ②194
市郎左衛門
　飯室昌成 ⑤31
　近山永安 ④116
　松平重勝 ①191
　松平正茂 ①164
　美濃部茂正 ⑫93
市郎左衛門尉
　高林吉次 ②26
一郎太郎
　美濃部茂正 ⑫98
市六郎
　加藤正重 ⑨91
一郎兵衛
　酒井勝治 ⑩219
　酒井種治 ⑩218
　鈴木重次 ⑮54
　竹島茂正 ⑫106
　横地(坂部)正義 ⑫51
市郎兵衛
　油川信成 ④120
市郎兵衛尉
　村越延連 ⑪103
一角
　美濃部高茂 ⑫92
一廓
　宅間忠次 ⑦211
斎
　溝口宣秋男 ④9
一喜
　河野氏勝 ⑬17
一機
　武田信実 ④30
一空
　板倉忠重 ②109
　畠山高政 ②41
一渓
　大井虎昌 ④70
　曲直瀬道三 ⑮123
　和田某 ④266
一渓道看
　松平(安城)長家 ①103
一斎
　市橋長利 ⑩86
　片桐直貞 ⑤124
逸山俊公
　南部宗行 ④228
一枝
　島津尚久 ②146
一色宮内卿律師
　一色公深 ②72
一色内匠
　一色定堅 ②14
一色大夫法師
　一色公深 ②68
一舟月斎

久保(榎並)利正 ⑪134
一初全妙
水野某 ⑤55,78
一睡院
北条氏規 ⑥63
一水居士
吉田重氏 ⑬144
一清
細川晴元 ⑮236
一智
酒井忠次 ①233
一通
相馬盛胤 ⑥166
一当
兼松正吉 ⑩100
一徳斎
真田幸隆 ⑭61
一瓢
島津忠幸 ②141
一風雲松
畠山政尚 ②41
一法
水野守元 ⑤56
一峯
佐竹義治 ③256
一峯天公
南部通継 ④229
一品式部卿
敦実親王 ⑬175
井手左大臣
橘諸兄 ⑭149
出孫三郎
出隆時 ④16
為天
古田重則 ⑩163
以天清公
牧野某 ⑮11
伊東九郎
伊東祐清 ⑨259
伊東祐忠 ⑦167
伊東左衛門尉
伊東祐時 ⑨260
伊東薩摩守
伊東祐長 ⑨260
伊東次郎
工藤祐継 ⑨259
伊東次郎入道
伊東祐親 ⑨259
伊東八郎
伊東祐光 ⑨260
伊東豊後守
伊東祐兵 ⑨263
意徳
日置某 ⑬143
井殿
安倍頼良男 ⑫249
糸松丸
三浦幸村男 ⑥119
伊那三郎
伊那長綏 ④151
伊那四郎
伊那長宗 ④164
伊那太郎
源(伊那)為扶 ①50
伊那六郎
小笠原光康 ④164
稲沢五郎
稲沢資家 ⑨216
因幡国一宮
武内宿祢 ⑫206
稲山七郎左衛門
稲山昌次 ⑮101
稲山清兵衛
稲山昌能 ⑮101
稲山与市
稲山有能 ⑮101
稲荷三郎
源義綱 ④142
犬王丸
秩父宗能 ⑥227
犬太郎丸
島津久世男 ②138
犬房
野内重時 ⑭177
犬法師
河野通春 ⑬13
犬房丸
伊東祐時 ⑨260
犬松
伊達秀宗男 ⑦186
犬安丸
島津教久男 ②136
犬山師
丹治家義 ⑭116
井上掃部助
源(井上・乙葉)頼季 ①46
井上九郎左衛門
井上正信 ③232
井上作野右衛門
井上重信 ⑮67
井上三郎
源(井上・乙葉)頼季 ①85
井上三郎太郎
井上満実 ③228
井上次郎
井上満実 ③236
井上次郎左衛門
井上某 ⑮67
井上甚右衛門
井上貞重 ⑮67
井上八郎

井上経長　③228
井権守
　日下部親安　⑭128
猪之丞
　野呂正景　⑮40
伊助
　知久直明　⑤130
猪助
　曾我包助　⑦70
猪之助
　大森好輝　③183
　鎮目惟貞　⑤38
　成瀬松久　⑩199
　西尾正利　⑬193
　春田直次　⑤218
　春田(八田)将吉　⑤217
　春田吉次　⑤217
　松平政善　①57,113
　間宮元晴　⑬53
　三好勝正　④248
以栢
　島田重次　③100
伊兵衛
　秋山正勝　④271
　加藤保貞　⑨97
　小長谷政平　⑤213
　鈴木重辰　⑮45
　長谷川宣重　⑧163
　長谷川宣次　⑧162
　長谷川宣元　⑧162
　深尾正広　⑬189
　向井政勝　②100
　諸星盛長　⑮72
猪兵衛
　井関親信　⑭169
　井関親義　⑭169
　小栗信政　①195
　長田忠家　⑦56
　杉浦親友　⑥213
　東条安長　④54
　野尻吉景　⑭159
伊兵衛尉
　岡本保真　⑨63
　座光寺為正　⑪214
　東条政長　④54
　西尾正義　⑬189
猪兵衛尉
　神尾幸忠　⑪158
　桑山貞寄　⑪44
　佐藤吉成　⑧179
今井九郎
　今井俊綱　⑧145
今井孫六
　今井信景　④24,90
今大路民部太輔
　今大路親昌　⑮126
今弁慶
　内藤家長　⑧35
今村五郎
　今村秀村　⑧19⑭198
今村彦兵衛
　今村勝長　⑭198
今村弥五郎
　今村秀通　⑭198
芋淵三郎
　芋淵幹隆　⑨213
伊予六郎
　土岐頼宗　③53
伊落
　石川一政　②210
入江右馬允
　入江維清　⑦165⑨242
入江権守
　入江清定　⑦166
入江左近大夫
　入江景澄　⑦166
入戸野和泉
　入戸野門安　⑤25
入野三郎
　入野俊氏　②15
岩
　前田利孝女　⑫78
岩城次郎
　岩城則道　⑥98
岩下豊後守
　岩下某　⑭61
石清水高良の明神
　武内宿祢　⑫206
岩津太郎
　松平親長　①64,102,151
岩手太郎
　岩手重良　⑫250
岩戸権守
　大蔵種成　⑭235
岩門少卿
　大蔵種成　⑭235
岩之助
　安藤正次　③193
岩松
　浅野長晟　②270
　浅野光晟　②276
　池田政綱　②249
岩松丸
　松平某　④190
岩室吉兵衛
　岩室俊家　⑭165
胤公
　宅間憲方　⑦210
印西
　吉田重氏　⑬144
胤祐
　坂嘉邦　⑮146

ウ

上杉修理大夫
　上杉重顕　⑦205
上杉大膳大夫
　上杉頼重　⑦190,198
上杉弾正少弼
　上杉朝定　⑦195
上杉兵庫頭
　上杉憲房　⑦190
上田太郎
　大江佐泰　⑫128
上野六郎
　上野盛長　④153
上原淡路守
　上原種正　⑧174
上原甚五郎
　上原吉勝　⑧174
上松三郎次郎
　上松義豊　②188
植村庄右衛門尉
　植村(飯島)正勝　③96
卯右衛門
　志賀定重　①258
宇右衛門
　青木豊信　④104
　稲葉正勝　⑬5
　加々爪信澄　⑦198
　佐久間定良　⑥226
　谷衛冬　⑬78
　牧野成従　⑮15
　松平康勝　①68
　渡辺盛　⑭43
鵜右衛門
　雨宮重次　⑤32
　雨宮政重　⑤32
右衛門作
　柘植正直　⑦25
右衛門三郎
　小幡有行　⑥230
　小幡定高　⑥231
　小幡方行　⑥231
宇右衛門尉
　稲葉正則男　⑬7
　松平康勝　①168
右衛門四郎
　牧長正　⑭167
右衛門次郎
　多田正行　③85
右衛門佐
　秩父重国女　⑥228
魚住内匠
　魚住義勝　⑬216
魚住与兵衛
　魚住某　⑬216
宇久大和守
　宇久盛定　④35
宇佐の勅使
　和気章親　⑮112
　和気清麿　⑮112
　和気貞相　⑮112
　和気貞典　⑮112
　和気定成　⑮113
　和気相法　⑮112
　和気種成　⑮113
　和気親成　⑮113
　和気嗣成　⑮113
　和気時成　⑮113
　和気時雨　⑮112
　和気仲景　⑮113
　和気成貞　⑮112
　和気弘景　⑮113
　和気正世　⑮112
　和気真綱　⑮112
宇佐の奉幣使
　和気真綱　⑮112
宇佐美三郎
　宇佐美祐茂　⑦168⑨260
氏井武蔵
　氏井某　⑪82
牛右衛門
　小沢忠秋　①198
　小出重政　⑩120
　平岡重勝　③119
氏王丸
　土岐頼篤　③60
潮田中務少輔
　潮田正重　⑪62
牛飼藤太夫
　牛飼惟季　⑧144
牛太郎
　山角定吉　⑪49
氏女
　足利義氏女　②4
牛丞
　久松定義　①202
牛助
　酒井忠経　①228
　高木玄済　⑮132
　服部康次　⑭72
牛之介
　大久保長昌　⑨26
牛之助
　青木義頼　⑭124
　浅井政則　⑫187
　朝倉政明　⑭140
　加藤(大森)重長　⑨78
　加藤吉久　⑨100
　勝政重　⑮80
　勝政成　⑮79
　瀧川一仲　⑫223
　柘植利宗　⑦23

鳥山精明　①273
永井勝忠　⑫182
丸茂重成　④262
氏長者
藤原房前　⑦139
藤原不比等　⑦139
氏の長者
越智親孝　⑬23
河野親経　⑬23
藤原内麿　⑦188
藤原不比等　⑦188
牛屋大臣
藤原是公　⑦164
臼杵冠者
大神惟盛　⑮18
鵜鷹
野間某　⑮193
内田喜兵衛
内田某　⑬81
宇都宮尾張守
宇都宮景綱　⑨38
宇都宮検校
宇都宮頼綱　⑨14
宇都宮左衛門尉
宇都宮朝綱　⑨13
宇都宮左近将監
宇都宮泰藤　⑨66
宇都宮(の)座主
宇都宮宗円　⑦155⑨13
宇野右衛門太郎
宇野英治　③186
宇野冠者
源頼治　①43
宇野七郎
源(宇野)親治　①44⑮176
宇野茂兵衛尉
宇野政勝　⑧140
馬三郎
渋河景義　⑦166
右馬七郎
宗助国　⑥41
馬大夫
入江維清　⑨242
梅
星合具泰女　⑬255
梅賀丸
竹田之定男　⑮142
梅沢佐渡
梅沢景之　⑧76
梅津長徳軒の僧
河島長成男　⑮260
梅松丸
堀田一氏　⑫213
浦上美作守
浦上則宗　⑫212
有楽
織田長益　⑥18
雲菴
入来院重時　②145
雲関
細川政元　⑮235
雲岩
細川全隆男　⑮242
雲皐
宗茂尚　⑥44
蘊誥
大森頼顕　⑨3
雲光寺
佐々木(六角)氏綱　⑬181
雲斎
朝夷名泰雄　⑥173
片山宗実　⑮181
雲山
岩城貞隆　⑥100
三木良頼　⑥206⑪72
雲室全慶
水野守次　⑤80
雲叔紹閑
桑山一直　⑪45
雲照寺
最上義定　②54
雲上寺
織田頼長　⑥18
雲託
下山光直　④233
雲洞庵
上杉憲実　⑦204
海野小大郎
海野幸数　⑭61
海野幸真　⑭59
海野小太郎
海野幸重　⑭60
海野幸恒　⑭58
海野幸春　⑭59
雲八
大島光義　①263
雲峯閑公
金森(伊藤)可重　⑤153
雲巒
細川顕氏　⑮231

エ

永安
蠣崎季広　④128
永庵
望月道慶　⑮224
栄安
植村某　③91
詠安

永田重真　⑪179
永安寺
　足利氏満　②7
永安寺殿
　足利氏満　②3
栄胤
　小笠原広重　④212
永運
　河勝継氏　⑭240
永円寺
　見孝　⑮144
栄覚
　小幡高行　⑥230
　小幡憲高　⑥231
永寒
　坂尾次政　⑩245
永観
　赤井貞家　③241
栄閑
　都筑政武　⑨173
栄感
　内藤忠政　⑧43
　牧野康成　⑤158
栄観
　小幡憲行　⑥231
永記
　松平政勝　①137
永喜
　設楽貞重　⑫99
　林信澄　⑨181
永徽
　向坂政勝　⑤199
永忻
　美濃部頼茂　⑫90
永金
　大田原晴清　⑭103
栄金
　松平光重　①115
永吟
　向坂長勝　⑤199
永源
　島田某　③100
英玄
　本多正勝　⑧267
永高
　水野信村　⑤87
英公
　兼松正吉　⑩100
英豪
　細川信良　⑮238
永興寺
　大内弘幸　⑭250
栄厳
　小幡方行　⑥231
永三
　菅波重次　⑤248
　宅間定兼　⑦210
永讃
　山田重則　⑤88
英珊
　山本正義　③265
栄山
　足利義勝　①36
英山長勝
　北海信元　④24
叡山の僧
　貞兼　⑫202
永樹
　上杉憲盛　⑦201
栄周
　山中頼元　⑦113
英十
　藤掛永重　⑥34
英春
　鈴木信重　⑮50
　水野信久　⑤84
栄純
　竹村嘉理　⑩259
栄松
　美濃部茂久　⑫91
英成
　酒井隆敏　⑩219
永昌院
　武田信昌　④26
英勝院
　太田康資女
　③40⑨144
永正寺
　武田信康　④24
英真
　水野分長　⑤59
永泉
　蠣崎慶広　④128
栄泉
　服部康次　⑭72
栄曾
　小笠原長清
　④193,223
栄曾居士
　小笠原長清　④148
永存
　大田原資清　⑭102
永泰院
　細川頼之　⑮233
永忠
　加藤正成　⑨88
　美濃部茂継　⑫91
英中
　武田(穴山)信介　④25
栄仲
　小幡実高　⑥231
永珍
　西山昌俊　⑨147
永通

赤井久家 ③241
英鉄
　稲富直重 ⑦80
英徹
　青山成重 ⑭212
栄徹
　高力正重 ⑥83
栄伝
　河野盛政 ⑬14
栄典
　星合具泰 ⑬247
栄棟
　小幡景高 ⑥231
英嫩
　青木満定 ⑭125
英伯
　佐久間盛政 ⑥216
栄繁
　奥平貞俊 ⑥135
栄富
　三枝某 ⑮37
栄風
　松平忠綱 ①139
永福寺三省軒
　統最 ④169
栄富斎玄玖
　三枝虎吉 ⑮25
栄文
　戸田勝正 ⑩79
永甫
　林信次 ⑨182
栄保
　内藤忠次 ⑧42
永法
　榊原信次 ⑪223
栄鳳
　小幡定高 ⑥231
栄隆
　小幡憲隆 ⑥231
栄林
　最上義守 ②54
恵運
　河野通安 ⑬13
江川肥前
　江川英元 ③186
益安
　熊谷宗伝 ⑮223
恵玄
　西郷元正 ⑤164
慧源
　足利直義 ①35
恵光寺
　周檜 ④26
恵順
　太田吉正 ⑧107
恵照院
　織田信則 ⑥16
恵真
　松平家房 ①113
江田三郎
　江田満氏 ①53,99
愛智源四郎大夫
　佐々木(愛智)家行 ⑬176
越後守入道任世
　沼清成 ⑫11
越後次郎
　上杉憲賢 ⑦201
越後僧正
　親厳 ⑫125
越前三郎
　源(越前)為経 ①50
愛智卿公
　円成 ①40
悦翁
　宗義盛 ⑥43
越岩
　上杉憲武 ⑦203
悦渓常観
　平岡頼成 ③120
越江蓮芳
　相良義陽 ⑩5
悦山
　足利義尚 ①36
越山
　島津善久 ②141
悦山怡公
　南部安信 ④230
悦山喜公
　伊東祐安 ⑨262
悦山大喜
　相良堯頼 ⑩4
悦堂
　伊勢貞親 ⑦6
　宅間憲俊 ⑦209
悦道
　細川満元 ⑮235
恵灯院
　島津久豊 ②140
江戸四郎次郎
　江戸重方 ⑥176
江戸太郎
　江戸重長 ⑥176
　江戸重盛 ⑥176
江侍従
　大江匡衡女 ⑫122
江帥
　大江匡房 ⑫122
江納言
　大江維時 ⑫121
榎下掃部
　榎本憲直 ⑦208
荏原三郎
　荏原朝資 ⑨215

海老丞
　大橋親俊　⑪125
右衛門七
　比留次長　⑫56
右衛門八
　大久保忠重　⑨51
　大久保忠政　⑨50
　小栗元重　⑥110
　松平（青沼）正武　①67，166
恵倫
　山口直友　⑤259
恵林院殿
　足利義材　①36
恵林寺
　武田晴信　④28
恵林寺の喝食
　宗智　④30
縁
　織田長次　⑥21
円運
　上杉憲忠　⑦205
円翁宗鑑
　中川秀成　③73
円夏
　山田重勝　⑤92
円覚院
　畠山貞政　②41
円覚寺の僧
　法圻　②16
円季
　三浦正之　⑥128
円西
　新庄高遠　⑧147
円斎
　大谷重次　⑮99
　鳴海寿世　⑮261
遠察
　藤原伊行　⑨7
円室
　島津忠昌　②142
円室正珠
　浅原正勝　④236
円樹
　長谷川長久　⑧164
延寿院
　曲直瀬玄朔　⑮124
円浄
　大内弘家　⑭250
円常
　新庄高俊　⑧146
円照本光国師
　崇伝　②63
円心
　赤松則村　⑬200
　江原生次　⑪6
円心通観
　小松重光　⑫251
円清
　奈須重恒　⑮201
　花房教信　②114
遠盛
　吉田正定　⑬146
円宗
　青山忠成　⑧80
縁崇
　本多（酒井）康俊　⑧236
円通寺
　宗貞盛　⑥42
　山名時義　①252
円通大師
　大江定基　⑫121
円徹
　松平定勝　①208
　横地元貞　⑫50
円道
　内藤（松平）直政　⑧66
遠藤大隅守
　遠藤胤基　⑥204
遠藤小八郎
　遠藤胤直　⑥204
遠藤左馬助
　遠藤慶隆　⑥205
遠藤新兵衛尉
　遠藤胤縁　⑥204
遠藤但馬守
　遠藤（三木）慶利　⑥206
遠藤長門守
　遠藤慶勝　⑥206
遠藤六郎左衛門尉
　遠藤盛数　⑥204
円如
　伊達行宗　⑦174
遠碧院
　山名持豊　①253
延命院
　細川政勝　⑮240
円融の侍読
　大江斉光　⑫121
円隆
　糟屋忠清　⑨200
延齢性松
　赤松義則　⑬208

オ

鷗庵玄雄
　佐々木（六角）義弼　⑬182
扇谷
　小笠原宗長　④155
応山

葦野資方　⑨230
翁介
　鍋島忠直男　⑦248
翁助
　田中定官男　③18
王代丸
　源頼義　④140
王大夫
　菅原家兼　⑫89
　菅原為兼　⑫90
　菅原為貞　⑫90
応島竿雪
　坂淳己　⑮147
王法師
　木曾経義　②186
巨海出羽守
　巨海信明　④52
往誉
　菊池泰次　⑨5
大井七郎
　大井朝長　④15
　大井(中条)朝光　④151,237
大井の惣領職
　大井政成　④240
大井舘
　越智息方　⑬22
大井伯耆守
　仁加保某　④244
大井陸奥守
　大井某　④70
大内介
　大内満盛　⑭250
　大内義興　⑭253
大岡三郎大夫
　大岡政保　⑤215
大河原源五左衛門
　大河原(柴田)正良　⑪4
正親町院伊予局
　星合教房女　⑬247
大久保権兵衛
　大久保忠郷　⑬228
大久保三助
　大久保正次　⑬228
大久保甚左衛門尉
　大久保忠直　⑬221
大蔵左衛門
　伴野貞直　③179
大倉余市
　大倉長澄　④152
大蔵与次
　大蔵長隆　④15
大河内金兵衛尉
　大河内久綱　③25
大河内源大
　大河内顕綱　③24,31
大河内又兵衛
　大河内重綱　③29
大胡太郎
　大胡重俊　⑦151⑧211
大沢左衛門尉
　大沢基胤　⑨206
大柴六兵衛
　大柴(稲山)直能　⑮101
大島蔵人
　大島義継　①262
大須賀与助
　大須賀政次　⑧202
　大須賀政信　⑧202
大助
　三浦義明　⑥113
大関文珠丸
　大関重行　⑥106
大田左衛門尉
　大田式宗　⑭226
太田四郎
　太田隆義　③255
　太田秀頼　⑧29,116
　太田行光　⑦150
太田新六郎
　太田重政　⑨144
太田摂津守
　太田資国　③36
太田大夫
　太田行尊　⑦150⑧98
　太田行政　⑦150⑧98
太田彦左衛門
　太田(高木)清正〔政〕　③135
太田別当
　太田行政　⑧98
大田原備前守
　大田原忠清　⑭101
　大田原晴清　⑭103
大塚彦次郎
　大塚元重　⑧167
大塚三河守
　大塚秀元　⑧167
大槻太郎
　大槻頼重　③237
大新田
　源(新田・里見)義俊　①31,98
大饗西法入道
　楠正盛　⑭151
大庭次郎
　宇都宮成綱　⑨13
大原伊兵衛尉
　大原直勝　⑩21
大洞三吉
　織田信秀　⑥20
大御堂

成潤　②8
　満秀　②7
大峯の大先達
　澄存　②19
大宮
　大内弘家　⑭250
大宮右府
　藤原（大宮）俊家　⑦162
大森の天神
　伊勢（高橋）惟康　⑨2
大森与一
　大森親家　⑨2
大屋三郎
　大屋秀忠　⑦152
大日本根子彦国牽天皇
　孝元天皇　⑫206
大若公
　足利義久　②8
岡右衛門
　平岡千道　③121
　平岡道成　③120
　平岡吉道　③121
御加々局
　上杉頼重女　⑦208
小笠原刑部
　三好某　④246
小笠原九郎
　小笠原為長　④151
小笠原源次郎
　小笠原経治　④225
小笠原小次郎
　小笠原長持　④152
小笠原五郎
　小笠原長実　④153
　小笠原（松尾）宗康　④202
小笠原左大夫
　小笠原（牧野）義次　⑤162
小笠原三郎
　勅使河原長直　④154
小笠原式部
　三好某　④246
小笠原七郎
　小笠原長村　④153
小笠原信濃守
　小笠原貞宗　④195
　小笠原長秀　④199
小笠原信濃入道
　小笠原宗長　④195
小笠原治部大輔
　小笠原政康　④200
小笠原十郎
　小笠原泰清　④155
小笠原次郎
　小笠原長清　①48④14
小笠原大膳大夫入道
　小笠原政康　④200
小笠原但馬守
　小笠原某　⑤20
小笠原丹斎
　小笠原貞経　④224
小笠原遠江守
　小笠原政長　④197
小笠原彦三郎
　小笠原忠綏　④154
小笠原兵衛尉
　山田某　⑤92
小笠原兵庫助
　小笠原政長　④197
小笠原孫次郎
　小笠原宗隆　④158
小笠原又次郎
　小笠原泰氏　④155
小笠原与左衛門
　小笠原（河野）貞利　④222
小笠原六郎
　小笠原長数　④155
岡次
　岡部正綱　⑨243
岡次郎右
　岡部正綱　⑨243
岡田伊賀守
　岡田元近　⑪146
岡田冠者
　源（岡田）親義　①47④145
緒方三郎
　緒方惟栄　⑮18
岡田竹右衛門
　岡田元直　⑪153
岡田竹右衛門尉
　岡田元次　⑪146
岡野越中守
　岡野（板部岡）融成　⑥86
岡部権守
　岡部清綱　⑦166⑨242
　岡部泰綱　⑦166
岡部弥次郎
　岡部長盛　⑨245
岡山八兵衛尉
　岡山弥清　②15
小河下野又次郎
　水野某　⑤54
小河二郎
　小河政平　⑦151
隠岐五郎
　土岐光定　③57
奥津六郎
　奥津近綱　⑦166
隠岐孫三郎

- 船木頼重　③57

荻原弥右衛門
- 荻原正明　⑭201

奥儀兵衛
- 奥盛良　⑮229

奥田三右衛門尉
- 奥田某　⑨113

奥田七郎兵衛尉
- 奥田道利　⑨115

奥太郎
- 曾我時助　⑦67

奥御館
- 藤原頼清　⑧144

奥山左衛門尉
- 奥山某　⑪81

小蔵十郎
- 小蔵行長　④15

小倉三河守
- 小倉実綱　⑮177

尾崎右京亮
- 尾崎貞兼　②17

長田喜八郎
- 長田広正　⑫172

長田伝八郎
- 永井直勝　⑫173

長田平右衛門
- 長田重元　⑫173

小沢瀬兵衛
- 小沢忠重　①63,143,198

於曾五郎
- 於曾光俊　④15,150

織田右馬允
- 織田永継　⑥34

織田掃部頭
- 織田信正　⑥26

織田刑部少輔
- 織田某　⑥27

小田切七郎兵衛
- 小田切光季　⑤33

小田五郎
- 小田清家　④151

織田三蔵
- 柘植(織田)正俊　⑦24

織田七郎
- 織田秀敏　⑥33
- 津田秀重　⑥33

織田駿河守
- 織田某　⑥27

織田弾正左衛門
- 織田信定　⑥26

小谷兵部の公
- 小谷明範　③238

織田与四郎
- 織田行正　⑦24

小足
- 新庄季遠女　⑧148

小足老母
- 新庄詮遠女　⑧147

落合三郎
- 山県国時　⑥74

落合常陸守
- 落合信資　④102

御次御曹司
- 織田秀勝　⑥20

乙次郎
- 高田信頼　③49
- 高田頼春　③48

乙童子丸
- 佐々木(六角)宗綱　⑬179

乙葉三郎
- 源(井上・乙葉)頼季　①85③228

乙部兵庫
- 乙部政直　⑨176

乙女
- 坂洞庵女　⑮149

乙若
- 源為義男　①39

鬼王丸
- 河野通之　⑬13

鬼大橋
- 大橋重治　⑭55

鬼刑部少輔
- 宗頼茂　⑥41

鬼肥前
- 松浦是興　⑭3

小野
- 大内重弘　⑭250

小野右衛門三郎
- 小野度直　⑧30

小野宗左衛門
- 小野貞則　⑭189

小野太郎
- 小野重行　⑭185

小野丹波守
- 小野義光　⑭188

小野臣
- 小野毛人　⑭176

小野宮
- 藤原(小野宮)実頼　⑦141,161

尾畑勘兵衛
- 小幡景憲　⑥237

小幡太郎
- 小幡光重　⑦155

尾畑伝五郎
- 尾畑綱松　⑬153

小浜久太郎
- 小浜光隆　⑪230

小浜民部左衛門尉
- 小浜景隆　⑪229

小尾監物

小尾(津金)祐光　④78
御人
　織田信貞　⑥21
御坊
　織田(武田)勝長　⑥20
小俣三郎左衛門尉
　小俣基益　⑨209
小山五郎
　小山氏房　②197
小山下野守
　小山朝政　⑧98
小山四郎
　小山政光　⑦151⑧98
小山新左衛門尉
　小山泰信　②197
折井市左衛門
　折井次昌　⑤22
折井主水
　折井(入戸野)次正　⑤25
音光丸
　源(武田・逸見)義清　④144
園城寺法師
　山中宗俊男　⑭174

カ

快庵
　坂元智　⑮154
海印
　上杉憲基　⑦191,204
海雲道空
　西尾正義　⑬189
海翁
　吉川元春　⑫147
快翁活公
　北条氏綱　⑥57
快翁宗俊
　竹田昭慶　⑮141
懐慶
　椿井政長　⑩222
快惶
　栄西　④38
快光院
　高力清長　⑥78
快順
　中村之高　⑦59
甲斐四郎
　渡辺好　⑭38
外介
　脇坂安明　⑩138
懐清
　椿井政吉　⑩221
懐専
　椿井政定　⑩221
開善寺泰山正宗居士
　小笠原貞宗　④156
海蔵寺
　今川貞世　②16
外天
　相馬義胤　⑥166
海東判官
　毛利忠成　⑫143
甲斐冠者
　源(逸見)清光　④145
甲斐の冠者
　加賀美遠光　④146
甲斐判官
　源(武田・逸見)義清　④144
海浦
　佐竹義信　③256
懐祐
　椿井政勝　⑩221
快与
　木村信澄　⑧32
海龍
　上杉顕定　⑦192
海蓮
　奥山某　⑪81
加雲
　小倉正能　⑬126
嘉雲
　遠山友勝　⑨128
加右衛門
　小林政次　⑪122
　米倉信継　④66
　米倉満継　④66
加右衛門尉
　西尾正信　⑬191
　細田康勝　⑩171
花鷗
　水野某　⑤80
華屋
　長沼秀宗　⑧102
加々右衛門
　松平正次　①163
　松平康次　①163
加賀右衛門尉
　青木重直　⑭118
華岳
　福島正成　⑥75
華岳英心
　最上義俊　②60
花岳寺
　吉良持広　②12
花覚定慶
　久保田正重　⑤47
加賀冠者
　源頼定　①39
加々美小次郎
　小笠原長清　④193,237

加々美四郎
　加賀美光清　④149
　加賀美光経　④14
加々美二郎
　加賀美遠光　④146
加々美次郎
　小笠原長清　④148
　加賀美遠光　①48④14，226
鏡帯刀
　鏡時綱　⑬178
蠣崎若狭守
　蠣崎信広　④126
垣屋玄蕃允
　垣屋信貞　⑭130
覚阿
　大江広元　⑫125
学雲軒
　下曾祢某　④50
覚恵
　少弐資能　⑨237
　八木重家　⑭130
覚永
　宇津忠与　⑨15，39
学栄
　高木光秀　③137
角右衛門
　大平俊堅　⑭166
角右衛門尉
　小林正重　⑪119
覚円
　北畠師親　⑬231
　黒田（近藤）用綱　⑭164
覚園
　八木泰家　⑭130
覚縁
　宮城（山崎）頼久　⑫191
覚翁
　植村泰忠　③94
　島津忠倍　②146
覚翁宗真
　伊勢（高橋）惟康　⑨2
覚義
　佐竹義胤　③255
覚空
　皆川宗村　⑧99
覚源悟公
　畠山稙長　②41
覚厳
　大竹正吉　⑦65
覚斎
　井戸覚弘　⑫17
角左衛門
　遠藤泰信　⑩253
　久保田吉久　⑤47
　多賀常次　⑭208
角左衛門尉
　斎田元勝　⑤271
覚山玄心
　畠山貞政　②41
覚性
　朝倉広景　⑭137
覚上
　上杉（長尾）景勝　⑦193
覚浄
　大内弘貞　⑭250
学匠
　知久伯元　⑤127
覚真
　敦実親王　⑬175
　永見勝定　⑭197
　源（多田）満仲　④138
廓心
　秋山伯正　④269
角助
　大平俊宗　⑭167
覚清
　内藤清次　⑧53
覚禅
　布施勝重　⑭91
学禅
　本多忠正　⑧263
覚窓
　中川重清　③75
岳捴儀幸
　伊東祐充　⑨262
覚知
　武藤頼平　⑨237
覚如
　戸川逵安　⑪1
廓念
　小松重長　⑫250
覚能
　山崎宗家　⑬111
角之丞
　大井満実男　④243
　山田某　⑤95
覚範寺
　伊達輝宗　⑦175
覚仏
　少弐資頼　⑨237
　伊達義広　⑦173
角兵衛
　木造長之　⑬237
　山中盛俊　⑭173
覚法
　本間某　⑤193
覚満
　山崎片家　⑬111
覚妙
　水野雅継　⑤53

覚夢
　大岡忠行　⑪193
角弥
　岩下守胤　⑦52
鶴林素公
　南部実光　④227
花桂
　相馬胤貞　⑥171
華渓
　龍造寺家純女　⑦244
花渓長秀
　千本資政　⑨225
筧平十郎
　筧重成　⑫2
筧平三
　筧重忠　⑫1
花国宗貞
　畠山政国　②41
鹿子助
　美濃部茂広　⑫93
笠原孫六
　笠原(田村)某　⑭246
可山
　岩城常隆　⑥99
柏尾寺法師
　寛覚　⑮24
掛室
　葦野賢宣　⑨231
雅実
　水野雅経　⑤53
梶平
　松波重次　⑩108
　松波重正　⑩108
可淳
　上杉顕定　⑦192
果証
　上杉憲房　⑦190
花咲西
　永尾正景　⑥197
花心
　島津家久　②151
春日左少将
　北畠顕信　⑬234
春日の局
　斎藤利三女　⑨157
春日兵庫助入道
　春日某　⑫41
数馬
　井上正親　③225
　植村則泰　③96
　蠣崎種広　④131
　坪内定長　⑪100
　戸田政勝　⑩73
　戸田政重　⑩72
　堀利直　⑨107
　牧野成時　⑮15
　美濃部茂長　⑫98
　毛利高定　⑫184
数馬助
　織田友貞　⑥23
　蒔田長広　⑩167
糟屋庄司
　糟屋久季　⑨199
糟屋庄大夫
　糟屋元方　⑨199
加世丸
　源隆綱　③36
賀則
　土屋昌遠　⑥145
片岡右馬允
　片岡正則　⑨101
片切源八
　源(片切)為基　①50
片桐助作
　片桐直盛　⑤125
片桐孫右衛門
　片桐直貞　⑤124
堅田八郎
　堅田義隆　⑨214
方原次郎
　方原師光　④145
片山右衛門
　片山俊実　⑮177
勝
　太田康資女　③40
勝五郎
　岡田善同　⑤98
　土方雄高　③163
　武藤安之　⑧170
上総三郎
　島津師久　②138
勝七
　片桐貞晴　⑤126
勝蔵
　安藤重長　③205
勝千代
　大橋重保　⑭55
　半井瑞成　⑮117
勝之助
　小林正次　⑪116
　小林正直　⑪118
勝兵衛
　逸見忠助　④3
勝法師
　織田信良　⑥22
勝間田遠江
　勝間田正利　⑪86
葛俣の主
　葛俣(小畠)盛次　⑥233
桂のみこ
　貞元親王　④137
桂又十郎
　桂忠隆　②169

葛山十郎
　葛山義久　④29
加藤牛之助
　加藤(大森)重長　③183
加藤五
　加藤景清　⑦158⑨143
加藤左衛門尉
　加藤貞泰　⑨74
加藤次
　加藤景廉　⑦158⑨143
加藤駿河守
　加藤某　⑪29
金尾屋彦王丸
　金尾屋重清　⑥106
金窪四郎
　金窪義直　⑥114
金田殿
　佐々木(六角)時信　⑬179
金法師
　杉田吉政　⑩179
加爾
　織田信雄男　⑥22
鑒
　星合具枚女　⑬255
金丸伊賀守
　秋山藤次　②73
金丸源蔵
　金丸景氏　②77
金丸助六郎
　金丸昌義　②75
金丸若狭守
　金丸虎次　⑥151
金保安斎
　金保玄泰　⑮248
狩野九郎
　狩野維次　⑦167
狩野四郎大夫
　狩野家次　⑦167
蒲冠者
　源範頼　①40
椛山又九郎
　椛山久尚　②170
鹿伏兎左京大夫
　鹿伏兎盛興　⑮228
加平
　渡辺雅綱　⑭14
加平次
　三枝守吉　⑮29
加兵衛
　朝比奈資勝　⑦226
　伊丹勝経　③82
　加藤則次　⑨83
　加藤某　⑨93
　小長谷時次　⑤214
　小林正弘　⑪122
　松下之綱　⑬101
加兵衛尉
　太田正忠　⑧111
　太田正直　⑧110
　片桐貞隆　⑤125
　志村資只　⑭230
　志村資長　⑭230
　志村資良　⑭230
　杉田忠重　⑩180
　杉田忠吉　⑩180
　杉山正世　⑪58
　坪内定吉　⑪98
　花房職澄　②119
果法院
　桑山重晴　⑪41
花峯春公
　武田信春　④22,47
鎌倉悪源太
　源義平　①39
鎌倉五郎
　鎌倉景成　⑥113
鎌倉権太夫
　鎌倉景通　⑥113
鎌倉左馬頭
　足利基氏　①37
鎌倉少蔵院
　空玄　⑨271
鎌倉四郎
　鎌倉景村　⑥113
鎌倉殿
　足利氏満　②7
　足利満兼　②7
　足利基氏　②7
鎌田権守
　鎌田通清　⑦149
鎌田又七郎
　鎌田政由　②169
上条三郎
　上条信賢　④19
神谷右兵衛
　神谷喜治　⑭181
神谷大蔵少輔
　神谷隆正　⑭181
神谷式部
　神谷長治　⑭180
神谷丹波守
　神谷長昌　⑭181
神谷中務少輔
　神谷常知　⑭181
上山備前守
　上山宗元　⑫134
上山民部
　青木(上山)重頼　⑭123
神谷主水
　神谷長之　⑭181
亀

大橋重政女　⑭57
星合具泰女　⑬255
亀井新十郎
亀井玆矩　⑬130
亀王丸
河野通能　⑬26
河野通義　⑬33
秩父信清　⑥227
亀寿丸
星合具泰　⑬247
亀蔵
原重久　⑩17
亀千代
三浦正次　⑥120
三浦安次　⑥124
亀千代丸
安藤正程　③199
亀鶴
前田利常女　⑫83
亀鶴丸
長沼憲秀　⑧101
亀童丸
大内義興　⑭253
大内義隆　⑭253
亀之介
井伊直澄　⑦242
亀之助
大久保忠正　⑨48
大久保忠正男　⑨49
小川安則　⑧138
布施吉成　⑭88
亀松
松平定綱男　①218
亀若
源為義男　①39
亀若丸
毛利広房　⑫142
賀茂次郎
源義綱　①96③254④142
鴨部大明神
小千益躬　⑬20
唐之助
本多忠平　⑧229
苅安加
浅井某　⑫186
借屋原五郎
借屋某　⑭60
花林浄栄
分部(細野)光嘉　⑤242
花林全栄
二崎政光男　⑩68
軽部六郎大夫
軽部俊通　⑭129
河合源左衛門
河合某　⑮132
河合権守
河合助宗　⑦159
河窪新十郎
河窪(武田)信俊　④31
河澄又次郎
河澄重顕　⑥105
河田六郎
河田資氏　⑨216
河内冠者
源頼任　①85
河内五郎
河内長義　④16,147
河内庄司
瀧川一益　⑫219
河津三郎
河津祐泰　⑨259
河津二郎
河津祐近　⑦167
河津六郎
河津祐道　⑦167
川那辺主馬首
川那辺宗玄　⑫201
川那辺宗甫　⑫201
川辺大臣
藤原魚名　⑦143
河辺の大臣
藤原魚名　⑦171
河辺左大臣
藤原魚名　⑦243
河村作兵衛
遠山直定　⑨139
川村三郎
川村義秀　⑧19
河村三郎
河村義秀　⑦150
川村筑後守
川村秀高　⑧19
河村兵部大輔
河村秀重　⑨139
河村与三左衛門尉
河村某　⑨249
河原次郎
河原清胤　④15
河原院
源融　⑭10
河原大納言
源昇　⑭1,10
願阿
大江広時　⑫129
観阿弥
石川猶次　⑮253
観威
大河内宗綱　③24
閑院
貞元親王　④137
閑院大臣
藤原冬嗣　⑦140⑨193

閑院の大臣
　藤原冬嗣　⑦189
閑院大将
　藤原顕光　⑧250
韓英
　細川興元　②35
勘右衛門
　青木豊勝　④104
　青木豊定　④103⑭125
　大武信次　⑦64
　筧重成　⑫2
　筧政次　⑫4
　筧元成　⑫3
　加藤正次　⑨88
　加藤正信　⑨88
　加藤某　⑨88
　近藤用清　⑦254
　近藤用政　⑦253
　佐原吉久　⑥133
　高尾忠正　④91
　竹田守明　⑨179
　遠山方景　⑨134
　中山重良　⑭115
　仁科信道　④72
　原重国　⑩17
　福村政直　③260
　藤方安重　⑬215
　逸見義重　④4
　本多政長　⑧230
　松平家房　①57,113
　毛利吉隆　⑫184
勘右衛門尉
　朝比奈良明　⑦215
　蘆屋忠頼　⑤102
　石尾治重　⑧19
　内田正弘　⑪90
　佐藤継成　⑧178
　佐藤成次　⑧179
　高木正直　③154
　遠山利景　⑨132
　遠山長景　⑨134
　花房正盛　②118
　真野正次　⑪34
　矢島定久　⑪84
幹淵
　鳥居忠吉　⑦28
鑑翁
　龍造寺家純　⑦244
神尾内記
　神尾元勝　⑪153
寛海
　津軽信枚　⑩185
観義
　武者満安　⑪247
勘九郎
　青木豊定　④103
　太田吉久　⑧114
　太田吉正　⑧114
　小泉吉勝　⑩137
　遠山方景　⑨134
　永井吉勝　⑫181
菅五郎
　葉山重親　⑪60
　葉山久綱　⑪60
勘五郎
　宮原義照　②6
　宮原義久　②6
閑斎
　荒尾善次　⑭210
間斎
　松下高信　⑦87
関斎
　河島長成男　⑮260
願西
　伊達政依　⑦173
勘左衛門
　猪飼正重　⑦47
　多門正吉　⑭53
　勝屋正次　⑮88
　河勝重氏　⑭241
　新見(近藤)正種　④93
　曾雌久次　⑤36
　花井定安　⑩223
　曲淵正行　④114
勘左衛門尉
　天野正勝　⑩22
　太田吉重　⑧113
　太田吉久　⑧114
　岡本高候　⑨64
　片桐為真　⑤124
　座光寺為重　⑪214
　土屋正次　⑥149
　波多野有生　⑧189
　細川元定　⑮240
　堀田正利　⑫211
　山角常貞　⑪49
菅三郎
　美濃部茂濃　⑫91
　美濃部茂江　⑫91
　美濃部茂久　⑫91
　美濃部茂盛　⑫91
　美濃部茂吉　⑫92
　美濃部高茂　⑫92
勘三郎
　上田勝正　④256
　大久保忠良　⑨55
　新見正次　④93
　遠山保景　⑨134
　中川忠幸　③77
　中山直範　⑭115
　平岡良時　③120
　依田国吉　③176
　依田吉正　③176
勘七郎

- 大久保忠員男 ⑨20
- 大久保忠職 ⑨27
- 筧元勝 ⑫4
- 近藤用清 ⑦254
- 沢吉久 ⑫14
- 沢吉宗 ⑫14
- 伏見為則 ⑩256

関室宗無
- 千本義等 ⑨227

勘十郎
- 織田信行 ⑥15
- 沢(浅羽)吉惟 ⑫15
- 設楽(戸束)能利 ⑫102
- 長崎元政 ⑥53
- 羽太正忠 ⑪245
- 広戸正俊 ⑫55
- 北条氏規男 ⑥64
- 八木宗直 ⑭131

寒松
- 葦野親高 ⑨230
- 藤堂高虎 ⑩46

願正
- 辻久正 ⑤261

閑嘯軒
- 半井明英 ⑮114

関正透
- 小笠原政康 ④161

菅四郎
- 美濃部頼茂 ⑫90

勘四郎
- 日下宗忠 ⑭147
- 河内某 ⑦119
- 松平信一 ①70
- 松平信久 ①70, 182

勘次郎
- 青木俊定 ⑭125
- 一色氏宗 ②68
- 久保勝時 ⑪133
- 久保勝成 ⑪132
- 土肥正久 ⑮255
- 三宅重政 ⑪72

閑心
- 川田某 ⑩169

関岑宗徴
- 高井貞重 ⑮68

環翠軒
- 清原宣賢 ⑥96

勘介
- 江原盛全 ⑪7

勘助
- 加藤重正 ⑨77
- 近藤貞用 ⑦256
- 近藤季用 ⑦254
- 近藤忠用 ⑦249
- 近藤秀用 ⑦252
- 近藤康用 ⑦249
- 丹羽氏定 ②71
- 丹羽氏次 ②70
- 丹羽氏信 ②71
- 松平(石川)正長 ①57, 113

還栖
- 松井康政 ⑤184

還聖
- 秋山正甫 ④270

願清
- 木全征詮 ⑫225

岩栖院
- 細川満元 ⑮235

寒雪
- 川井久吉 ⑮78

観仙
- 相良頼親 ⑩2

観仙禅師
- 相良頼親 ⑩2

関宗
- 葦野親方 ⑨231

関叟
- 佐久間勝年 ⑥220

勘三
- 細田正時 ⑩172

関宗正鉄
- 河村秀重 ⑨139

関叟全无
- 戸田直次 ⑩67

甘棠院吉山道長
- 足利政氏 ②4

勘丞
- 伊藤重久 ⑧182
- 塙頼安 ⑮217

勘之丞
- 仁科信勝 ④72
- 横地吉次 ⑫53

観音寺の僧
- 法久 ④24

肝梅
- 藤方朝成 ⑬215

勘八郎
- 小栗信房 ①195
- 水野重家 ⑤57
- 毛利高成 ⑫184
- 毛利高政 ⑫182

蒲原越後守
- 蒲原氏兼 ②17

寛平法皇
- 宇多天皇 ⑬175

勘兵衛
- 青柳信次 ⑮69
- 跡部久清 ④87
- 安倍良重 ⑮210
- 安倍良長 ⑮210
- 尾崎成吉 ⑤221
- 尾崎正友 ⑤221

小幡景憲　⑥237
　建部光延　⑬114
　原田種正　⑦104
　平岡善征　③120
　福井正重　⑫32
　藤井勝忠　⑧208
　松野資信　⑮84
　真野正重　⑪34
　三浦正頼　⑥128
　水野信利　⑤87
　毛利吉成　⑫184
　山口直堅　⑤260
　山口直友　⑤259
　山口某　⑤259
　米津田政　⑮65
鳫兵衛
　浅井政道　⑭162
　浅井道次　⑭163
官兵衛尉
　坂尾次吉　⑩245
菅兵衛尉
　美濃部貞茂　⑫91
勘兵衛尉
　雨宮忠能　⑪187
　岩間正時　⑩240
　岩間吉次　⑩240
　内田正友　⑪87
　大久保正忠　⑨57
　神尾光忠　⑪158
　末吉利方　⑪36
　花房正堅　②118
　土方雄久　③160
　堀三政　⑨105
　山崎政房　⑪62
貫明
　島津義久　②146
願了
　平賀忠勝　④45
勘六左衛門
　丹羽氏範　②68
勘六郎
　朝比奈勝之　⑦221

キ

喜庵
　荒河重詮　②127
機菴
　吉田宗活　⑮206
きい
　椿井政長女　⑩223
喜運
　三好某　④246
皈雲軒
　宗存　④27
喜右衛門
　甲斐庄正述　⑭152
　甲斐庄正房　⑭152
　酒依昌次　④89
　佐治為次　⑦79
　佐治某　⑦79
　鈴木重次　⑮61
　竹内某　⑮94
　深谷吉政　⑮71
　牧正勝　⑭167
　山本正高　③263
喜右衛門尉
　伊藤景持　⑧184
　金丸重久　⑪246
　多賀常貞　⑭208
　竹内信重　⑩250
　椿井政長　⑩222
　疋田正則　⑨178
　吉田家為　⑬142
儀右衛門尉
　小林正忠　⑪118
喜円斎
　疋田某　⑨178
喜翁
　菅谷勝貞　⑫230
麒翁正麟
　小笠原長時　④178
亀海
　三宅是親　⑪66
喜岳雲公
　一色貞重　②66
菊
　伊達秀宗女　⑦186
菊王禅師
　信快　④19
菊池甚七郎
　菊池泰定　⑨6
　菊池泰次　⑨5
菊千代
　北条氏規男　⑥64
亀渓
　今大路親純　⑮125
皈慶
　座光寺為時　⑪214
希顕
　上杉顕定　⑦195,206
喜見寺
　伊達宗遠　⑦174
貴高
　小笠原宗則　④165
喜左衛門
　稲田正時　⑩178
　小野貞勝　⑭189
　小野貞武　⑭190
　加藤(竹本)正次　⑨81
　加藤正任　⑨79
　窪田正次　⑤11
　小宮山宣勝　⑤41
　小宮山宣重　⑤41

小宮山広正　⑤41
鈴木重成　⑮62
高木政長　③146
高木政信　③146
高木某　③146
富永正義　⑬173
間宮元次　⑬56
和田良久　⑬84
儀左衛門
須田（本目）広義　③252
須田正時　③252
美濃部茂高　⑫93
喜左衛門尉
伊藤景俊　⑧184
伊藤春景　⑧184
高木正長　③149
高木正信　③149
蜷川親房　⑭228
疋田正次　⑨178
疋田某　⑨178
義左衛門尉
佐橋吉勝　⑩229
儀左衛門尉
内藤高次　⑧68
喜三郎
岩佐吉正　⑩244
小笠原貞慶　④179
小笠原安勝　④216
佐々長成　⑬185
佐野直次　⑧196
高室昌成　⑤16
津田重吉　⑥33
塙（原田）重友　⑮216
塙安友　⑮216
久松定延　⑫105
細井勝明　⑫28
機柵
倉林則房　⑪142
喜山
足利義政　①36
貴山
宅間憲方　⑦210
希山夷公
南部時政　④229
儀山円孝
伊達政宗　⑦174
奇山道真
渋谷真貞　⑨203
義秀
大内義興　⑭253
喜春樹祥
松平利長　①169
喜四郎
赤井時勝　③246
中根忠重　⑥185
中根正勝　⑥186
中根正重　⑥186
喜助
池田長親　②244
加藤正重　⑨82
吉田家政　⑬142
木須民部
那須某　⑨218
寄栖庵
大森氏頼　⑨4
機叟
落合信資　④102
喜蔵
石野師定　⑭204
板倉定重　②111
稲田正勝　⑩178
稲田正信　⑩178
内藤重時　⑧71
中根（松平）正次　⑥187
義叟
小笠原秀政　④182
亀蔵寺
吉良義藤　②12
喜叟正観
小笠原清宗　④165
喜叟全悦
大井昌次　④71
木曾冠者
木曾義仲　①38
北小路山城守
北小路（伊勢）貞仍　⑦7
木田四郎
木田政氏　②15
北殿
平知盛男　⑥41
木田見小次郎
木田見武重　⑥176
喜大夫
青山忠門　⑧79, 87
稲富正直　⑦81
喜太夫
稲富直賢　⑦81
喜太郎
稲富直之　⑦82
曾我古祐　⑦70
高木為次　③139
津田清幽　⑥29
津田重正　⑥33
坪内定吉　⑪100
坪内定仍　⑪99
坪内利定　⑪92
吉阿
小栗重久　⑥106
吉右衛門
荻原昌重　⑭201
神保定好　⑭222

杉浦吉成　⑥209
　高木(兼松)光正　⑮131
　成瀬一斎　⑩189
　成瀬正勝　⑩196
　前場勝秀　⑭144
　山中元茂　⑦115
吉右衛門尉
　久保正之　⑪135
　榊原信次　⑪223
　内藤正勝　⑧69
吉左衛門
　池田長好　⑧167
　小俣政利　⑤246
　加藤景元　⑨89
　久保田正久　⑤46
　小林政成　⑪122
　妻木之徳　③106
　成瀬正則　⑩196
　本多忠豊　⑧215
吉左衛門尉
　岩瀬氏次　⑩239
　岩瀬氏与　⑩239
　多賀常直　⑭207
　古田重則　⑩163
　松村時直　⑩117
　松村時安　⑩117
　御手洗昌重　⑪178
橘左衛門尉
　山中伊俊　⑭173
吉三郎
　遠山景吉　⑨135
　西山寛宗男　⑨147
吉侍者
　佐々木(六角)定頼　⑬181
吉十郎
　安倍順貞男　⑮211
　小林重信　⑪116
　杉浦吉勝　⑥210
　竹中重房　⑤171
　中村長清　⑤263
吉祥
　遠山直景　⑨139
吉助
　岩佐某　⑩244
　成瀬重宗　⑩197
吉蔵
　成瀬重倫　⑩197
橘太
　山中勝俊　⑭170
吉大夫
　小林正生　⑪120
　小林正村　⑪120
橘内
　山中長俊　⑭170
吉之丞
　佐野盛綱　⑧196
　竹中重常男　⑤170
吉平
　成瀬正吉　⑩201
吉兵衛
　朝倉(鵜飼)政実　⑭140
　朝比奈真昭　⑦220
　飯高貞成　⑭98
　伊沢政重　④76
　伊沢政信　④76
　伊沢政成　④77
　勝屋正茂　⑮89
　川田貞則　⑩169
　黒田忠之男　⑬49
　黒田長政　⑬44
　近藤勝利　⑦261
　佐野定綱　⑧196
　新庄直氏　⑧151
　杉原重長　⑦14
　徳永昌興　⑫40
吉兵衛尉
　戸田氏光　⑩83
　内藤正吉　⑧69
　中野重弘　⑧174
　成瀬重次　⑩197
吉法師
　織田信長　⑥15
吉川少輔次郎
　吉川元春　⑫147
吉皓
　吉田宗達　⑮161
吉香三郎
　吉香経義　⑦166
義天存忠
　島津久豊　②140
規堂
　岩城常朝　⑥99
喜内
　三枝守次　⑮34
喜入
　矢橋忠重　⑦107
木下次郎左衛門
　木下某　⑮134
木下肥後守
　木下家定　⑦13⑭80
喜介
　伊丹康勝　③81
喜之助
　三枝守盛　⑮36
　椿井政安　⑩222
紀大臣
　武内宿祢　⑫206
紀納言
　紀長谷雄　⑫208
紀八
　紀輔範　⑫229

紀範宗男　⑫229
紀八郎
紀貞頼　⑫229
菅谷範重　⑫232
喜八郎
稲富直良　⑦82
大島義雄　①271
長田白次　⑦55
馬場某　④122
岐阜中納言
織田秀信　⑥20
喜平
松平宗次　①163
喜平次
石井茂吉　⑮93
河島重勝　⑮225
斎藤道三男　⑫33
榊原正成　⑪216
榊原正之　⑪217
喜兵衛
安藤次重　③192
大木忠吉　⑤52
岡部正次　⑭192
長田吉正　⑦56
小田切光猶　⑤254
小田切須猶　⑤254
加藤吉次　⑨94, 96
加藤吉正　⑨94
小知重周　⑮70
小知正俊　⑮70
榊原正重　⑪216
鈴木重春　⑮60
松本正吉　⑤135
矢橋忠重　⑦107
山中信三　⑦115
喜兵衛尉
斎田元俊　⑤271
斎藤政則　⑨165
座光寺為真　⑪214
重田守久　⑩176
疋田正重　⑨178
山中吉長　⑪64
木全又左衛門
木全忠証　⑫225
木全征詮　⑫225
奇妙御曹司
織田信忠　⑥19
木村久兵衛
木村某　⑦102
木村五郎
木村信綱　⑦152
木村三郎
木村信綱　⑧116
木村彦左衛門
木村連清　⑮261
木村彦作
木村清持　⑮261
貴祐
坂惟天　⑮147
久阿
島津宗久　②138
久安
中根正俊　⑥187
久庵
半井瑞益　⑮116
休安
大島光俊　①270
三木自綱　⑥206⑪72
休庵
田付景定　⑬117
牧正勝　⑭167
間宮綱信　⑬55
久意
中沢正吉　⑪139
休意
天野盛定　⑩38
建部賢文男　⑬116
土肥正次　⑮255
久印
後藤正勝　⑨149
久右衛門
佐久間盛次　⑥216
鈴木伊直　⑮50
高原次則　⑪9
多羅尾光好　⑩186
西山昌姓　⑨149
平井長勝　⑬120
森川重次　⑬160
久右衛門尉
斎藤信正　⑨159
斎藤信吉　⑨159
佐久間(保田)安政　⑥216
高原次利　⑪7
戸田忠重　⑩72
宮重正次　⑪191
休円
跡部正次　④264
岌淵
武田信勝　⑮199
休翁宗罷
水野忠元　⑤57
久家
朝岡泰国　⑨67
休岳
渡辺政綱　⑭23
久吉
大島義豊　①267
穹月
太田隆義　③255
久五郎
朝岡泰国　⑨67
阿部貞俊　⑫245
植村正良　③99

大島春政 ①270
鳥居成次 ⑦32
内藤(松平)直政 ⑧66

久斎
佐久間信辰 ⑥223

休斎
中川忠房 ③77
堀存村 ⑨125

休斎宗也
細川孝之 ②35

久左衛門
青木義精 ⑭121
朝比奈吉豊 ⑦218
池田重長 ②256
池田重成 ②255
大島光俊 ①270
大島義治 ①270
小笠原(大蔵)直光 ④221
小笠原正直 ④221
木村則綱 ⑧33
木村宗綱 ⑧33
佐原泰信 ⑥133
須田盛正 ③253
高木清貞 ③137
田沢正久 ⑤26
田沢正義 ⑤27
萩原正利 ⑬218
渡辺競 ⑭29
渡辺茂 ⑭31
渡辺信 ⑭29
渡辺善 ⑭32

久左衛門尉
赤井君家 ③245
猪子正次 ⑩131
猪子正元 ⑩131
猪子某 ⑩130
小島(蘆屋)重俊 ⑤100,102

久作
竹中某 ⑤168

久三郎
諏訪頼定 ⑤114
野間重次 ⑪28
野間重吉 ⑪29
長谷川正綱 ⑧163
前場勝門 ⑭145
前場勝政 ⑭144
溝口宣広 ④8
脇坂安長 ⑩159

久山
足利義視 ①36
岩出信景 ④116

休山
那須資晴 ⑨219

久七郎
鈴木重信 ⑮54
松平康信 ①58,126

久昌院
細川之勝 ⑮240

久四郎
島津忠清 ②165
鈴木信村 ⑮55
坪内伊定 ⑪99
遠山安忠 ⑨141
遠山安次 ⑨141
遠山安則 ⑨141

久次郎
服部貞貫 ⑭74

休心
大河内秀綱 ③25
神谷正利 ⑪163
細直一 ⑮103

久助
川口宗勝 ⑦83
川口宗次 ⑦85
瀧川一勝 ⑫219
瀧川一乗 ⑫221
瀧川一益 ⑫219
瀧川一時 ⑫219
戸田貞吉 ⑩79

久清
清水家次 ⑩237
奈須重貞 ⑮202

休清
小長谷時友 ⑤213

休祖
戸田氏光 ⑩83

久蔵
大岡正次 ⑪197
大岡正友 ⑪197
大岡正成 ⑪197

久沢
三浦義勝 ⑥129

久大夫
加藤景重 ⑨90
加藤景親 ⑨90
加藤吉正 ⑨100
喜多見重勝 ⑥179
遠山友貞 ⑨131
松平正乗 ①67,165

久太夫
鳥居重元 ⑦28

久太郎
安藤正次 ③208
宇都宮国綱 ⑨66
岡本義保 ⑨62
落合安吉 ③129
小浜光隆 ⑪230
小浜嘉隆 ⑪231
島田利木 ③104
坪内行定 ⑪99
中川忠明 ③78
北条氏宗 ⑥66

堀秀治　⑨107
　堀秀政　⑨103
　蒔田広則　⑩167
　水野正盛　⑤86
久哲
　島津伊久　②138
久内
　近藤吉忠　⑦259
　近藤吉成　⑦259
玖伯
　酒井忠行　①229
久八郎
　鳥居忠次　⑦28
　塙友治　⑮217
久平
　根本成重　⑮98
久兵衛
　朝比奈吉続　⑦218
　五十嵐茂政　⑤19
　岡部吉澄　⑭192
　長田白次　⑦57
　鈴木重正　⑮54
　遠山友政　⑨129
　服部貞富　⑭74
　余語正重　⑫107
　余語某　⑫107
久兵衛尉
　朝岡泰勝　⑨67
　朝岡泰国　⑨67
　朝岡泰直　⑨68
　朝岡泰弘　⑨67
　渥美友重　⑩230
　小川長正　⑧127
　遠山友忠　⑨129
　花房職重　②115
休無
　細川忠隆　②36
久弥
　葉山勝綱　⑪61
休也
　近山久次　④115
　松木(神尾)忠成　⑪145, 167
久弥助
　小泉吉明　⑤239
　小泉吉綱　⑤239
牛楽
　山角定吉　⑪49
久露
　林吉忠　④251
久六郎
　大久保忠重　⑨44
　大久保忠守　⑨44
　佐久間勝宗　⑥218
　佐久間盛次　⑥216
　佐久間(保田)安政　⑥216
堯阿
　今井俊名　⑧146
行阿弥
　大森行頼　⑨3
恭安
　武田信良　⑮199
行栄
　夏目吉忠　⑪237
経円
　久永信重　⑭223
竟丸
　渡辺範綱　⑭12
仰歓
　宇久純定　④35
行義
　佐竹行義　③255
行欽
　二階堂行秋　⑩12
行空
　大河内行重　③24
慶源
　細川氏久　⑮240
教弘
　大内教弘　⑭252
京極対馬守
　京極氏信　⑬179
教西
　中西某　⑧146
仰斎
　細川元定　⑮240
行西
　平岩正当　⑭232
　渡辺則綱　⑭46
京三郎
　宇都野正勝　⑨59
鞏山
　足利義量　①35
橋山
　酒井吉勝　①247
鏡山
　岡本照富　⑨61
行春
　夏目信次　⑪237
経心
　久永重勝　⑭223
慶心
　小川正保　⑧126
行心
　坂部重宗　⑦100
　三浦儀俊　⑥126
行世
　石川忠勝　②213
行清
　夏目吉久　⑪236
教善
　斎藤久次　⑨161
教伝

内藤忠政　⑧52
慶童丸
有馬晴純男　⑨195
京都将軍家
足利義詮　②3
刑部五郎
源実光　④145
刑部三郎
源(平賀)盛義　④144
源(武田・逸見)義清　④1,14,36⑮195
刑部四郎
今井信経　④90
源(岡田)親義　④145
刑部二郎
源(武田・逸見)義清　④144
刑部太郎
源義業　④13,144
経仏
佐々木信綱　⑬68,178
刑部六郎
源祐義　④145
胸有
彦坂宗有　⑤104
行誉
夏目吉信　⑪236
行誉荘岳
中川清秀　③72
行良
石川某　②216
経連
佐々木経高　⑬88
行蓮
今井俊行　⑧145
虚仮
佐々木信綱　⑬91
玉安
門奈宗家　⑩126
玉雲
阿部正勝　⑫235
玉雲院
一色晴具　②63
玉栄
山寺信安　④107
玉翁
榊原元継　⑪215
曲直瀬正琳　⑮127
玉岩
宗成職　⑥42
那須資重　⑨217
細川頼重　⑮239
玉巌
福原(那須)資広　⑨220
玉華寺
武田国信　④126
旭山
秋田友季　⑫256
足利義澄　①36
玉山
大森頼春　⑨3
木曽義昌　②188
旭山東公
南部義政　④229
玉山白公
最上義光　②54
玉心
松平某　①185
玉嘶
仙波次種　⑪189
玉仙院
福島正成　⑥75
旭禅師
坂日東　⑮145
玉宗
相馬胤晴　⑥171
玉蔵
阿倍道音男　⑫257
玉甫
紹琮　②34
玉宝
宅間富朝　⑦211
玉峰
細川持元　⑮235
玉林
井上清秀　③224
清洲助
美濃部茂明　⑫96
魚兵衛
梶川某　⑥35
喜楽
柘植宗家　⑦21
吉良三郎
吉良満氏　②10
喜六郎
大久保忠豊　⑨47
大久保忠正　⑨48
大久保忠拠　⑨48
長田忠勝　⑦55
織田秀孝　⑥17
服部(稲富)直常　⑭75
極介
酒井実明　⑥201
酒井実重　⑥201
酒井実次　⑥201
金右衛門
加々美正吉　④276
篠山資家男　⑮8
伏見長景　⑩255
真野重家　⑦112
真野重政　⑦112
真野重吉　⑦112
宮崎時重　⑪172

- 森山永盛　⑦63
- 森山秀盛　⑦63
- 山中信実　⑦115

金右衛門尉
- 大岡政直　⑪200
- 小林信勝　⑪119
- 五味豊直　⑧10
- 真野重家　⑪33
- 真野重吉　⑪33

吟応
- 宅間顕重　⑦210

琴月
- 島津家久　②151

錦公
- 佐竹義治　③256

金吾中納言
- 小早川秀秋　⑭81

金五郎
- 加藤正則　⑨97
- 細井勝武　⑫29

金左衛門
- 近藤用政　⑦253
- 南条則門　⑦74
- 平岩正当　⑭232
- 平岩正次　⑭232
- 平岩正信　⑭232
- 矢頭重次　⑤218
- 依田守秀　③177

金左衛門尉
- 稲生正照　⑪227
- 岩佐吉勝　⑩244
- 織田順高　⑥25
- 織田順元　⑥25
- 加茂宮直政　⑪186
- 内藤忠清　⑧42
- 内藤忠房　⑧43
- 野間重成　⑪28
- 野間宗親　⑪28
- 武藤重成　⑩90

金三郎
- 大岡政貞　⑪199
- 宮崎泰隣　⑪174

金七郎
- 神谷長直　⑪160
- 斎藤政吉　⑨164
- 松井某　⑤184
- 松平秀綱男　③27
- 山中吉実　⑦115

金十郎
- 天方通正　⑧94
- 伊丹直勝　③82
- 富田某　⑧27
- 永井吉忠　⑥191
- 溝口政勝　④7
- 余語重成　⑫107

吟松
- 中川忠近　③76

金次郎
- 五味政長　⑧11

金真
- 南条某　⑦73

金助
- 安藤家次　③192
- 溝口政良　④8

金仙寺
- 伊勢貞宗　⑦6

金蔵
- 斎藤政忠　⑨164
- 二崎政光男　⑩73

金台寺住
- 見玉　⑮152

金内
- 加藤正吉　⑨80

金之丞
- 南条則綱　⑦74

金平
- 長田白勝　⑦57
- 長田白茂　⑦57
- 梶(菅沼)定治　⑦38
- 梶正道　⑦37

金兵衛
- 大河内秀綱　③25
- 塩入重成　⑮76
- 塩入重信　⑮76
- 花井定次　⑩224
- 細井勝久　⑫28
- 細井勝吉　⑫28

金兵衛尉
- 大久保忠時　⑨43

金弥
- 大久保忠利　⑨48
- 国領次光　⑩136
- 土屋之直　②79

金龍院
- 金森長近　⑤151

金六郎
- 山田正直　⑤94

ク

空海覚性
- 朝倉広景　⑭131

空慶
- 杉原長氏　⑦17

空粲
- 毛利高成　⑫184

空旨
- 三枝(天川)守英　⑮37

空心
- 垣屋信貞　⑭130

空晴
- 豊島秀有　⑥196

九右衛門
- 安藤定勝　③191

今井昌安 ⑤13
佐野正重 ⑧199
佐野(大須賀)政次 ⑧199
柴山正信 ⑫253
戸張織成 ⑮107
水野正行〈見敬〉 ⑤82
水野正行 ⑤82
九右衛門尉
安藤定正 ③190
太田吉宗 ⑧113
榊原正吉 ⑪215
戸田勝則 ⑩77
戸田吉久 ⑩79
具簡
大友貞宗 ②173
九鬼右馬允
九鬼嘉隆 ⑩203
九鬼大隅守
九鬼嘉隆 ⑩203
九鬼長門守
九鬼守隆 ⑩205
愚玉
酒井某 ①232
九左衛門
小西正盛 ⑬149
鈴木重成 ⑮51
土岐頼高 ③55
伴野貞政 ④258
平野長重 ⑥95
本多忠重 ⑧279
本多忠吉 ⑧279
本多某 ⑧279
横山親政 ⑭183
横山政広 ⑭183
九左衛門尉
庵原吉勝 ⑬17
庵原吉重 ⑬17
庵原吉時 ⑬17
入戸野門昌 ④118
小川氏行 ⑧142
進藤正忠 ⑨177
柘植政次 ⑦26
丸山友正 ⑪63
三橋成久 ⑪75
三橋信吉 ⑪74
宮城賢正 ⑫194
横山清照 ⑪57
日下部半助
日下部(西村)定久 ⑭146
福島上総介
福島正成 ⑥75
福島九郎
福島繁成 ⑥75
福島五郎
福島国基 ⑥75
福島基仲 ⑥75
福島左衛門大夫
福島親成 ⑥75
福島基正 ⑥75
福島左近将監
福島基宗 ⑥75
福島三郎
福島国親 ⑥75
福島六郎
福島基成 ⑥75
九十郎
青木直影 ⑭120
井上正継 ③234
小笠原信凭 ④210
奥平昌勝 ⑥141
近藤某 ⑦256
戸田忠時 ⑩81
溝口直勝 ④8
九条殿
藤原師輔 ⑦141
九条右丞相
藤原師輔 ⑨212
九条右大臣
藤原師輔 ⑧214
楠犬丸
本間範季 ⑤194
九助
安藤次基 ③205
高木重正 ③147
高木広正 ③147
高木正武 ③154
高木正綱 ③150
高木正直 ③147
高木正則 ③153
楠七郎右衛門
楠某 ⑦111
久世左太夫
久世通博男 ⑬220
九蔵
福島重次 ③128
本多重玄 ⑧248
本多玄盛 ⑧248
本多秀玄 ⑧248
九大夫
鈴木重長 ⑮46
鈴木重三 ⑮45
高木吉平 ③139
百済寺寺主
貞兼 ⑫202
朽木出羽守
朽木義綱 ⑬178
工藤一臈
工藤祐経 ⑨260
工藤瀧口
工藤祐継 ⑨259
工藤中
工藤重義 ⑨255

工藤大夫
- 伊東家継　⑨259
- 工藤維仲　⑦165
- 工藤（伊東）維永　⑨258
- 工藤為憲　⑦165⑨242
- 工藤（伊東）時信　⑨258
- 相良光頼　⑩1

功徳院
- 康玄　⑬236

功徳寺
- 吉良持助　②11

宮内太郎
- 丹治家義　⑭116

国松
- 水野勝成　⑤67
- 渡辺勝綱　⑭26

国松丸
- 小笠原政秀　④164

国見の社
- 彦国見賀岐建与来命　⑮182

九八郎
- 奥平家昌　⑥141
- 奥平貞能　⑥136
- 奥平信昌　⑥138
- 竹本正重　⑩257

頭取源五郎
- 渥美勝吉　⑦96

九兵衛
- 朝比奈某　⑦218
- 秋山正甫　④270
- 秋山正哉　④270
- 高木正次　③150
- 成瀬久次　⑩199
- 彦坂重直　⑤103
- 彦坂光正　⑤102
- 彦坂某　⑤102
- 真野重勝　⑦112
- 八木正重　⑭142
- 山本正次　③262
- 山本正継　③260

九兵衛尉
- 朝比奈正時　⑦216
- 今井信俊　④90
- 杉田（上林）重政　⑩179
- 高木（服部）正勝　③153
- 丹羽秀重　⑩96
- 長谷川安勝　⑧165
- 松波重宗　⑩109
- 宮城宗勝　⑫200
- 三宅康政男　⑪71
- 山角定行　⑪49

熊谷次郎
- 熊谷直実　⑥76

熊御
- 木曽義仲女　②186

熊蔵
- 伊奈忠隆　⑩130
- 富田景次　⑧28

熊千代
- 赤井時家男　③246

熊野三山修験道本山の奉行
- 澄存　②19

熊之助
- 河島某　⑮261
- 杉浦正綱男　⑥215
- 森吉政　⑧175

熊野堂
- 守実　②8

熊丸
- 山口重信　⑭263

久米権介
- 越智安家　⑬22

久馬助
- 吉田重信　⑬144

厨河二郎太夫
- 安倍貞任　⑫249

来島出雲守
- 来島通総　⑬36

来島右衛門尉
- 来島康親　⑬37

久留島玄寿
- 久留島通貞　⑬38

来島左門
- 来島通則　⑬37

久留島丹波守
- 久留島通春　⑬37

久留島吉松
- 久留島通清　⑬38

九郎
- 赤井清茂　③239
- 伊勢宗貞　⑦3
- 伊東家祐　⑨267
- 伊東祐堅　⑨267
- 伊東祐実　⑨268
- 伊東祐遠　⑨268
- 伊東助範　⑨267
- 伊東祐範　⑨268
- 大江元勝　⑫132
- 小笠原某　④165
- 岡本照富　⑨61
- 織田信治　⑥17
- 糟屋行忠　⑨200
- 紀貞行　⑫218
- 河野通房　⑬13
- 河野通義　⑬33
- 相良頼俊　⑩3
- 城助国　⑥101
- 瀧川範勝　⑫219

土岐頼基 ③58
福原資郡 ⑨222
細川頼春 ⑮232
間淵信基 ④19
三浦重時 ⑥118
源為仲 ①39
山名豊定 ①253
九郎右衛門
跡部昌忠 ④263
跡部幸次 ④264
江原生次 ⑪6
江原信次 ⑪6
江原栄次 ⑪6
岡家俊 ⑮212
小川重勝 ⑤248
小栗久勝 ⑥109
加藤利正 ⑨79
坂部宗次 ⑦100
鈴木重定 ⑮57
鈴木重俱 ⑮57
竹村嘉英 ⑩259
竹村嘉理 ⑩259
野尻吉正 ⑭159
松平重忠 ①70,183
松平忠利 ①70,184
藁科某 ⑩254
九郎右衛門尉
天野正重 ⑩29
宇都野正長 ⑨60
大久保正吉 ⑨57
日根野弘勝 ⑪24
九郎五郎
桑山一重 ⑪42
戸沢政盛 ⑦50
九郎左衛門
伊東祐久 ⑨272
井上正貞 ③232
井上正直 ③232
井上正長 ③232
井上正信 ③232
井上正行 ③232
木村吉次 ⑬62
河野通治 ⑬13,25
小長谷重次 ⑤215
原田景種 ⑦104
毛利吉安 ⑫183
山本某 ③268
九郎左衛門尉
浅井元貞 ⑩236
浅井元近 ⑩236
浅井元信 ⑩236
石坂久泰 ②137
岩間正次 ⑩240
小山行次 ⑧191
小山行直 ⑧191
神谷政利 ⑪164
夏目吉久 ⑪236
日根野景盛男 ⑪23
森高次 ⑫182
安井重勝 ④277
安井喜勝 ④277
九郎三郎
赤井時家男 ③246
跡部重政 ④264
飯田重正 ⑤134
伊東政世 ⑨268
九郎四郎
河野通久 ⑬13
九郎次郎
有馬則次 ⑬204
加藤利正 ⑨79
加藤正信 ⑨79
宮崎景重 ⑪172
宮崎重久 ⑪173
九郎大夫判官
源義経 ①40
九郎太郎
井上長教 ③228,232
蔵人三郎
上杉憲長 ⑦203
蔵人太郎
小笠原長冬 ④153
今川基氏 ②15
黒岡八郎
黒岡氏家 ③238
黒源太
源(逸見)清光
①47④14,145
黒沢次右衛門尉
黒沢重久 ⑫251
黒沢尻五郎
安倍正任 ⑫249
黒沢長六郎
黒沢(諏訪部)定幸
⑫252
黒田勘解由
黒田長興 ⑬48
黒田官兵衛
黒田高政 ⑬48
黒田下野守
黒田重隆 ⑬40
九郎兵衛
有田吉貞 ⑮106
有田吉久 ⑮106
石川忠久 ②213
石川忠吉 ②213
今村(坪井)吉重 ⑧22
今村吉正 ⑧22
牛奥昌久 ④96
福島為信 ③128
沢宗久 ⑫108
中根正俊 ⑥187
矢部利忠 ⑦229
九郎兵衛尉

渥美政勝　⑩232
大久保忠元　⑨45
小堀正十　⑪111
杉田忠次　⑩180
中根正連　⑥187
黒丸右衛門入道
朝倉広景　⑭131
桑原舘
越智深躬　⑬21
桑淵五郎
井上清長　③228
桑淵二郎
井上光長　③228
桑村舘
越智息村　⑬21
桑山治部卿法印
桑山重晴　⑪41

ケ

華安
宮城貞治　⑫193
憩庵
小笠原定政　④169
慶安
竹田定賢　⑮144
慶庵
飯田宅重　⑤133
山下瑞琢　⑮122
慶雲
飯田(山田)宅次　⑤133
慶雲院殿
足利義勝　①36
慶雲道賀
千本義政　⑨225
棨弁
安藤直治　③207
桂円法光
伊東義益　⑨263
啓岳道雲
松平信孝　①105, 183
桂岩
大河内光将　③24
徳永寿昌　⑫37
細川頼之　⑮233
瓊岩円玖
伊達成宗　⑦175
桂岩全久
戸田宗光　⑩67
渓月善公
千本資次　⑨225
桂山
上杉憲顕　⑦191, 199
島津忠親　②150
御手洗(加藤)昌広　⑪176
桂山大和尚
守棟　②142
慶寿庵
坂元格　⑮154
慶寿寺
今川範氏　②16
経順
近藤秀勝　⑦263
渓心
佐竹義篤　③257
慶心
鈴木政重　⑮52
慶祖
上田元次　④255
慶増
新庄季遠女　⑧148
慶忠
多田某　③87
啓迪院
岡本玄冶　⑮190
敬堂
宅間能憲　⑦201
軽道
鳥居吉則　⑦34
継統院
武田信成　④21, 102
渓堂法揵
小笠原光康　④164
京念
筒井忠光　⑫22
桂峯
堀利重　⑨104
慶法院
熊谷寿仙　⑮221
桂祐
藤方某　⑬215
慶祐
熊谷寿仙　⑮221
慶誉
菊池泰定　⑨6
慶龍院
宗茂尚　⑥44
桂林
猪子一日　⑩131
慶林
島某　⑫7
桂林院
細川持常　⑮239
迎蓮
相良頼俊　⑩3
花光院
細川氏久　⑮240
花蔵院
細川頼重　⑮239
花蔵寺
吉良義安　②13
月庵

一色直朝 ②65
月英宗心
金森可次 ⑤156
傑翁
岡野(板部岡)融成 ⑥86
月花
蘆屋重勝 ⑤101
月海
秋田宗季 ⑫256
月岩
織田信定 ⑥14
月巌
織田信定 ⑥26
月岩善照
進藤政次 ⑨176
月桂
相馬資胤 ⑥170
月渓清公
南部利直 ④231
月渓宗峯
本間範安 ⑤195
月桂無住
戸田重真 ⑩69
月光
佐竹義篤 ③257
月江
大沢基胤 ⑨206
月江浄円
分部光恒 ⑤241
月光宗因
美濃部茂盛 ⑫91
月谷
那須資家 ⑨216
月斎
柴田正重 ⑩173
傑山
板倉勝重 ②110
大森経頼 ⑨3
那須資実 ⑨218
堀直政 ⑨113
月山
葦野資春 ⑨231
岩城重隆 ⑥99
岡本正富 ⑨62
戸沢光盛 ⑦49
福原資広 ⑨222
大井政光 ④237
河野通房 ⑬13
傑山昌公
南部政康 ④230
傑山勝公
武田信昌 ④26
月参常光
北条氏重 ⑥66
月山浄春
水野重央 ⑤61
月山宗心
野間重安 ⑪27
月舟
柴田康長 ⑤173
月秋
奥山重和 ⑨254
神谷正昌 ⑪163
谷衛冬 ⑬78
月秋道照
天野政弘 ⑩31
月秋了心
松浦隆信男 ⑭9
月松院
織田秀雄 ⑥22
月照院
最上義俊 ②60
月照梅翁
北条氏規男 ⑥64
傑岑
西尾(鈴木)吉定 ⑤203
皆川俊宗 ⑧102
月心
土屋道遠 ⑥144
月心自得
分部光定 ⑤241
月清
村越延時 ⑪103
月泉
若林直則 ⑩249
月叟
武田信康 ④24
月窓貞円
美濃部茂広 ⑫93
月窓道秀
菅沼某 ③11
月窓道明
穴山武明 ④22
月丹
永井直勝 ⑫173
月潭
赤松則村 ⑬200
月潭円心
赤松則村 ⑬207
月潭光公
最上直家 ②52
傑伝宗英
松平康元 ①203
傑堂
佐竹義宣 ③257
月洞
相馬親胤 ⑥161
月浦
宗盛長 ⑥44
傑峰院
山口盛重 ⑭254
月法玄照居士

布下豊明 ⑭66
月峯秀光
松平康忠 ①103
月浦宗円
蠣崎盛広 ④130
玄
横田尹松 ⑬152
元阿
毛利師親 ⑫141
還阿
近藤満用 ⑦249
眼阿弥陀仏
木村高光 ⑧32
元庵
内田宗春 ⑮130
幻庵
石巻康敬 ⑩112
北条幻庵 ⑥57
現安
津軽建広 ⑮227
幻庵院
坂部正家 ⑦89
源意
新庄直昌 ⑧149
松平信長 ①127
源一郎
飯田(山田)宅次 ⑤133
見栄
佐脇安信 ⑤219
元栄
長谷川重勝 ⑭153
玄英
青木豊定 ⑭125
大井忠重 ④237
河窪信雄 ④32
玄栄
青木豊定 ④103
遠山方景 ⑨134
源英
板倉勝重 ②110
源栄
松平忠次 ①127
松平康次 ①163
源英傑叟
酒井重忠 ①221
源越
松平忠利 ①133
源右衛門
朝比奈泰勝 ⑦225
石渡勝久 ⑮82
伊東祐吉 ⑨273
小栗信由 ①194
川上直重 ⑪17
川上直縄 ⑪17
川上直久 ⑪17
黒田(近藤)用綱 ⑭164
河内信重 ⑦119
竹内吉勝 ⑮93
美濃部茂命 ⑫95
源右衛門尉
天野康信 ⑩24
落合道勝 ⑪235
小林重勝 ⑧88
指田延久 ⑩182
高柳定清 ⑧207
蜂屋正次 ⑩42
馬場房頼 ④122
松下長範 ⑨168⑬107
三宅是親 ⑪66
剣王
足利義久 ②8
堅翁宗固
土方雄氏 ③162
玄夏
稲田正勝 ⑩178
源珂
深尾元治 ⑬194
堅戒
小笠原宗満 ④159
元快
土岐光賢 ③58
玄快
大井忠次 ④237
堅覚
三浦義次 ⑥129
乾岳
赤沢武経 ④224
元郭
堀秀信 ⑨125
玄覚
深津正但 ⑫48
源廓
宅間規富 ⑦211
元学
大久保忠政 ⑨42
賢観
京極宗氏 ⑬68
玄鑑
今大路親純 ⑮125
源鑒
島津忠昌 ②142
元喜
武藤尚重 ⑨238
玄機
服部保森 ⑭69
源吉郎
赤井光家男 ③244
元久
神尾元久 ⑪144
玄久
大井政吉 ④240
源久
鈴木重時 ⑮56

松平伊昌 ①128
玄空
赤沢経光 ④223
川井久定 ⑮78
源空
板倉好重 ②109
源蔵人
細川頼春 ⑮232
見敬
水野正行 ⑤82
賢渓
秦昌倫 ⑮173
源慶
松平家忠 ①131
還慶
佐竹義舜 ③257
堅固
揖斐政延 ③109
源五
青木重兼 ⑭120
河澄重経 ⑭119
見公
宅間乗国 ⑦210
見向
榊原康政 ②81
乾康
青木信立 ④109,112
青木信親 ④104
建康
酒井忠利 ①222
健晄
佐竹義俊 ③256
元光
比企則員 ⑫45
元向
榊原清政 ②95
高木守次 ③142
玄好
牧野正成 ⑮13
玄紅
大井政継 ④240
玄香
松平乗勝 ①151
原光
水原茂親 ⑬195
源光
天羽景次 ⑮90
上原種正 ⑧174
末高正長 ⑪244
蜷川親行 ⑭226
建光院
伊勢貞良 ⑦8
乾亨院久山昌公
足利成氏 ②3
建康寺
酒井忠利 ①222
顕孝寺
大友貞宗 ②173
源五左衛門
大河原正勝 ⑪4
大河原某 ⑪4
神保重時 ⑭221
渡辺高綱 ⑭16
源五左衛門尉
石川一次 ②210
源五郎
渥美勝吉 ⑦96
渥美秀勝 ⑦99
渥美正勝 ⑦99
織田長益 ⑥18
窪田正成 ⑤11
瀬名政勝 ②24
富永某 ⑬168
逸見重正 ④2
逸見義房 ④2
北条氏康男 ⑥61
松下国綱
⑦87⑨168⑬101,107
松下長尹 ⑬101
松浦答 ⑭3
溝杭資高 ③116
最上義俊 ②60
渡辺於 ⑭38
渡辺長 ⑭42
渡辺則 ⑭39
渡辺守 ⑭40
賢佐
小笠原政秀 ④164
顕西
蜷川親直 ⑭226
玄西
深津正則 ⑫48
三宅重勝 ⑪72
玄斎
坪内勝定 ⑪92
彦西
新庄秀遠 ⑧146
源斎
松平某 ①186
源左衛門
赤井光家 ③244
阿倍重信 ⑫263
大河原正良男 ⑪5
筧重勝 ⑫4
加茂宮直清 ⑪185
木村長忠 ⑬61
小島正重 ⑤99
小島正利 ⑤99
曾根家次 ④42,44
曾根吉次 ④42
富永吉時 ⑬171
蜂屋定近 ⑩41
服部某 ⑭72
久永信重 ⑭223

星合泰通 ⑬254
松下長信 ⑬101
松下長範 ⑦87
山中重之 ⑤10
渡辺安綱 ⑭12
源左衛門尉
安西安次 ⑦109
乾信忠 ⑫9
三枝守義 ⑮31
榊原正勝 ⑪218
内藤正次 ④61
内藤正総 ④61
長谷川安重 ⑧165
日根野高当 ⑪26
松下連長 ⑬103
松下長信 ⑦87⑨168⑬103,107
松波重信 ⑩109
松村政綱 ⑩116
御嶽重俊 ⑧210
望月重元 ⑮224
山上吉勝 ⑧211
油川信友 ④27
吉田義基 ⑮155
源三郎
赤井運家 ③243
渥美某 ⑩234
石川親康 ②198
大井満平 ④243
大久保忠知 ⑨22
織田(武田)勝長 ⑥20
織田(武田)勝良 ⑥20
木曾基家 ②186
野条成元 ⑭245
長谷川宗仁 ⑧158
長谷川宗的 ⑧158
馬場房次 ④122
彦坂重助 ⑤103
逸見義治 ④2
松田長重 ⑦42
松平勝俊 ①206
松平勝則 ①208
松平勝義 ①207
松浦弘定 ⑭4
溝杭資家 ③116
溝杭資継 ③116
余語伊成 ⑫107
渡辺長男 ⑭49
渡辺某 ⑭49
顕山
足利義持 ①35
玄参
永田正吉 ⑪206
源参
松平忠定 ①129
厳山
足利義材 ①36
玄旨
細川(長岡)藤孝 ②30
源二
渡辺綱 ⑭38
渡辺縄 ⑭39
源次
源宛 ⑭1,10
渡辺有綱 ⑭12
渡辺沖綱 ⑭13
渡辺道綱 ⑭12
渡辺満綱 ⑭11
渡辺元綱 ⑭12
渡辺頼綱 ⑭12
源次大夫
佐々木経方 ⑬65
源次太夫
佐々木経方 ⑬109
渡辺安 ⑭2,10
源七太夫
渡辺至 ⑭38
源七郎
赤井運家男 ③244
井気多昌勝 ⑫31
井気多昌吉 ⑫31
太田正重 ③42
杉原某 ⑦17
鳥居忠明 ⑦28
鳥居忠宗 ⑦28
西山昌寛 ⑨145
本堂栄親 ②185
松平某〈眼宗〉 ①185
松平某〈玉心〉 ①185
松平某〈浄源〉 ①186
松平某〈浄珠〉 ①186
松平某〈源斎〉 ①186
松平某 ①186
室賀正俊 ⑤131
八木重糸 ⑭142
柳沢(青木)信俊 ④109
玄室全通
水野貞守 ⑤54
玄質宗彬
東条安長 ④54
源室宗本
小栗忠政 ①193
源次別当
渡辺綱 ⑭1,10
渡辺久 ⑭2,10
見樹院
酒井清秀 ①221
源受院
酒井広親 ①220
元周
坂立雪 ⑮148
玄秀
酒井清秀 ①221

外山正勝　⑪59
玄周
　杉原政綱　⑦12
玄秋
　中村之直　⑦59
玄酬
　高城胤時　⑪85
源秀
　宇津忠茂　⑨15,39
　松平好景　①129
　山田(多賀)良政　⑭157
源十郎
　三枝守秀　⑮31
　佐藤某　⑧177
　高木正村　⑮133
　長坂重信　⑧272
玄恕
　九鬼貞隆　⑩208
見生
　内藤長縄　④59
見松
　諏訪時重　⑤110
　土岐頼次　③54
見性
　紀忠貞　⑫229
剣性
　大関資増　⑭111
元勝
　宗貞盛　⑥42
玄正
　青木可直　⑭120
玄昌
　坂桂巌　⑮149
　鎮目惟真　⑤37
　畠山景吉　⑮200
玄松
　赤沢満経　④224
　河村(大石)重久　⑧169
玄勝
　葦野資豊　⑨232
　大井政勝　④239
　下曾祢信正　④50
玄賞
　山田吉正　⑩79
源正
　安部信勝　⑤118
　酒井家次　①220
源生
　松井宗直　⑭160
源勝
　松平忠一　①136
見性院
　星合具泰女　⑬255
源昌寺
　酒井正親　①221
源城寺
　瀧川勝雅　⑬212
堅次郎
　朝倉(天方)豊明　⑭140
源四郎
　上杉長員　②48
　大久保忠久　⑨23
　小笠原貞治　④225
　加藤利正男　⑨80
　加藤正勝　⑨80
　加藤正成　⑨80
　杉浦吉景　⑥210
　渡辺時　⑭43
源二郎
　赤沢清経　④152
　諏訪部定矩　⑤133
　妻木貞徳　③105
　妻木某　③105
　曲淵信貞　④112
　渡辺続　⑭39
　渡辺知　⑭39
　渡辺友　⑭43
源次郎
　赤井信家　③240
　赤沢清経　④223
　小笠原貞経　④224
　乙部政直　⑨176
　河内信次　⑦119
　五味政義　⑧9
　進藤某　⑨176
　高城胤則　⑪85
　中川忠吉　③76
　本間宗季　⑤194
　松平家乗　①66,154
　松平真乗　①65,152
　松平親乗　①65,152
　松平乗勝　①65,151
　松平乗寿　①66,157
　松平乗久　①66,158
　松平乗正　①65,151
　松平乗元　①64,102,151
　溝杭資時　③116
　溝杭資盛　③116
見真
　行方勝茂　⑪243
　平野勝茂　⑥96
謙信
　上杉(長尾)輝虎　⑦193
元真
　小俣政勝　⑤246
幻心
　北条某　⑥86
玄真
　堀江藤光　⑬251

- 源心
  - 秋鹿直朝 ⑩246
  - 植村正元 ③98
  - 松平忠政 ①137
  - 三橋信次 ⑪73
- 源信
  - 大森好治 ③181
- 源真
  - 酒井忠世 ①223
  - 松平忠重 ①136
- 源真其阿
  - 佐竹義昭 ③257
- 元水
  - 森高次 ⑫182
- 源介
  - 海老名政継 ①256
- 源助
  - 海老名豊一 ①256
  - 設楽能政 ⑫102
  - 藤堂虎高 ⑩46
  - 内藤正重 ④61
  - 西山寛宗男 ⑨147
  - 蜂屋定則 ⑩42
  - 横山清正 ⑪57
  - 横山清政 ⑭183
  - 横山正勝 ⑪57
  - 横山正吉 ⑪58
- 見盛
  - 新庄直氏 ⑧151
- 玄清
  - 野村為勝 ⑬121
- 玄靖
  - 秩父行宗 ⑥228
- 源清
  - 久保田久吉 ⑤48
  - 松平景忠 ①128
- 堅雪
  - 朝比奈信置 ⑦213
- 玄雪
  - 山角政定 ⑪50
- 現雪
  - 丸茂利勝 ④262
- 元宗
  - 小田切某 ⑤254
- 幻霜
  - 古田重忠 ⑩164
- 眼宗
  - 松平某 ①185
- 源宗
  - 松平宗次 ①163
- 源三
  - 赤井長家男 ③245
  - 佐々木秀義 ⑬110
  - 土屋正久 ⑥149
  - 渡辺恒 ⑭39
  - 渡辺実 ⑭39
- 源蔵
  - 井上政則 ③226
  - 入江春重 ⑩15
  - 入江春正 ⑩15
  - 小島某 ⑤99
  - 近藤某 ⑦259
  - 三枝(天川)守英 ⑮37
  - 曾根吉勝 ④43
  - 内藤勝吉 ⑧77
  - 福井某 ⑫31
  - 北条氏康男 ⑥62
  - 松永勝正 ⑮105
  - 松永某 ⑮105
  - 渡辺真綱 ⑭44
  - 渡辺則綱 ⑭46
  - 渡辺安 ⑭42
  - 渡辺幸綱 ⑭47
- 健叟恵勇
  - 坂士仏 ⑮145
- 源太
  - 井上直国 ③228
  - 片切為長 ⑤123
  - 片切為行 ⑤123
  - 源義家 ①85
- 玄沢
  - 赤沢経智 ④224
- 源太左衛門
  - 秋山勝貞 ④271
  - 井上憲行 ③231
  - 大田宗清 ⑮218
  - 松下長則 ⑬101
  - 山崎片家 ⑬111
  - 渡辺範綱 ⑭12
- 源太兵衛
  - 赤井直家 ③245
- 源大夫
  - 大河内政貞 ③31
  - 大河内政治 ③31
  - 大槻実重 ③237
  - 平岡資光 ③117
  - 溝杭資兼 ③115
  - 渡辺伝 ⑭10
- 源太夫
  - 佐々木経方 ⑬50
  - 佐橋吉政 ⑩229
  - 渡辺伝 ⑭2
- 源大夫判官
  - 松浦久 ⑭2
  - 源(大河内)兼綱 ③24, 31
- 源大郎
  - 井上直国 ③232
- 源太郎
  - 大竹正成 ⑦65
  - 大竹正吉 ⑦65
  - 大竹某 ⑦65
  - 小笠原長経 ④194
  - 小幡正忠 ⑨64

小幡正次 ⑨64
加藤成勝 ⑨86
木曽豊方 ②187
木曽義康 ②188
木村元正 ⑬63
小島正朗 ⑤99
坪内家定 ⑪96
逸見義兼 ④2
逸見義忠 ④2
逸見義仲 ④2
松下安秀 ⑬103
松平正村 ①59,126
松平三光 ①58,116
松野助次 ⑮85
溝杭資重 ③117
山中直元 ⑦113
依田信政 ③171
渡辺譬 ⑭39
渡辺光 ⑭39
渡辺宗 ⑭39
玄智
朝比奈義直 ⑥175
賢忠
戸田康直 ⑩66
水野忠重 ⑤64
玄忠
佐久間(保田)安政 ⑥216
島津立久 ②141
島津元久 ②139
源忠
佐野(富田)信吉 ⑧195
玄長
伊東時吉 ⑨273
花房職則 ②122
曲淵吉景 ④113
玄頂
大井政成 ④240
源長
西山昌信 ⑨148
山口(小坂)吉長 ⑭266
玄鎮
今大路親昌 ⑮126
玄通
小笠原貞経 ④224
酒井某 ⑩219
玄貞
織田信正 ⑥26
玄的居士
神保氏張 ⑭217
玄鉄
佐久間勝年 ⑥220
玄徹
赤沢常興 ④223
笠原重政 ⑪10
建瞳
皆川成勝 ⑧102
元灯
中島盛昌 ④260
源洞
松平忠貞 ①136
源桃
本目正重 ①197
乾堂元公
小出吉政 ⑩118
乾徳院
伊達晴宗 ⑦175
源徳本公
伊東祐堯 ⑨262
源内左衛門
三雲行定 ⑨9
玄入
向坂長政 ⑤199
玄如
大久保忠重 ⑨44
源丞
筒井忠景 ⑫21
渡辺盛 ⑭43
源之丞
伊沢政勝 ④77
玄派
佐々木(六角)時信 ⑬179
源八
赤井秀家男 ③243
永田正吉男 ⑪181
源(片切)為基 ⑤123
山崎祐家 ⑬110
渡辺高 ⑭39
元八郎
紀雄致 ⑫218
源八郎
井上某 ③226
三枝虎吉 ⑮25
三枝昌吉 ⑮31
三枝守勝 ⑮36
三枝守昌 ⑮34
鳥居重俊 ⑦27
吉田重氏 ⑬144
乾福院
吉良義堯 ②12
源兵衛
油川信貞 ④119
天野忠俊 ⑩27
太田資久 ③47
大原資政 ⑬118
金田正成 ⑦40
鹿伏兎盛治 ⑮229
曾雌定行 ⑤36
野村為次 ⑬122
服部保次 ⑭69
服部保正 ⑭68

久永重勝　⑭223
久永重知　⑭224
久永政勝　⑭225
平岡道賢　③121
源兵衛尉
小倉実綱　⑮177
兼松正栄　⑩105
兼松正成　⑩103
川口正信　⑦86
榊原正重　⑪218
榊原正朝　⑪217
指田久次　⑩182
夏目吉政　⑪239
久松範勝　①201⑫103
元芳
宮城貞治　⑫193
玄法
加藤成之　⑨85
玄峯
渡辺光　⑭30
源峯
松平忠隆　①136
玄夢信界
金森重直　⑤155
監物太郎
武藤某　⑮135
見也
朝倉玄景男　⑭139
玄祐
赤沢清経　④223
玄雄
加藤貞泰　⑨74
戸田忠次　⑩74
賢融
酒井家忠　①220
玄誉
島津忠国　②140
玄要
宮崎泰景　⑪170
玄養坊
寛海　⑮25
元誉居士
三枝昌吉　⑮31
源柳
浅井政道　⑭162
現龍院
稲葉(林)正成　⑬2
源了
松平伊忠　①130
源領
末高正久　⑪244
源林
大草正家　⑪207
玄嶺
山名教豊　①253,256
源六
朝比奈正重　⑦216
武田信武　④51
久永重行　⑭225
久永重吉　⑭222
源(箕田)俊忠　⑭11
山崎氏定　⑬110
源六郎
太田資清　③36
太田資高　③38
太田資長　③37
太田資康　③38
小笠原長真　④220
佐久間勝盛　⑥220
下曾祢某　④50

コ

小一条
藤原(小一条)師尹　⑦141
小一条左大臣
藤原(小一条)師尹　⑦161
後一条院の侍読
大江挙周　⑫122
日野資業　⑨188
小一郎
内藤家長男　⑧39
小市郎
石原安長　⑪11
五位侍従
京極高広　⑬73
伊達秀宗　⑦184
五位判官
赤松則村　⑬207
古隠
稲葉正勝　⑬5
弘阿弥陀仏
工藤祐経　⑨260
好庵
土屋虎久　⑬197
土屋虎隆　⑬197
高安
黒田直綱　⑭164
蒿庵
竹田定玹　⑮143
興庵
津田正秀　⑥33
功庵玄忠
戸田重元　⑩69
江安宗吸
松平忠良　①204
高唯
村瀬重治　⑪104
好胤貴宗
島津忠栄　②150
江雲
石河某　③167

高雲
　高林昌房　④272
興運
　上杉憲忠　⑦192
壙雲
　深津正重　⑫47
興雲院
　黒田長政　⑬44
香雲院長山善公
　足利義氏　②4
功運建忠
　土方雄久　③160
江雲寺
　佐々木(六角)定頼　⑬181
光栄寺
　吉良朝氏　②11
江右衛門
　笠原信定　⑪10
　篠瀬吉久　⑪82
光円
　船木信光　⑬50
弘海
　小林重吉　⑪123
光岳
　伊勢貞陸　⑦7
高嶽
　那須明資　⑨217
興岳
　島津忠隆　②143
剛岳
　佐久間盛次　⑥216
香岳月光
　斎藤利三男　⑨155
功嶽成公
　武田信重　④24，48
高岳正隆
　小笠原持長　④162
光感
　太田信盛　⑧116
広岸
　佐久間(保田)安政　⑥216
弘願
　赤井為家　③239
光岩
　大森頼明　⑨3
高岸
　野間政次　⑪28
　山瀬正家　⑮73
高岩
　上杉憲実　⑦191
孝鑑院
　武田信範　④102
光暉
　牧野成定　⑤158
江御
　大江朝綱女　⑫119
高玉空外
　畠山高政　②41
江金
　阿部政澄　⑫241
功月
　松下長勝　⑬104
光月
　斎藤利次　⑨160
高月
　那須資胤　⑨218
高月院
　島津以久　②144
　松平長親　①102
高月縁心
　酒井忠次　①233
光源
　彦坂重定　⑤103
光源院殿
　足利義輝　①37
弘源寺
　細川持之　⑮235
孝源寺
　土岐光定　③53
高源道看
　畠山昭高　②41
光公
　大森頼春　⑨3
光孝寺
　畠山持国　②40
　山名時氏　①252
興国院
　池田利隆　②244
興国寺
　島津忠昌　②142
江斎
　武藤清雲　⑮138
広済寺住持
　湖月　②142
江左衛門
　柴田政之　⑤172
江左衛門尉
　篠瀬吉　⑪81
合左衛門尉
　川口某　⑦86
郷左衛門尉
　安井秀勝　④277
功山
　三宅重勝　⑪66
光山
　庁鼻憲光　⑦203
　岩城(伊達)親隆　⑥100
幸山
　相馬胤高　⑥170
香山
　設楽貞道　⑫99

高山
　藤堂高虎　⑩46
香山円桂
　伊達尚宗　⑦175
江山玄寿
　水野義忠　⑤61
江山心公
　南部信直　④230
功山道忠
　浅野長政　②259
光室亀公
　佐々木(六角)定頼　⑬181
香積寺
　大内義弘　⑭251
江州津田権太夫
　織田親真　⑥11
光順
　浅羽貞助　④234
　富永重政　⑬168
光勝院
　細川頼春　⑮232
広正寺
　高木正綱　③150
広心
　朝比奈正吉　⑦224
光心
　後藤忠直　⑨153
江介
　重田守真　⑩177
　重田守忠　⑩177
上野三郎
　上野貞遠　②114
上野前司三郎
　畠山泰国　②39
上野太郎
　上野頼遠　②114
上野律師
　義弁　②114
江雪
　岡野(板部岡)融成　⑥86
香雪斎
　大木親吉　⑤51
好雪道龐
　岡部正綱　⑨243
向善
　芝山某　⑤220
興善院
　土岐頼益　③53
興禅院
　北海信久　④24
広禅寺
　伊勢貞継　⑦3
光善寺
　明仲　④21
光禅寺
　最上義光　②54
強蔵
　酒井実正　⑥201
　酒井昌明　⑥201
江太
　大江景国　⑫118
高台
　大井貞隆　④238
高台院
　豊臣秀吉室　⑦13⑭80
広沢寺
　大内教幸　⑭253
広沢寺天祥正安居士
　小笠原長棟　④168
弘忠
　山口盛幸　⑭254
光忠
　松平与副　①112
剛忠
　龍造寺家兼　⑦244
幸千代丸
　毛利興元　⑫145
更珍
　山本縄次　③264
荒鉄
　谷衛友　⑬78
高天
　葦野資親　⑨230
　伊東長昌　⑨275
光統
　蜷川貞繁　⑭227
亨徳院
　曲直瀬道三　⑮123
高徳院
　椿井政長女　⑩223
　前田利家　⑫70
高徳院日乗
　朝倉政元　⑭139
皇徳寺
　島津久保　②151
広頓
　大田原綱清　⑭103
河野伊予守
　河野通能　⑬26
河野冠者
　河野親清　⑬23
　河野親経　⑬23
河野九郎左衛門
　河野通久　⑬24
河野庄左衛門
　河野盛政　④222
河野四郎
　河野通直　⑬34
　河野通信　⑬13, 24
河野新太夫
　河野親経　⑬23
　河野通清　⑬23

河野弾正少弼
　河野通直　⑬33
河野豊前
　河野通政　④222
河野弥太郎
　河野通継　⑬24
河野六郎
　河野通堯　⑬33
光白
　榊原忠長　②87
高白斎
　駒井政武　④72
高普
　天方通稙　⑧92
高分
　本多重次　⑧241
香松
　朝岡泰勝　⑨67
幸松丸
　小笠原忠脩　④182
　小笠原長次　④191
　小笠原秀政　④182
　毛利興元男　⑫145
光明寺
　最上兼頼　②51
高野華王院の住侍
　栄西　④38
高野山藤坊
　大井満実男　④243
弘楽
　山口教仲　⑭254
香蘭
　葦野実近　⑨231
高力与次郎
　高力重長　⑥77
光林
　間宮某　⑬51
香林
　葦野親正　⑨231
弘林院
　畠山義統　②43
香林宗栴
　一柳直高　⑬27
高嶺
　小笠原信貴　④203
高嶺宗堅
　小笠原信高　④211
光蓮
　武田信光　④125
　六郷道行　⑨252
小右衛門
　荒河重詮　②127
　大屋正利　⑧191
　遠山景次　⑨142
　遠山景政　⑨142
　高田政信　③51
　横山一義　⑭184
五右衛門
　永井吉次　⑥191
　永井吉成　⑥190
　前田定久　⑮62
小右衛門尉
　大屋吉正　⑧191
　岡部吉正　⑭191
　折井(入戸野)門次　⑤25
　榊原宣経　⑪222
　榊原秀信　⑪222
五右衛門尉
　落合正安　③129
湖翁窓西
　斎藤利三　⑨154
古岩
　跡部某　④266
小吉
　大久保幸治　⑨35
　成瀬正成　⑩192
　林清勝　④253
小刑部
　朝倉元忠　⑭140
　小沢重秋　①198
国光寺
　今川国氏　②15
　今川基氏　②15
国清
　上杉憲顕　⑦191,199
国清院
　池田輝政　②233
国清寺
　大内盛見　⑭251
国盛寺
　最上満氏　②54
国造兵衛尉
　日下部弘道　⑭127
国泰
　古田重勝　⑩163
国分寺
　宗貞国　⑥42
　宗貞信　⑥44
告峯
　上杉顕定　⑦192
極楽院月海
　竹田秀慶　⑮142
五郡丈大夫
　藤原頼遠　⑧34
湖月
　豊臣秀吉室　⑭80
湖月浄珊
　永井某　⑫180
湖月宗江
　島津義弘男　②165
古剣
　古田重忠　⑩164
古顕

大河内基高　③31
小源五
大田宗清　⑮218
大田宗隆　⑮218
小源太
木村（林）英綱　⑧33
渡辺長男　⑭43
護国院
池田恒興　②229
武田信春　④22,47,90
伊達尚宗　⑦175
小五郎
小笠原安勝　④216
酒井家次　①241
酒井忠次　①233
平忠通　⑥112
宅間持成　⑦209
武田（石和）信政　④55,125⑮195
武田信安　④69
小才次
小出吉政　⑩118
小左衛門
会田資信　⑭153
坂本重安　⑤49
沢真次　⑤266
庄田安照　⑥188
杉原久次　⑦16
杉原久吉　⑦16
杉原昌明　⑦16
杉原之明　⑦16
瀬名貞利　②25
柘植政普　⑦23
西沢時里　⑭209
平賀定次　④46
三浦義景　⑥129
三浦義勝　⑥129
水野守正　⑤57
森川之俊　⑬163
五左衛門
安藤重信　③203
石井重家　⑮93
伊丹勝政　③82
揖斐政均　③110
小栗政俊　⑥109
黒田光綱　⑭163
幸田継治　③184
近藤用行　⑦255
近藤用可　⑦255
勝重昌　⑫13
竹内信次　⑩250⑮94
中島信久　④259
平岩正広　⑭231
前田定良　⑮63
松平近正　①65,159
松平正吉　①65,161
三浦重村　⑥120
三浦正重　⑥120
三浦正村　⑥120
向井政良　②101
持田忠重　⑩181
小左衛門尉
伊藤実以　⑧188
井上定利　⑫34
加藤重常　⑨77
神谷三盛　⑪161
神尾保次　⑪157
高木昌孝　③150
高木正次　③149
土井利昌　③2
西尾重長　⑤203
西尾吉次　⑤201
三田政定　⑪79
三田（竹本）正吉　⑪79
五左衛門尉
青木高頼　⑭124
市岡定政　⑤256
市岡忠吉　⑤255
伊奈忠雪　⑩129
大井政重　④241
大橋親善　⑪126
梶川秀盛　⑥39
加藤忠重　⑨78
成瀬重治　⑩200
松平一生　①65,160
溝口（境）重朝　④273
小作
外山正成　⑪59
小左次
根来盛正　⑪211
小三郎
江戸広重　⑥177
太田吉胤　⑧109
大橋重政　⑭57
都筑正勝　⑨171
北条時盛　⑥55
宮崎泰景　⑪170
宮崎泰満　⑪170
村瀬重政　⑪106
巨狭山
臣狭山命　⑦138
小沢修理亮
小沢広顕　⑫130
古山
古田重治　⑩164
固山
内藤種昌　⑧74
虎山
岩城親隆　⑥99
虎山威公
最上満家　②53
後三条の侍読
大江匡房　⑫122
固山宗堅

朝倉教景　⑭138
小笠原貞朝　④167
孤山宗白
岡部一綱　⑨251
腰瀧口
藤原季方　⑧144
古七郎
池田輝興　②249
小島四郎
小島重光　⑭118
小十郎
朝比奈信勝　⑦221
石川(小山)朝成　②197
権田泰朝　⑩174
近藤用忠　⑦253
近藤用尹　⑦253
榊原康勝　②87
清水瑞室男　⑮119
下曾祢信定　④51
田中勝以　①272
筒井忠武　⑪22
豊島暖次　⑥197
能勢頼隆　③123
曲淵行明　④114
水野元正　⑤58
小十郎右衛門
関某　②225
後昌院
畠山政国　②41
五条局
日根野明心女　⑪22
小四郎
新田義佐　①32, 99
逸見義次　④3
逸見義記　④3
小二郎
赤井宗家　③241
小笠原長将　④208
河内長義　④147
小次郎
姶良治久　②139
碇山忠親　②139
小笠原長将　④161
岡部長綱　⑨243
岡部吉次　⑭192
木村時親　⑧29
熊谷直家　⑥76
権田泰清　⑩174
末高正久　⑪244
相馬貞胤　⑥171
相馬胤貞　⑥171
相馬胤継　⑥170
相馬胤晴　⑥171
相馬徳誕　⑥170
相馬秀胤　⑥171
相馬整胤　⑥171
相馬政胤　⑥171
相馬盛胤　⑥171
相馬師常　⑥170
曾我氏助　⑦68
曾我時之　⑦68
平将国　⑥169
高田直政　③50
高田信頼　③49
高田憲頼　③49
千葉常将　⑥112, 159
波多野有俊　⑧188
北条行氏　⑥55
三浦義次　⑥129
古新
池田輝政　②233
悟真
内藤政長　⑧38
孤心玄峯
戸田忠次　⑩81
小助
柴田勝定男　⑤176
五助
田中忠勝　①272
和田(荒川)維重　⑬80
小菅八左衛門尉
小菅(小宮山)正重　⑤43
巨川
山名時熙　①252
小善次
犬塚重世　⑪225
犬塚重世男　⑪225
悟叟浄頓
亀井政矩　⑬138
小僧丸
小笠原貞慶　④179
御太方
水野忠政女、徳川家康母　⑤56
小高孫五郎
相馬重胤　⑥160
児玉庄大夫
藤原家弘　⑨8
小大夫
石原安正　⑪11
内田定吉　⑪88
米津某　②216
小太夫
松平政次　①191
米津政信　⑮64
五大夫
永田正次　⑪181
五太夫
鳥居正載　⑦36
本間秀年　⑤195
小太郎
秋月種貞　⑭235

秋山光定 ④14
朝倉敏景 ⑭138
朝倉教景 ⑭138
天方通員 ⑧92
天方通良 ⑧92
荒尾善久 ⑭210
井上長基 ③228,232
海野氏幸 ⑭61
海野棟綱 ⑭61
海野持幸 ⑭61
海野幸明 ⑭58
海野幸家 ⑭59
海野幸氏 ⑭59
海野幸勝 ⑭59
海野幸定 ⑭60
海野幸親 ⑭59
海野幸継 ⑭59
海野幸遠 ⑭60
海野幸永 ⑭60
海野幸信 ⑭60
海野幸則 ⑭61
海野幸秀 ⑭61
海野幸昌 ⑭60
海野幸棟 ⑭61
海野幸守 ⑭61
海野幸盛 ⑭59
海野幸康 ⑭60
海野幸義 ⑭61
海野幸義 ⑭61
佐々木定重 ⑬91
真田幸隆 ⑭61
佐野実綱 ⑧194⑮250
佐野豊綱 ⑧195
佐野秀綱 ⑧194
佐野昌綱 ⑧195
佐野宗綱 ⑧195
佐野盛綱 ⑧194
佐野泰綱 ⑧194
諏訪忠澄 ⑤114
諏訪時重 ⑤110
諏訪頼忠 ⑤111
諏訪頼隣 ⑤110
諏訪頼継 ⑤110
諏訪頼満 ⑤111
諏訪頼水 ⑤113
相馬義胤 ⑥170
平兼頼 ⑥169
平常望 ⑥169
平長望 ⑥169
平文国 ⑥169
平将長 ⑥169
平頼望 ⑥169
伊達宗綱 ⑦174
山崎重家 ⑬110
古鼎
細川詮春 ⑮239
小寺官兵衛
黒田(小寺)孝高 ⑬41
小伝次
山口光俊 ⑦55
後藤源左衛門
後藤忠正 ⑨152
後藤太
後藤則明 ⑦158
後藤内
後藤則明 ⑦158
五島大和守
五島純玄 ④35
後鳥羽院の侍読
日野兼光 ⑨189
小新田
源(新田)義兼 ①31,98
小八郎
糟屋久綱 ⑨199
小八郎大夫
片切景重 ⑤123
小隼人
依田(松井)政直 ③180
小姫
前田利常女 ⑫83
小平次
落合(神谷)道次 ⑪233
酒井忠次 ①233
津田正秀 ⑥33
本多光勝 ⑧275
五平次
赤井時香 ③248
中山勝尚 ⑦231
中山勝信 ⑦231
小平次郎
小笠原(酒井)信之 ④205,209
相馬貞胤男 ⑥171
小平太
酒井勝忠 ①245
榊原康政 ②81,95
山口重克 ⑭262
小平六
猪俣則綱 ⑭196
小兵衛
大井満久 ④242
大井(依田)満美 ④243
久保田正重 ⑤47
久保田通正 ⑤47
芝山(横地)正親 ⑫254
芝山正信 ⑫254
芝山某 ⑤220
谷衛次 ⑬79
鳥居(平井)正定 ⑦36

中川秀成　③73
　南条政友　⑦75
　長谷川尚知　⑧160
　原田種春　⑦103
　細田重時　⑩172
　細田成時　⑩172
　松井幸宗　⑭160
　森川重政　⑬161
　山田信治　⑤97
　吉田時勝　⑬147
五兵衛
　飯室昌吉　⑤31
　勝部正次　⑬125
　川井昌等　⑮78
　小長谷正栄　⑤213
　佐野政之　⑧199
　沢真重　⑤267
　高井清正　⑦40
　近山安俊　④116
　徳山重政　③111
　徳山直政　③111
　徳山秀現　③111
　中根正次　⑥183
　根本正成　⑮98
　伴重盛　⑮9
　伴盛政　⑮9
　布施正重　⑭91
　布施正森　⑭91
　堀越定正　⑤239
　本多成於　⑧249
　三浦直吉　⑥130
　水上政光　④278
　横山一全　⑭184
小兵衛尉
　太田吉家　⑧114
　斎藤義次　⑨163
　伏屋為房　⑤212
五兵衛尉
　伊奈忠家　⑩129
　久保正信　⑪135
　松木（神尾）忠成　⑪167
小法師
　伊勢貞良　⑦8
　高木（河合）某　⑮131
　高木某　⑮132
小洞
　織田信高　⑥21
駒王丸
　三浦景村男　⑥116
小曲五郎
　小曲長家　④15
小松小太郎
　小松重秀　⑫249
小松五郎
　小松定助　⑫250
　小松重助　⑫250
小松修理亮
　小松重光　⑫251
小松二郎
　小松武任　⑫250
小松館境講師
　安倍官照　⑫249
小松館二郎
　小松（黒沢尻）重任　⑫249
小松太郎
　小松武重　⑫250
小松内大臣
　平重盛　⑥3, 11
小松又太郎
　小松直経　⑫250
小松杢頭
　小松元範　⑫250
小松杢助
　黒沢重久　⑫251
　小松重長　⑫250
　小松直信　⑫250
　小松信長　⑫250
駒之助
　脇坂安俊　⑩160
狛福丸
　竹田定珪男　⑮144
五味右衛門尉
　五味元保　⑪152
小宮山八左衛門尉
　小宮山正吉　⑤43
小民部丞
　鈴木重則　⑮56
小麦右衛門
　天野重次　⑩35
　天野重利　⑩36
米里入道
　小笠原長村　④153
古櫟
　大森藤頼　⑨3
後冷泉院の侍読
　日野実綱　⑨188
惟宗右馬助
　平知盛男　⑥41
五郎
　赤井家清　③241
　赤井家満　①46
　赤井忠家　③248
　浅野重光　②258
　葦田秀家　③238
　阿曽沼信綱　⑧29
　伊勢貞雅　⑦5
　一色義範　②73
　井上清長　③232
　井上長実　③228
　今川氏真　②18
　今川氏親　②18
　今川氏輝　②18

今川範氏　②16
今川範政　②17
今川範以　②18
今川義忠　②17
上杉憲春　⑦200
上杉憲房　⑦192
大胡重国　⑧212
小笠原長義　④161
小笠原（松尾）宗康　④202
木曾家重　②189
木村義綱　⑧30
朽木氏時　⑬95
朽木高親　⑬95
朽木時綱　⑬95
朽木義綱　⑬94
駒井（岩崎）信盛　④20
佐々木広定　⑬92
佐々木（隠岐）義清　⑬177
佐々木頼綱　⑬94
島津忠経　②134
下条武春　④22
諏訪忠満　⑤110
諏訪信有　⑤110
武田貞経　④19
武田信縄　④26
武田信虎　④27
武田信昌　④26
武田（伊沢・石和）信光　④17,125⑮195
武田満信　④22
只懸憲輔　⑦203
多々良義春　⑥115
長井義季　⑥115
長沼満光　⑧101
那須資之　⑨215
那須之隆　⑨214
那波政元　⑫137
蜷川親綱　⑭226
細川全隆男　⑮241
堀部宗泰　⑬155
松平憲良　①206
松浦盛　⑨195

五郎右衛門
青木之貞　⑭122
朝倉政之　⑭140
石川吉久　⑮252
石野光広　⑭207
田中義忠　①271
田中義次　①272
中島盛利　④260
深尾元宗　⑬194
松木某　⑪167
宮城正次　⑦43
山田正長　⑤95

五郎右衛門尉
植村正次　③99
大久保忠勝　⑨45
大久保忠俊　⑨39
大久保康忠　⑨54
倉林則房　⑪142
倉林正房　⑪142
三枝守之　⑮27
戸田直秀　⑩67
戸田直政　⑩68
船越景直　⑩10
細田豊利　⑩171
松浪勝安　⑩109
保田重定　④37

五郎左衛門
伊東時吉　⑨273
大須賀（榊原）忠政　②93
木村盛信　⑬60
木村行親　⑧30
京極高秀　⑬69
小出堅吉　⑩121
小出正重　⑩118
榊原（大須賀）忠次　②94
関吉兼　⑧25
関吉直　⑧25
田沢昌次　⑤26
千村頼重　⑤247
花房職利　②122
林（成瀬）重信　④251
林（成瀬）重将　④252
土方勝次　③166
本多吉里　⑧248
本間季重　⑤196
三浦資村　⑥117
三浦忠俊　⑥126
矢橋重頼　⑦107
山高信保　④101
吉田政吉　⑬142

五郎左衛門尉
赤井久家　③241
天方通勝　⑧94
宇宿忠継　②132
大須賀（榊原）忠政　②86
大須賀康高　②89
加藤常正　⑨77
喜多見勝忠　⑥178
喜多見重恒　⑥179
坂尾次政　⑩245
榊原（大須賀）忠次　②88
佐々木（隠岐）義清　⑬67,128
新庄詮遠男　⑧147
諏訪盛世　⑤109
相馬胤村　⑥160

谷津直村　⑦237
坪内秀定　⑪98
中沢久吉　⑪138
丹羽長重　⑩96
丹羽長秀　⑩93
花房職則　②122
花房職治　②115
日根野景盛　⑪23
日根野国景　⑪22
御嶽吉定　⑧210

五郎三郎
赤井直家男　③243
阿倍正義　⑫276
大河内国綱　③25
大河内真綱　③25
大河内信政　③25
大河内光綱　③25
武田政綱　④19
西山昌春　⑨146
水野某　⑤57
横田隆松　⑬153
横田政松　⑬152

五郎二郎
神田正友　⑦43
武田信綱　④69
武田信時　④19

五郎次郎
赤井家季　③242
赤井家職　③242
武田信時　④47,55,69⑮196

五郎大夫
天野正成　⑩34
天野正世　⑩34
石谷清定　⑩13
筧正近　⑫5
門奈直友　⑩126

五郎太夫
成瀬勝也　⑫29
伴重長　⑮9

五郎太郎
町田忠光　②134

五郎入道
今井末綱　⑧145
今川範国　②16

五郎八郎
大久保元政　⑨56

小六
近藤用政　⑦253
蜂須賀家政　⑤138
蜂須賀正勝　⑤136
蜂須賀正利　⑤136

五六左衛門
竹内某〈親〉　⑮93
竹内某〈子〉　⑮93

小六郎
山本邑重　③269

五郎作
赤井忠秋　③250
赤井忠泰　③249
本間忠直男　⑤196
山岡景兼　⑮4
山岡景長　⑮4

五郎介
秩父重之　⑥229

五郎助
猪飼重正　⑦46
小笠原信安　④210
小出三明男　⑩122
近藤正信　⑦264
下山勝盛　④233

五郎八
池田輝興男　②249
大久保元勝　⑨56
織田長雄　⑥24
加藤泰興　⑧76
金森長近　⑤151
金森長近男　⑤155
日下部定芳　⑭146
久世広賢　⑬230
柘植美清　⑦23

五郎兵衛
猪飼正次　⑦47
久保勝氏　⑪132
久保勝重　⑪132
熊谷清直　⑥77
佐久間信重　⑥226
曾根吉正　④44
蜂屋正成　⑩39
松平昌重　①62,142
丸茂利勝　④262
山中利次　⑦114

五郎兵衛尉
赤井吉家　③243
大久保忠以　⑨55
榊原正次　⑪218
島田直次　③101
神保氏長　⑭217
早川好勝　⑪16
前田安勝　⑫75
松木忠次　⑪167
松波重種　⑩108
丸茂利明　④263
御手洗家重　⑪177
御手洗(向井)忠重　⑪177
御手洗直重　⑪175
保田宗定　④37
山田直時　⑪54

金阿弥
石川吉次　⑮252

権右衛門
加藤景正　⑨98
加藤成久　⑨92

- 加藤正次 ⑨99
- 酒依吉政 ④89
- 高木貞勝 ③158
- 高木貞利 ③158
- 原田種次 ⑦102
- 堀田一長 ⑫213
- 本多玄正 ⑧249
- 山田正勝 ⑤91

権右衛門尉
- 朝夷名泰成 ⑥173
- 石巻康貞 ⑩113
- 大久保忠為 ⑨20
- 大久保正信 ⑨22
- 河野通重 ⑬14
- 斎田元政 ⑤271
- 土屋重成 ⑥153
- 内藤種清 ⑧75
- 永田重好 ⑪179
- 鯰江貞勝 ⑫202
- 松風正忠 ⑩115
- 三橋正次 ⑪76
- 武者安貞 ⑪247
- 村越光好 ⑪101
- 山田正次 ⑤91

権九郎
- 石河利勝 ③168
- 内田正信 ⑪87
- 佐脇安重 ⑮84
- 山本某 ③262

権五郎
- 天野雄重 ⑩26
- 水野元春 ⑤58

権左衛門
- 赤井時次 ③248
- 赤井時喜 ③248
- 雨宮政勝 ⑤32
- 雨宮政次 ⑤33
- 小笠原泰政 ④211
- 多門正永 ⑭54
- 岡野英明 ⑥92
- 小栗正盛 ⑥107
- 筧政直 ⑫5
- 河窪信宅 ④33
- 高力正長 ⑥80
- 近藤正成 ⑦259
- 桜井正勝 ⑤28
- 菅波重俊 ⑤248
- 曾我近祐 ⑦70
- 妻木頼利 ③105
- 戸川令安 ⑪3
- 富永重利 ⑬170
- 中島正勝 ④259
- 中山勝久 ⑦233
- 本目正義 ①197

権左衛門尉
- 朝岡勝国 ⑨68
- 安藤正勝 ③197
- 井上正友 ③224
- 加藤重勝 ⑨78
- 芝山正知 ⑤220
- 松崎吉次 ⑩114
- 村越正直 ⑪101

権三郎
- 朝岡国孝 ⑨68
- 飯高貞成男 ⑭98
- 長田勝重 ⑦56
- 雀部重矩 ⑤265
- 中沢吉丘 ⑪139
- 蜂屋栄之 ⑩40
- 本間範安 ⑤195

権三郎大夫
- 日下部佐晴 ⑭128

崑山
- 佐竹貞義 ③255

権七
- 内藤惟賢 ⑦147

権七郎
- 天野正久 ⑩34
- 石川泰総 ②203
- 長坂一正 ⑤3
- 長坂信吉 ⑤2
- 永見重時 ⑭198
- 松崎某 ⑩114

権十郎
- 朝比奈勝時 ⑦221
- 天野雄則 ⑩25
- 石川総長 ②203
- 大久保忠直 ⑨51
- 加藤義休 ⑨94
- 神尾長勝 ⑪156
- 小林正勝 ⑪119
- 坂本貞俊 ⑤50
- 土屋重正 ⑥153
- 日根野弘方 ⑪25
- 本目正重 ①197
- 本目正次 ①197
- 向井政直 ②101
- 向井政盛 ②100

金勝寺
- 最上直家 ②52

権四郎
- 天野雄政 ⑩26
- 大岡忠世男 ⑪194
- 土屋虎永 ⑬197

権介
- 小山行定 ⑧190
- 小山行正 ⑧190

権助
- 伊東某 ⑨273
- 宇佐美長次 ⑨257

権蔵
- 鳥山精親 ①273

金蔵坊
- 宮城重甫男 ⑫194

金粟院
　中野満基　②53
権大夫
　池田長氏　②242
　伊丹虎康　③80
　小林重直　⑪114
　小林正吉　⑪120
　日下部弘佐　⑭128
　斎藤則季　⑦157
　服部政信　⑭76
　服部政秀　⑭76
　服部政光　⑭76
　久松定久　⑫105
　堀季高　⑦157
権太郎
　織田親基　⑥11
近藤石見守
　近藤康用　⑦249
近藤信濃守
　近藤政成　⑨111
近藤太
　近藤脩行　⑦148
権内
　大道寺直数　⑩45
権守
　岡部泰綱　⑨242
　平安忠　⑥98
　横山時重　⑭177
　横山時安　⑭178
権頭
　保田宗重　④37
権丞
　太田資直　③47
権之丞
　柘植宗雄　⑦22
　豊島勝正　⑥196
　矢部定重　⑦228
権佐
　稲葉正吉　⑬7
　竹中重門男　⑤170
　溝口助勝　④8
権助
　西尾盛教　⑤207
権之佐
　亀井経矩　⑬140
　朽木茂綱　⑬98
権之助
　浅野氏吉　②278
　飯高貞成男　⑭98
　大久保忠以　⑨48
　久世広郷　⑬230
　佐久間勝豊　⑥220
　清水家次　⑩237
　清水(戸田)政〔正〕利　⑩237
　清水政吉　⑩237
　清水吉春　⑩238
　鈴木重勝　⑮60
　椿井政次　⑩222
　内藤真政　⑧66
　平野勝貞　⑥96
　美濃部茂正　⑫96
　三宅重貞　⑪67
　山田正勝　⑤91
権八郎
　阿倍正重　⑫276
　阿部正周　⑫241
　庵原吉政　⑬18
　夏目信忠　⑪240
　服部直盛　⑭75
　山崎正信　⑪62
　吉田政勝　⑬145
　吉田政俊　⑬145
権平
　池田長忠　②242
　石原安吉　⑪16
　小林重宣　⑪122
　平野長勝　⑥95
権兵衛
　荒河重頼　②128
　市岡忠重　⑤257
　大岡吉次　⑪201
　勝矢利政　⑤236
　河野氏勝　⑬17
　河野氏朝　⑬17
　佐々長次　⑬186
　依田信忠　③178
権兵衛尉
　山角吉次　⑪53
金林寺
　今川範政　②17
権六
　柴田勝家　⑤175
　柴田勝家男　⑤175
　新庄詮遠　⑧146
権六郎
　石丸有吉　⑤232
　中根貞重　⑥185
　馬場利興　②190
　山田重安　⑤90
　渡辺正　⑭30

サ

才
　榊原正久　⑪215
西阿
　今井遠俊　⑧146
　毛利季光　⑫138
才阿弥
　石川久次　⑮253
西庵
　福原資澄　⑨222
　松倉重次　⑩111

西雲
　那須資世　⑨216
　森吉久　⑧175
西永
　竹尾元成　⑤240
西翁丸
　大島某　①263
西歌禅琢信士
　大竹某　⑦66
西華蓮船
　相良為続　⑩4
西願
　高木貞次　③155
西行
　佐藤義清　⑦148
在桂
　相馬胤儀　⑥170
在家菩薩
　島津忠良　②143
西現院
　安藤重能　③207
西光
　永井吉次　⑫181
最高道峯
　山名持豊　①253
在五中将
　在原業平　⑫113
西左
　西郷清員　⑤164
才三郎
　朝倉政明　⑭140
　蜂屋正列　⑩39
才十郎
　大木親信　⑤51
　河窪信房　④32
最勝院
　細川持有　②29
西条七郎
　西条光政　④167
西条舘
　越智実勝　⑬21
済川寺
　八木貞直　⑭130
才蔵
　植村正真　③98
斎田九左衛門尉
　斎田元次　⑤270
西池蓮秀
　相良長定　⑩5
西道
　寛重忠　⑫1
斎藤次郎右衛門尉
　斎藤信利　⑨158
斎藤太
　斎藤実直　⑦159
斎藤別当
　斎藤実盛　⑦159
斎藤山城守
　斎藤(長井)道三　⑫33
斎徳
　宮城政業　⑦42
在納言
　在原行平　⑫112
西忍
　逸見惟義　④2
西念
　佐々木(加地)盛綱　⑬89
才兵衛
　大木親信　⑤51
　加々美正次　④277
　加々美正光　④276
　木村清政　⑬59
　関正安　⑧26
　関光正　⑧26
　萩原正利男　⑬219
　森川長貞　⑬159
西誉
　杉田(上林)重政　⑩179
西涼
　宇都野正成　⑨59
西蓮
　岩波道定　⑮91
三枝丹波守
　三枝守綱　⑮25
佐右衛門
　岡田利治　④39
左衛門五郎
　宇津忠茂　⑨15,39
　大岡某　⑪201
　渡辺景綱　⑭14
　渡辺時綱　⑭14
左衛門七郎
　藤原実信　⑨8
左衛門次郎
　阿倍政継　⑫274
　井伊直助　⑦237
　大久保忠次　⑨41
　小見是綱　⑮250
　野間某　⑮193
左衛門六郎
　藤原景実　⑨8
酒井左衛門佐
　酒井康治　⑩217
坂井下総
　坂井成利　⑦106
境勝九郎
　境某　④273
堺町中の老
　笠原重次　⑮244
榊原小兵衛尉
　榊原長勝　⑪224
榊原左衛門佐

榊原(花房)職直　②123
榊原作大夫
　榊原直政　⑪82
坂三郎
　坂克角　⑮145
坂千介
　坂重勝　⑮147
坂部又十郎
　坂部正家　⑦89
相摸次郎
　北条時行　⑥55
相良近江守
　相良前頼　⑩3
相良九郎入道
　相良頼俊　⑩3
相良六郎三郎入道
　相良長氏　⑩3
左吉
　沢真利　⑤267
　高木(河合)某　⑮131
　野間某　⑮193
　三橋長成　⑪75
　山田信勝　⑤97
前建長久庵和尚仏印大光禅師
　僧可　⑦200
前大平寺
　足利持氏女　②8
前力禅師
　定仁　⑭95
策庵
　中野瑞雲　⑮267
　吉田宗以　⑮207
作右衛門
　竹尾元道　⑤240
　豊島忠次　⑥196
　戸塚忠之　⑮87
作右衛門尉
　宇都野正信　⑨60
　酒井重勝　①245
　酒井重之　①247
　篠瀬吉次　⑪81
　山中俊友　⑭173
　吉野信次　⑪32
　吉野信安　⑪32
作左衛門
　蠣崎吉広　④129
　高井友清　⑦41
　高井直清　⑦40
　伴重正　⑮9
　本多重次　⑧241,248
作左衛門尉
　大岡義重　⑪199
作十郎
　青山成次　⑭212
　石川重俊　②207
　伊勢貞晴　⑦11
　大久保忠於　⑨44
　梶川分重　⑥39
　加藤貞泰　⑨74
　日下部正定　⑭146
　坂部(久世)勝宣　⑦95⑬229
　菅沼定信　③21
　柘植政定　⑦26
　豊島忠松　⑥196
　戸塚忠次　⑮88
　松平清須　①187
作助
　小堀政一　⑪108
作内
　石渡勝次　⑮82
　加藤光泰　⑨71
　蜂屋栄知　⑩39
作之右衛門
　酒井吉次　①250
　酒井某　①250
作之丞
　浦野重次　⑪20
　宇都野正氏　⑨60
作兵衛
　川合政忠　⑪19
　久保田吉続　⑤45
　鈴木信正　⑮53
　鈴木信吉　⑮53
　長塩某　⑭96
作兵衛尉
　重田守定　⑩177
　宮重忠次　⑪191
佐久間久左衛門
　柴田(佐久間)信勝　⑤177
佐久間久七郎
　佐久間定頼　⑨6
　佐久間頼直　⑨6
佐久間源六郎
　佐久間(佐々)勝之　⑥218
佐久間与右衛門尉
　佐久間頼道　⑨7
佐久山次郎
　佐久山泰隆　⑨213
桜井安芸
　桜井信忠　⑨166
桜井河内
　桜井信定　⑨166
桜間介
　阿波能遠　⑮10
左源太
　牛奥昌次　④96
　小佐手信家　④49
　小佐手信忠　④49
　斎藤利政　⑨160

柴村正重 ⑥176
　高木吉長 ③140
　内藤正次男 ⑧51
　逸見義持 ④4
左五右衛門
　坂部正重 ⑦94⑫52
佐五右衛門
　岩出一信 ④116
佐五右衛門尉
　天野正長 ⑩28
左五左衛門
　松野資朝 ⑮84
佐五左衛門
　竹尾元次 ⑤240
佐左衛門
　坪内定吉 ⑪98
　永井盛安 ⑥193
　正木(五十嵐)重度 ⑤235
　溝口常長男 ④275
　溝口吉勝 ④275
　森吉次 ⑧175
佐左衛門尉
　天野雄得 ⑩25
　天野雄重 ⑩26
　天野雄則 ⑩25
　岡谷泰重 ⑪209
　坪内正定 ⑪98
　万年正秀 ⑪80
佐々木冠者源三
　佐々木秀義 ⑬177
佐々木源氏大夫
　佐々木経方 ⑬176
佐々木源次太夫
　佐々木季定 ⑬109
佐々木源四郎大夫
　佐々木(愛智)家行 ⑬110
佐々木五郎
　佐々木(隠岐)義清 ⑬90
佐々木佐渡判官
　佐々木(六角)宗泰 ⑬180
佐々木三郎
　佐々木秀義 ⑬39,66,85,128⑮155
　佐々木(加地)盛綱 ⑬89
佐々木四郎
　佐々木高綱 ⑬90
佐々木次郎
　佐々木経高 ⑬88
佐々木総領職
　佐々木(六角)宗綱 ⑬179
佐々木太郎
　佐々木定綱 ⑬155
佐々木の庄の下司
　佐々木為俊 ⑬176
佐々木の宮の神職
　佐々木経方 ⑬188
　佐々木(真野・船木)行定 ⑬188
佐々木備中守
　佐々木(六角)頼綱 ⑬179
佐々木判官太郎
　佐々木定綱 ⑬177
佐々木山城守
　佐々木宗信 ⑬197
佐々木吉田(の)法橋
　吉田厳秀 ⑬90⑮155
佐々木与二郎
　佐々木宗教 ⑬197
佐次右衛門
　笠原信重 ⑪10
　春日家定 ⑫44
　長坂正房 ⑤5
　細井勝茂 ⑫29
左七郎
　内藤政俊 ⑧68
　松平乗次 ①66,156
左次兵衛
　石川貴定 ②208
　小林重勝 ⑪114
　長塩正次 ⑭96
佐十郎
　牧野正友 ⑮17
佐次郎
　大江広宗 ⑫129
左介
　高原次勝 ⑪8
左助
　小佐手信次 ④49
　内藤直治 ④58
　松下長綱 ⑬102
佐介
　保田知宗 ④37
座主三郎
　宇都宮宗綱 ⑦155
貞衛門
　竹中重賢 ⑤171
　竹中重定 ⑤171
佐竹冠者
　源(佐竹)昌義 ③254
佐竹左馬助
　佐竹(上杉)義憲 ⑦204
佐竹別当
　佐竹秀義 ③255
佐竹美濃守
　佐竹某 ④78

左大夫
　猪子一吉　⑩131
　小笠原（牧野）義次　④218
　小笠原義正　④218
　小笠原某　④218
　尾関正平　⑤223
　織田直政　⑥16
　小林正信　⑪116
　本多光重　⑧276
　本多光政　⑧276
　守屋行広　⑪182
　守屋行吉　⑪182
　山中介重　⑤10
　米倉豊継　④64
　米倉正継　④65
左太夫
　大島光盛　①269
佐大夫
　市岡正次　⑤256
　酒井吉勝　①247
左太郎
　上田重安　④254
　小川安吉　⑧137
　神谷正次　⑪161
　高尾信正　④91
　長崎元通　⑥52
　溝杭資一　③117
　柳沢元吉　⑩248
佐々源六
　佐久間（佐々）勝之　⑥218
薩摩六郎
　伊東祐茂　⑨267
左内
　加藤正直　⑨101
　溝口宣俊男　④9
真田伊豆守
　真田信幸　⑭63
真田源太左衛門
　真田信綱　⑭62
真田余一
　真田義忠　⑥113
佐野次右衛門尉
　佐野忠次　⑮250
佐野式部
　佐野某〈道証〉　⑮250
　佐野某〈道因〉　⑮250
　佐野某　⑮250
佐野庄司
　足利成俊　⑦152⑧194⑮249
佐野太郎
　佐野基綱　⑦152⑧194⑮250
佐野福阿弥
　佐野正重　⑮250
　佐野正長　⑮251
佐野又太郎
　佐野康綱　⑧116
左八郎
　榊原信之　⑪222
三郎
　秋月種家　⑭235
　麻原広顕　⑫142
　浅原行信　④16
　葦田家業　③237
　蘆名為清　⑥113
　天方通秀　⑧92
　池田忠継　②246
　石河基光　③167
　石河義季　③167
　伊勢貞興　⑦9
　伊勢貞輝　⑦10
　一条義長　④18
　伊東祐時　⑨260
　今川頼国　②16
　上杉顕房　⑦207
　上杉定頼　⑦207
　上杉重方　⑦202
　上杉房憲　⑦203
　上杉持朝　⑦207
　鵜殿氏長　⑭242
　鵜殿長持　⑭242
　江戸康重　⑥177
　大島氏継　①262
　大多和義久　⑥115
　大友貞載　②173
　小笠原某　④164
　織田勝久　⑥12
　織田末広　⑥11
　織田敏定　⑥12
　織田基実　⑥11
　小山田定頼　⑦208
　木曾（馬場）家景　②189
　木村時綱　⑧29
　木村信経　⑧29
　吉良俊氏　②12
　吉良満貞　②11
　吉良満義　②10
　吉良義尚　②12
　吉良義元　②12
　吉良義安　②13
　久志本常兼　⑮187
　相良堯頼　⑩4
　相良長頼　⑩2
　佐々木（加地）盛綱　⑬177
　佐々木頼信　⑬94
　下曾祢信重　④50
　首藤俊綱　⑧91
　武田時平　④20
　武田信重　④24，48

武田信春　④22,47,90
武田信由　④57
土屋遠経　⑥144
土屋宗遠　⑥144
中野直房　⑦238
那波時元　⑫137
馬場家任　②189
北条(上杉)景虎　⑥63
堀部秀泰　⑬155
三浦維村　⑥118
溝杭資勝　③116
源(深栖)光重　①43
源頼次　⑮177
毛利重経　⑫140
安田忠義　④36
喩益　④168
吉田長秀　⑮156
吉田成春　④23
三郎右衛門
朝比奈某　⑦218
天野貞重　⑩33
安藤定正　③209
江原正次　⑪6
大井満要　④243
小笠原信政　④209
織田真昌　⑥12
鈴木信照　⑮55
竹尾某　⑤240
土屋昌吉　⑥154
遠山景次　⑨135
内藤元能　④58
服部保定　⑭69
余語宗重　⑫108
三郎右衛門尉
朝比奈泰重　⑦216
渥美某　⑩233
天方通秋　⑧93
宇津忠与　⑨15,39
大久保忠重　⑨44
大久保忠久　⑨42
大久保忠政　⑨41
大久保忠安　⑨44
奥田忠次　⑩183
小林信吉　⑪115
戸田忠次　⑩74
戸田正次　⑩81
鳥居重次　⑦36
内藤信直　⑧65
永田久重　⑪180
平野繁定　⑪38
平野繁登　⑪39
門奈宗次　⑩127
山田重定　⑪56
三郎九郎
鈴木重成　⑮45
間宮正次　⑬52
三郎五郎
赤井貞家　③241
織田信広　⑥15
織田昌之　⑥12
三郎左衛門
朝倉秀景　⑭138
小幡重昌　⑥232
筧正重　⑫4
佐々木(六角)宗信　⑬179
萩原正利　⑬219
蜂屋栄包　⑩39
蜂屋栄次　⑩39
藤原朝実　⑨9
丸茂重親　④262
美濃部茂勝　⑫92
美濃部茂盛　⑫91
三郎左衛門尉
姶良光久　②139
宇都宮朝綱　⑦155
大草公経　⑪202
小栗真重　⑥106
京極高光　⑬69
熊沢忠勝　⑪143
佐々木(加地)盛綱　⑬66
佐多忠光　②137
島津氏久　②139
島津貴久　②143
島津忠直　②133
島津忠長　②135
島津忠幸　②141
島津忠良　②143
島津久氏　②135
島津久安　②138
島津宗久　②138
鈴木重政　⑮44
竹生某　⑩258
馬場利重　②190
日根野国盛　⑪22
溝杭資種　③116
美濃部茂久　⑫91
宮里泰忠　②133
山村良候　⑫203
三郎四郎
織田広村　⑥11
戸田氏照　⑩85
船越永景　⑩11
細川晴経　②30
松平定勝　①208
松平定綱　①212
三浦基村　⑥119
三郎二郎
松平親次　①167
三郎次郎
佐脇安連　⑤219⑮83
島津忠親　②150
松平真次　①66,156

松平親次　①67
　松平親俊　①68,168
　松平親盛　①67,104,167
　松平信乗　①67,103
　松平康俊　①68,168
三郎大夫
　大岡政保　⑪199
　松平乗遠　①67,165
　鈴木某　⑤203
　源家基　①45③189
三郎太夫
　藤原俊季　⑧144
三郎太郎
　浅野光盛　②258
　井上満実　①46③231
三郎判官
　佐々木(六角)時信　⑬179
三郎法師蓮仏
　相良長頼　⑩2
三郎兵衛
　朝比奈信置　⑦213
　跡部重治　④265
　天野康景　⑩19
　石野正重　⑭207
　梶宣総　⑦38
　片山利実　⑮181
　河窪信通　④33
　坂部広勝　⑦90
　佐藤継信　⑧177
　島津忠継　②134
　神保重利　⑭220
　多賀常往　⑭208
　長谷川長久　⑧164
　牧勝秋　⑭168
　松平忠重　①61,136
三郎兵衛尉
　天野康豊　⑩24
　有馬家澄　⑨194
　大草(井上)公貫　⑪202
　福島正定　③128
　小堀政可　⑪112
　島津忠義　②132
　田中直家　⑦236
　遠山友政　⑨129
　成瀬重久　⑩201
　堀季郷　⑨108
　安田忠光　④36
　横田重玄　⑬153
　横田倫松　⑬153
左平
　高木吉重　③139
　内藤政勝　⑧67
左平次
　江原永次　⑪6
　落合道久　⑪233
　島元成　⑫7
　本多吉玄　⑧249
　松崎重政　⑮104
　松崎重良　⑮105
　御手洗(加藤)昌広　⑪176
左平次郎
　金田正長　⑦39
左平太
　佐々長重　⑬185
　中川重良　③75
　丹羽正安　⑭95
　山口光正　⑦54
佐兵衛
　鈴木重次　⑮60
左馬四郎
　吉良義継　①33
左門
　小笠原元定　④220
　織田頼長　⑥18
　小出三明男　⑩122
　河野通成　⑬15
　諏訪頼長　⑤115
　宗長盛　⑥51
　瀧川一乗男　⑫223
　土屋知貞　⑥148
　戸田氏鉄　⑩84
　戸田一西　⑩83
　内藤忠成　⑧44
　林叔勝　⑨185
　保々貞高　③108
　堀利長男　⑨107
　堀直吉　⑨124
　松平利綱　③27
　松浦信生　⑭8
　水野忠貞　⑤79
　水野良安　⑤63
　毛利元総男　⑫150
　横地安次　⑫51
　脇坂安之　⑩160
猿
　池田長常　②242
猿千代
　織田信良男　⑥23
猿千代丸
　竹田定珪男　⑮144
沢九郎次郎
　沢宗久　⑫108
沢村七郎
　沢村満隆　⑨214
佐原次郎左衛門
　佐原元久　⑥110
参阿
　今井資綱　⑧145
散位
　佐々木定通　⑬50

丹羽惟季　⑭94
　御子左道家　⑦163
　三善康持　⑭83
　良岑惟光　⑭94
散位伊太夫
　河野玉興　⑬21
三益
　小川頼重男　⑤248
　曲直瀬正円　⑮128
三右衛門
　青木吉玄　⑭121
　安間国重　⑤9
　安間貞国　⑤8
　牛込勝重　⑧213
　牛込俊重　⑧213
　河野治正　⑪18
　神田正次　⑦44
　木村吉真　⑬62
　木村吉正　⑬62
　沢真久　⑤267
　下曾祢信正　④50
　勝重定　⑫13
　富永守次　⑬173
　中島正平　④259
　服部保久　⑭71
　向山正盛　⑭51
　村上吉正　③213
　山口(小坂)吉長　⑭266
　山田正重　⑤95
三右衛門尉
　石河利政　③168
　井出正勝　⑫25
　井出正吉　⑫25
　伊藤重次　⑧182
　岡野房次　⑥92
　木村久正　⑬62
　木村吉房　⑬63
　斎藤政刑　⑨166
　設楽貞時　⑫101
　戸田頼鉄　⑩85
　鳥居重勝　⑦27
　長谷川光長　⑧166
　堀直景　⑨123
　堀直之　⑨122
　前田利玄　⑫75
　松崎某　⑩114
三関
　石河某　③167
三吉
　多田直政　③87
　多田正与　③87
三吉郎
　兼松正行　⑩104
三休
　揖斐政勝　③109
　長野正勝　⑤245
　西江行清　⑩12
　三浦氏俊　⑥126
三休位公
　牧野某　⑮11
三九郎
　加藤正重　⑨97
　加藤某　⑨97
　戸田忠次男　⑩80
　富永守時　⑬173
　中川某　③75
　原田正種　⑦104
　原田吉種　⑦104
　松木房成　⑪166
三五郎
　池田恒元　②252
　石河重勝　③168
　織田長好　⑥18
　加藤景親　⑨90
　酒井忠古　①225
　佐久間安次　⑥218
　菅沼次勝　③22
　菅沼政次　③22
　菅沼某　③22
　平賀忠勝　④45
　堀直久　⑨122
　渡辺重次　⑭36
三斎
　細川忠興　②34
三左衛門
　秋山昌成　④268
　池田輝政　②233
　池田光政男　②253
　石野広尚　⑭205
　石野広長　⑭205
　織田信高　⑥16
　河勝長氏　⑭241
　河窪信次　④33
　柴田勝興　⑤176
　柴田勝重　⑤176
　柴田(佐久間)勝政　⑤175
　進藤正成　⑨177
　杉浦勝吉　⑥210
　柘植宗国　⑦21
　長谷川守勝　⑧160
　原某　⑩17
　松平吉綱　③29
　水野分長　⑤59
　溝口重恒　④275
　宮城和治　⑫199
　宮崎道次　⑪173
　森川氏時　⑬162
　森可成　②218
　山高信俊　④101
三左衛門尉
　井出正俊　⑫26
　久世広宣　⑬221

佐橋吉景　⑩229
進藤正次　⑨176
高木昌綱　③150
宅間憲勝　⑦212
戸田政重　⑩72
内藤信成　⑧38，57
丹羽長吉　⑩99
根岸定勝　⑩261
堀直氏　⑨123
万年高頼　⑪81
山崎政則　⑪62
山三郎
阿部忠吉男　⑫240
大橋重政男　⑭57
久世広当　⑬228
坪内定信　⑪98
戸田氏春　⑩85
戸張織定　⑮107
戸張織次　⑮108
脇坂安正　⑩159
三山
大河内光綱　③25
三七郎
天野正忠　⑩27
織田信孝　⑥20
加藤正安　⑨99
内藤政季　⑧55
松平忠氏　①69，174
三尺入道
赤松義則　⑬208
三州岡崎松応寺の住侍
演誉　⑧52
参州大樹寺の僧
了雲　⑮268
三十郎
朝倉重宣　⑭136
天野某　⑧139
井戸覚弘　⑫19
稲葉正成男　⑬5
久留勝正　⑦73
坂部広勝　⑦90
坂部（渥美）広利　⑦96，99
下曾祢信由　④50
宅間富重　⑦212
宅間憲方　⑦210
内藤忠清　⑧56
永井正勝　⑫182
中川忠政　③78
服部保正男　⑭71
堀直次　⑨123
堀直寄　⑨117
森川重定　⑬160
門奈（小栗）勝正　⑩127
山崎政家　⑪63
脇坂安直　⑩160
三条の侍読
大江匡衡　⑫122
三四郎
飯高貞久　⑭98
市橋長吉　⑩90
植村正信　③99
岡孝房　⑭193
久志本常尚　⑮188
久世広宣　⑬221
久世広当　⑬228
沢重成　⑫14
柘植正時　⑦25
都筑政次　⑨174
都筑政吉　⑨174
戸田氏利　⑩86
永田直正　⑪181
三次郎
押田豊勝　②228
酒井重頼　①248
三介
織田信雄　⑥20
三助
大久保正次　⑨46
小西盛定　⑬150
三清
皆川広照　⑧103
三蔵
石川忠勝　②213
藤掛永重　⑥34
参宗道無
柘植政普　⑦23
三大夫
飯田在勝　④11
長田白信　⑦57
加藤正忠　⑨99
榊原正信　⑪217
松木忠継　⑪166
三太夫
坂部正盛　⑦94
庄田安勝　⑥189
庄田安信　⑥188
三太郎
内田正次　⑪87
堀親宣　⑨112
皆川成之　⑧105
三入
大草公重　⑪202
三丞
天野雄好　⑩26
大島義益　①270
加藤某　⑨70
三之丞
伊藤実信　⑧187
岡部盛次　⑨250
久世広之　⑬229
田中勝尹　①272
柘植清広　⑦22

柘植宗次　⑦22
三之助
　石原正次　⑪13
　大久保忠村　⑨56
　坂部(渥美)言命　⑦96, 99
　都筑吉次　⑨174
　内藤忠吉　⑧56
三八郎
　多田昌澄　③84
　多田昌綱　③86
　多田昌俊　③85
　多田正長　③85
　多田正吉　③85
三平
　榊原忠真男　⑪220
三平六
　猪俣則種〈親〉　⑭197
　猪俣則種〈子〉　⑭197
三法師
　織田秀雄　⑥22
三峯寺
　宅間憲清　⑦208
三位
　赤井賢忠　③243
　半井瑞成　⑮117
三位左中将
　平維盛　⑥11
三位房
　心光　⑦11
三位法印
　稲葉一鉄　⑬8
　坂浄孝　⑮151
　島津義久　②146
三弥
　国領次長　⑩136
　本多(長坂)正貫　⑧271
　本多正直　⑧271
三弥左衛門尉
　本多正重　⑧268

平成九年九月五日印刷
平成九年九月十日発行

寛永諸家系図伝　索引1

監修　斎木一馬　林　亮勝
橋本政宣　酒井憲二

発行者　太田史

印刷所　東京都豊島区南大塚二丁目三五番七号
株式会社　平文社

発行所　東京都豊島区北大塚一丁目一四番六号
株式会社　続群書類従完成会
電話＝〇三―三九一五―五六二一
振替＝〇〇一二〇―三―六二六〇七

寛永諸家系図伝 索引1 〔オンデマンド版〕

2014年3月31日 初版第一刷発行 定価（本体9,000円＋税）

監修 斎木一馬
林亮勝
橋本政宣
酒井憲二

発行所 株式会社 八木書店 古書出版部
代表 八木乾二
〒101-0052 東京都千代田区神田小川町3-8
電話 03-3291-2969(編集) -6300(FAX)

発売元 株式会社 八木書店
〒101-0052 東京都千代田区神田小川町3-8
電話 03-3291-2961(営業) -6300(FAX)
http://www.books-yagi.co.jp/pub/
E-mail pub@books-yagi.co.jp

印刷・製本 (株)デジタルパブリッシングサービス

ISBN978-4-8406-3022-1 AI439